독일 국방군

The Wehrmacht: The German Army in World War II 1939-1945

by Tim Ripley

First published 2003 by Fitzroy Dearborn Publishers

KODEF 안보총서 119

독일 국방군
WEHRMACHT

제2차 세계대전 독일군의 신화와 진실

팀 리플리 지음 | **박영록** 옮김

플래닛미디어
Planet Media

●

제2차 세계대전의 암울한 시기에 연합군의 전쟁 노력을

히틀러 제3제국의 심장부로 전환하는 데 헌신한

영국 공군 전략폭격기사령부와 미 육군 항공부대의 병사들에게 이 책을 바친다.

●

감사의 글 | WITH THANKS

이 책을 출간할 수 있도록 도와주신 많은 분들께 감사를 드린다.

번역에 도움을 주신 아서 그랜트Arthur Grant, 세계전략에 대한 통찰력을 주신 닐 트위디Neil Tweedie와 미키 브룩스Mickey Brooks, 제2차 세계대전의 자료를 수집하는 데 도움을 주신 대영박물관 관계자 여러분, 개인적으로 소장하고 계신 제2차 세계대전에 관한 수많은 자료를 참고할 수 있도록 허락해주신 영국 워칼리지War College와 캠벌리Camberley, 본문을 교정해주신 스튜어트 프레이저Stewart Fraser, 제가 오랫동안 저술하고 싶었던 독일군의 전쟁사를 발간할 수 있도록 도와주신 페테 다르만 폰 브라운Pete Darman Von Braun, 아르덴 전장 지역을 방문할 때 협조해주신 덴마크 황실 후사르 연대의 하세 레센브로Hasse Resenbro 소령, 독일군 제복과 계급장에 관련해 도움을 주신 리처드 카트라이트Richard Cartright와 중요한 순간에 사기를 진작시키는 다과를 제공해준 헤일리 그리피스Hayley Griffiths와 쟈니 그레이Johnny Grey 박사께 깊은 감사를 드린다.

CONTENTS

007 감사의 글 | WITH THANKS

011 서문 | FORWORD

013 서론 | INTRODUCTION

073 **제2부 독일 국방군의 공격**

075 제1장 폴란드 침공

099 제2장 노르웨이 원정

115 제3장 서부 전역에서의 승리

155 제4장 발칸 반도 침공

185 제5장 북아프리카 전역

215 제6장 동부 전선 I (1941~1942년)

243 제7장 동부 전선 II (1942년)

017 **제1부 독일 국방군의 창설**

019 제1장 독일 국방군의 기원

055 제2장 전격전의 신화와 실제

279 제3부 독일 국방군의 특성

281 제1장 히틀러의 전쟁 지휘

295 제2장 최고사령부

313 제3장 독일군 초급 지휘관

321 제4장 독일군 부사관과 병사

333 제5장 독일 육군과 나치즘

345 제4부 독일 국방군의 방어

347 제1장 임기응변의 승리

375 제2장 동부 전선 방어(1943~1945년)

403 제3장 히틀러 육군의 무장

417 제4장 게릴라전

425 제5장 독일군과 무장친위대

439 제6장 물량전

457 제7장 베를린 함락

469 제8장 독일군의 유산

CONTENTS

345 부록

475 부록 1 초기 기갑사단

477 부록 2 후기 기갑사단

480 부록 3 기계화보병사단

483 부록 4 차량화보병사단

485 부록 5 보병사단

487 부록 6 국민척탄병사단

489 부록 7 무장친위대 기갑사단

491 부록 8 사단 전투력

493 부록 9 기갑사단의 전차 수량

495 부록 10 연도별 독일의 전차 수량

497 부록 11 대전차 전술

499 부록 12 독일군 계급

500 부록 13 계급 비교

502 부록 14 희생자 수

506 참고문헌 | BIBLIOGRAPHY

514 역자 후기

서문 | FORWORD

1918년 11월 11일 휴전협정으로 독일군이 질서정연하게 본국으로 철수하면서 제1차 세계대전이 끝났다. 최종적으로 1919년 11월, 전쟁에 지친 연합국의 단 한 명의 병사도 독일 땅을 밟지 못했기 때문에 그들은 대전을 발발시킨 주요한 국가로서의 책임이나 패전 사실 등을 독일 국민들에게 인식시키지 못했다. 결과적으로 독일에서는 양차 세계대전 사이의 기간 동안 유럽의 나머지 나라에서 나타난 현대 산업 전쟁의 야만성과 허무함에 대한 반성이 거의 없었다. 대신 독일군은 독일의 수호자로서의 군대의 지위를 공고히 할 수 있었고, 이로 인해 '배후중상설Stab in the Back Legend[1]'라는 거짓말을 낳았는데 이는 1918년 독일군이 전장에서 단한 번도 패배한 적이 없다는 오류를 의미한다. 독일의 군국주의는 플랑드르Flanders의 참호에서 죽지 않고 살아남아 양차 세계대전 사이에 독일에서 다시 꽃을 피웠다. 이렇듯 제2차 세계대전의 씨앗은 제1차 세계대전을 종식시킨 특수한 상황에서 비롯되었다.

---

[1] 배후중상설(Stab in the Back Legend): 독일의 패망 원인이 후방의 배신행위 탓이라는 주장을 뜻하는 독일어 Dolchstoßlegende에서 나온 말.

히틀러의 독일군이 역사상 가장 위대한 군대 중 하나였다는 것에는 의심의 여지가 없다. 군인과 전쟁사학자들은 그 통찰을 위해 독일군의 승리와 패배에 대한 전쟁술을 수십 년 동안 연구해왔다. 마찬가지로 매력적인 것은 독일 육군이 어떻게 20세기에 출현한 가장 사악한 정권 중 하나에 영혼을 팔았는지에 대한 이야기이다.

이 책은 제2차 세계대전에서 독일군이 실시한 모든 전투를 상세하게 기술하지 않았다. 오히려 이 책은 독자들에게 제2차 세계대전에 대한 개관을 제시하고 독일군의 위대한 승리와 참혹한 패배의 원인이 무엇인가를 분석하는 데 목표를 두고 있다. 독일 국방군Wehrmacht이라는 단어에는 당연히 공군과 해군도 포함돼야 하나 이 책은 주로 육군에 집중하고 있다. 공군과 해군도 이 전쟁에서 중요한 역할을 수행했으나, 육군이 히틀러 전쟁 수행 기구의 중추적인 집단이었고, 실제로 육군의 운명이 전쟁의 결과를 결정했다.

독일군의 역사는 많은 핵심적인 인물의 운명과 밀접하게 연관돼 있다. 구데리안Guderian, 롬멜Rommel, 만슈타인Manstein의 이름은 전차와 전격전이라는 단어만큼이나 독일 육군의 동의어이다. 전쟁사가 남긴 변함없는 교훈 중 하나는 전장 상황이 전개되는 과정에서 인간의 요소가 어떠한 다른 전쟁 수단보다 더 중요하다는 것이다. 히틀러의 육군은 구데리안 등 핵심적인 인물에 의하여 전사에 빛나는 위대한 승리를 달성했으나 나치 체제에 대한 군 장성들의 도덕적인 유약함이 궁극적인 패배의 중요한 원인 중 하나가 됐다.

2002년 12월 랭커스터에서

팀 리플리

서론 | INTRODUCTION

이 책을 저술한 목적은 독일군이 제2차 세계대전의 전장에서 어떻게 그렇게 탁월하게 싸웠고 '위대한 군'이라는 타이틀까지 획득할 만한 자격이 있는지를 확인하는 것이다. 수백만의 단어가 1939년과 1945년 사이의 독일군을 설명하고 있지만, 대부분은 단순하게 독일군 주변에서 발생한 많은 신화를 강화했을 뿐이다. 예를 들어 독일군은 1939년에서 1942년 사이에 적을 상대적으로 쉽게 분쇄할 수 있었던 마법의 군사 공식 중 한 유형인 전격전을 수행했다. 이와 유사하게 많은 저자들이 수집한 동부 전선에 관련된 정보들은 대부분이 주로 1950년대와 1960년대 독일 자료들을 기초로 하고 있고, 1990년까지 소련에서의 전투와 군사작전에 관련된 정확한 정보 수집은 매우 어려웠다.

다행히도 소련의 기록 문서들이 개방된 덕분에 동부 전선에 대한 풍부한 새로운 정보가 이용 가능해졌다. 역사학자 데이비드 글랜츠 David Glantz는 소련 전쟁에 대한 광범위한 연구를 수행했으며 그의 출판물은 이 책의 제2부 5, 6장 동부 전선에서 널리 사용됐다. 추가적으로 제임스 루카스 James Lucas는 저서를 통해 동부 전선에서 직접 싸운 많은 독일군의 이야기들을 기술했고 독일군이 소련에서 어떤 작전을 펼쳤는지에 대한 유용한 통찰력을 제공하고 있다.

이 책을 편찬하는 데 사용된 또 다른 중요한 자료는 제2차 세계대전 동안 독일군의 고위급 사령관직을 맡았던 장군들이 저술한 글들이다. 즉만슈타인, 롬멜, 젱어 운트 에터린Senger und Etterlin, 슈태들러Stadler 및 토페Toppe의 저술물이 이 책의 기반을 이루고 있다.

추가적으로 독자들에게 J. J. 페도르비츠J. J. Fedorowicz 출판사 및 시퍼Schiffer 출판사의 독일군 서적들을 참고할 것을 적극 권한다. 이런 책들은 전투에 참가한 초급 장교 및 일반 병사들이 직접 설명한 내용을 포함하고 있다. 광범위하게 활용된 내용들은 참고문헌에 기술돼 있다.

프랑스, 저지대 국가인 베네룩스 3국, 북아프리카와 발칸에서의 독일군의 작전은 제2차 세계대전이 종료된 이후 매우 세부적으로 연구됐다. 1945년 이후 서부 유럽 국가에서 출판된 수많은 개인 회고록과 영국, 미국과 프랑스의 문서 개방 덕분에 이러한 연속적인 전투들에 대한 논란의 여지는 거의 없다.

독일군이 왜 그렇게 탁월한 전투부대였는가를 이해할 수 있도록 각 전역의 편성을 각각 2개 장으로 구분했다. 각 부 첫 번째 장에서는 특정 전역에 대한 분석을 제공하고, 두 번째 장에서는 그 전역에서 독일군이 어떻게 싸웠는지를 분석했다. 가령, 북아프리카 전역을 기술한 장에서는 전차 및 대전차화기, 롬멜 장군의 리더십, 사막전술, 티거 전차의 성능, 군수지원의 영향력을 살펴봤다. 여기에서 독일군은 종종 수적으로 우세한 적과 싸워 승리했는데, 탁월한 리더십과 고도로 훈련된 병사 그리고 적의 균형을 파괴하고 공간과 시간의 재조직을 거부하는 전격전 전술을 완벽하게 통합시켰기 때문이다. 아이러니하게도 이러한 전역을 면밀히 분석해보면 그들의 기술적인 우위는 종종 미미하거나 사실상 존재하지도 않았음이 드러난다.

군은 작전 지역의 사회적·경제적·정치적 상황에 영향을 받는다. 독일군 역시 이와 다르지 않다. 그러므로 이 책의 제3부에서는 독일군과 나치 지도자, 나치 무장친위대 및 나치즘을 신봉하는 군인들과의 관계를 기술했다. 독일군은 역사적으로 가장 살인적인 정권 중 하나인 히틀러 통치 체제에 충성했고 그 기록은 이에 상응해 판단돼야 한다는 사실을 결코 잊지 말아야 한다. 국가사회주의가 여러 측면에서 독일군에게 영향을 미쳤지만, 나치 이데올로기는 군대의 충성을 유발하는 동기로서 조국에 대한 의무감을 넘어서지는 못했다. 이런 조국에 대한 의무감이 장교단과 일반 병사들에게 군사적인 전문성을 끝까지 발휘하고 모든 희망이 사라진 후에도 전투 단의 기능을 수행하게 하는 원동력이 됐다.

제2차 세계대전의 전투와 전역을 연구하는 학자들은 병력의 수, 사상자, 전차, 대포의 수, 전시 생산물의 수량에 대한 의문점을 갖고 있었다. 특히 독일군의 정보 출처와 소련에서 싸운 군인들의 회고록에 의지할 때 과장된 숫자의 덫에 빠질 수 있는 위험이 도사리고 있었다. 다행히도 데이비드 글랜츠, 마르틴 반 크레벨드Martin van Creveld, 토마스 옌츠Thomas Jentz, 힐러리 도일Hilary Doyle, 피터 체임벌린Peter Chamberlain 및 R. H. S 슈톨피Stolfi 에 의한 연구가 수적인 문제에 관련된 불확실성의 안개를 깨끗이 없애줬다. 이런 저작자들에 대한 연구결과를 이 책에 참고문헌으로 제시했다.

부록들은 조지 나프지거George Nafziger의 연구결과를 광범위하게 참조했다. 그는 미국의 문서고에 소장된 독일군의 문서를 수집해 수년 동안 독일군의 전투서열을 편집했다. 전쟁에 참여한 독일군의 각 사단에 대한 보다 상세한 정보는 그의 저서에서 확인할 수 있을 것이다.

제1부
독일 국방군의 창설

●●● 1939년 9월 폴란드 바르샤바를 점령한 독일 국방군이 시가행진을 하는 모습. 독일 국방군은 1935년부터 1945년까지 존재했던 나치 독일의 정규군이다. 〈사진 출처: WIKIMEDIA COMMONS | Public Domain〉

제1장
독일 국방군의 기원

제1차 세계대전 후 독일군은 10만 명 규모의 국가방위군으로 급격히 축소됐다. 국가방위군은 1920년부터 1930년 사이에 강력한 군대로 재조직됐다. 하지만 이런 개편 과정은 까다롭고 순조롭지 않았다.

제1차 세계대전의 참담한 패배는 제2차 세계대전 초기에 대규모 전격전으로 승리하는 자극제가 됐다. 이 시기, 오히려 독일군은 정치·사회적으로 그 위상이 높아졌으며, 1929년 대공황이라는 충격적인 사회 경제적 재앙이 닥쳤을 때에도 전간기戰間期에 국방비 지출과 군사개혁 모두를 수용할 수 있는 문화적 분위기가 유지됐다.

승리한 연합국은 1919년 패전한 독일과 베르사유 조약을 체결했다. 이 평화협정은 황제 빌헬름 2세를 강제로 폐위시킨 국내 혁명 후에 탄생된 민주적인 바이마르 공화국을 승인했다. 베르사유 조약은 독일 내 치안과 국경을 방위하는 국가방위군Reichswehr[2]을 10만 명으로 제한했고 전투기, 전차, 방공포, 대전차포, 중포와 화학무기를 보유할 수 없게 했다. 더불어 중화기의 배치를 엄격하게 제한했고 무기 수입 및 생산을 금지했다. 연합군은 독일의 군사 능력을 한정시켜 향후 독일이 침략 전쟁을 일

---

2 국가방위군(Reichswehr): 제1차 세계대전 패전 후 수립되어 1919년부터 1936년까지 존재한 바이마르 공화국의 군대. 베르사유 조약에 따라 육군(Reichsheer)과 해군(Reichsmarine)으로 이루어져 있었다.

으키는 것을 방지하려고 했다. 하지만 베르사유 협정은 독일군을 약화시키는 데 실패했다. 아이러니하게도 이 협정은 1939년부터 1941년까지 제2차 세계대전의 초기 승리를 달성하는 촉진제가 됐다.

다수의 독일인은 베르사유 조약을 패배하지 않은 국민과 군대에게 불공정하게 부과된 징벌적인 평화로 인식했기 때문에, 대부분의 독일인이 분노했고 이를 거부하려고 했다. 따라서 독일의 정치가들과 장군들은 함께 전간기에 독일 국경을 방어할 수 있는 강한 군대를 재건하기 위해 계속 매진했다. 그렇기는 하지만 독일군이 1919년부터 1939년 사이에 점차 확대되는 유럽 지역의 분쟁에 대비했다고 보는 생각은 잘못된 것이다. 아돌프 히틀러와 국가사회주의자들(나치)이 1933년에 권력을 잡은 후에 전쟁이 일어날 가능성이 훨씬 더 높아졌다. 히틀러는 독일 영토 밖에 생존해 있는 독일 민족이 거주하는 모든 지역을 천년 제국에 포함시키고, 자신의 국민들에게 동부의 슬라브 국가들, 특히 폴란드와 소련에 있는 생활 공간Lebensraum을 제공하기로 결심했다.

베르사유 조약이 체결된 후 16년 동안 독일은 내내 이 협정에 저항했다. 첫째로, 35만 정의 소총, 1만 2,000정의 기관총, 675문의 곡사포를 포함해 독일 전역의 비밀무기 은닉처에 많은 양의 무기를 해체하고 숨김으로써 조약의 제한을 피했다. 둘째로, 육군은 화포들을 밀수입했다. 이 화포 중에는 명목상으로 독일 무기 회사인 크루프Krupp의 네덜란드 자회사의 승인을 받아 구입한 화포 1,500문도 포함돼 있었다. 1920년대 중반에 독일군은 이런 무기들로 새로 무장하고 그 이후에는 외국이나 국내에서 금지된 무기를 은밀히 개발했다. 예를 들어 독일의 라인메탈Rheinmetal은 스위스의 졸로투른Solothurn을 인수하고 이 회사의 프로토타입을 이용해 20mm 대공포 30(20mm Flak 30)을 개발했다. 이 대공포는 후에 저공 항공기에 대한 파괴적인 방어력을 발휘하면서 기갑사단의 결정적인 대공화기가 됐다. 예를 들어 1940년 5월 10일 이 기갑사단의 대

●●● 1918년 11월 제1차 세계대전 휴전 직후 귀국길에 네덜란드 림뷔르흐주(Limburg)에 들어서고 있는 독일군. 4년간의 전쟁은 패배로 끝났다. 독일군은 철수 후 10만 명 규모인 국가방위군으로 축소되는 수모를 겪었다. 〈사진 출처: WIKIMEDIA COMMONS | CC0 1.0〉

공포는 피해를 거의 입지 않고 영국 페어리^{Fairey} 경輕전투기 32대 중 13대를 격추시켰다.

독일 육군은 비밀리에 베르사유 협정의 제한을 훨씬 초과한 부대와 화포를 예비로 보유했다. 새로운 유럽의 질서를 구축하기 위한 견해 차이로 승전국들 사이에 다툼이 있었으며 전쟁의 긴박함으로 오랫동안 방치됐던 자국 내 사회적, 경제적인 문제들을 해결하기 위해 방향을 바꾸면서 조약의 집행은 느슨해진 것으로 알려졌다.

전간기에 국가방위군이 10만 명으로 제한됐기 때문에 독일군은 미래의 잠재적인 침략자들을 상대로 승리할 수 있는 새로운 방법을 모색해야 했다. 독일은 베르사유 협정이 허용한 제한된 범위 내에서 전투력과 장비들을 극대화시킬 필요성이 있었다. 그러므로 독일군은 조약의 제한 범위 내에서 가능한 한 효과적으로 싸우기 위해 제1차 세계대전의 교훈을 치밀하게 분석했다. 장교들은 제1차 세계대전의 경험에 대한 사후 검토 보고를 작성했고, 전역과 전투를 상세하게 연구해 유럽의 저명한 군사 저널에 기고했다. 또, 전쟁의 가장 중요한 작전 수행을 준비하고 검토하기 위해 대규모 워게임에 참가했다.

이런 노력의 결과로 독일군은 전쟁에 참가했던 그 어떤 나라의 군대보다 제1차 세계대전을 광범위하게 연구했다. 전간기 영국군은 플랑드르 벌판에서 고귀한 생명을 희생시킨 대가로 얻은 지식과 전문 전투기술을 방치하고 솜Somme 전투와 파스샹달Passchendaele 전투의 고통스런 환영을 필사적으로 몰아내려고 할 때, 독일군은 제1차 세계대전의 승리와 패배를 통해 연구하고 배웠다. 반대로 1920년대 영국군의 군사적 사고는 군사 규모를 지나치게 확장해 거대한 식민지 제국의 치안유지에 치중하는 자국의 전통적인 전략에 초점을 맞췄다.

1914년부터 1918년까지의 교훈

독일제국의 엘리트 장군참모General Stab[3] 장교들은 제1차 세계대전을 연구 검토해 획일적이고 보편적인 교리의 범위 내에서, 개인적 주도권을 행사하는 유연한 전투 지휘 기법을 창안했다. 이런 전통을 통해 독일군은 전쟁 전반에 걸쳐 전술적으로나 작전적으로 대응할 수 있었다. 이런 유연함이 중요한 이점이라는 것을 확실히 깨달은 전간기 독일군은 선배들의 탁

---

3 장군참모(General Stab): 원어의 문자적인 해석은 일반참모이나 그 역할이나 기능을 고려해 이 책에서는 장군참모로 번역함. 통상 독일군의 엘리트 과정인 지휘참모대학을 수료한 장교로, 독일군을 이끌어가는 핵심 장교단이다.

월한 전술적·작전적인 전투기술을 한층 더 발전시키기 위해 노력했다. 그들은 성공적인 공격을 위해 화력의 우세와, 질적으로 우수한 훈련이 중요하다는 것을 인식했으며 야전에서 전투를 진행하면서도 현지에서 보수교육을 실시하는 부대가 전투 성격의 변화에 따라 항상 대응할 수 있다는 교훈을 체득했다. 이처럼 제1차 세계대전으로부터 독일군이 얻은 교훈은 유연함과 더불어 우수한 전술 및 작전술의 원칙에 대한 육군의 신념을 더욱 강화했다.

또한 독일은 1914년부터 1918년 동안의 공군 작전을 면밀히 연구했다. 독일군은 체펠린 비행선Zeppelin airship, 고타Gotha 폭격기 및 대형 폭격기로 영국군을 전략 폭격한 것은 거의 실패했다고 분석했다. 더 성공적인 것은 목적에 맞게 제작된 지상공격용 항공기를 개발한 다음 1918년 봄에 제병협동부대의 핵심 전투력으로 투입한 것이었다. 전후 독일군은 제1차 세계대전이 지상군을 직접 지원하는 항공기의 미래 전술적 역할을 보여주었는 결론을 내렸다. 이 결론은 미래의 지상지원 공군에 대한 독일의 자연스러운 성향을 강화했으며 이런 태도는 중부 유럽 강대국으로서의 독일의 지리적 상황과 1919년 이후 지상군의 약화된 특성에 의해 유발되었다. 따라서 독일군은 제1차 세계대전에서 적들보다 공군력의 미래 능력과 역할을 더 정확하게 읽었다.

면밀한 조사 결과 독일은 전시 기술경쟁에서 패한 것으로 나타났다. 사후 연구보고서는 특히 효과적인 전차 개발의 실패가 독일군의 패배에 기여했다고 강조했다. 독일군은 전간기에 베르사유 조약의 제한에도 불구하고 무기개발과 조달을 최우선적인 목표로 했다. 또한 잠재적인 적의 기술적 성과를 복제하기로 결정했다. 그래서 독일은 1920년대 내내 무기기술의 새로운 발전을 열심히 기록하고 검토했으며, 이런 발전에 접근하고 이를 복제하기 위해 노력했다. 그 결과 독일은 자신들의 연구와 설계에서 적들의 성과를 기반으로 혁신적인 새로운 무기들을 개발했다. 다름

아닌 전격전 승리의 중요한 2개 요소인 화력과 기동성을 결합한 형태의 무기였다.(1920년대 독일군이 미래에 사용할 것으로 기대했던 기동전에 적합한 수많은 혁신적인 새 무기가 탄생했다.) 이처럼 독일은 1920년대에 1935년 이후 나치 정부가 대량 생산할 질적으로 우수한 많은 최신무기를 생산했다. 이런 무기들은 M13 경기관총, 속사용 경기관총 등이고, 이 경기관총은 1930년대 중반에 경기관총과 중기관총의 기능을 동시에 수행할 수 있는, 유명한 M34 다목적 기관총으로 발전했다. 독일 보병의 화력은 M34 기관총을 중심으로 이뤄졌고, 이 기관총은 소총수 20명의 사격과 동일한 화력을 발휘한 것으로 평가됐다.

신무기 개발

이 기간 동안 독일군은 75mm le IG 18 보병지원포와 견고하고 기동성이 뛰어난 105mm le FH 18 견인곡사포와 같이 기동성과 화력을 결합한 독보적인 최신 보병돌격포를 개발했다. 보병포는 보병대대에 할당되어 경포병과 함께 보병을 지원했고, 이 보병포는 보병들이 몸에 휴대하고 야지를 기동할 수 있을 만큼 충분히 경량화됐다.

또한, 육군은 s 100mm K 18 중곡사포와 장사거리와 명중률이 양호한 중화포 18, 말이 끄는 37mm Pak L/45 경대전차포를 설계했고 이후에 Pak 35/36 경대전차포로 개선했다. 마침내 독일의 방위 산업체들은 유명한 88mm Flak 18 대공포를 포함해 성능이 우수한 대공포를 생산했다. 이 88mm 대공포는 포구 발사속도가 빠르고 사거리가 길며 관통력이 양호했다. 모든 다른 대공포와 마찬가지로 88mm Flak 18 대공포는 전차를 파괴할 수 있는 탄환과 폭렬 유탄[4]을 발사할 수 있었다. 따라서

---

4 폭렬 유탄: 강한 파괴력을 가진 작약으로 만든 유탄.

전차는 물론 항공기 역시 격추시킬 수 있었다. 이 대공포는 무게가 10.3 톤이었던 영국의 3.7인치 포와 비교하면 4.9톤으로 비교적 가벼웠다. 이런 무기들의 견고성과 신뢰성은 대부분이 제2차 세계대전 동안에도 생산이 계속됐다는 사실로 입증됐다. 전간기 독일군의 기술 혁신 목록에는 무기뿐만 아니라 현대적인 휴대용 단파 라디오와 라디오 통신을 암호화하는 기계인 에니그마Enigma까지 포괄하고 있었다. 결론적으로 독일은 양대 전쟁 사이의 기술경쟁에서 거침없이 선두에 섰고 연합국들은 제2차 세계대전의 후반이 돼서야 간신히 이 간격을 메울 수가 있었다.

전간기 독일의 정치 문화적인 환경은 군국주의와 군사개혁의 가속화를 가능하게 했다. 군국주의와 국수주의 문화는 제1차 세계대전의 패배에도 불구하고 1918년 이후 군대가 국민들의 존경과 지지를 받게 했다. 그러므로 이런 환경으로 독일군의 존재와 국방비 지출의 정당성을 인정받으려고 노력할 필요가 없었다. 오히려 독일군은 공산주의에 대항하는 보루로서의 역할을 수행함으로써 전통적인 국가 및 독일의 생활 방식을 보존하는 보존자로서의 전통적 입지를 강화할 수 있었다. 당시 독일 사회에서 군대의 지위는 전간기 독일군이 정치적 반대나 국내 대중의 분노와 의심 없이 개혁을 위한 정치적 명령에 집중할 수 있을 만큼 확고했다. 1920년대 지속적인 경제적 어려움에도 불구하고 바이마르 공화국은 높은 수준의 국방 예산을 유지할 수 있었다. 사실상 독일은 이 기간에 서부 유럽의 다른 국가들보다 방위비 예산을 더 많이 지출했고, 특히 숨겨놓은 불법 자금을 군대에 은밀히 투입했다. 따라서 전간기 독일의 군사개혁은 영국이나 프랑스 그리고 미국에서와 같이 경제적인 제한을 받지 않았다.

이와 동시에 1920년대 독일군은 부대 구조, 규모 그리고 미래의 잠재적 적국에 대해 세계에서 가장 잘 알고 있는 군대였다. 그런 효과적인 정보는 전간기 독일군이 군비와 기술 경쟁에서 다른 강대국보다 앞서 나가는 데 도움이 됐다. 예를 들어 독일은 프랑스와 같은 다른 유럽 국가들

●●● 1920년대 장갑차량 앞에 서 있는 독일군 장교들. 이 기간에 국가방위군은 대규모 장갑차량을 운용했다. 이것은 국가방위군이 부대들을 기동화시키는 데 주력했다는 것을 의미했다. 나치 정권 하에서 이 과정은 가속화됐다. 〈사진 출처: WIKIMEDIA COMMONS | Public Domain〉

이 105mm 구경으로 표준화하기 수년 전인 1920년대에 105mm le FH 18 견인곡사포를 포병의 중심으로 표준화를 진행했다. 105mm le FH 18 견인곡사포는 표준적인 무기였으나 다목적의 화포로 모든 탄종을 사격할 수 있었고 근거리에서는 전차까지 파괴할 수 있었다.

독일군의 다른 장점 중 하나는 제1차 세계대전에서 배운 교훈을 교리 개선에 바로 적용한 것이었다. 1920년대 초반에 독일군은 전쟁에 대한 총체적이고 현대적이며 통합된 접근 방식을 제시하는 새로운 교범인 『지휘 및 전투』를 발간해 배포했다. 이 교범은 긴밀한 제병협동으로 적을 포위하고 이어 공세적인 전투력을 집중해 종심 깊이 신속하게 기동하는 교리를 발전시켰다. 추가적으로 전간기의 독일군은 수시로 기술의 발전을 고려해 교리를 최신화시켰다. 계속해서 발전하는 항공기와 장갑의 꾸준한 능력 향상을 수용하기 위해서였다. 독일군은 제1차 세계대전의 경험으로 인해 항공기와 전차의 효과에 대한 회의적인 입장을 보였지만, 1930년대에 더 강력한 전차와 항공기를 개발하면서 1933년부터 1935년에 새로운 전투 지휘 교범인 『부대 지휘Truppenführung』를 새로 발간했다. 제병협동부대라는 용어는 독일군의 교리로 적을 격멸하기 위해 전차, 포병, 보병, 대전차화기 및 항공기 등 다양한 무기들을 통합하는 노력의 결과를 의미하며, 전투지원이 그 핵심에 있다. 전차는 트럭이나 반궤도차량에 탑승한 차량화보병, 차량화공병, 포병화력 및 항공의 지원을 받는다. 전차가 단독으로 적의 전선을 돌파한다는 것은 생각하지 않았다. 공격은 전차, 보병과 포병으로 편성된 많은 소규모 공격팀으로 구성되며 이어서 제병협동 전투단이 추격을 실시한다. 공중에서는 항공기가 적의 포병, 전차 및 예비대를 공격한다. 이런 제병협동부대들은 최대한의 결과를 달성하기 위해 다양한 각 병과 부대들이 어떻게 작전하는가에 대한 상호 간의 이해가 필요했다.

병과에 관계없이 모든 독일 병사들에게 보편적으로 교육시킨 『부대 지휘』교범은 진보적이고 포괄적이며 현실적이고 유연한 교리를 명확하게 설명하고 있으며 제2차 세계대전 내내 독일 군사 효율성의 핵심이었다. 왜냐하면, 이런 교리와 교범은 독일군의 모든 병과 부대들이 타 병과의 기능과 가치 및 제병협동부대 내에서 각 병과의 역할을 이해하도록 했기 때문이다. 결과적으로 독일군 부대는 교리를 통해 제병협동작전의 전문지식을 보다 용이하게 발전시켰다. 그러므로 모든 제대의 독일군 지휘관들은 결속력 있고 유연한 전투단을 구성해 보병, 공병, 포병 및 전차병들을 신속하고 완벽하게 운용할 수 있는 능력을 갖췄는데 이는 전시 독일군의 가장 큰 강점 중 하나가 됐다.

독일군은 교리적으로 기동성, 분권화, 민첩성, 기습 그리고 전과 확대

●●● 1920년대 독일군의 모의 전차. 베르사유 조약으로 독일 국가방위군은 전차를 보유할 수 없었기 때문에 모의 전차를 만들었다. 이 모의 전차는 우스꽝스럽게 보였지만 부대가 전차와 함께 작전을 진행하는 데 익숙해지도록 실제 전차의 모든 행동 패턴을 갖추고 있었다. 〈사진 출처: WIKIMEDIA COMMONS | Public Domain〉

를 강조해 실전적이고 안정적이며 공세적인 교리와, 훈련된 부대로 제2차 세계대전을 일으킬 수 있었다. 예를 들어 기갑사단은 다목적 전투부대였다. 기갑사단은 편제상의 전차연대 외에 차량화보병연대, 오토바이대대, 포병연대, 대전차연대, 수색대대, 공병대대 등으로 편성됐다.

대폭적인 대부대 훈련은 부대를 교리에 숙달시키는 데 기여했다. 1920년대 말까지 이런 훈련은 정교해졌고 육군의 기동 기술은 타의 추종을 불허했으며, 1930년대 초에 작전과 전술적인 면에서 기동부대의 운용방안들을 창안하기 시작했다. 더욱이 독일군은 기본적으로 다른 유럽의 군대들보다 기동을 훨씬 강조하고 집중적으로 연구했으며 사후 보고서에서 나온 권고 사항을 집중적으로 숙달시켰다. 그 결과 독일군의 전투력은 제1차 세계대전 이전 제국군이 유지했던 높은 수준으로 신속하게 회복될 수 있었다. 전간기의 독일군은 정기적인 기동 연습을 통해 편성과 전투기술을 계속적으로 향상시켰고, 차량화와 기계화부대의 통제와 전개를 위한 절차와 메커니즘을 발전시켰으며, 병사들에게 다른 병과와 협조하는 방법을 숙달시키고, 기동전의 실질적인 문제점을 연구했다.

방어 교리

독일군은 1920년대에 변화된 상황과 능력을 고려하여 방어 교리를 개선했다. 베르사유 조약의 제한으로 인해 독일군은 제1차 세계대전 후반에 독일군이 고안한 종심 방어 교리를 수행할 수 없었다. 대신 수적으로 열세인 독일군이 지연전을 수행하고 동시에 자신들의 제한된 군사력을 유지하면서 적에게 치명적 손실을 입힐 수 있도록 지형의 이점, 속도, 힘의 집중을 이용한 지연 방어의 교리를 발전시켰다. 일단 적이 완전히 탈진하고 그들의 공격이 강력한 방어와 공세전의 피할 수 없는 마찰의 결과로 교착 상태에 빠지면 독일군 예비대는 공격자를 물리치기 위해 고안된 반격을 시작하는 데 집중할 것이다. 전간기에 독일군은 지연 방어로 더 강한 적에 승리하기 위해서는 제병협동부대 전투력의 총합이 각 개별의 합보다 더 크도록 하는 부대 간의 긴밀한 협조가 꼭 필요하다는 것을 깨달았다.

독일군 참모총장인 한스 폰 젝트Hans von Seeckt는 1920년대의 독일군을 창건하는 데 가장 핵심적인 인물이었다. 젝트는 기동부대에 의한 신속한 공세-수세 전략은 수적·양적으로 열세한 전투력을 상쇄할 수 있다고 확신했다. 그래서 그는 1920년부터 1926년 사이에 독일군을 차량화하기 시작하며 공격을 주장했다. 그는 기동전을 강조하면서 제1차 세계대전에서 동부 전선에서 실시한 대규모의 기동작전을 연구했다. 젝트는 기병을 현대화시켰는데, 종심 깊은 돌파를 하는 기동력이 있고 공세적이며 반궤

한스 폰 젝트

●●● 1936년 4월 22일 70세 생일을 맞은 한스 폰 젝트 장군이 베를린에서 사열하고 있다.
〈사진 출처: WIKIMEDIA COMMONS | CC BY-SA 3.0〉

한스 폰 젝트 대장은 1920년부터 1926년까지 독일군 총사령관으로, 전간기 독일군의
발전에 중추적인 역할을 했다. 1919년의 가혹한 베르사유 조약으로 인해 독일군이 축
소되자 젝트는 독일군에게 강한 공격 정신을 심어주기 위해 독일군에 처음으로 기동화
를 도입했다. 이는 제1차 세계대전 중 그의 동부 전선 기동전 경험에서 나온 것으로, 기
동부대의 공격적인 방어를 통해 수적으로나 물질적으로 우세한 적을 물리치고자 했다.
당시 베르사유 조약은 독일에게 자국 내 치안유지에 필요한 3개 기병사단만 보유하도
록 허용한 상태였는데, 서부 열강들조차도 이를 내부 치안 임무에만 유용한 시대착오적
인 것으로 간주했다. 하지만 젝트는 독일의 기병을 현대화하여 기동수단을 할당하고 화
력을 보강했으며, 종심 깊은 돌파를 할 수 있는 반궤도화된 공세적인 기동부대로 편성
했다. 젝트의 지휘로 기병은 양차 세계대전 사이에 한 지역의 전장위기를 해결하고 나
서 곧 다른 곳으로 달려가도록 계획된 독일군의 소방대 역할을 충실히 수행할 수 있었
다. 젝트와 베르사유 조약이 예상하지 못하게 불러일으킨 전간기의 독일군의 기동성과
신속하고도 공세적인 성향은 결국 제2차 세계대전 첫해에 독일군이 전격전의 드라마틱
한 승리를 거두는 데 중요한 역할을 했다.

도차량을 편제한 제병협동부대로 개편했다. 이 부대는 육군의 소방부대[5]가 됐다. 젝트가 양차 세계대전 사이의 독일군을 숙달시킨 기동성과 공세성은 1939년부터 1941년까지 독일군의 드라마틱한 승리에 큰 역할을 했다. 장기적으로 중요한 변화는 1929년부터 1931년까지 젝트의 후계자인 빌헬름 그뢰너Wilhelm Groener가 제한된 기계화를 시작한 것이다.

그럼에도 히틀러의 국가사회당National Socialist Party이 정권을 장악한 1933년 당시 독일 육군은 6년 후에 보여준 파괴적인 공격을 발휘할 수 없는, 경무장하고 말이 이끄는 10개 위수사단밖에 없었다. 하지만 1920년대 실험과 개혁의 결실은 1930년 후반에 마침내 꽃을 피워 히틀러가 착수한 대규모의 졸속적인 전력증강과 재무장의 부담을 감소시켰다. 1920년대의 피나는 노력과 준비로 미래 독일군을 이끌어 갈 지휘관과 간부들을 양성했고, 이들에 의해 1930년대 후반에 다른 무엇보다 훨씬 빠른 속도로 크고 현대화된, 공세적인 독일군을 편성할 수 있었다. 이렇게 해서 히틀러가 집권하게 되자 계속되는 베르사유의 제한에도 불구하고 1933년에서 1935년까지 은밀한 확장과 광범위한 재무장이 시작되면서 군사력 성장과 개혁의 속도를 극적으로 가속화했다. 히틀러는 은밀히 24개 사단으로 확장하고 1920년대 개발한 75mm le IG 18 보병지원포와 같은 우수한 화포를 비밀리에 생산했다.

히틀러와 재무장

1935년 히틀러는 국민의 높은 지지에 힘입어 공식적으로 베르사유 조약을 파기했다. 히틀러는 즉시 징집을 재도입하는 동시에 공식적으로 대

---

5 소방부대: 소방대가 불이 나는 곳마다 출동하여 불을 끄듯 적의 위협을 제거하도록 운용하는 기동 예비부대를 의미한다.

규모의 독일군 재무장과 확장을 시작했다. 1935년 7월에 독일 방위법은 국가방위군을 독일 국방군Wehrmacht(이하 독일군으로 표기)으로 개칭하고 지금까지 비밀리에 추진하던 공군을 공식화했다. 같은 해 독일은 최초의 경전차를 생산했고 3개 기갑사단을 창설했다. 양차 대전 사이에 독일군이 연구, 계획하고 기술적인 혁신을 추진한 결과, 독일의 정예 기계화선두부대는 제2차 세계대전 초기에 적국들을 능가하는 기술적 우위를 확보했다. 이처럼 독일군 중전차는 승무원을 5명으로 편성해 과도한 업무 부담을 해소시켰고(프랑스 전차는 단지 1명의 포탑 승무원으로 편성) 전차의 장갑을 강화해 방호력을 증가시켰다. 정면 장갑은 더 두껍게, 측면과 후면 장갑은 더 얇게 제작됐다. 게다가 1920년 내내 베르사유 조약을 위반하면서 보존한 비밀무기의 비축량은 다른 방법으로 불가능했던 독일군의 확장을 가능하게 했다. 제1차 세계대전 시 숨겼던 무기를 이용해 1930년대 중반 독일 군대는 신규 생산이 충분히 가능해질 때까지 매년 대규모의 새로운 병력을 훈련시킬 수 있었다. 또한, 군의 확장이 무기 생산을 능가했기 때문에 독일이 1939년 9월 전쟁에 대비해 동원한 새로운 차량화사단들은 카 98 볼트 액션소총Kar 98 bolt-action rifle 등 제1차 세계대전에서 사용했던 무기들로 무장했고 그들 중 대부분은 제2차 세계대전 내내 훌륭하게 사용됐다.

또한, 징집제 재도입에 반대하는 독일인이 거의 없었고 정치적, 대중적 정서는 재무장을 지지했기 때문에 독일의 군국주의 문화는 급속한 군사 확장을 촉진했다. 독일 산업계 역시 경제적 불황에 전례 없는 고용의 기회를 확대하는 군대의 재무장을 열렬히 환영했다. 군대와 방위산업에서의 새로운 직업들은 독일에서 항상 사회적인 존경과 지위를 제공해왔으며 나치 정권이 완전 고용으로 돌아가는 과정에서 사람들에게 새로운 수준의 사회적 이동성을 제공, 개인과 국가적 자부심을 회복시켰다.

그러나 재무장은 혜택만큼 문제점도 많았다. 독일 육군은 확장 과정

●●● 훈련 중인 독일 국가방위군의 기병. 1920년대 재독 미군 무관 콩거(A. L. Conger)는 10만의 독일 국가방위군은 유럽 대륙에서 가장 우수한 군대라고 했다. 베르사유 조약은 독일에게 단지 3개 기병사단만을 승인했다. 젝트는 이 기병들을 독일군의 소방대로 재편성했다. 〈사진 출처: WIKIMEDIA COMMONS | CC BY-SA 3.0〉

에서 초기에 일제히 재조직되고 분할되며 신병을 흡수하고 다시 분할되는 과정에서 결속력과 전투 효율성이 약화됐다. 6년 동안 독일군은 20배로 증강됐다. 이런 급속적이며 대규모의 확장은 불가피하게 성장통과 초기의 어려움을 가져왔다. 1935년에서 1936년까지 제2차 확장 단계에서 독일군은 36개 사단으로 증가했다. 하지만 단지 3년 만에 5배로 확장을 완료해야 했기 때문에 부대 증편은 1937년에 잠시 템포를 늦췄다. 신속한 대규모 확장으로 1930년대 후반에 제대로 훈련을 할 수 없게 되자 전통적인 독일군의 높은 훈련 수준을 유지하지 못했다. 이렇듯 급속한 부대 확장은 교육훈련의 단계적인 숙달을 저해했고 교관에 의한 보편적인 훈련 수준을 유지하는 데 큰 어려움을 가져왔다.

히틀러는 독일군의 확장과 재무장을 강력히 추진했지만, 생활권을 정복하려는 장기적인 목표에만 치중하고, 독일군의 전술과 작전적인 교리 발전에는 간섭하지 않았다. 제2차 세계대전 당시 군대 개혁은 육군 총사령관 베르너 폰 프리치Werner von Fritsch, 참모총장 루트비히 베크Ludwig Beck와 참모차장 에리히 폰 만슈타인Erich von Manstein에 의해 추진됐다. 전시 독일군 승리의 중요한 핵심은 고위급 지휘관들이 개혁의 실무자들에게 신무기 개발, 전술과 교리 발전의 큰 재량권을 부여하면서, 특히 재무장과 관련된 그밖의 모든 아이디어를 수용한 것이었다. 이런 특성으로 인해 육군은 기갑부대를, 공군은 전술항공을, 해군은 잠수함부대를 개발하게 됐다. 이 새로운 무기는 나중에 독일의 가장 효과적인 군사 도구임이 입증됐다. 비록 군 간의 경쟁을 부추겼지만 거의 무제한적인 자금과 나치 정권의 전폭적인 지원으로 무기 개발에 대한 재량권을 가질 수 있었다.

장차 예상되는 가장 불길한 징조는 1930년대 독일이 기갑전의 선구자로서의 영국의 위치를 빼앗았다는 것이다. 제1차 세계대전에서 독일군은 전차의 개발과 운용 면에서 영국에 비해 크게 뒤처져 있었으며 베르사유 조약은 양대 전쟁 사이의 독일이 전차를 보유, 개발과 생산하는 것을 금지했다. 그러나 이런 조치는 1925년에서 1928년까지 독일이 군사적으로 사용하는 사실을 위장하기 위해 경 트랙터와 대형 트랙터라는 이름의 기만적인 제목을 붙인 극소수의 전차를 비밀리에 만드는 것을 막지 못했다. 베르사유 조약 이후 국제 체제에서 소외된 2개의 국가인 소련과 독일이 상호 군사협력 조약을 체결한 후에, 독일은 1928년부터 1932년 사이에 생산한 전차 7대를 소련의 카잔Kazan 훈련장에서 비밀리에 시험·운용했다. 정치적으로 반대되는 이 두 국가가 상호 협조한다는 것이 놀랍게 보일 수 있지만, 양국 각자의 군사교리에는 많은 부분 공통점이 있었다. 소련군은 혁명적 과정의 산물이었으며, 프룬제M. V. Frunze와 미하일 투하쳅스키Mikhail Tuchachevski와 같은 지도자들의 지휘 아래에서 혁명정신을 군사교리에 반영했다. 프룬제와 투하쳅스키는 러시아 내전을 특징짓던 기동전을 참고해 프룬제의 말대로 "대담하고 적극적인 공격 정신으로 무장한" 강력한 기동군을 주창했다. 이 말은 젝트와 구데리안도 할 수 있었을 것이다.

또한 전간기 동안 독일 육군은 영국의 전차 전술에 대한 아이디어를 조사 · 흡수 · 정제해 이를 프로이센의 전통적 군사개념과 조화롭게 조합해 초기 전차전술을 개발했다. 많은 주요 나치 지도자들이 기계화를 선호했기 때문에 나치 권력의 등장은 기계화를 촉진시켰다. 1934년 10월에 육군의 수송부대와 반자동화기병대를 모체로 최초의 기동부대 사령부와 독일 최초의 독립적인 차량화부대를 창설했다. 이어서 1935년에 독일군은 최초로 3개 기갑사단을 창설했다. 이런 전차의 발전에 공헌한 장군은 하인츠 구데리안이었다. 그는 1937년에 전략적 공격의 수단으로 독일 기갑부대의 운용을 널리 알리는 『전차를 주목하라!Achtung Panzer!』를 발간했다. 급하게 쓰여진 이 책은 유럽 내 전차전을 주도했던 동시대 전문가들의 사상을 종합한 것이었다.

하지만 이러한 독일군의 개혁은 혁명적인 개혁이라기보다는 전략적 · 작전적 · 전술적인 사고에 의한 자생적 개혁이었다. 기갑사단의 개념은 기존 독일 교리와 작전술에 깊이 뿌리내린 기동성, 공격적 사고, 종심 공격의 논리적인 귀결이었다. 제병협동기갑사단은 제1차 세계대전의 후반에 발전시켰던 돌격제대와 돌격전술의 논리적인 계승이었다. 이런 기갑부대들은 제2차 세계대전 발발 이후 최초 3년간 유럽의 힘의 균형을 바꾸어 놓았던 전격전의 전략을 구현하기 위한 종심 공격, 포위 및 섬멸 등 탁월한 독일의 전략적 교리를 상대적으로, 쉽게 적용할 수 있었다. 이런 사실은 독일이 영국보다 전차전의 개념을 보다 쉽고 효과적으로 체득할 수 있었던 까닭을 설명하는 이유가 된다.

기갑사단은 최초 창설에서부터 단순한 전차만이 아닌 제병협동부대였고, 함께 협조된 작전을 하도록 훈련된 부대였다. 1935년 8월 독일군은 최초로 대규모 전차의 기동을 실시했다. 그들은 1928년 부대시험 중에 있는 영국 기계화부대를 면밀히 연구했고, 솔즈베리^{Salisbury} 평원에서 실시한 훈련을 분석해 영국군보다 더 많은 교훈을 도출했다. 비록 그들의 기갑부대가 영국에서 시험 중인 기계화부대를 모델로 삼았지만, 독일군은 주기적인 연습을 통해 기계화부대는 전술적인 잠재력보다는 전략적인 잠재력이 더 크다는 것을 점차 깨닫게 됐다.

1936년 이후 전차의 전력 증강은 군 자체적인 반대와, 자청한 과욕으로 뜻밖의 저항에 부딪혀 어느 정도 추진력을 잃었다. 그러나 이 저항은, 이미 합의를 이룬 전차 자체의 가치에 대한 저항이 아니라 후방으로 종심 깊은 침투 작전에서 실행 가능성에 대한 저항이었다. 사실, 독일이 1930년대 후반에 보병지원을 위해 2개의 기갑여단, 수색정찰과 기습작전을 위해 기병을 대체할 4개의 경보병사단과 탈취한 지역을 확보하기 위한 4개의 차량화보병을 창설하게 된 것은 군대 전반에 걸쳐 전차의 유용성을 널리 수용한 결과였다. 1938년 1월 독일군은 기동전의 전략적인 잠재력을 인식해 이 부대들을 3개 차량화군단으로 통합했다.

많은 역사가들은 전쟁 초기 독일 기갑부대의 승리는 일정 부분 영국 군대에서 있었던 것처럼 독일이 기병을 중심으로 한 새로운 부대 창설을 거부했기 때문이라고 주장했다. 하지만 이러한 역사가들은 기갑부대 창설 시 독일 기병의 중요성을 과소평가한 것이었다. 최초 독일군의 기계화 사단은 기병을 중심으로 개편됐을 뿐만 아니라 기병부대 병사들은 최초 기갑사단의 병력으로 대부분 전환됐다. 중요한 차이점은 양차 대전 사이의 독일군이 1920년대 기병을 제병협동부대 및 종심돌파부대로 훈련시켰다는 것이다. 그러므로 독일군이 기병을 기갑부대에 편입할 때 보수적인 영국 군대의 경우보다는 갈등이 적었다.

독일군 전차

1933년부터 1935년까지 독일은 최초의 2대의 전차인 1호 전차^{Panzer I}, 2호 전차^{Panzer II}를 생산했다. 이 전차들은 더 크고 더 효과적인 전투용 전차로 신속하게 대체되기 전 대량 생산된 훈련용 경전차들이었다. 1호 전차는 5.4톤으로 승무원은 2명이었고, 6-13mm 두께의 장갑과 M13 기관총(7.92mm) 2정을 장착했다. 이 전차는 57마력의 크루프 M305 B4 실린더 가솔린 엔진으로 가동됐고, 최대 속력은 도로에서 시속 38km였다. 2호 전차는 8.9톤으로 14.5mm의 장갑과 20mm KwK 30 L/55 기관포를 장착한 전차였다. 이런 독일의 최초 전차들은 매우 가볍고, 화력이 미흡하며 장갑의 두께가 얇았을 뿐만 아니라 탑재된 광학 장비도 부족했다. 그러나 모든 장갑 전투차량이 초보적 수준인 무선수신기를 장착한 반면 지휘용 전차는 강력한 무선 송신기를 장착했다. 전장에서 교신할 수 있는 이런 통신 능력은 독일의 잠재적인 적국, 특히 프랑스의 많은 전차들과는 다르게 독일 선두기갑사단의 공세적인 전투능력을 확실히 증대시켰다.

하지만 장비와 경험의 부족 그리고 기갑부대의 졸속 확장은 모두 불가피하게 1930년대 독일 전차의 발전을 저해했고, 이로 인해 최초의 중형 전차인 3호 전차^{Panzer III}, 4호 전차^{Panzer IV}는 1938년 초가 돼서야 야전부대에 배치됐다. 더욱이 제조 회사의 전문지식 부족으로 전차 생산은 지연됐다. 그러므로 기갑부대는 제2차 세계대전 초기만 해도 안정감이 없었고 전투력이 강한 부대가 아니었다. 이런 취약점은 독일군이 1939년 3월 체코 본토를 점령한 후, 체코의 주력전차 2개 모델을 획득해 35(t) 전차^{Panzer 35(t)}와 38(t) 전차^{Panzer 38(t)}로 다시 디자인함으로써 부분적으로 해소됐다. 대부분의 38(t) 전차는 15톤이고 장갑의 두께는 35mm이며 37mm KwK L/45 대전차포를 장착했다. 아무리 강조해도 지나치지 않

●●● 아돌프 히틀러가 선두차량에서 팔을 뻗어 답례하고 있다. 그는 사실상 독재자로 군비 확장을 가속화했다. 그는 1935년 징집제도를 다시 도입했고 정치적인 선전 효과로서의 전차의 가치를 높게 평가했다. 1935년 그는 쿠머스도르프(Kummersdorf)에 있는 포병 훈련장 방문하여 **기갑부대를 사열**하면서 "저런 전차가 우리에게 필요한 것이고, 내가 갖기를 원하는 것이다"라고 연설했다. 히틀러가 기갑부대 장군인 구데리안을 신뢰했기 때문에 기갑부대는 수월하게 확장됐다. 〈사진 출처: WIKIME-DIA COMMONS | Public Domain〉

는 것은 독일군 전차가 상대적으로 우수했다는 것이다. 1939년 독일 전차도 취약점이 많았지만 적대국 전차의 취약점이 더 많았다.

1939년부터 1941년 사이 독일군의 놀라운 승리에도 불구하고, 1930년대 후반 독일의 군비확장은 수월하지도, 효과적이지도 않았다. 군비확장은 계획성 없이 졸속으로 이뤄졌으며, 전략적인 청사진에도 불구하고 나치 정권은 군비확장에 실패했다. 군비 확장은 광범위하게 이뤄졌으나,

깊이가 없었다. 각 병과는 상호 간 협조 없이 병과 자체로 독자적인 무기를 무한정 개발했다. 독일군을 나치 정권과 떼려야 뗄 수 없는 관계로 만들었지만 그 대가는 컸다. 광범위한 군비확장은 네덜란드로부터 스위스에 이르는 서부 방벽West Wall(지그프리트 방어선Siegfried Line) 요새화의 구축과 연계됐다. 서부 방벽은 상호 중첩된 사계를 제공하는 수백 개의 사격 진지들로 구성됐고, 지휘소, 관측소 및 부대 별 지하 대피소 등 광범위한 방어 시스템에 의해 보강됐으며, 대전차 용치Dragon's Teeth와 같은 인공 장애물이 지형과 통합, 설치됐다. 이런 서부 방벽은 1938년부터 1939년 사이 독일의 경제를 거의 파산시켰다. 다행히 오스트리아와 체코슬로바키아 합병으로 금융과 경제의 붕괴를 막을 수 있었다. 더욱이 몇 가지 피할 수 없는 전략적 한계가 독일의 군비 확장을 제약했는데, 가장 중요한 것은 독일의 원자재 수입, 특히 석유 제품과 중금속에 대한 의존도와 외화 자본의 부족이었다.

각 군 간의 갈등

하지만 독일은 이런 제한사항 내에서 전쟁 준비에 박차를 가했다. 무제한의 군비확장은 개혁을 상당히 촉진시켰다. 재래식 지상부대, 구형 항공기 및 함대와 병행해 육군은 전차를, 공군은 급강하폭격기(슈투카)를, 해군은 잠수함을 개발했다. 하지만 이러한 군비 확장을 통제할 수 있는 컨트롤 타워가 없어 각 군 간의 경쟁이 심각했다. 예를 들어 육군과 공군은 새로 창설되는 공수부대와 방공포병의 지휘권 문제로 격렬하게 다퉜고 육군과 해군은 해안포병과 해안방어의 문제로 갈등을 빚었다. 수많은 경쟁 기관이 존재하는 나치 정권은 모든 군사 조직에 내재된 각 군 간의 경쟁을 부채질했을 뿐이었다(히틀러는 사회진화론적인 적자생존의 세계관으로 경쟁을 장려했다). 광범위한, 사실상 무제한의 재무장은 경쟁을 줄일 수도 있었겠지만, 1930년대 후반에 보병, 포병 및 기병 병과 모두가 자체 전차를 강력히 요구했기 때문에 경쟁을 완전히 근절시킬 수 없었다. 이러한 경쟁은 해결이 불가능해 결국 부대 구조와 무기개발의 중복을 피할 수 없었다. 공군이 공수부대와 방공포병을 지휘하는 동안, 육군은 글라이더 착륙보병부대와 육군 경방공포병부대를 창설해 대응했다. 전차의 편제를 거부당한 포병은 포병 자체 프로그램으로 무한궤도돌격포(보병지원용 대구경화기를 장착한 차량)를 개발했다. 이런 개발은 3호 돌격포StuG III로까지 발전했다.

아이러니하게도 이런 무계획적인 군비확장은 서방 국가들과의 유화정책과 뮌헨 협정(독일, 이탈리아, 영국, 프랑스가 1938년 9월 독일어를 사용하는 체코슬로바키아의 주데텐란트를 독일에 양도한 협정)을 체결하는 데 기여했고 독일의 군사력을 오판하게 만들었다. 사실상 연합국은 1930년대 초, 독일의 군사력을 과소평가했으나 1936년 이후에는 공개적인 군비확장을 추진하면서 정반대로 독일의 군사력을 지나치게 과대평가하게 됐다. 게다가 나치 정부는 프로파간다를 효과적으로 조작해 서양의 독일 군사력에 대한 인식을 과장시키는 데 성공했으며, 이는 독일의 잠재적 경쟁 상대들 사이에 정치적 불확실성을 심어주는 데 도움이 됐다. 하지만 독일의 재무장은 겉치레일 뿐이었다. 원료와 외환보유고의 부족으로 재무장에 상한선을 둘 수밖에 없었고, 군사력의 확장은 지속적으로 무기의 생산 능력과 교육훈련의 능력을 초과했다. 예를 들어 1939년 봄, 독일군은 특히 박격포, 중포병이 심각하게 부족했고, 탄약의 비축량은 13일에 불과했다. 이것을 기본으로 한 대규모의 군비확장은 자원의 수입 의존도를 더욱 높였으며, 그로 인해 석유 비축이 심각하게 부족한 상태였다.

독일은 야심차고 팽창주의적 외교정책의 목표들로 군사혁신에 유리한 풍토를 조성하는 한편, 제1차 세계대전에서와 같은 패배를 반복하지 않기 위해 전략적·지정학적인 환경에 있어서도 공세적인 지상전을 위한 개혁을 추진했다. 이런 이유로, 독일군은 빠른 템포로 기동하는 공세부대들 간에 신속하고 효과적인 교신을 보장하는 무전기를 개발했다. 사실상 전간기에 독일은 가장 양호한 통신장비를 개발했으나, 공격을 중요시하는 부대들이 레이더를 주로 방어용 무기로 보았기 때문에 레이더의 잠재력을 충분히 활용하지 못했다.

군사훈련

히틀러는 독일군을 전광석화와 같이 확장시켰다. 하지만 강제적인 확장은 단편적이고 졸속한 교육훈련으로 훈련의 질을 떨어뜨렸다. 대규모 전투부대의 확장은 부대 구조의 불균형을 초래하고 작전의 융통성을 제한했으며, 사단편제부대 외 전투지원부대 및 군수지원부대의 부족을 초래했다. 하지만 독일군의 전통인 공개적이고 진솔한 비평식 자체 사후 검토는 과도한 부대확장으로 초래된 문제들을 상당히 완화시켰다. 1935년 이후 대규모의 확장과 재편성을 실시하는 중에도, 독일군은 정례적이고 광범위한 대부대 군사훈련을 계속했다. 1935년 7월 이 훈련은 최초로 완전 편성된 차량화사단의 기동훈련이었고, 전차전의 잠재력을 과시했다.

　1936년 9월에 1913년 이후 가장 큰 규모의 기동훈련이 실시됐고, 그 다음 해에 이보다 더 큰 규모의 훈련이 실시됐다. 이런 기동훈련은 전투 준비 면에서 많은 결함을 발견해냈고 기초 군사훈련의 새로운 방향을 제시했다. 체코슬로바키아 위기로 1938년 기동훈련은 축소됐으나 부대들은 전쟁 준비에 따른 강도 높은 훈련을 실시했다. 더욱이 독일군은 전투 준비 상태와 임무 수행 가능성을 세밀하게 평가했으며 예상되는 잠재 적국에 대한 광범위한 정보를 수집했다. 독일 해외 무관들과 관찰자들은 외국군이 실시하는 연습과 기동을 세밀히 관찰하고 이러한 경험에 대한 보고서를 제출한 반면 장교들은 여행자로 가장해 외국의 군사 활동에 대한 정보를 수집했다. 독일의 장군참모장교들은 전술과 장비에 대한 가장 최신의 경향을 완전히 파악하기 위해, 외국의 신문과 군사 저널을 면밀히 연구했다. 이러한 독일군의 각고의 노력과 민감한 활동은 전간기 군사적인 작전 준비의 특징이 됐고, 이러한 군사적 전문성은 무리한 부대확장으로 인해 발생되는 취약점들을 완화시켰다.

그런 노력에도 불구하고 독일군은 전쟁 전의 중요한 문제점들을 완전히 해소하지는 못했다. 독일군은 장교가 심각하게 부족해 전통적으로 부사관에 대한 의존도가 높았다. 하지만 1930년대 후반 부사관의 부족은 훨씬 더 심각해졌다. 1939년 9월 장교가 부족한 상태에서 전쟁을 개시했으며 전쟁 중 장교 손실의 증가로, 전쟁 내내 이러한 상황은 더욱 악화됐다. 게다가 시간에 쫓기는 성급한 훈련과 공세적 기질은 방어작전 시 부대의 전투능력을 저하시켰으며, 지속적인 병력의 순환은 전투준비의 숙달을 지연시켰고, 단결력을 약하게 만들었다.

1939년, 독일군이 최근까지의 작전 경험을 얻었다는 것은 부분적으로나마 이러한 결점들을 해소하는 데 도움이 됐다. 1936년부터 1939년까지 스페인 내전에 독일군 콘도르군단Legion Condor[6]이 참가하면서 많은 실전 전투경험을 습득했던 것이다. 독일군은 이 내전에서 중요한 전투 교훈을 체득했다. 공군Luftwaffe은 스페인에서 최초로 대규모의 전략적인 공중수송작전을 실시했다. 하인켈Heinkel He 111 중폭격기가 게르니카Guernica 지역을 격멸할 때 최초로 융단폭격을 실시했고, 융커스Junkers Ju 87 슈투카Stuka가 최초로 전술항공지원에 운용됐으며, 공지전투를 위한 아주 초보 단계의 지휘 및 통제 시스템을 발전시켰다. 지상전 역시 88mm Flak 18 대공포의 대전차공격 능력(빠른 속도, 장사거리, 뛰어난 명중률, 신속한

---

6 콘도르군단(Legion Condor): 독일 공군이 스페인 내전 시 스페인에 파견한 공군의 비행단. 12대 폭격기로 구성된 4개 폭격기 대대와 4개 전투 대대로 편성됨.

●●● 독일 부대들이 1936년 이전에 비무장 지역이 된 라인 지방에서 행군하고 있다. 약 2만 명의 병력과 지방 경찰이 이 행군에 참가했다. 1936년 3월 29일에 실시한 국민투표에서 독일 국민의 98.8%가 히틀러의 통치행위에 찬성하는 표를 던졌다. 〈사진 출처: WIKIMEDIA COMMONS | CC BY-SA 4.0〉

발사속도) 및 독일 제1세대 전차의 능력과 제한사항에 대한 중요한 정보를 습득했다.

　독일은 1938년 3월과 10월에 각각 오스트리아와 주데텐란트를 평화적으로 합병하고 1939년 3월에는 추가로 체코를 합병해 독일군은 추가적인 작전경험을 할 수 있었다. 이런 전역들은 독일군의 장비와 훈련 및 편성 면에서 현저하고도 많은 취약점들을 도출시킨 고도의 교훈적인 예 행연습이었다. 이런 합병들은 1938년 3월에 오스트리아의 평화로운 재 점령을 위한 동원에서 극도로 비참하고 혼란스러웠던 문제점들이 그다음 동원에서 점진적으로 개선됐음을 증명해줬다. 오스트리아 합병 시 동원에는 상당한 혼란이 있었다. 독일군 부대는 행군 간 오스트리아군의 방해가 없었음에도 불구하고 한 줄로 길게 늘어선 가운데 뒤죽박죽 무질서하게 오스트리아 수도 빈Wien에 도착했다. 이런 사후 보고서는 교리, 작전수행, 훈련 및 행군 군기 면에서 날카로운 비판을 가했다. 훈련되지 않은 예비 및 지원부대들은 계획성 없이 혼란스럽게 동원됐고, 행군 군기는 엉망이었으며 계획한 시간대에 오스트리아에 도착하지 못했다. 게다가 육군 정규군과 합동 훈련을 하지 않은 나치의 SS 준군사부대, 무장경찰 및 공군 부대는 더 심각한 혼란을 겪었다. 사후 작전 분석에서 가장 심각한 작전적인 제한사항은 비육군부대가 아니라 기계화되고 있는 독일군에 대한 연료 공급 부족으로 드러났다. 전투차량들은 연료가 부족해 빈으로 향하는 도로 위에서 반복해서 이동을 중지하고 오스트리아 주유소에서 연료를 보충해야 했다.

체코슬로바키아에 대한 집중적인 전쟁 준비와 오스트리아 점령 시 습득한 교훈 덕분에 1938년 10월 주데텐란트의 합병은 순조롭게 이뤄졌다. 그럼에도 계속되는 심각한 문제들은 항상 작전을 저해했고 그 이후 몇 개월간 이를 보완하기 위한 강력한 훈련이 이어졌다. 이러한 각고의 노력은 1939년 3월 체코슬로바키아를 점령하는 동안 결실을 맺었다. 이 작전은 이전의 실패에 대응하여 도입된 개혁과 조직 개편이 마침내 성과를 거두면서 독일의 동원력이 더욱 개선됐다. 이런 작전들은 독일군에게 훈련장을 벗어난 실제 지역에서 최초로 기갑부대를 운용하는 실전적인 경험을 제공했고 부대 편성, 준비 및 기동성 면에서의 많은 문제점이 해결됐다.

독일군 보병

1930년대 역사적인 초점이 기갑부대의 발전에 있었음에도 독일 육군의 거의 대부분은 보병들이었다. 전쟁 초기 독일 전격전 승리의 필수적인 요소였으나 종종 과소평가된 요소는 독일군 보병의 전투능력과 질적 수준 및 과감한 전투 행동으로, 다음 장들에서 자세히 기술했다. 비록 참모총장 루트비히 베크가 전차를 반대한 보수적인 장군으로 묘사되지만, 그는 전차의 발전을 방해했다기보다는 균형 있는 부대의 창설에 주안점을 뒀다. 그는 1930년대에 전차와 병행한 보병부대의 확장을 추진했다. 이런 보병부대에 대한 투자는 전쟁 초기의 승리와, 전쟁 마지막 2년 동안의 끈질긴 방어에 기여했다. 전간기에 제1차 세계대전의 교훈을 연구한 결과, 독일군 보병은 4년간의 총력전으로 인한 과중한 임무로 1918년 후반기에 붕괴됐다는 사실이 밝혀졌다.

독일군은 전간기에 중대한 보병 개혁에 착수했다. 특히 젝트에 의해 촉진된 이런 개혁들은 1930년대 독일 보병들에게 젝트 자신이 옹호했던 공격의 기동 교리를 불어넣었다. 고위층 지휘관들은 공세적인 보병 병과를 육성하기 위해 보병 훈련을 검증하고 혁신했다. 훈련은 개인의 주도권, 최고의 능력을 가진 분대장 그리고 강인한 체력을 강조했다(강인한 체력은 보병사단들이 기계화부대에 의해 조성된 포위망을 봉쇄하고 압축하기 위한 장거리 행군을 가능하게 했다). 엄격한 교육훈련은 분대장들을 영혼 없는 자동판매기가 아닌 명석한 지휘자로 준비시키면서 복종과 군기를 확립시켰다. 독일 군인들은 생각 없이 복종한다는 대중적인 이미지와는 달리, 독일의 교육훈련은 신병들에게 다른 나라 군대에서 흔히 볼 수 있는 학교에서 제시한 해결안을 단순하게 받아들이는 것이 아니라 독창성을 기르도록 했다. 이런 교육의 결과, 신속하게 공격하는 제병협동부대의 일원으로서 독립적으로 생각하고 자주적으로 행동할 수 있는 보병이 양성됐다.

하인츠 구데리안

제1차 세계대전에서 기병지휘관 및 참모장교였던 하인츠 구데리안은 1919년 볼셰비키에 대항해 프로이센를 지키는 의용군으로 근무한 열렬한 반공주의자였다. 공식적인 소집 명령을 어겼다는 이유로 독일군 육군사령부는 그를 뮌헨에 있는 제7차량 수송대대로 전출시켰다. 여기서 그는 기동전의 주창자인 오스트발트 루츠Ostwald Lutz를 만났다. 1920년대 중반에 구데리안은 독일군 기갑부대의 미래 전략적 역할을 구상했다. 1931년 10월에 루츠가 차량화수송부대 병과장이 됐을 때 구데리안은 루츠의 참모장이 됐고 루츠가 1934년 차량화부대의 사령관이 됐을 때 미래 기갑부대의 발전에 중요한 동반자 관계로 자리매김을 했다. 이어서 구데리안은 1935년 제2기갑사단장이 됐

●●● 〈사진 출처: WIKIMEDIA COMMONS | CC BY—SA 3.0〉

고 1937년 전차전 수행에 관한 주요 저서인 『전차를 주목하라』를 발간했다. 1939년 9월 전쟁 발발 후 그는 독일 육군 사상 폴란드에서 가장 종심 깊고 성공적인 공격 성과를 거둔 차량화군단인 제19기동군단을 대담하게 이끌었다. 그 뒤인 1940년 5월 19일 그는 기동군단장으로 아르덴 지역을 과감하게 공격해 영국군 원정군단을 됭케르크에 고립시키고 철수를 강요하며 해안까지 돌파했다. 1941년 7월과 12월 사이에 구데리안은 제2기갑군 군단장으로 바르바로사 작전에서 소련군을 모스크바 바로 전방까지 몰아붙였다. 그가 소련군의 동계 역습을 저지시키지 못하자, 히틀러는 1941년 12월에 그를 해임했다. 스탈린그라드에서 파울루스 원수 예하 제6군이 전멸 당하는 심각한 비상시국에서 히틀러는 1943년 봄에 구데리안 장군을 다시 임명했다. 히틀러는 구데리안에게 동부전선에서 심각한 전투 손실을 입은 기갑부대들을 재편성하고 정비하도록 상상을 초월한 전례 없는 큰 권한을 부여했다. 구데리안은 업무를 합리적으로 수행했고, 전투력을 다시 회복하기 위해 전차 생산을 최대한으로 확장시

컸다. 그는 7월 20일 히틀러에 대한 암살모의 사건과 그에 대한 보복 조치에서 교묘하게 빠져나갔다. 히틀러는 그를 즉각 독일 육군 참모총장으로 임명했다. 전쟁종료 전 6개월 동안 히틀러의 비이성적인 전략 지휘와 전방부대의 소부대 전술 분야에까지 직접 미세하게 관리하려는 기괴한 시도가 점점 증가하자 구데리안은 이를 완화시키려고 했지만, 대부분 허사로 끝났다. 계속적인 의견 충돌로 히틀러는 1945년 봄에 구데리안을 건강상의 이유로 장기병가 조치했다. 이것으로 독일의 전차 이론가와 전문가를 이끌었던 구데리안은 불명예스러운 종말을 고했다. 그는 1953년에 사망했다.

전쟁 이전 보병의 전투준비는 효과적인 야전위장에 더 많은 관심을 기울여 제2차 세계대전 내내 그 어떠한 군대도 독일 육군의 위장기술을 따라올 수 없었다. 추가적으로 전쟁 전의 독일의 교육훈련은 규율을 강조하고 가혹한 훈련을 통해 군대가 전장에서 맞닥뜨릴 수 있는 광범위한 전투 조건에 적응하도록 하는 것이었다. 훈련은 실전적이었고, 좋은 날씨와 주간에 국한되지 않았으며, 부대들은 전쟁의 열악한 상황에 대비하기 위해 긴 시간 강도 높은 훈련을 실시했다. 전간기에 독일 보병은 제병협동 돌격대Stosstruppen를 포함한 소규모 부대 전술 훈련과, 빠른 속도의 연합군 공격에 대비, 응집력 및 군기가 있고 유연한 보병부대로 편성된 탄력적인 임시 전투단으로서 신속한 제병협동 공격작전을 일상적으로 훈련했다. 따라서 독일 보병은 다른 병과의 군대와 협력하고 상호 작용하는 혹독한 상황에 대비했지만, 평시에 아무리 많은 준비를 했다 해도 실제 전투에 완전히 대비할 수는 없었다.

보병부대를 전투에서 승리를 이끌어 낼 수 있는 도구로 인식한 독일군은 보병의 기동력과 화력도 향상시켰다. 보병은 2개의 새로운 신무기인 75mm le IG 18 보병지원포와 150mm sIG 33 중보병포를 도입해 제1차 세계대전 당시의 77mm 야포의 기동성과 통합했다. 이런 화포들은 말이 견인하는 보병포로서 수송이 용이하도록 6개 부분으로 분해할 수 있었고, 독일 보병에게 제1차 세계대전에서 미흡했던 기동화력을 제공했다. 독일군은 전간기에 50mm le GrW 36 경박격포와 80mm GrW 34 중박격포의 배치를 증강했다. 제1차 세계대전 중 도입한 참호박격포는 독일군이 최초로 경험한 바와 같이 전투에서 가장 효과적이고 치명적인 보병화기임이 입증됐다. 독일 육군은 보병들이 기동성을 향상시키고 기계화부대와 어느 정도 보조를 맞추기 위해 중화기, 통신장비 및 보병부대 지휘소를 기동화하기 시작했다. 그러므로 1939년 전쟁에 참가했던 독일군 보병은 적대국들보다 장비가 양호했고 훈련이 잘 돼 있었다. 다른 무엇보다 가장 중요한 것은 독일의 보병은 신속한 공세적인 작전과 제병협동작전에서 모두 적국들보다 준비가 더 잘 돼 있었다는 것이다.

독일군 포병

1930년대 독일군 포병은 전차나 보병에 비해 발전이 늦었다. 베르사유 조약은 독일군 포병을 엄격하게 축소시켰고, 중자주포병을 금지시켰다. 그 결과 독일군 포병부대는 1930년대 육군의 획기적인 전력 증강에 대처하기 위해 고군분투했다. 포병의 자주화는 느렸고 중포병(일반적으로 160mm 및 그 이상 구경의 포)이 부족했다. 하지만 독일군은 부적절하게 s 100mm K 18 중곡사포를 중포병으로 분류했다. 과도한 포병의 확장은 대부분을 말이 견인하는 상태로 유지됐으며 보급지원이 부족한 결과를 초래했다. 그럼에도 독일 육군은 1930년대 초에 화학 자주박격포 포대를 창설했다. 게다가 105mm le FH 18 견인곡사포는 1930년대 신속한 기동전 수행에 적합한 화포로 입증됐다.

하지만 신속한 기동전을 강조하는 독일군의 전략은, 포병화력을 중앙 집중적으로 운용하려는 포병부대의 개념과 상충됐다. 사실상 독일 포병의 구조와 편성은 포병화력의 집중운용이 현대 전장의 공세적인 승리에 결정적으로 기여할 수 있는가에 대한 지속적인 의문을 제기했다(수일간 지속된 포병의 융단 폭격이 지면에 달에서나 관찰될 법한 유사한 분화구를 만들어 보병의 이동을 방해하는 장해물이 되고, 느리게 공격하는 보병에게 기총 소사하는 적의 기관총 사수들에게는 양호한 진지를 제공하는 것 외에는 효과가 없었다는 제1차 세계대전의 교훈이 훨씬 더 마음에 와닿았다). 대신 독일 육군은 신속하게 종심을 돌파한 지상공격에 의해 이미 압도되거나 균형을 잃은 적을 집중 포격으로 격멸하기보다 방해하고 마비시키기 위해 전방에서 대대와 연대급 단위로 포병부대를 분산, 운용하는 것을 고려했다.

1920년대 이와 같은 독일군의 지속적인 연구와 발전을 통해 1930년대 후반에 다양한 높은 수준의 포병화포들이 대량으로 각 부대에 할당됐다. 이러한 화포 중에는 긴 장사거리포이자 매우 효과적인 대 포병 및 차단화기로 입증된 소위 s 100mm K 18 중곡사포도 포함됐다. 추가적으로 독일 육군은 최신 75mm GebG 36 경산악포를 인수해 105mm GebH 40 산악포의 시제품을 개발했다. 최초 목적으로 제작된 산악포의 일부는 제1차 세계대전 이후 유럽에서 제작됐다.

항공지원

제1차 세계대전에서 교훈을 얻은 독일 공군은 제공용 전투기부대를 창설하기 위해 막대한 예산을 투입했다. 독일의 지정학적 위치는 독일군이 전간기 동안 다른 군대보다 더 큰 개방성과 각 군 간 더 적은 마찰로 공대지 협력에 접근하도록 강요했다. 독일군은 스페인 내전에서 공지합동 통신체계의 본질적인 문제점들에 대해 제한적이기는 하지만 약간의 경험을 얻었다. 독일 공군의 교리는 전쟁에 대한 통합적 접근을 주창했고, 공군은 지상전투를 지원하는 임무를 수행해야 한다는 것을 인식했다. 사실상 공군은 지상부대를 지원하기 위한 부대였으며, 폭격기를 보유하고 있었지만 전략폭격의 개념은 탁상공론에 불과했다. 이런 개념은 소련 전역에서 전투하는 동안 공군이 우랄산맥 너머에 있는 소련의 산업 지역을 타격할 수 없게 할 만큼 심각한 결과를 초래했다.

한편, 스페인 내전에서 독일 공군은 공지협동작전의 문제점에 대한 실전적인 경험을 통해 중요한 교훈을 얻었다. 내전의 가장 중요한 특징인 정적인 전쟁(상호 대등하고 다소 아마추어적인 지상부대와 실시하는 소극적 전투)은 콘도르군단에게 기초적인 근접지원능력을 발전시키는 계기가 됐다. 급강하폭격기 슈투카는 정밀 폭격의 플랫폼으로 정확한 명중률을 과시했지만, 공군은 스페인 내전에서 종심 깊게 공격하는 기계화부대의 신속한 기동을 근접지원하는 경험을 하지 못했다. 그 결과 1939년 9월 독일 공군은 극히 제한된 근접항공지원 능력만을 갖고 있었다. 폴란드 전역에서 구형 전투기편대는 중요한 작전에 운용하기가 부적절했기 때문에 공군은 유일한 구형 전투기편대에 근접항공지원의 과업을 할당했다. 게다가 공군은 기갑부대를 지원하는 절차를 숙달하지 못했고 독일의 공지작전 협조체계는 구조적으로 보완해야 할 점이 많았다. 이러한 심각한 전술적, 조직적 장비 및 훈련의 문제점들이 공지협동작전의 실행을 저해했다. 공군과 해군의 확장은 또한 지상군의 능력을 획득하기 위한 각 군 간의 경쟁을 부채질했다.

1939년 9월 히틀러는 진열장 안에 있는 부대Window front army[7]를 포함, 모든 부대를 동원해 폴란드 전역에 투입시켰다. 독일군은 103개 사단이라는 엄청난 규모의 부대를 전개시키는 작전 명령을 내렸으나, 부대들은 병력과 장비가 부족했다. 육군의 절반만이 제대로 훈련된 전투부대로 구성

---

7   진열장 안에 있는 부대(Window front Army): 문자적인 해석은 진열장 안에 있는 군대라는 뜻으로 겉치레뿐이고 알맹이가 없는 부대.

●●● 스페인 내전에 투입된 Ju-87 슈투카. '슈투카(Stuka)'는 'Sturzkampfflugzeug(급강하폭격기)' 의 약자다. Ju-87은 매우 효과적인 폭격기였다. 왜냐하면, 급강하폭격기는 목표의 상공에서 폭탄을 투하하기 때문에 수평으로 비행하면서 투하하는 폭탄보다 명중 확률이 훨씬 양호했기 때문이었다. 슈투카에는 무시무시하고 높은 굉음을 내는 사이렌이 장착돼 있어 공격의 심리적 효과를 더했다. 〈사진 출처: WIKIMEDIA COMMONS | CC BY-SA 3.0〉

됐고, 나머지 절반은 예비대 혹은 제한된 보수교육을 받은 제1차 세계대전의 참전 군인들인 지역방위군Landwehr troops이었다. 독일군은 예비전력을 거의 보유하지 않았고, 6주분의 탄약 재고량 밖에 없을 정도로 보급품 재고 수준은 미미했다. 전격전은 적을 신속하게 물리치도록 설계됐기 때문에 군수지원이 직접적인 문제는 아니었지만, 만약 전쟁이 장기화되면 병참의 취약성이 심각해질 것이었다.

히틀러는 신속하게 폴란드의 저항을 극복하기 위한 노력으로 진열장에 있던 부대를 포함한 모든 부대를 투입했기 때문에 육군은 "치아"는 강하고

"꼬리"는 짧았다 heavy on "teeth" and short on "tail".[8] 후방의 병참 및 보급지원을 대하는 독일군의 전통적인 경시적 태도와, 적을 압도하기 위해 공세적인 지상전에 집중하는 독일군의 성향을 반영하듯 군수지원 분야는 취약했다.

전쟁 도발 후 독일은 장기전에 대비한 준비가 매우 소홀했다는 것을 알게 됐다. 결론적으로 독일군은 장기전에 필요한 원료와 산업 역량이 부족했기 때문에 장기전에 취약한 군대였다. 독일은 오로지 인접 국가들이 전쟁 준비를 갖추기 전에 차례로 점령했고, 이를 통해 유럽을 지배하려는 히틀러의 명령을 달성하는 데 필요한 물질적·경제적·재정적인 기반을 확보할 수 있었다. 더욱이 군의 현대화 분위기에도 불구하고 독일 육군은 대부분 말이 견인하는 부대였다. 독일 석유 산업의 전략적 약점, 차량의 상대적 부족, 제한된 전차 보급 및 아직도 검증되지 않은 전차 교리의 준수 등 전략적 취약성이 기계화의 확장을 제한했다. 따라서 1939년 9월 독일 기갑부대의 제한된 규모는 변화를 싫어하는 보수파들의 반대라기보다는 순수하게 전략적인 한계가 훨씬 더 많이 반영된 것이었다.

그럼에도 불구하고 독일은 인접 국가들보다 몇 년 앞서 군비 확장을 시작했고 독일군 부대들은 여러 결함이 있었지만 상대적으로 경쟁국에 비해 훨씬 잘 준비돼 있었다. 히틀러는 1939년 9월 이러한 취약한 부대로 독일군보다 준비가 덜 된 인접국들이 준비를 끝내고 독일의 주도권을 빼앗기 전에 그들을 점령할 수 있다고 판단해 도박을 벌였다. 합리적인 계획만큼이나 전쟁 초기에 나타난 결과는 전 세계의 힘의 균형을 파괴시킨 전격전 전략이었다.

---

8 미 합참의장이었던 콜린 파월(Colin Powell)의 이론으로, 전방에 모든 부대를 투입하고 최소한의 부대를 예비로 보유한다는 의미다.

신교리를 수용할 수 있는 환경

전간기 독일의 전략과 정치적 환경은 군의 확장과 개혁에 유리한 분위기를 제공했다. 탁월한 장군들과 전투 경험에 독일 군사문화의 특성이 결합되어 전간기 독일군은 새로운 아이디어를 수용하게 되었다. 1939년부터 1941년 사이의 독일군 승리의 근본 요인은 1918년 패전의 쓰라린 경험과 제1차 세계대전의 작전적·전술적 교훈을 배우려는 결의에 있었다. 전간기 독일군은 이런 교훈을 열심히, 유연하게 그리고 새로운 개념을 수용하는 자세로 탐구하고 전파했다. 더욱이 독일의 미래 적이 누구인지, 그들이 어디에서 싸울 것인지에 대한 인식은 혁신의 과제를 완화하고 공세적 지상전에 집중하도록 했다. 그 결과로 탄생한 것이 전격전이었다.

독일군은 제1차 세계대전에서 합리적 작전과 전략 원칙을 갖고 싸웠기 때문에 전격전 이론은 독일군에게 생소하지 않았다. 그런 점에서 새로 창설된 독일군 기갑부대는 교리적인 기반이라고 확고히 믿었던 것을 효과적으로 적용하는 문제들에 대한 해결책을 제시했다. 1918년 독일군이 패배한 것은 본질적으로 교리의 결함이 아니라 실행상의 어려움이었다. 따라서 전차의 지적·교리적 수용은 전간기 영국보다 독일에서 다소 쉬웠다. 1939년까지 양국이 적대적 관계였음에도 불구하고 이 같은 현실적인 이유로 기갑전이 독일 군사교리의 확고한 원칙이 됐지만 영국에서는 확립되지 못했다. 비록 독일은 유럽의 다른 적대국보다 더 많은 예산을 기계화부대에 투입하지 못했지만, 실제적인 제병협동의 교리 내에서 전차의 수용은 1939년부터 1941년 사이에 독일군을 승리로 이끌었다.

●●● 전격전 수행. 독일군 병사들이 1944년 12월 아르덴 공세에서 불타고 있는 미군의 반궤도차량 옆으로 진격하고 있다. 독일군은 은밀한 집중, 기습 및 작전 지역의 불량한 시계를 이용해 공격을 개시한 후 며칠 동안 지역을 확보하는 데 성공했다. 〈사진 출처: WIKIMEDIA COMMONS | Public Domain〉

제2장
전격전의 신화와 실제

1939년 9월 전격전이 최초로 실시되자, 전 세계는 충격에 빠졌다. 기계화부대와 공군력의 속도와 충격력이 전격전의 속성이지만 그 교리는 프로이센 및 독일 제국군의 전술에 뿌리를 두고 있다.

전격전이라는 용어는 변함없이 제2차 세계대전의 독일 육군과 깊게 연관돼 있다. 전쟁을 잘 알지 못하는 대중들의 상상 속에서 전격전은, 지상에서 대규모 기갑부대가 적의 방어 진지를 강타해 적을 마비시키고 후방 지역에 공포와 파괴를 확산시키며 공중에서는 수백 대의 급강하폭격기 슈투카가 적의 전투 대열과 피난민들을 폭격하는 모습을 그려보는 역동적인 용어다. 대규모의 기갑부대가 대량 손실이 없이 적의 견고한 방어 진지를 돌파할 수 없다는 사실을 제외하고(1943년 7월 쿠르스크 전투에서 제4기갑군의 경험이 대표적 사례다.) 독일군은 1930년대에 전쟁 승리의 전략을 새로 개발할 필요가 없었다. 오히려 장갑전투차량AFV의 사용을 이해하기 위해 이미 존재하는 교리를 개발했다. 역사학자 매슈 쿠퍼Matthew Cooper는 "나는 제2차 세계대전 이전과 전쟁 중 독일 군사 교범을 비롯한 어떤 곳에서도 전격전이란 용어를 찾지 못했고, 전격전을 발전시키고 적용해 전투했다고 생각되는 장군들의 자서전에서도 그 용어를 거의 찾을 수 없었다"라고 간결하게 설명했다. 하인츠 구데리안은 "우리가 속전속결로 승리한 이후 우리의 적들이 전격전이라는 용어를 사용했다"라고 했다. 히틀러 자신도 "한 이탈리아인이 전격전이란 용어를 처음 사용했다. 우리는 전격전을 신문을 보고 알았다"라고 했다.

이번 장에서는 전격전에 관련한 신화와 실제를 분리하기 위해 나치 독일군의 군사 이론을 고찰해 보고자 한다. 제2차 세계대전에서 독일군이 이런 획기적인 전술을 개발했다는 것이 군사전문가나 일반인에게는 매혹적이겠지만, 실상 독일군은 오랜 기간 전격전을 이어온 자랑스러운 전통의 계승자이고, 1939년부터 1945년 사이에 운용한 그들의 전술은 진화 과정의 산물인 셈이었다. 전격전의 교리와 과거 프로이센 및 독일 군대가 벌인 전쟁을 비교하면 그 점을 알 수 있다. 먼저 '우리는 전격전이란 무엇인가?'라는 질문에 답해야 한다. 전격전이란 한마디로 소모전이 아닌 결정적인 공격으로, 전역에서 승리하는 것을 목표로 하는 전쟁 방식이다. 아군은 화력과 기동력을 통합해 먼저 적군의 대형을 포위한 다음 파괴한다. 이를 위해서는 전선의 특정 지점에 우세한 병력과 화력을 집중해 돌파해야 한다. 이 지점이 바로 중심^{Schwerpunkt}이다. 일단 공격이 개시되면, 공격 기세를 유지하고 적의 균형을 파괴하기 위해 속도, 대담성과 강력한 화력이 중요해진다. 돌파구들은 후속 부대가 확장하고, 한편 잘 준비된 군수지원체계는 공격 선두부대의 기동을 유지하기 위해 탄약과 연료 및 급식 등 지속적인 보급을 보장한다. 공격부대 전방에는 폭격기와 급강하폭격기(슈투카)가 적의 예비대, 통신선 그리고 주 지휘소를 공중에서 타격해 적의 수뇌 즉 최고사령부를 마비시킨다. 적 부대를 포위하고, 퇴각하지 못하도록 모든 노력을 기울인다. 이어서 후속하는 보병사단이 저항하는 적의 진지들을 포위하고 고립시켜 격멸한다.

집중과 기동

독일의 전쟁사를 통찰해 보면 독일군 장군들은 항상 기동을 강조하고 기동에 의한 기습으로 승리했다는 것을 알 수 있다. 독일의 지정학적인 상황은 여러모로 이런 교리를 요구했다. 중부 유럽에 위치한 독일은 지정학적으로 항상 서부와 동부 전선에서 잠재적인 적과 대치하고 있었다. 따라서 독일군은 항상 잠재적으로도, 수적으로도 열세였고 독일 장군들은 전투력을 극대화시킬 만한 군사력 운용 방법을 찾아야 했다. 예를 들어 1757년 12월 로이텐Leuthen 전투[9]에서 프리드리히 대제는 오스트리아의 우익을 향해 이동한 후, 이어서 우측으로 비스듬하게 방향을 전환하고 오스트리아 좌측 측위를 섬멸하는 공격을 하기 위해 낮은 구릉 능선의 후사면으로 기동하는 작전을 펼쳤다. 그 결과 나폴레옹이 기동과 대담성의 걸작이라고 평가할 정도로 프로이센은 위대한 승리를 거뒀다. 100년 후 프로이센군의 총사령관인 헬무트 폰 몰트케Helmuth von Moltke 원수(백작)는 예비대를 신속하게 동원하고, 압도적인 병력을 기습적으로 집중시켜 이동과 보급을 위한 철도를 전술적으로 사용해 덴마크, 오스트리아와 프랑스와의 전쟁에서 연이어 놀라운 승리를 거뒀다. 예를 들어 1870년 프랑스와의 전쟁에서 몰트케는 4개 군 47만 5,000명을 집중시켜 프랑스군 후방으로 거대한 우회 기동을 실시해 프랑스군을 벨기에 방향으로 몰아냈다. 프로이센군은 이 공격의 성공으로 프랑스군을 분리시킨 후, 차례로 메스Metz와 스당Sedan에서 그들을 격멸하고 프랑스의 패배에 못을 박았다.

전격전의 2개 핵심 요소인 기동성과 대담성은 프랑스, 러시아와의 전략을 동시에 창안한 참모총장 알프레트 폰 슐리펜Alfred Graf von Schlieffen 백작의 전략에서도 찾아볼 수 있다. 그의 계획은 극단적이었지만 계산된 모험에 기반을 두고 있었다. 러시아의 전시동원에 걸리는 시간은 프랑스나 독일보다 약 6주가 더 필요할 것으로 판단하고, 소련의 국경인 동부 전선

---

9 로이텐 전투: 7년 전쟁 시기인 1757년 12월 5일 프로이센군과 오스트리아 황실군이 실레지아의 로이텐에서 맞붙은 전투. 프리드리히 대제가 이끄는 프로이센군이 완승을 거뒀고, 프로이센은 이 전투로 인해 실레지아에 대한 지배권을 확고히 했다.

●●● 소모전에 대한 기동전의 승리. 1940년 5월 17일 제6기갑사단의 차량화부대들이 프랑스 평원을 공격하고 있다. 독일군 기갑사단들은 아르덴에서 연합군 전선을 돌파한 후 네덜란드와 벨기에 지역에 배치된 연합군(영국군)을 프랑스의 남은 지역으로부터 차단하기 위해 도버 해협을 공격했다. 이로 인해 발생한 군대와 국민의 혼란과 공황은 전격전에 의한 충격 효과를 더욱 증대시켰다. 〈사진 출처: WIKIMEDIA COMMONS | Public Domain〉

에 1개 군만 남기고 3개 군은 프랑스-독일 국경을 방어하게 하는 한편, 나머지 가장 강력한 4개 군은 벨기에를 통과하는 대규모 우회 기동(회전문의 원리)으로 프랑스 육군의 좌측방을 포위하도록 했다. 독일군은 6주 이내의 단시간에 프랑스를 격멸하고, 이 부대를 다시 동부로 전환해 소련을 패배시킬 계획이었다. 이 계획은 1914년 8월에 시행돼 거의 성공했지만 슐리펜이 피하기 위해 평생을 바쳤던 소모적인 2개 전선의 전쟁을 벌이게 됐다.

제1차 세계대전에서 참호 내의 교착 상태는 독일군에게 악몽과 같은 시나리오였다. 수적으로 우세한 연합군(특히 1917년 미국이 제1차 세계대전에 개입한 후)과 싸우는 상황에 해외로부터 수입하는 독일의 식량과 원료를 차단하는 영국 해군의 해상 봉쇄까지 더해져 더 이상의 승리를 기대할 수 없는 소모전이 됐다. 독일군도 영국과 프랑스와 마찬가지로 프랑스 북부에서 중심 깊은 돌파로 교착 상태를 해결하려고 했다. 하지만 그들은 항상 처참하게 패했고 막대한 병력의 손실이 발생했다. 양측 모두 그 문제를 해결할 방법을 모색했다. 연합군은 전차의 무한궤도가 철조망, 폭발로 생긴 분화구와 교통호를 횡단할 수 있다는 기술적인 장점을 찾은 것 같았다. 그러나 독일군의 장군참모들, 즉 최초에는 에리히 폰 팔켄하인Erich von Falkenhayn 장군과 예하 장군 참모들, 후에는 파울 폰 힌덴부르크Paul von Hindenburg, 에리히 폰 루덴도르프Erich von Ludendorff 예하의 장군참모들은 전술적인 해법을 찾았다.

독일군은 사단의 규모를 4개 연대에서 3개 연대 규모로 축소한 반면에 전투기술은 소부대 그리고 보다 기동화된 부대, 즉 중대 내 전투조를 중심으로 발전시켰다. 그 부대들은 공격 시 기습적으로 움직인다. 공격에 앞서 은밀히 부대를 집결시키고(야간에, 공격의 마지막 순간에) 공격에 앞서 짧고 강력하며 정확한 포병사격을 실시한다. 전술적인 단위 부대는 14명에서 18명으로 편성된 분대였고 각 분대는 경기관총과 박격포로 편성된 화력반을 보유했다. 특별히 훈련된 돌격보병은 적의 배치가 약한 곳을 찾아 돌격한다. 어떤 경우에도 적의 방어 거점을 우회한다. 다른 무엇보다 중요한 원칙은 공격 기세를 유지하는 것이다. 돌격부대를 후속하는 예비대들은 돌파구를 강화하기 위해 가장 큰 돌파구로 투입되는 반면, 다른 예비대들은 포위망 내 적의 저항을 제압할 것이다. 그러는 동안에 연대와 사단들은 돌파구 양편에 새로 형성된 적의 측익 혹은 후방을 공격해 돌파구를 확장시킬 것이다. 포병은 지속적인 이동탄막사격을 실시하기 위해 보병을 후속하는 반면, 공군은 포위된 적과 예비대를 공격할 것이다. 이것이 전력전의 이론이었다. 그러나 이 전술이 전장에서 그대로 이루어졌는가?

1917년 9월 후티어Oskar von Hutier 장군이 지휘하는 독일 제8군은 소련이 점령한 리가Riga 외곽에 도달했다. 이 도시는 여러 차례 상당히 오랜 기간 동안 포위되기도 했으나 한 번도 정복되지 않았다. 후티어 장군은 9월 1일 새로운 전술을 사용해 그 도시를 공격했다. 짧고 집중적인 사격 후 침투한 후티어의 부대는 이틀 후에 리가를 함락시켰다. 후티어 전술이 탄생한 것이다. 하지만 전사 연구가인 트레버 듀퓨이Trevor Dupuy는 다음과 같이 주장했다. "이런 새로운 전술에는 아무런 드라마틱한 혁신이 없었다. 1914년 이후 모든 지휘관들은 기습을 달성하기 위해, 돌파구를 마련하고 돌파구를 확장하기 위해 전쟁의 원칙들을 발전된 현대 환경에 맞도록 적용하려고 노력해왔다. 독일군이 한 것은 새로운 전투 상황에서 이러한 일을 수행할 수 있는 체계적이고 실용적인 방법을 고안하고 그 일을 수행할 병사들을 훈련시키고 지원하기 위한 상세한 절차를 제공하는 것이었다.

새로운 전술은 루덴도르프가 미하엘 작전Operation Michael을 시작한 1918년, 플랑드르에서 더 큰 규모로 시도됐다. 3월 21일 새벽에 돌격부대들의 공격은 괄목할 만한 성과를 거두기 시작했다. 돌격부대들은 거점들을 우회해 적 방어 진지의 약한 곳을 돌파했다. 영국 제5군의 전선이 산산조각으로 와해됐다. 하지만 독일군은 곧 전술적 승리를 전략적 승리로 전환할 수 없음을 깨달았다. 독일군은 후방에서 공격선봉 돌격부대에 적시적인 포병지원과 군수지원을 제대로 할 수 없었다. 이것은 연합군, 특히 새로 투입된 미국군의 끈질긴 방어와 결합돼 독일군의 공격을 둔화시켰다. 5차례에 걸친 독일군의 공격은 영국군과 프랑스군에 대량 손실을 가했지만, 결국 루덴도르프 장군도 돌격부대 대부분을 잃었다. 그의 최정예 돌격부대의 손실로 독일군의 사기는 땅에 떨어졌고, 1918년 8월 연합군의 역습을 용이하게 했다. 독일군은 사실상 패배했다.

패배로 인해 대폭 축소된 바이마르 공화국의 독일군은 제1차 세계대전의 교훈을 분석했고, 이런 분석 결과는 1940년대 전격전 승리의 기초를 제공했다. 총사령관인 한스 폰 젝트 장군의 지휘 하에 설치된 최소 57개 위원회가 제1차 세계대전의 패배요인을 분석했다. 각 위원회는 패전의 교훈들을 진지하게 도출했고, 젝트, 참모총장 루트비히 베크, 육군 사령관 베르너 폰 프리치 중장과 같은 지휘관들의 지휘 아래 유연한 전술적 사고, 모든 제대의 주도권 행사 및 공세적인 전투 지휘에 기반을 둔 독일군의 군사 교리를 정립했다. 아돌프 히틀러가 대규모의 군비 확장을 계획했을 수도 있지만, 전략이나 전술 분야에는 개입하지 않았다. 나치가 집권한 1933년에 새로 발간된 야전 실무지침서인 『부대 지휘』는 명령의 단순성, 공격과 방어 모두에서 제병협동작전의 필요성, 리더십의 중추적 역할을 강조하는 많은 과거의 교리들을 포함했다. 제병협동부대는 승리의 중요한 요소였다. 공격용 항공기는 적의 방어무기, 포병 및 예비대를 공격해 전차를 지원한다. 적 지역으로 깊숙이 비행한 항공기는 지휘관과 전차 간의 통신을 가능하게 하고, 적 전차의 공격을 미리 경고할 수 있다. 뿐만 아니라 전차들은 차량화보병, 대전차화기 및 포병과 함께 작전을 수행하기 때문에 고립되지 않는다. 바로 이것이 전격전의 특징이다. 하지만 이런 전격전은 나치주의자들이 창안한 것이 아니라 지금까지 점진적으로 발전해온 결과다. 히틀러가 1933년 정권을 장악했을 때 독일군은 이미 완벽한 전격전 이론의 기초를 완성했다. 1935년 재무장에 대한 히틀러의 선언이 전차를 공식적으로 생산하고 최초 기갑사단을 창설한 것은 사실이나, 전격전을 군사 교리로 정립하는 데 아무런 역할을 하지 않았다는 것 또한 사실이다.

이 모든 것을 고려한다면 기갑사단의 창설은, 하인츠 구데리안 장군을 포함한 많은 평론가들에게 생각했던 것보다는 획기적인 것이 아니었다. 기갑사단의 아버지인 구데리안은 육군의 대표적인 기갑전 전문가였고 전차의 운용 교리, 기갑부대의 편성 및 전투기술을 비밀리에 발전시켰다. 1934년 7월 오스트발트 루츠 장군 휘하에 새로운 차량화부대 사령부가 창설됐는데 그는 구데리안을 참모장으로 임명했다. 3개 기갑사단이 1935년 10월 15일에 최초로 창설됐다. 구데리안은 그중 1개 사단의 사단장이 됐다. 하지만 국가방위군은 이미 1922년부터 1928년 사이에 전차 전술을 시험하기 시작했고, 다른 거물급 인물들은 구데리안보다 더 두드러진 실력을 보였다. 1923년 처음으로 『세계대전 시 독일 전차』를 썼고 1년 후에는 『현대전에서의 전차』를 기술한 에른스트 폴크하임Ernst Volckheim이 있었고, 다음으로 구데리안의 사령관인 루츠Lutz가 있었다. 그는 구데리안과 인연을 맺고 전차의 집중, 전차의 대규모 운용 그리고 기습의 중요성에 대한 아이디어를 제공했다. 루츠는 1931년에서 1932년 사이 위터보크Jüterbog 및 그라펜뵈어Grafenwoehr의 훈련장에서 모형 전차대대를 포함한 일련의 기동연습을 실시했는데, 이것이 실질적인 전격전의 탄생으로 간주됐다. 그러나 이것도 과거와의 급진적 단절이라기보다는 발전 과정의 결과였다. 혁명적이었던 것은 기술 발전을 기존 전술에 활용하는 것이었고, 이는 전격전이 시작되었을 때 더욱 저항할 수 없게 만들었다.

전쟁의 모든 전역이 다르고 모든 전역은 계획하고 수립하고 시행하는 사람들에게 일련의 독특한 도전 과제를 제시하고 있다. 그것은 제2차 세계대전 동안의 전격전에서도 마찬가지였다. 제2차 세계대전의 3대 전격전인 1939년 폴란드 공격, 1940년 서부 전역 그리고 1941년 바르바로사 작전은 지형, 군수지원, 전투력 규모, 기동 장비 및 정치적 상황 면에서 각각 다른 고려 요소들의 영향을 받았다. 그럼에도 우리는 이 3개 전역에서 전격전의 전형적인 과정을 제시하는 모델을 구축하는 데 필요한 보편적인 특징을 알아낼 수 있으나, 독자들은 "어떤 계획도 최초 적과 접촉 시까지 지속되지 않는다"라는 몰트케 장군을 말을 항상 마음에 새겨야 한다.

먼저, 계획 단계였다. 그 당시 독일군은 침략국으로서 주공격 지점, 즉 중심을 결정할 수 있는 이점을 갖고 있었다. 적의 배치는 일반적으로 돌파 지점을 선정하기가 쉬웠다. 예를 들어 폴란드 전역의 경우 폴란드 최고사령부는 독일-폴란드의 국경 전체를 방어하려고 국경선을 따라 대부분의 부대를 배치했다. 마찬가지로, 1940년 프랑스와 저지대 국가들 가운데 연합국 계획자들은 영국 해협에서 스위스 국경까지 모든 전선을 강하게 유지하려고 노력했다. 이것은 독일군이 선정한 목표 지점, 특히 아르덴 지역의 병력 배치가 약했다는 것을 의미했다. 게다가 그 전역이 개시되기 전에 연합군은 사실상 이곳의 전투력을 더욱 약화시켰다. 소련군은 바르바로사 작전에 앞서 소련 국경을 따라 3개의 연속된 방어 지대에 부대를 배치했지만, 부대를 과도하게 전방으로 집중하는 과오를 범했다. 1939년 독일군의 폴란드 침공에서 소련군은 전방 방어 체계의 서쪽으로 배치했다. 게다가 소련군 최고사령부는 독일군의 주공 방향을 프리퍄치 늪지대^{Pripet Marshes}의 남쪽이 될 것이라고 잘못 판단했다. 따라서 병력을 남서쪽으로 집중했고 이것은 독일군 기계화부대의 대부분이 늪지대 북쪽을 공격했을 때 방어의 균형이 맞지 않았다는 것을 의미했다. 이는 적의 계획이나 배치의 결함만이 오로지 전격전의 성공 요인이라는 것이 아니다. 예를 들어 1940년 독일군은 A집단군 사령관인 룬트슈테트의 참모장인 에리히 폰 만슈타인이 작성한 탁월한 공격 계획(낫질작전)을 채택했다. 강력한 우익의 기동 전략으로 저지대 국가들을 관통해 프랑스로 공격하는 제1차 세계대전의 전략을 반복하는 것에 반대한 만슈타인은 기갑부대의 주공 방향을 북쪽의 B집단군에서 남쪽의 A집단군으로 전환하는 것을 선호했다. 이 부대들은 우거진 산림 지역인 아르덴을 돌파하고 뫼즈강을 건넌 후, 도버 해협의 해안까지 압박을 가할 것이다. 이로써 프랑스 중앙으로 이르는 연합군의 병참선을 차단시킬 것이다. 이러한 만슈타인의 계획은 여러 차례 장군참모들에 의해 거부됐지만 마침내 실행 가능한 전략으로 채택됐다.

●●● 1940년 5월 벨기에를 공격하는 차량화부대: 독일군이 반궤도차량을 이용해 포병과 대전차화기 및 대공화기를 견인했다. 독일군은 적의 항공기에 대한 대공화망을 설치하기 위해, 또한 역습 시 적 전차에 대응하기 위해 대전차 방어선에 신속히 전개할 수 있었다. 이처럼 제병협동기갑사단은 전술적인 변경 상황에 신속하게 대응할 수 있는 강력한 부대였다. 〈사진 출처: WIKIMEDIA COMMONS | CC BY-SA 3.0〉

수색과 기습

일단 작전 중심이 선정되면 다음은 수색 단계다. 수색은 작전 지역 내 적 부대 방어의 위치 및 강도에 관련된 첩보를 수집해 최고사령부에 제공하기 때문에 공격의 결정적인 성공 요소가 됐다. 예를 들어 소련 침공 이전에 독일 공군은 300회 이상 소련 지역에 대한 항공수색정찰을 실시했다. 그 정보는 효과적으로 활용됐다. 독일이 소련을 침공 후 4일 이내에 약 3천 대의 소련군 항공기를 파괴했다. 또한 서부 전선을 공격하기에 앞서 투입된 브란덴부르크특공대Brandenburg commandos[10]는 구데리안의 전차

---

10 브란덴부르크특공대: 민간복이나 적의 복장을 착용하고 적 후방에서 작전하는 특수부대.

들을 저지했을지도 모를 룩셈부르크 교량에 설치된 폭약을 안전하게 제거했다.

위장은 전격전을 구축하는 단계에서 또 다른 중요한 요소였다. 독일의 최고사령부는 작전이 실시되기 직전까지 자신들의 의도를 속이기 위해 노력했다. 예를 들어 바르바로사 작전 이전에 독일군 최고사령부Oberkommando der Wehrmacht, OKW와 기갑부대 최고사령부는 동부 전선의 독일군 병력 증강은 영국을 겨냥한 속임수이고, 바다사자 작전Operation Sealion(영국 침공 작전의 암호명)에 대비해 독일 공군이 영국군 폭격기 및 항공 정찰기의 사정거리 밖에서 훈련을 하고 있는 것이라고 모스크바에 통보했다(소련군이 자신들의 영토를 넘어온 독일의 정찰기들에 항의하자 내놓은 답변). 그뿐 아니라 독일 공군은 바르바로사 작전에 할당된 공군 부대의 대부분을 1941년 6월 초까지 서부 지역 또는 독일 지역 내에 주둔시켰다. 하지만 다양한 공군 비행단들이 3주 이내에 신속하게 준비된 기지로 이동했으며 작전기지에 도착하자마자 분산된 지역으로 이동해 철저하게 위장했다.

기습은 전쟁에서 공격자에게 많은 이점을 제공하므로 전격전에서는 적이 정확한 공격의 시점과 일시를 모르도록 숨겨야 한다. 공격이 개시됐을 때 나타나는 공포, 불확실성 및 혼란은 독일군의 공격에 도움을 줬다. 이처럼 1940년 5월 서부 전선에서 지상군과 공군은 중립국인 네덜란드, 벨기에와 룩셈부르크를 기습적으로 공격했다. 마찬가지로, 1941년 6월 소련에 대한 독일의 공격은 선전포고 없이 이뤄졌으며, 이전의 독일의 속임수 조치로 인해 적군 부대와 참모들은 차량 헤드라이트에 의해 얼어붙은 토끼처럼 어떻게 해야 할지 모르고 취약했다. 이러한 심리적인 마비는 독일에게 전격전의 위력을 마음껏 발휘할 수 있는 귀중한 시간을 제공해 줬다.

각 전역에서 처음 며칠 동안 군대가 성공할지 실패할지의 여부를 결정한 것은 공군이었다. 전반적인 제공권의 우위는 독일군의 승리에 결정적이었기 때문에 공군 부대는 전역의 초기에 공군 자산의 대부분을 투입했다. 1939년 9월 폴란드 침공에서 공군은 폭격기의 70%, 급강하폭격기의 50%를 투입했다. 전격전 수행에서 공군은 중요한 2개의 역할을 수행했다. 첫째는 적의 공군 부대를 격멸하는 것으로, 가능한 한 지상에서 혹은 적의 항공기가 이륙하기 전에 파괴하는 것이었다. 폴란드 전역에서는 이틀 내에 이 첫 번째 임무를 달성하고, 9월 3일부터는 공습의 중점을 폴란드의 항공기와 탄약 공장으로 전환했다. 두 번째 기능은 지상부대에 대한 근접항공지원으로, 제공권이 확보됐을 때 수행할 수 있었다. 육군에 대한 근접항공지원은 여러 가지 이유, 즉 적의 공습으로부터 집결된 아군 부대의 취약점 제거, 포병부대의 진지전환 시 포병화력의 공백을 보충(포병부대는 공격 중 전방으로 교대 구간 전진 실시), 공격부대의 노출된 측방 엄호에 결정적으로 중요했다. 또한, 지상지원작전 간 공군은 적의 보급과 통신을 차단하고 집결된 적 예비대와 철수부대를 타격하는 데 집중했다.

공군 작전

폴란드의 포즈나뉴^{Poznan} 군사령관 쿠트제바^{Kutrzeba} 대장은 제공권의 우위를 가진 적과의 전투 결과를 생생하게 언급했다. "기동하는 모든 부대, 집중하는 모든 부대, 행군하는 모든 부대는 공중으로부터 융단 폭격을 받았다. 파괴의 현장은 지옥 그 자체였다. 교량들은 파괴되고, 강의 여울들은 봉쇄됐으며 항공기와 포병부대의 일부가 파괴됐다. 대공 방어 수단이 전혀 없었기 때문에 전투를 계속한다는 것은 버티는 것 외에 아무런 의미가 없었고, 진지에 머무르는 것은 전 지역을 공동묘지로 만드는 독일 공군의 위협을 일시적으로 피하는 것에 지나지 않았다."

1940년 5월 프랑스 전역에서도 공군의 역할은 이와 동일했지만, 작전 초기부터 일부 독일의 항공기가 지상 작전을 지원하는 데 운용되는 약간의 변화가 있었을 뿐이고, 대부분의 폭격기가 프랑스 지상부대를 타격하는 데 운용됐기 때문에 다른 임무에 투입될 수 없었다. 다시 한 번 적에게 미치는 영향은 파괴적이었다. 1940년 서부 전역 당시 마르크 블로흐^{Marc Bloch}는 프랑스군의 장교였다. "항공폭격은 전 신경을 마비시켰고 넓은 지역에서 잠재적인 저항력을 파괴시켰다. 적의 최고사령부가 이런 목적으로 우리를 공격하기 위해 폭격기를 제파식으로 투입했다는 것에는 의심의 여지가 없었다. 그 결과는 그들의 예상대로 정확하게 적중했다."

공군은 기준 교리인 폭격과 기총 소사 외에 공정부대의 전개를 지원했다. 1940년 노르웨이와 서부 전역에 투입된 낙하산부대와 공정부대는 실제 사용된 숫자에 비해 적에게 엄청난 물리적, 정신적인 영향을 미쳤다. 세계에서 가장 강하기로 이름난 벨기에의 에반 에마엘^{Eben Emael} 요새에 대한 글라이더 공격 및 탈취는 벨기에군의 사기를 심각하게 저하시켰다. 이와 유사하게 네덜란드에서도 독일 공수부대가 비행장들과 교량들을 탈취해 공황과 혼란을 조성했고, 네덜란드는 투입된 독일 공정부대를 수천 명으로 잘못 예상해 군대를 전방에 집중하지 않고 이를 수색하기 위해 전환시켰다.

일단 공군이 작전을 개시하면 지상에서는 육군이 작전의 중심을 향해 공격했다. 짧고 집중적인 포병사격 후에 공격을 개시했다. 포병 준비사격은 돌파구 마련에 필요하기 때문에, 지휘관들은 성공을 보장하기 위해 다량의 자산을 준비사격에 투입했다. 1940년 5월 스당에서 뫼즈 강을 건널 때 공군은 기갑사단 예하 보병부대의 단정 도하(고무보트를 이용한 도하)를 지원하기 위해 슈투카 12개 편대를 투입했다. 공격은 새벽 4시에 개시돼 완벽한 성공을 거뒀다. 독일군은 뫼즈 강의 서편에 교두보를 설치했고 전차를 도하시켰다. 전격전 이론에 충실하게 후속 부대들이 돌파구 확장에 필요한 지역을 확보하기 위해 전진했다. 프랑스 지상군 사령관인 가믈랭Gamelin 장군은 "뫼즈 강의 도하와 돌파는 감탄할 정도로 경이로운 기동이었다. 그러나 그러한 기동이 사전에 예견됐는가? 나폴레옹이 예나의 기동을, 1870년 몰트케 장군이 스당의 기동을 예측하지 못했던 것처럼 나도 그렇게 믿지 않았다. 이런 기동은 상황을 완벽하게 이용한 결과였다. 이 같은 사실은 기동에 숙달된 부대와 신속한 작전을 위해 편성된 사령부가 있었다는 것을 입증해줬다. 전차와 항공기 및 무선통신이 이런 기동을 가능하게 했다. 이 전투는 아마도 부대의 주력을 투입하지 않고 결정적인 승리를 달성한 최초의 전투가 될 것이다."

전격전과 적 마비

전격전의 교리는 돌파구를 마련한 후 적의 재편성을 방지하고, 최소의 손실로 가능한 한 신속히 목표에 도달하기 위해 계속적인 공세 유지를 요구했다. 바르바로사 작전을 예로 들면, 공격 기세를 유지할 때 어떤 결과를 얻을 수 있는지를 알 수 있다. 존 에릭슨John Erickson은 그의 저서 『스탈린그라드로 가는 길The Road to Stalingrad』에서 "바르바로사 작전을 개시한 지 16시간 만에, 독일 육군은 실제로 소련의 북서부와 서부의 전선을 사실상 무너뜨렸다. 두 개 전선의 연결 지점에서 소련 제11군은 산산조각이 났다. 소련 제8군의 좌 측방과 제3군의 우 측방이 마치 살가죽이 벗겨진 앙상한 뼈처럼 노출됐다. 소련의 전방 지역을 엄호하는 집단군들이 분리됐다"라고 기술했다. 구데리안의 제2기갑집단(9개 기갑사단 중 5개 기갑사단, 2개 차량화사단)은 7일 만에 소련 영토로 437km를 진격했다. 구데리안의 제2기갑집단은 베레지나Berezina 강을 따라 바브루이스크Bobruisk에 도달해 북부에서 공격하는 호트 장군의 제3기갑집단과 연결했고, 소련군 32개 사단의 방어 부대와 8개 기갑사단을 민스크 포위망에 가뒀다. 구데리안의 제2기갑집단은 소련군 원정 23일 만에 661km를 돌파 기동해 18만 5,000명의 소련군을 포획했다. 전격전의 속도와 종심은 소련군의 협조된 방어 전선 구축을 방해했고, 포위망에 고립된 소련군 부대들은 차단돼 격멸당했다.

1941년 8월 중순 스몰렌스크에서 모스크바에 이르는 도로를 따라 방어하던 소련군은 KO 펀치를 기다리는 탈진한 권투 선수처럼 비틀대기 시작했다. 지속적인 공중공격과 전차의 기습으로 전선은 붕괴되고 후방 지원이 엉망이 된 소련군은 몇 주 전만 해도 독일 중앙군 최고사령관인 폰 보크von Bock 장군과 대치해 부크Bug 강에 당당하게 서 있던 모습이 아닌 와해된 모습이었다. 독일군은 전방으로 공격할수록 전투력이 감소했지만, 적군에 비해 여름과 초가을 내내 압도적인 공격력을 유지했다. 제공권의 절대 우세, 지상에서의 우세, 주도권의 이점 및 도전과 마찰이 없는 성공, 스몰렌스크로부터 모스크바까지 동요하고 와해된 적에 대한 최종 작전적인 공격 등 이 모든 것이 바로 눈앞에 있었다(R. D. 후커Hooker "바르바로사 작전의 재해석", *Parameter*, 1999).

프랑스군도 1940년 5월 이와 유사하게 와해됐고 사기가 저하됐다. 스당을 돌파한 기갑군단장 구데리안은 후방에 대량의 전차를 보유한 프랑스에 대한 느낌을 다음과 같이 기술했다. "우왕좌왕하고 사기가 저하된 프랑스의 수많은 군인들이 도처에서 자포자기한 채 서 있었고, 종종 당혹해하며 배신자라고 불만스럽게 외쳤다." 제7기갑사단장인 롬멜 장군도 동일한 돌파구에 대하여 다음과 같이 기술했다. "도랑, 울타리를 따라, 길 옆의 모든 웅덩이마다 시민들과 프랑스 군인들이 공포에 찡그린 얼굴로 몸을 웅크리고 누워 있었다."

이때 구데리안이나 롬멜과 같은 장군들은 항상 최전방에서 선두부대와 함께 있었으나 무선통신이 역할을 발휘해 멀리 전방에서도 상급 사령부와 항상 접촉을 유지할 수 있었다. 이러한 무선통신 덕에 독일군은 작전 환경의 변화에 적보다 더 신속하게 대응할 수 있었다. 또한, 대담한 지휘관들이 정보를 획득해 결심하고 이러한 결심을 전달하는 데 결정적인 우위를 제공했다. 추가적으로 독일군은 1939년 10월 프랑스군의 암호를 해독해 프랑스군의 전투서열에 대한 정확한 정보를 획득했다. 하지만 독일군의 결정적인 승리의 요인은 기술력이 아닌 대담하고 창의적인 독일군의 지휘관이라는 점을 인식하는 것이 더 중요하다. 독일군 기갑 지휘관은 무선통신으로 전달되는 명령을 기다리는 대신 전술 상황의 변화에 매우 신속하게 대응했다. 이것은 1940년 전역에서 독일군이 연합군의 전차 측방을 타격할 좋은 기회가 많았으나 그렇게 대응하지 않았던 프랑스와 영국 원정군과는 확실한 대조를 이룬다.

독일 전차가 전격전에서 기병의 역할, 추격과 전과확대의 역할을 수행했다는 점에 주목하는 것이 중요하다. 전격전에서 독일군의 승리가 보장됐던 지역을 제외하고는 전차 대 전차의 전투는 없었다. 1940년 프랑스 전역에서 독일 육군이 7.92mm 기관총 2정으로 무장한 1호 전차를 500대 이상을 운용했는데, 이 전차들은 프랑스나 영국의 주력 전차보다 성능이 열세했다는 것을 기억할 만하다. 롬멜의 제7기갑사단은 아라스Arras에서 일시적으로나마 영국군 전차에 의해 저지됐다. 이것은 전차와 전차의 정면충돌은 종종 바람직하지 않았다는 것을 암시하고 있다.

전격전의 최종 단계

와해되고 사기가 저하된 적을 고립된 포위망에 밀어 넣은 전격전의 최종 단계는 포위망 내의 적을 격멸하는 단계다. 이것은 항상 기계화된 기갑사단과 차량화보병사단보다 훨씬 느리게 가동하는 보병사단과 포병연대의 몫이었다. 포위망 속에 몰려 있는 적들은 통상 탄약, 보급이 부족했고, 가장 중요한 것은 전투를 수행하려는 의지가 부족하다는 것이었다. 예를 들어 독일군은 1941년 9월 키예프에서 60만 명 이상의 소련군을 포위했다. 일부 부대가 탈출을 시도했지만, 독일군의 포병과 기관총(M34 기관총의 발사 속도는 분당 900발이었다)에 의해 추풍낙엽처럼 쓰러졌다. 전투는 5일간 지속됐고 소련군의 저항은 붕괴됐으며, 약 60만 명 이상의 소련군이 포획당했다. 여기서 우리는 포위망 안에 있는 적에 대한 섬멸이 단순하게 형식적으로 이뤄진 것이 아님을 주목해야 한다. 여전히 치열한 전투가 많았고, 1941년 동부 전선에서 소련군 부대들은 종종 포위망을 탈출하기 위해 필사적인 전투를 감행했다. 추가적으로 기갑 지휘관들은 항상 포위망을 보병에게 맡기고 적 영토로 계속 공격하기를 원했고, 그로 인해 이것은 독일군의 사방이 종종 위험할 정도로 취약했다는 것을 의미했다.

이것이 전격전이었다. 기동의 교리는 적과 비교할 때 수적으로 열세한 부대를 기반으로 하고 있다. 하지만 구데리안과 같은 이론가들이 인식하고 있는 바와 같이 기동은 이를 수행하는 부대들의 심리적 승수 역할을 했다. 우리는 1940년 프랑스 전역에서 사실상 10개 기갑사단이 승리했다는 것을 알았을 때, 전격전의 위력을 인정할 수 있다. 전격전은 항상 적의 물리적인 자산을 파괴하기보다는 적의 정신적인 응집력과 의지를 파괴하는 데 그 목적이 있었다.

제2부
독일 국방군의 공격

●●● 융커스 Ju-87, 일명 슈투카 폭격기가 전쟁 초기에 폴란드에 폭탄을 투하하고 있다. 독일 공군은 신속하게 작전 지역의 제공권을 확보하고, 전선으로 이동하는 폴란드군의 보급 및 증원부대를 차단했다. 〈사진 출처: WIKIMEDIA COMMONS | CC BY-SA 3.0 〉

제1장
폴란드 침공

폴란드 침공은 정예 기갑부대를 필두로 매우 빠른 작전 템포로 실시된 기동전이었다. 폴란드는 3주 만에 와해됐다. 하지만 독일군이 최초로 진행했던 이 대규모의 원정에는 수정·보완해야 할 여러 가지 취약점이 있었다.

아돌프 히틀러는 1939년 9월 1일 제2차 세계대전의 서막을 알리는 폴란드 침공을 개시했다. 독일과 소련이라는 강대국 사이에 끼어 있는 폴란드는 오래전부터 위태로운 역사를 이어왔다. 폴란드는 외국에 점령된 지 123년 후인 1918년, 독일, 러시아, 오스트리아-헝가리 제국의 붕괴로 생긴 권력의 공백을 메우는 과정에서 다시 독립했다. 그 결과 신생 폴란드를 해체하기를 원했던 독일과 소련 지도부는 복수의 야망으로 부글부글 끓어오르고 있었다. 히틀러는 폴란드의 슬라브 민족을 인종적으로 열등하기 때문에 존재할 가치가 없다고 생각했다. 히틀러는 폴란드에 거주하는 소수 독일 민족에 대한 강한 애착심을 갖고 있었고, 1919년 베르사유 조약에서 승전국인 연합국이 만든 좁은 영토인 '폴란드 회랑[11]'으로 인해 동프로이센이 독일의 나머지 지역과 물리적으로 분리되는 것을 용납할 수 없었다.

---

11 폴란드 회랑: 제1차 세계대전 후인 1919년, 베르사유 조약을 통해 독일이 폴란드에 할양한 길이 400km, 너비 128km의 좁고 긴 지역. 회랑은 말 그대로 폭이 좁고 긴 통로라는 뜻이다.

독일은 오스트리아(1938)와 체코 주데텐란트Sudetenland(1938)를 흡수하기 위해 독일 소수 민족의 문제를 정치적으로 이용하는 데 성공한 후, 1939년 3월 체코슬로바키아 본토를 노골적으로 점령했다. 이제 히틀러가 확장주의 야망을 동쪽 폴란드로 돌리는 것은 시간문제였다. 전쟁 위협을 통해 발트해 연안의 단치히Danzig 항구와 폴란드 회랑을 되찾은 것에 만족했지만 히틀러는 군사적 충돌이 국가의 운명을 결정하는 최후의 수단이라고 믿었고, 외교 정책 의제를 해결하기 위해 전쟁을 감수할 준비가 돼 있었다. 그는 1939년 가을, 폴란드 문제를 최종적으로 해결하기 위한 피비린내 나는 전쟁에 군대를 투입했다.

히틀러 자신이 생각한 독일의 기본 전략은 방어가 미약한 서부 전선에 영국과 프랑스가 전개하기 전에 먼저 독일군의 가용한 모든 부대를 투입해 폴란드를 정복하는 것이었다. 사실, 그는 뮌헨에서의 영국-프랑스의 유화책과 1939년 3월 독일의 체코슬로바키아 정복에 대한 그들의 군사적 대응 실패를 들어 폴란드 주권을 지키겠다는 영국과 프랑스의 약속이 불가능할 것이라고 인식했다. 나아가 영국과 프랑스가 다시 물러서서 독일의 폴란드 정복을 묵인할 것이라고 믿었다. 그렇지 않을 경우 월등한 수적 우세로 폴란드의 저항을 격멸한 후 영국과 프랑스의 공격을 저지하기 위해 독일군의 전투력을 즉시 서부 전역으로 재배치할 계획을 세웠다. 히틀러는 영국과 프랑스의 전투 준비가 미흡하고, 또 유럽 대륙에서 대규모의 전쟁에 휘말리는 것을 꺼려하고 있다는 것을 정확히 인식하고 있었다. 그는 독일군이 폴란드에서 승리하고 서쪽으로 재배치될 때까지 서쪽에 남아 있는 제한된 독일군으로도 영국과 프랑스의 공격을 성공적으로 막을 수 있을 것이라고 믿었다.

독일군의 작전 전개

히틀러는 1939년 8월 25일 국가 총동원령을 내렸다. 독일 국민은 오스트리아와 체코슬로바키아 점령 당시 이미 동원 예행연습을 경험했기 때문에 큰 문제 없이 동원이 9월 1일까지 거의 완료됐다. 이번 동원에서 독일은 체코슬로바키아 점령을 위한 동원 당시 도출된 문제점 및 혼란을 확실히 보완해 상당히 개선된 모습을 보였다. 독일군은 2개 집단군을 편성했다. 페도르 폰 보크가 지휘하는 북부집단군(제3·4군)은 프로이센과 포메른Pomerania 방향으로 공격했고, 게르트 폰 룬트슈테트가 지휘하는 남부집단군(제8·10·14군)은 실레지아Silesia와 슬로바키아의 독일 위성국으로 전개했다. 최고사령부는 룬트슈테트의 남부집단군을 주공으로 폴란드를 공격하도록 계획했다.

히틀러는 전 기갑사단, 차량화사단, 경차량화사단, 상비보병사단 및 소규모의 국경방어부대들을 투입했다. 독일군은 폴란드 전역에 총 70개 부대를 투입했는데, 그중 55개가 사단급이었다. 히틀러는 단지 30개 사단만 서부 전선에 남겼는데, 그 가운데 상비보병사단은 단지 12개뿐이었다. 히틀러는 서부 유럽 연합군들이 총동원해 독일 전선으로 전개하기 전에 신속히 폴란드를 점령하기 위해 거의 모든 독일 육군 부대를 폴란드 전역에 투입하는 도박을 감행했다. 공격에 투입된 독일군의 전투력은 총 보병 559개 대대, 포병 화포 5,805문, 대전차포 4,019문, 전차 2,511대였다. 따라서 독일군은 초기에 보병 50%, 포병 180%, 대전차포 420%, 전차 430% 등 현저하게 수적으로 절대 우위를 달성했다. 여기에 독일군의 질적인 우세는 수적인 우세를 더욱 강화시켰다.

최고사령부는 각 집단군에 독립적인 전략적 임무를 부여했다. 북부집단군은 폴란드 회랑을 점령하고 동프로이센과 육상에서 연결한 다음, 동프로이센 지역을 선회해 북쪽에서 바르샤바를 공격하도록 했다. 남부집단군은 제10군과 14군(예하 4개 기갑사단과 4개 경기계화보병사단)을 주공으로 폴란드 국경을 돌파해 남서쪽으로부터 바르샤바를 공격하게 했다. 이때 남부집단군의 다른 부대들은 주공부대의 남쪽 측방을 방호하는 동시에 바르샤바 동쪽에서 북부집단군과 연결하기 위해 북동쪽을 공격하도록 했다. 이 집단군들을 연결하는 방식으로 폴란드 수도를 고립시키고 독일군은 자신들이 바라는 대로 대부분의 폴란드 군대 또한 고립시키려고 했다. 9월 1일 주공인 남부집단군의 가용 전투력은 병력 88만 6,000명, 323개 보병대대, 포병 3,725문, 대전차포 2,453문 및 전차 1,944대였다. 이러한 독일군의 전략 계획에서 가장 주목할 사항은 폴란드군의 배치와 작전 의도가 곧바로 독일군의 수중에 들어갔고, 이로 인해 가뜩이나 좋지 않은 폴란드의 상황이 더욱 악화됐다는 것이다.

폴란드 공격에서 독일의 해군과 공군도 각자 맡은 임무를 수행했다. 폴란드 회랑이 차단되면 폴란드는 내륙 국가가 되므로 해군의 임무는 한정될 수밖에 없었다. 해군은 초기 공격을 지원하고, 잠수함은 폴란드가 보유한 주로 소규모인 해안부대의 작전의 자유를 박탈하기 위해 폴란드 항구를 봉쇄했다. 히틀러는 공군에게 더 광범위하고 공세적인 임무를 부여했는데, 양국 전력의 가장 큰 격차는 공중 전력이었다. 독일 공군은 폭격기 648대, 급강하폭격기(슈투카) 219대, 전투기 426대를 포함해 항공기 총 2,085대를 폴란드에 투입했다. 폴란드는 전술항공기 360대를 보유하고 있었다. 폴란드 전역에 투입된 독일의 항공전력은 수적으로 비교하면 폴란드에 비해 4 : 1로 우세했고, 양국 공군 간의 질적 차이를 고려할 때 즉각적인 공중우위를 확립하기에 충분했으며, 이는 곧 폴란드 육군에 재앙을 불러왔다. 독일 공군은 일단 제공권이 확보되면 후방차단, 근접항공지원 및 항공 정찰 등 전술적인 임무에 집중하려고 했다.

폴란드 정부는 서부 폴란드의 조기 항복으로 폴란드가 독일의 침공을 견뎌내기 위해서는 신속한 군사적 개입이 필요하다는 부정적 인식을 영국과 프랑스에게 주는 것을 두려워했다. 더욱이 폴란드 지도자들은 그런 전략이 성공할 기회를 갖기 위해 요구되는 조기 동원이 런던과 파리에서 폴란드의 도발로 오해되는 것을 두려워했다. 그런 인식이 서부 국가들의 개입을 지연시킬 수도 있었다. 또한 폴란드 고위 간부들은 그런 전략을 채택하면 히틀러가 주데텐란트에서 그랬던 것처럼 분쟁 중인 폴란드의 소규모 지역들을 점령한 후 폴란드를 조각조각 해체할 수도 있다고 우려했다.

폴란드는 경제적으로 중요한 실레지아 지역을 방어하기 위해 보다 전방으로 전진배치하는 대체 전략인 플랜 Z를 선택했다. 이렇게 전방으로 추진된 폴란드 부대들은 총동원에 필요한 시간을 벌기 위해 전투를 수행하면서 철수해야 했다. 만약 예비대를 집결시킬 수 있다면 독일군이 돌파한 지역을 역습해 서부 방어선을 다시 회복할 수 있을 것이다. 폴란드 지도자들은 강력한 전방 방어가 보다 빠르고 적극적인 서부 국가들의 군사개입을 부추겨 독일군이 서부 전선을 증강하기 위해 부대들을 서부 전선으로 전환하기를 희망했다. 만약 이 계획이 좌절된다면, 폴란드군은 폴란드 남동부로 단계적으로 철수하고, 그곳에서 최후의 저항을 할 계획이었다.

유감스럽게도 플랜 Z는 몇 가지 중요한 취약점을 내포하고 있었다. 국경이 너무 길어서 전방 지역 어느 한 곳에도 독일군의 집중 공격을 방어하기에 충분할 만큼 폴란드군을 배치할 수 없었다. 전선의 길이는 폴란드군의 주 예비대인 기병 여단의 투입을 강요해 기병 여단은 기동성이 소진되고 화력이 부족해 전반적인 방어의 강점을 살리는 데 거의 기여하지 못했다. 또한 플랜 Z는 독일 육군 기계화부대의 속도와 전투수준을 과소평가했다. 이는 많은 영국군이나 프랑스군뿐만 아니라 독일 장군들조차도 마찬가지였다. 많은 독일 고위 장성들 사이에서도 기갑사단의 잠재력과 효율성에 대한 회의적 시각이 남아 있었다. 1939년 9월 폴란드에 대한 독일의 전략적 배치는 진정으로 독립적인 전략적 작전을 위해 가용한 기계화부대를 집중시키지 않았기 때문에 그런 회의론이 반영됐다.

M34 기관총

M34 이중목적 기관총은 1934년 이미 독일군에 편제돼 스페인 내전에서 운용됐다. 하지만 M34 기관총 최초의 실질적인 무기시험은 1939년 가을 히틀러의 폴란드 침공에서 치열한 전투가 벌어지던 최고의 악조건 하에서였다. M34 기관총은 독일 보병 분대 전투력의 기반으로, 강력한 화력으로 융통성을 제공했으며 1940년 노르웨이와 서부 전역뿐만 아니라 폴란드에서도 독일군의 승리에 기여한 중요한 요소임이 입증됐다. M34 기관총은 경기관총뿐만 아니라 중기관총의 역할까지 수행, 독일군 보병부대의 전술적인 유연성을 제공하는 데 크게 한 몫을 했다. 경기관총의 역할에 충실하도록 과거의 무거운 수랭식 기관총 대신 총열에 구멍을 뚫어 통풍, 냉각시키는 공랭식 총열을 장착해 무게를 감소시켰다. 단, 공랭식은 수랭식보다 냉각효과가 미흡했는데, 상대적으로 가벼운 M34는 병사들이 야전에서 총열을 쉽게 교체할 수 있도록 설계됐다. 이 기관총의 발사속도는 분당 820발이었으며 유효 사거리는 2,000m였다. 탄약은 50발들이 탄띠 혹은 회전 탄창에 결합됐다. 종합적으로 M34 기관총은 성능이 매우 양호한 보병화기이며 공격뿐만 아니라 방어전투 시에도 독일 보병부대에게 막강하고 체계적인 화력을 제공했다. M34 기관총은 전체 전쟁 기간 동안 계속 생산됐고, 1943년부터 점차 가공할 만한 위력을 가진 M42 기관총으로 대체됐다.

〈사진 출처: WIKIMEDIA COMMONS | CC BY-SA 4.0〉

폴란드군의 부대 구조

폴란드군은 7개 야전군과 5개 소규모 작전부대들로 편성됐다. 대부분이 보병부대인 폴란드군은 보병 30개 사단과 전투력이 약한 2등급 수준에 해당하는 18개 사단으로 구성됐다. 그러나 이런 사단들 모두 질과 양, 장비, 훈련, 기동성, 화력, 지휘 수단 및 전투력 면에서 전반적으로 독일군에 비해 열세했다. 대전차화기와 대공화기 및 야전포병 면에서도 열세였다. 폴란드군 가운데 전투서열상 보병 다음으로 전투력이 강한 부대는 기병이었는데, 시대착오적인 말을 편제한 기병대를 11개 여단으로 편성했다. 기병은 화력이 취약했지만 현대 전장에서 어느 정도의 생존성과 지구력을 제공하는 기동 능력을 보유했다. 폴란드군에는 능력과 운용 면에서 열악한 전차 887대가 있었는데 그 중 대부분은 분산해 보병을 지원하는 구식 소형 경장갑전차였다. 폴란드는 전략적인 전차 예비대 없이 화력, 훈련, 효과적인 교리 및 편성이 부족한 초기 단계의 2개 기계화여단만 보유하고 있었다. 이런 단점으로 인해 폴란드 전차는 불가피하게 보병을 지원하는 부수적인 역할만을 수행했다.

전장의 여왕 포병은 폴란드군 화력의 대부분을 차지했으며 대단하지는 않았지만 시대에 뒤떨어지지는 않았다. 그러나 폴란드의 포병들은 독일군 포병보다 화력과 통신 수단이 미흡하고 탄약이 부족했으며 대치하고 있는 독일군에 비해 정교한 화력통제 시스템을 갖추지 못했다. 폴란드군의 장비들은 일반적으로 독일군보다 구형이었고 성능도 미흡했다. 장비 대부분이 제1차 세계대전에서 사용하던 것들이었다. 다만 유일하게 텅스텐tungsten 소재 탄환을 사용하는 폴란드의 대전차화기는 독일군의 개인화기보다 우수했다.

폴란드의 공군과 해군도 자국 방어에 제한적으로만 기여할 수 있었다. 공군은 장비와 교리 면에서 공세적 작전을 실시할 능력이 미흡했고, 지상군을 수세적으로 지원하는 육군의 일부로 편성됐다. 폴란드의 최고사령부는 가용한 항공자산을 보병지원, 수세적 공세적 항공 임무를 수행하도록 구분했다. 너무 소규모로 분산시켜 운용해 공군은 3가지 임무 중 어느 하나도 제대로 수행하지 못했다. 폴란드 공군은 모든 비행장에 분산, 배치돼 작전적인 운용이 어려웠다. 폴란드 해군도 이와 유사하게 소규모였고, 공중 공격에 취약했다. 따라서 해군은 지상작전 투입 이외에는 폴란드 방어에 특별히 기여하지 못했다.

독일은 1939년 9월 1일 아침, 폴란드 비행장, 철도 요충지 및 통신망에 대한 치열한 공중 폭격으로 공격을 개시했다. 지상에서의 첫 번째 교전은 옛 독일 전함 슐레스비히 홀슈타인Schleswig Holstein 해군 강습중대가 단치히 지역방위군 예하 나치 준군사조직의 도움을 받아 단치히 자유항 외곽의 베스터플라테Westerplatte에 있는 폴란드 군사 시설에 대한 공격을 시작했을 때 발생했다. 폴란드 우체국 직원들이 자체 무장을 하고 저항했으나 친위대 병력은 그들이 항복한 후에 일부 직원들을 처형했다. 따라서 폴란드에 대한 독일의 첫 번째 침공은 4년간의 잔혹한 점령과 억압의 발판이 되었다.

북부집단군은 북부 폴란드 전투를 주도했다. 9월 1일, 제3군은 동프로이센에서 출발해 남쪽으로는 바르샤바Warsaw를 향해, 남서쪽으로는 브레스트 리토프스크Brest Litovsk를 향해 진격했다.

신속한 영토 점령

9월 2일, 독일군 북부집단군 예하 3군은 소형 전차 TKS-3를 선두로 한 여러 차례의 폴란드의 강력한 역습을 격퇴하기 위해 다수의 37mm Pak 35/36 대전차포를 투입했다. 37mm Pak 35/36 대전차포의 관통력은 보잘것없었지만, 폴란드의 경장갑 소형 전차의 역습을 저지하기에는 충분했다. 이어서 9월 2일 늦은 오후, 제3군은 음와바^{Mlawa} 동쪽의 폴란드 방어선을 뚫고 적을 포위하기 위해 그라우덴츠^{Graudenz} 시에 접근했다. 같은 날 독일 제4군은 브르데^{Brde} 강을 횡단해 그다음 날 노베 시비에치에 ^{Nowe Swiecie}에서 제3군의 선두와 연결하기 전에 단치히 남쪽에 배치된 폴란드 포모제^{Pomorze}군의 후위를 폴란드 회랑에서 차단했다.

그동안 폴란드 회랑으로 공격하는 독일군은 폴란드 방어부대들을 그디니아^{Gdynia} 항구 외곽까지 격퇴했다. 9월 4일 제3군은 치열한 전투로 그라우덴츠를 점령하고, 폴란드 방어부대를 물리쳤다. 반면 제4군의 보병부대는 폴란드 회랑으로부터 도주하려는 폴란드의 잔류부대들을 격멸했다.

9월 5일까지 폴란드 회랑을 완전히 소탕하면서 북부집단군 사령관 보크는 폴란드 원정의 제1단계 임무를 달성했다. 북부집단군은 즉시 제3군의 가장 동쪽에 위치한 제대와 병행해 바르샤바 방향으로 공격하기 위해 제4군을 동프로이센의 동쪽으로 재배치하기 시작했다. 9월 6일 제3군과 4군은 그라우덴츠의 남쪽에서 새로운 연결에 성공해 독일군은 승리를 확신했고 보크는 집단군 사령부를 동프로이센의 올슈틴^{Olsztyn}으로 옮겼다. 이곳에서 그는 폴란드의 내부로 종심 깊은 공격을 개시한 독일군의 작전을 계속 지휘할 수 있었다. 북부집단군은 동프로이센에서 전투력을 증강시킨 후에 계획된 제2단계 작전을 개시했으며, 1939년 9월 7일에 롬자^{Lomza}를 공격했다.

폴란드 북부 지역 작전

한편 독일 제3군은 9월 10일 폴란드 북부에서 부크^{Bug} 강을 건넜고, 이틀 후 바르샤바와 그 주변에 위치한 폴란드군을 동쪽으로부터 포위하기 위해 우회하는 동시에 시에들체^{Siedlce}를 향해 남서쪽을 공격했다. 같은 날 제4군 사령부는 마침내 서프로이센에서의 작전을 종료하고 프로이센 동쪽에 군을 재배치했으며, 거기에서 동쪽으로 비알리스토크^{Bialystok}를 공격하라는 명령을 수행했다. 제3군은 9월 16일 바르샤바의 남쪽에 있는 비스와^{Vistula} 강에 도달할 때까지, 남서쪽 방향으로 계속 공격했다. 그다음 날 그들은 바르샤바 동부 교외인 프라가^{Praga}를 포위했다. 동시에 독일 제4군은 롬자의 동쪽으로 작전을 실시, 전력을 다해 비알리스토크를 신속히 점령했다. 9월 14일부터 17일까지 제3군은 브르제스크^{Brzesc}를 기습 공격했다. 폴란드군의 계속적인 용감한 전투로 독일 제4군은 강력한 저항에 직면했다.

1939년 9월 17일 소련은 1939년 8월에 독일과 소련 간에 체결한 몰로토프-리벤트로프 불가침 조약에 추가된 비밀 의정서의 조건에 따라 폴란드 동부를 침공했다. 결과적으로 보크는 북부집단군에게 부크 강으로부터 브르제스크^{Brzesc}를 거쳐 비알리스토크까지 이어지는 선을 넘지 말도록 지시했을 뿐만 아니라 이미 이 한계선을 넘은 부대들을 철수하도록 명령했다. 이런 소련의 개입은 폴란드 동부에서 저항하는 폴란드군에게 치명적인 타격을 가했다. 저항은 순식간에 붕괴됐다. 소련군이 침공한 9월 17일에 북부와 남부군단의 선두부대가 비스와 강을 따라 고라 칼와르야^{Gora Kalwarja}에서 성공적으로 연결해, 바르샤바 주변 지역에 남아 있는 대다수의 폴란드 군대가 고립됐다. 이는 폴란드에서 북부집단군 작전의 두 번째 단계가 정점에 이르렀다

북부집단군은 작전의 최종 단계인 바르샤바 점령을 눈앞에 두고 있었다. 이 작전은 폴란드 수비대가 독일의 항복 제안을 거부한 9월 26일 시작됐다. 이후 9월 15일 공군이 실시한 효과적인 대량 공중폭격은 독일 육군이 바르샤바를 점령하는 지상작전의 승리에 크게 기여했다. 공중폭격은 과거 격렬했던 폴란드의 저항 의지를 어느 정도 약화시켰다. 9월 18일 보크의 부대는 전력을 다해 바르샤바 작전을 개시했다. 독일 제3군은 남부집단군의 제10군과 협조된 공격을 실시했다. 포병화력과 공군의

폭격으로 강력한 화력지원을 받았다.

그렇지만 독일군은 바르샤바 북부와 동부에서 필사적인 저항에 부딪혔고. 독일군은 치열하고 장기적인, 그리고 우세한 화력의 이점을 살릴 수 없는 시가지 전투에 휘말리게 됐다. 따라서 전진은 공격자에게 점점 더 많은 피해를 주는 느리고 조직적인 공격으로 빠르게 변질됐다. 독일군 부대는 제1차 세계대전 이후 처음으로 시가지 전투의 어려움을 겪었다. 많은 건물은 적의 매복을 돕고 저격수에게 양호한 엄호 진지를 제공했으며 독일 포병의 화력 유도와 관측을 방해했다. 하지만 독일군의 탁월한 훈련과 탄력적인 감투 정신은 전세를 기울게 했고, 폴란드의 보급이 점차 줄어들면서 방어 중인 폴란드 병사들을 퇴각시킬 수 있었다. 9월 26일에 북부집단군은 제8군을 선두로 하는 바르샤바의 최종 공격을 지원했다. 폴란드 수비대의 생존자들은 다음 날 항복했다.

9월 내내 북부집단군은 그디니아와 헬반도Hel Peninsula에서 폴란드군 저항을 진압하기 위해 덜 매력적인 부수적 전투를 벌였다. 이런 작전을 주도하는 독일 카우피쉬Kaupisch군단은 바르샤바의 포위군보다 훨씬 더 제한된 수단만을 갖고 있었다. 9월 9일까지 카우피쉬의 부대들은 푸츠크Puck를 점령하고, 그디니아와 인접해 있는 저지대인 켐파 옥시브스카Kepa Oksywska의 야지를 완전히 포위했다. 9월 14일 드디어 그디니아를 함락했지만 독일군은 반도의 가장 끝에 위치한 헬 항구 아래로 좁고 긴 반도를 공격할 때, 헬 반도에 고립된 주로 폴란드 해군 예하 부대들의 강렬한 저항을 받았다. 폴란드 수비대는 완강하고 끈질긴 방어로 독일군에게 막대한 손실을 안겨준 후, 10월 1일 마침내 항복했다. 이로써 북부 지역에서의 폴란드 저항은 종료됐다.

남부집단군의 주공인 제10군은 독일군 전차의 대부분을 지휘해 폴란드의 우치Lodz군과 크라쿠프Kraków군의 전투 지경선 사이로 공격했다. 목표는 바르샤바였다. 공격 개시 2일 차에, 폴란드 방어 진지에서 치열한

●●● 말이 이끄는 포병부대가 폴란드 전방을 향해 이동하고 있다. 대부분의 독일군 포병은 말이 견인한 반면 대다수의 압도적인 보병사단은 도보로 행군했다. 소수의 기갑사단과 차량화보병사단은 기동전의 핵심으로, 공군의 지원을 받았다. 〈사진 출처: WIKIMEDIA COMMONS | CC BY-SA 3.0〉

전투가 벌어졌다. 하지만 9월 4일 독일군은 맹공을 가해 폴란드 제7보병사단을 격파하고 후퇴시켜 신속하게 전진할 수 있도록 했다. 그 사이에 제8군은 주공의 측방에서 우치 방향으로 공격했다. 반면 제14군은 크라쿠프, 갈리치아Galicia 방향으로 공격해 치열한 전투를 치른 끝에 전략적으로 중요한 유블룬카 패스Jublunka Pass를 점령했다.

공격 2일 차에 제14군은 카토비체Katowice에서 수적으로 열세하지만 끈질기고 격렬하게 방어하는 폴란드군의 강한 저항에 부딪혔다. 제8군은 같은 날 프로스나Prosna 강을 건넜고, 제10군은 쳉스토호바Czestochowa를 탈취하기 위해 조우한 폴란드의 완강한 저항을 뿌리치고 바르타Warta 강을 건너갔다. 그러나 독일군이 폴란드 크라쿠프군을 공격했기 때문에, 남부 지역에서 격퇴된 폴란드군은 이전에 구상했던 전략에 따라 전면적인 철수를 시작했다. 9월 5일 독일 제10군은 필리카Pilica 강을 건넜고, 그 다음 날 제14군은 중요한 도시인 크라쿠프를 점령했다. 이것으로 남부집단군은 치열한 5일간의 작전 후 제1단계 작전을 종료하고 룬트슈테트는 재편성과 재보급을 위한 전투 휴식을 명령했다.

이러한 적시적인 독일군의 공격에도 불구하고 포즈난Poznan군의 반격은 폴란드군이 계속 치열하게 싸우고 있고 아직 패배하지 않았다는 것을 보여줬다. 폴란드의 반격은 어떠한 희생에도 불구하고 수도를 사수하겠다는 최고사령부의 결심을 보여주는 것이었다. 따라서 다음 무대는 바르샤바 전투였다.

불행하게도 폴란드군의 역공은 포즈난군을 이 올가미 속으로 더 깊숙이 몰아넣는 결과를 초래했다. 왜냐하면 바르샤바 주변의 독일군 부대들이 3개 방향에서 공격했기 때문이다. 동부에서 브주라Bzura 강의 도하 지역에 교두보를 설치한 독일군 제11군단이 포즈난군을 우회했기 때문에 폴란드의 역공은 오히려 쿠트노Kutno에서 포즈난군의 포위를 더욱 가속화시켰다.

폴란드 전역의 종료

브주라 전투가 절정에 다다를 무렵, 제10군은 9월 11일 함락된 라돔 Radom에 대한 제2차 포위 작전을 시작했다. 제10군은 잠시 동안의 전투 휴식 후 2일 늦게 루블린Lublin 방향을 향해 계속 공격했다. 9월 15일부터 제10군은 바르샤바 공격에 참가하자마자 동쪽 루블린 방향으로 공격했고, 폴란드의 짧고 필사적인 이틀간의 방어 후에 루블린을 함락시켰다. 그동안 제14군은 9월 10일 산San 강을 건넜고, 이틀 후 강력한 적의 저항에도 불구하고 리보프Lvov에 진입, 9월 15일 긴 하루의 치열한 전투 끝에 프셰미실Przemysl을 점령했다. 제10군은 비스와 강 동쪽으로 도주하는 폴란드 부대를 포위했다. 제14군이 산 강을 점령하는 동안 제8군은 바르샤바 내부와 외부에 대한 소탕 작전을 계속 실시했다. 남부집단군의 작전지역에서 폴란드의 최후 저항은 1939년 10월 6일에 코크Kock에서 종료됐다. 폴란드 전역은 36일 만에 종료됐다.

엄청난 승리였지만 폴란드 전역은 전쟁 준비, 훈련, 교리 및 편성 면에서 여러 가지 문제점을 드러냈다. 그러나 독일군의 중요한 장점 중 하나는 승리를 탁월한 전투 수행의 결과로만 여기지 않았다는 것이다. 독일군은 폴란드 전역의 교훈을 신속하고 상세하게 연구했다. 지위 고하를 막론한 독일군 장교들은 정직하고 폭넓은 자기비판을 통해 자신들이 수행한 전투를 평가하고 그 안에서 많은 결함을 확인했다. 게다가 자체 비평이나 평가를 상급자에 대한 불충으로 여기는 다른 군대, 특히 영국과는 달리, 1939년 독일의 군사문화는 중위나 대위급 장교들까지도 공개적으로 교리, 훈련, 장비 및 전술에 대해 비평을 가할 수 있도록 보장했다.

일부 독일군 지휘관은 위기에 직면했을 때 대단한 유연성과 침착성을 보였다. 예를 들면 침공 이틀째, 메뎀^{Medem}분대의 돌격공병들이 트체프^{Tczew}에 있는 비스와 강의 교량을 탈취하려는 계획은 성공 가능성이 거의 없었다. 트체프의 결정적인 기습이 좌절됐지만, 다행히도 현장 지휘관들은 작전 계획을 적절하게 변경해 전진하는 지상부대가 그니에브^{Gniew}와 마리엔베르더^{Marienwerder}에 있는 도하 지점을 안전하게 확보할 수 있었다. 임무형 지휘에 따른 지휘 및 통제 정신에 대한 교육을 받고 주도권을 충분히 행사하려는 독일 지휘관들의 유연함은, 디르샤우^{Dirschau}에서의 후퇴가 전개되는 동안 이 침공이 동요하지 않도록 했다. 이런 리더십은 독일군이 일반적으로 예상치 못한 급변하는 전술적 상황에서도 효과적으로 싸울 수 있도록 했으며, 이는 폴란드 전역에서 독일군이 달성한 놀라운 성공에 직접적으로 기여했다.

이와 유사하게 제8군은 9월 7일 우치 방향으로 공격을 재개했고, 제10군은 라돔을 포위하기 위한 새로운 공격을 개시했다. 한편, 제14군은 폴란드군의 주요 후퇴 경로를 차단하기 위해 폴란드군의 주요 방어 위치인 비스와 강을 건너 리보프로 진격했다. 독일군이 폴란드 내륙으로 진출함에 따라 확장되는 전선을 통제하기 위해 남부집단군 사령부는 9월 7일 폴란드 국경 바로 안쪽에 있는 루블리니에츠^{Lubliniec}로 이동시켰다. 그다음 날 제8군은 남서부로부터 바르샤바의 외곽에 도달했다. 이러한 북동쪽 방향의 공격은 독일군의 좌측방을 노출시켰다. 9월 10일 폴란드의 포즈난군은 과도하게 신장된 제8군의 노출된 측방을 공격해 독일군의 측위부대를 후방으로 철수시켰다. 이때 방어훈련이 미흡했던 독일군 부대는 잠시 공황에 빠졌다.

그러나 독일군은 국지적인 예비대를 신속히 재배치해 그다음 날에 다시 전선을 회복하고 폴란드군의 공격을 저지했다. 폴란드 전역에서의 이러한 적시적인 전술적 대응은 독일군 초급장교와 부사관들이 보인 효과적인 대응의 전형적인 모습이었다. 지휘관의 의도 내에서 독일군이 훈련을 통해 예하 부대 내에 강력하게 심어준 융연한 주도권의 행사는 독일군의 전술적 대응의 신속성과 효율성을 잘 설명하고 있었다.

폴란드 전역에서 독일 보병은 침공에서 부차적이지만 여전히 중요한 역할을 수행했다. 말이 끄는 독일 보병부대는 더 기동성이 뛰어난 기계화 부대의 뒤에서 세 가지 광범위한 전술적 임무를 수행했다. 그들은 고립되거나 우회한 적 저항의 중심부와 교전해 그들을 무력화시켰으며 기갑사단의 취약한 측면을 보호하고 해당 지역을 점령했다.

독일군 보병은 이런 매력적이지는 않지만 중요한 전술임무를 수행하면서 보병의 기본 편제로 보유한 강력한 공격 및 방어용 화력을 효과적으로 운용했다. 폴란드에서 독일군 보병 분대의 전형적인 전술은 M34 기관총의 강력한 화력을 중심으로 이뤄졌다. 보병 소대들이 폴란드 방어진지를 공격할 때, M34 기관총 사수들은 양호하게 위장된 진지를 점령해 소대의 돌격 기세를 강력하게 지원했다. 이 기관총은 9월 2일 독일군 부대가 폴란드군이 격렬하게 저항하는 쳉스토호바 도시를 공격할 때 그 우수성이 입증됐다. 또한 폴란드 전역 중 시작된 표준적인 화기의 전투운

●●● 1939년 9월 폴란드 전선에서의 포신이 짧은 4호 전차: 전차는 적절히 운용될 경우 엄청난 효과를 발휘했으나 그러지 못할 경우 참혹한 결과를 초래할 수 있었다. 폴란드의 수도를 가급적 빨리 점령하겠다는 일념으로 독일 육군은 타 병과의 지원 없이 경솔하게 전차를 바르샤바 시가지 전투에 투입했다. 이로 인해 엄청난 전차의 손실을 입었다. 폴란드 전역 기간 동안 제4기갑사단이 잃은 전차 81대는 대부분이 바르샤바의 치열한 시가지 전투에서 파괴됐다. 실제로 대부분의 독일군 전차 손실은 바르샤바 전투에서 발생했으며 그 중 4호 전차는 19대 모두 파괴됐다. 〈사진 출처: WIKIMEDIA COMMONS | CC BY-SA 3.0〉

용시험에서, 분대 내에서 가장 전투경험이 많고 믿음직한 우수한 병사를 M34 기관총 사수로 임명한 것은, 부대가 이 막강한 화기를 가장 효과적으로 운용했다는 것을 보여줬다. 이러한 M34 기관총의 효과적인 전술적 운용이 엄격한 훈련 및 주도권 행사와 통합됐을 때, 독일군 보병 분대들이 항상 그렇지는 않았지만 종종 기갑사단의 신속한 공격으로 우회하는 폴란드 부대들의 저항을 효과적으로 무력화시킨 것으로 나타났다.

보병의 승리

독일 보병이 브주라 포위망을 탈출하기 위한 폴란드군의 필사적인 노력을 무력화하는 데 성공한 것은 이 기간 동안 모든 독일 병사가 받았던 엄격하고 현실적인 훈련 덕분이었다. 예를 들어 독일군 보병은 신병훈련과정에서 실탄을 사용한 주·야간 엄격한 전술훈련을 실시했다. 실제로 독일군은 실제 전장에서 살아남을 가능성이 더 높은 회복력 있는 군인을 만드는 데 따른 불가피한 대가로 훈련 중 1%의 사망률을 받아들일 준비가 돼 있었다. 전투 조건을 현실적으로 재현함으로써 이런 훈련은 적대적인 환경에 대처할 수 있는 신병의 능력을 완전히 검증하는 동시에 주도권 개발을 가능하게 했다. 훈련은 신병들을 제1단계 차상급자의 임무를 수행할 수 있도록 준비시켜 실제 전장에서 상급자가 유고되는 경우, 즉시 하급자 중 선임자가 지휘계통의 공백을 메울 수 있었다. 이러한 엄격한 훈련의 결과로 폴란드 전역에서 독일군 보병들은 끈질기고 유연하게 그리고 독창적으로 잘 싸웠다. 폴란드 전역 기간 동안 그런 신병들의 질적 수준이 교전 결과에 미친 긍정적인 영향을 많은 사례에서 볼 수 있었다.

하지만 모든 것이 다 만족스러웠던 것은 아니다. 독일군 훈련의 취약점 역시 드러났다. 그디니아와 헬 지역에서 폴란드 해병대의 몇 차례 야간 반격으로 공황 상태에 빠진 독일군이 패주했는데, 이는 독일 야간 전술과 기술의 부적절함을 보여줬다. 이런 좌절은 독일군이 전쟁 전 훈련에서 야간 전투를 소홀히 했다는 것을 드러냈다. 이런 부족한 점을 인식하고 1939년부터 1940년 겨울, 독일군은 프랑스와 저지대 국가를 상대로 한 서부 전역에 대비해 수행한 집중적인 보수훈련 프로그램에서 야간 전투를 강화했다.

독일의 사후 보고서에 따르면, 특정 보병부대는 공격성이 부족했으며 고위 장군은 일반적으로 제1차 세계대전 당시의 선배 장군들보다 공세적인 기질이 부족한 것으로 평가됐다. 보병부대는 일반적인 교리에 위배되는 장시간의 포병 공격준비사격이나 지원사격이 없이 공격하는 것을 꺼리는 것으로 나타났다. 예를 들어 9월 15일 독일군이 포드소스니나 루코프스카Podsosnina Lukowska를 공격하는 동안 포병 지원이 미흡하자 단지

105mm le FH 18 견인곡사포 4문만을 보유한 보병은 마지못해 소극적으로 돌격했다. 독일군은 새로운 분대 수준의 전술 훈련과 개인 주도권에 대한 강조를 통해 이런 고착된 사고를 수정했다. 지휘관 간의 협조는 전반적으로 미흡했다고 분석됐다. 이것은 정예 기갑부대도 마찬가지였다. 독일군은 제병협동작전 훈련 간 협조를 엄격히 강조했음에도 불구하고, 평시에 많은 준비를 했더라도 부대가 실제 전장에서 발생하는 어려움을 극복하기는 충분하지 않다는 것을 경험했다. 그해 가을에 실시된 보수교육은 제병협동작전을 다시 한 번 연마하고 완성하는 데 집중했다.

폴란드 전역에서, 기갑사단은 전차를 적절하게 운용했을 경우에만 괄목할 만한 성공을 거뒀다. 예를 들어, 9월 7일에 남진 공격을 개시한 북부집단군은 계획된 2단계 공격 작전을 수행하면서 증원 병력으로 하인츠 구데리안의 제19기갑군단을 포함했다. 이 부대들은 먼 동쪽에 위치한 제3군의 측방으로 이동했고, 9월 9일에 바르샤바를 동쪽으로 우회해 남부집단군의 선두 공격부대와 연결하기 위해 약하게 배치된 폴란드의 나레프^{Narew}지역군을 공격했다. 구데리안의 부대들은 나레프 강을 건너 부크 강을 향해 전진했고, 9월 10일 잠보브^{Zambow}에서 누르지크^{Nurzyck} 강을 건너려고 시도할 때 치열한 교전이 있었다. 구데리안 장군의 열정적인 지휘 아래 잘 훈련된 기동부대는 가차 없이 진격함으로써 다른 부대들이 본받을 만한 모범을 보였으며 전체적으로 독일군의 작전 템포를 빠르게 만들었다. 폴란드 부대들이 예기치 못한 독일군의 신속한 침공에 대응하기 어려웠다는 것은 놀라운 일이 아니었다. 구데리안의 왼쪽 측방에서 브란트군단^{Group Brand}은 북부집단군의 가장 동 측방에 있는 비알리스토크로 공격을 개시했고 그의 군대가 남쪽으로 더 멀리 진군함에 따라구데리안의 노출된 좌 측방을 방호했다.

폴란드 전역에서의 독일군 전차

결론적으로, 폴란드 전역에서 전차는 기계화부대로서, 시종일관 독일군 승리에 핵심적인 역할을 수행했다. 공군이 적시적이고 효과적인 전술근접항공을 지원하는 동안, 기계화부대는 폴란드 후방 깊숙이 침투해 적을 격멸하기 위해 보병과 포병이 도착할 때까지 적의 교통로를 차단하고 적을 마비시켰기 때문이다. 독일군은 이와 같은 제병협동작전으로 제1차 세계대전과 비교할 때 인명손실 면에서 적은 희생으로 신속하게 폴란드를 점령할 수 있었다. 게다가 6개 기갑사단 내에서 이뤄진 각 병과들의 상대적으로 효과적인 제병협동작전은 폴란드 전역에서 눈부신 승리를 달성하는 데 크게 기여했다. 이런 부대들은 기갑부대에 더해져 차량화보병, 자주포병, 수색정찰부대, 통신용 장갑차 그리고 필요한 보급지원 부대들을 균형 있게 편성한 제병협동사단들이었다. 특히 전장에서 전차와 전술적으로 긴밀하게 협조할 수 있는 차량화보병(후에 기계화보병)의 능력은 정예 기갑부대들의 전투 효율성에 결정적으로 기여했다. 폴란드 전역에서 편제된 독일군의 차량화보병부대들은 기갑사단 내에 편성됐으며(당시 1개 보병여단에 소속), 트럭에 탑승해 작전을 실시했다. 이 차량화보병부대들은 별도로 소수의 인원수송용 반궤도장갑차를 보유했다. 폴란드 전역 기간 중 이런 수송차량과 반궤도장갑차는 전투 지역까지 보병을 이동시키는 단순한 수송 수단이었다. 차량화보병들은 차량에서 하차해 도보로 돌격하는 전차를 지원했다. 이때 차량화보병은 적의 진지, 특히 효과적인 대전차화기를 휴대한 보병 진지를 공격하거나 고립 및 포위돼 저항하는 부대를 소탕해 공격하는 기갑부대를 지원했다.

하지만 사후 작전 보고서에 의하면, 독일 육군은 시가지 전투에 대한 준비가 미흡했다. 예를 들어 독일 지휘관들은 바르샤바 전투의 교훈을 수용해 시가지 근접 전투에서의 전차의 취약점을 시인하고 그 교훈을 명심

해야 했다. 1940년 5월 히틀러는 바르샤바에서 겪었던 것과 비슷한 막대한 손실을 입을 것을 두려워해 기갑부대의 공격을 됭케르크^{Dunkirk}와 칼레^{Calais}의 바로 전방에서 정지시켰다. 그 덕에 대부분의 영국군과 일부 프랑스 부대가 됭케르크에서 영국으로 탈출할 수 있었다. 하지만 2년 후에 히틀러는 시가지 전투가 시간을 낭비하고 전투 손실이 크다는 것을 망각하고, 스탈린그라드 전투에서 제6군을 희생시키는 큰 과오를 다시 범했다.

일반적으로 알려진 신화와는 달리, 독일군의 폴란드 정복은 쉬운 작전이 아니었다. 폴란드군은 이를 악물고 끈질기게 싸웠을 뿐만 아니라 독일군 역시 전쟁 후반에 장비의 가동이 원활하지 못했고, 수많은 과오를 범했다. 병력과 장비의 압도적인 우세에도 불구하고 독일군은 전투 경험 부족과 폴란드의 격렬한 저항으로 엄청나게 많은 장비의 손실을 입었다. 독일군의 전차 674대가 중파돼 기지 정비를 실시해야만 했다. 그중 217대가 완파됐다. 이 손실은 작전에 투입된 전차의 1/4에 해당했다. 특히 항공 자산의 불균형을 고려할 때 공군의 손실도 컸다. 독일 공군의 전투기 285대가 격추됐고, 전투기 279대가 파괴됐다. 20%의 손실률이었다. 단기간의 전쟁이었던 점과 보잘것없는 폴란드 공군력을 고려할 때 상당히 높은 손실률이었다. 폴란드 공군이 제한된 자산으로 소신껏 용감히 싸웠다는 것은 의심할 여지가 없다.

폴란드는 독일군의 입장에서 실전을 경험할 수 있는 아주 적합한 훈련장이자 교실이었다. 전투 후 사후 검토에서 독일 육군은 독자적인 전략 차원의 작전에 맞도록 전차를 충분히 집중하는 데 실패했고, 공지합동작전의 기초적인 구조 역시 전투 준비가 더 잘 되고 더 강한 항공전력을 가진 적과 전투했다면 제대로 작동되지 않았을 것이라고 분석했다. 6개 기갑사단과 협조된 작전에 가용한 기동항공통신파견대는 단지 2개 부대뿐이었는데 이는 적절한 상황과는 거리가 멀었다.

●●● 전쟁이 종료된 후 폴란드 포로의 모습. 독일은 전사 약 1만 1,000명, 실종 3,500명, 부상 3만 2,000명의 희생으로 폴란드를 정복했다. 후방에서 소련군이 공격하고 서부에서 영국과 프랑스군이 단순한 시위 이상의 어떤 종류의 의미 있는 반격도 시도하지 못한 점을 고려해보면 폴란드는 처음부터 불행한 운명에 처해 있었다. 〈사진 출처: WIKIMEDIA COMMONS | Public Domain〉

　게다가 이 항공통신파견대는 기갑사단장의 근접항공지원 요청 내용을 후방에 있는 공군비행단 사령부로 직접 전달할 수 없었다. 대신 이런 항공요청절차는 육군 본부를 경유해 공군비행단 본부로 전달해야 했기 때문에 느리고 상대적으로 반응이 미흡한 절차였다. 폴란드에서 제공권의 우위를 확보한 후에도 공군은 전술적 공습인 근접항공지원보다는 전장 차단을 통해 적군의 보강을 차단하고 정찰 임무를 통해 육군의 지상작전을 지원하는 경향이 있었다. 실제로 전술적 공습은 병참선 차단을 지원한 회수와 비교할 때 상대적으로 드물었다. 하지만 적어도 육군과 공군은 모두 폴란드 전역에서 실전적인 공지합동작전을 경험했고, 이러한 경험은 각 군의 작전 능력을 향상시키는 데 기여했다.

　또한, 자체 평가 결과 독일군 경기계화보병사단은 장갑의 방호가 미약

바르샤바 시가지 전투의 교훈

바르샤바 전투는 제1차 세계대전 이후 독일군이 최초로 경험한 시가지 전투로, 기계화 부대와 공군이 처음으로 참여했다. 폴란드 수도를 점령하기 위한 장기간의 치열한 시가지 전투에서 독일군은 시가지 전투의 독특한 어려움에 대한 준비 부족을 드러냈다. 바르샤바의 경험을 통해 독일군은 시가지 내 건축물과 도시의 기반시설이 관측을 방해하고, 포병과 공중폭격의 효과를 감소시킨다는 사실을 깨달았다. 그들은 역시 도시의 기반시설에서 방호를 받지 않은 전차의 기동이 얼마나 취약한지 알게 됐다. 폴란드 전역에서 손실된 대부분의 독일군 전차는 사실상 바르샤바의 시가지 전투에서 파괴됐다. 독일군 전차는, 대전차포, 화염방사기, 화염병, 지뢰, 가방 부비트랩 등으로, 전차의 취약한 측면과 후방에서 공격하는 단호한 폴란드 수비군이 벌이는 근접 전투에 취약한 것으로 드러났다. 또한 독일 기갑 지휘관은 고층 건물에 자리 잡은 폴란드 저격수에게 매우 취약했다.

바르샤바의 정복은 독일군에게 시가지 전투에 내재된 어려움을 중요시해야 하고 건물들은 신속하고 수월하게 점령될 수 없음을 알아야 한다는 교훈을 줬다. 대신 시가지 전투는 치밀한 준비와 체계적인 진압이 요구됐다.

바르샤바의 교훈은 히틀러에게 제4기갑사단이 바르샤바에서 당했던 것보다 더 극심한 타격을 받을 것이라는 두려움을 줬다. 때문에 그는 1940년 5월 말 됭케르크와 칼레 바로 전방에서 전광석화와 같이 공격하는 전차를 중지시켰다. 그러나 그는 2년 후 스탈린그라드에서 이 교훈을 잊게 된다. 만일 폴란드 전역에서 보다 양호한 전투력을 보유한 기갑부대가 자포자기한 연합군이 확보한 됭케르크와 칼레로 맹렬히 돌진했더라면 영국, 프랑스, 벨기에 부대들이 탈출할 수 있는 해안의 승선지점을 확보했을 것이다. 그 대신 히틀러는 연합군의 저항을 약화시키기 위해 괴링의 공군에게 이 도시를 폭격하도록 지시했다. 역사가들이 믿어지지 않을 만큼 큰 전략적인 과오로 평가하는 이런 히틀러의 조치로 인해 영국군원정대British Expeditionary Force, BEF는 됭케르크에서 무사히 탈출할 수 있었다. 하지만 독일군 최고사령부가 바르샤바 전투로부터 도출한 교훈을 고려한다면, 히틀러가 그렇게 결정한 것도 어느 정도는 이해가 된다.

하고 너무 둔중한 결함이 있어 수색 정찰과 차장screening[12] 등 기병의 역할을 수행하기에는 장비의 조작이 너무 불편하고 화력이 미흡하다고 평가됐다. 그런 이유로 육군은 1939년부터 1940년 겨울에 경보병 4개 사단

---

12 차장(screening): 소규모 부대로 보다 넓은 지역을 감시하는 경계작전.

을 완전한 면모를 갖춘 기갑사단으로 개편했다. 또한 사후 검토 보고서는 독일 차량화보병사단의 미약한 타격력을 지적했다. 차량화보병사단은 기동성에 비해 화력이 미흡할 뿐만 아니라, 차량 수송 수단이 부족해 정상적인 3개 보병연대 대신에 단지 2개 연대로 가볍게 편성됐다. 이 부대들은 선두부대의 역할을 수행하거나 종심 깊은 돌파 작전에서 기갑사단의 선봉 역할을 수행하는 데 필요한 지속력이 부족하다는 것이 분명해졌다. 따라서 독일 육군은 이에 대한 대응책으로 1940년 서부 전역 작전이 개시되기 전에 차량화사단의 화력을 강화하고 보병을 추가 할당함으로써 대응했다.

이러한 많은 취약점에도 독일은, 유럽 지역의 힘의 균형을 깨뜨리고 나치의 새로운 질서를 창조하는 일련의 압도적인, 군사적인 첫 승리를 달성했다. 히틀러와 그의 동료들은 이 승리가 최소 1,000년 동안 지속될 것으로 기대했다. 독일군 승리의 핵심 요인으로는 전투 효과를 높이기 위한 작전 실시 결과에 대한 비판적이고 진솔한 평가, 전투로부터의 교훈 도출, 독일 승리의 중심에는 독일군의 비판적이고 정직한 성과 평가, 전투 교훈의 흡수, 전투 효율성을 향상시키기 위한 보수교육 그리고 새로운 편성 및 장비의 철저한 준비에 대한 의지가 있었다(영국과 프랑스는 폴란드 전역으로부터 어떤 새로운 교훈도 도출하지 않았다). 이런 결의는 취약한 전략적 기반과 전쟁준비에 미흡한 경제력에도 불구하고 중부 유럽에서 패권을 장악하는 데 기여했다. 하지만 폴란드 전역은 궁극적으로 군대에 큰 해악을 끼쳤다. 왜냐하면, 놀라운 독일군의 승리가 히틀러에게 어떤 상대와 어떤 상황에서든 싸워도 이길 수 있다는 과도한 자신감을 갖게 했기 때문이었다. 히틀러의 고위 지휘관들은 초기에 히틀러의 생각에 동의하지 않았으나 소련에서 계속된 작전에서는 병력이 부족하고, 장비가 열악한 독일군에게 불합리한 요구를 했을 때 이를 받아들였다.

●●● 1940년 독일군의 노르웨이 침공 당시 절벽을 따라 산악지역을 통과하고 있는 독일군의 모습. 독일군의 노르웨이 침공은 치밀한 보안 조치, 폭풍이 몰아치는 날씨, 안개 그리고 영국과 프랑스, 노르웨이 부대의 연이은 결정적인 과오와 오판으로 거의 완벽한 기습을 달성했다. 〈사진 출처: WIKI-MEDIA COMMONS | CC BY 2.0〉

제2장
노르웨이 원정

노르웨이에서의 승리는 독일군이 달성한 가장 괄목할 만한 승리 가운데 하나였지만, 독일군에게 자신들이 천하무적이라는 위험한 착각을 심어줬다. 독일 전투부대의 탁월한 즉응성과 고유한 자질만으로는 충분하지 않을 시기가 올 것이다.

1940년 4월에서 5월 사이에 실시된 독일군의 노르웨이 정복은 사실상 서부 전선 공격과 동시에 이뤄졌고, 가장 기습적이며 대담한 승리 중 하나였지만, 히틀러와 독일군 모두 작전 개시 직전까지 의도하지 않았던 승리였다. 히틀러는 스칸디나비아를 공격할 계획이 없었고, 노르웨이는 1939년 9월 전쟁 발발 당시 중립을 선포한 상태였다. 독일지휘부는 대체로 이러한 정세를 만족스럽게 생각했다. 영국이 압도적인 해군력의 우세를 유지하고 있었지만, 독일은 영국군과 프랑스군이 북해의 이점을 즉시 활용하지 않는 것을 다행스럽게 평가했다. 히틀러의 핵심적인 고려 사항은 겨울에 스웨덴의 철광석을 노르웨이 북쪽 나르비크Narvik 항구를 경유해 독일로 수송하는 것이었다. 독일의 선박들은 노르웨이의 영해에 정박하면서 그곳으로부터 철광석을 비교적 안전하게 운송할 수 있었다. 당시 영국의 최초 해군 장관인 윈스턴 처칠Winston Churchill은 독일을 봉쇄하기 위한 해상로 차단을 거듭 촉구했으나 네빌 체임벌린Neville Chamberlain의 전쟁 내각과 결정을 미루는 영국과 프랑스의 정치적 특성으로 인해 그런 결정은 반복적으로 지연됐다.

●●● 1940년 노르웨이를 침공한 독일군 증원부대가 오슬로 항구에 내려 행군하고 있다. 1940년 4월에서 5월 사이에 실시된 독일군의 노르웨이 정복은 사실상 서부 전선 공격과 동시에 이뤄졌고, 가장 기습적이며 대담한 승리 중 하나였다. 〈사진 출처: WIKIMEDIA COMMONS | Public Domain〉

1939년부터 1940년 겨울에 발생한 2개의 사건으로 상황이 바뀌었다. 첫 번째 사건은 소련의 스칸디나비아 침공으로, 프랑스와 영국이 스칸디나비아에 간섭할 빌미를 제공했다. 처칠은 표면적으로는 스칸디나비아를 돕기 위한 군사 보급로를 구축한다는 목적으로 스타방에르Stavanger, 베르겐Bergen, 트론헤임Trondheim 및 나르비크를 포함한 여러 노르웨이 항구들을 점령할 계획을 지시했다. 그러나 처칠의 중요한 실질적 목적은 독일에 대한 새로운 전역을 여는 것이었다. 하지만 이 계획들은 노르웨이와 스웨덴이 협조를 거부하면서 실효를 거두지 못했고, 독일인들은 이제 노르웨이의 중립을 당연시할 수 없다는 것을 알게 되었다. 또 다른 극적인 사건은 이러한 점에서 더 부각됐던 1940년 2월의 알트마르크 사건Altmark incident이었다. 이 사건은 영국의 구축함이 노르웨이 영해에 정박 중인 독일의 보조함정을 차단하고 갑판에 승선한 것이었다. 이런 영국의 도발에 대해 명목상의 저항조차 하지 못한 것은 히틀러와 최고사령부에게 노르웨이의 중립이 독일에게 더 이상 도움이 되지 않는다는 확신을 갖게 했다. 정치적인 영향이 없는, 나치당과 유사한 성격을 갖는 노르웨이 정당의 지도자인 비드쿤 크비슬링Vidkun Quisling은 오슬로의 사회주의 정부가 이미 은밀히 영국과 결탁했다고 히틀러를 납득시키는 데 기여했다.

독일은 노르웨이를 공격할 목적을 모색하기 시작하면서, 영국과 프랑스의 노르웨이 점령을 미연에 방지하고 철광석의 원활한 유통을 보장하는 것 외에 다음과 같은 2개의 기본적인 목적을 수립했다. 첫 번째 목적은 대영 제국과의 전쟁에 대비해 작전에 필요한 공군과 해군기지를 확보하는 것이었다(히틀러 자신도 1940년 봄 프랑스 전역에서 그렇게 신속하고 완벽한 승리를 예상하지 못했다). 독일 해군은 제1차 세계대전 때처럼 북해에서 봉쇄를 당하지 않기 위해 북쪽에 해군기지가 필요했다. 또 다른 목적은 궁극적으로 소련을 침공할 것을 예상해 독일의 북쪽 측면을 사전에 확보하는 것이었다. 이는 영국과 프랑스군이 스칸디나비아를 통제하고 있는 한 불가능했다.

최초의 계획은 1939년 12월, 영국의 압도적인 해군 우세로 낙담한 해군 참모들의 임시적인 연구로 시작됐다. 하지만 히틀러는 자신을 보좌하는 특별 참모에게 베저위붕 작전Operation Weser Übung으로 명명한 노르웨이 침공 계획을 구체적으로 세우도록 명령했다. 알트마르크 사건 후에 히틀러는 작전준비를 가속화했고, 니콜라우스 폰 팔켄호르스트Nikolaus von Falkenhorst 소장에게 작전 지휘권을 부여했다. 1918년 핀란드 원정에 참가한 경험 때문에 팔켄호르스트가 임명됐지만 사실 그는 노르웨이에 대해 아는 바가 없었다. 그는 사령관으로 임명된 후 새로운 임무를 연구하는 첫 행보가 여행 안내서를 구입하는 것이었다고 후에 고백했다. 작전부대는 최종 9개 사단과 더 작은 규모의 다양한 부대들로 편성됐다. 히틀러는 계획을 수립하고 지휘하는 데 있어 육군 최고사령부OKH를 완전히 배제했다. 그 대신 그는 팔켄호르스트 참모부(21군단, 후에 21군으로 개칭)를 국방군 최고사령부로 예속시키고, 이를 통해 노르웨이 침공에 대한 개인적인 지휘권을 행사했다.

독일의 작전 계획

베저위붕 작전의 특징은 북극의 백야가 기습을 불가능하게 만들기 전에 시작돼야 한다는, 다소 성급하지만 효과적인 즉흥성에 있었다. 노르웨이 지형상 전투력의 집중이 어려워 각개 격파될 수 있었기 때문에 그 계획은 극도로 위험했다. 하지만 2가지 요소가 독일군의 위험을 감소시켰다. 첫째는 독일군 부대 및 지휘관들의 전문성과 공세 기질로 이로 인해 고립된 부대가 기능의 마비와 우유부단함에 시달리지 않을 것이다. 둘째는 연합군이 독일군의 취약점에 대한 초기 대응이 느리다는 것이었다.

공격부대는 총 6개 전투단으로 편성됐다. 최북단의 제1전투단은 정예 제3산악사단의 제139연대를 주축으로 편성됐고, 최소한의 보급품과 장비를 적재한 구축함 10척에 승선했다. 지휘관은 히틀러의 상당한 신망을 받는 오스트리아 출신의, 여우 같은 얼굴을 가진 에두아르트 디들Eduard Diedl 소장이었다. 디들 소장의 임무는 노르웨이 남쪽에서 공격하는 부대가 구출하러 올 때까지 나르비크를 점령하고 유지하는 것으로 위험부담이 가장 컸다. 이런 연결은 트론헤임을 점령하고 유지하는 제2전투단(제3산악사단의 다른 제138연대로 편성)의 성공에 달려 있었다. 훨씬 남쪽의 제3전투단은 제69보병사단 예하 2개 대대로 편성했다. 공격목표는 베르겐이었다. 제3전투단이 공격하는 동안 공군 제1공수연대의 1개 중대는 스타방에르에 위치한 중요한 솔라Sola 비행장을 점령하는 임무를 부여 받았다. 제4, 6전투단은 제163보병사단 예하 몇 개 소규모 부대로 편성해 노르웨이 남부 해안에 있는 크리스티안산Kristiansand, 아렌달Arendal, 그리고

에게르순Egersund 항구를 확보하도록 계획하는 임무를 맡았다. 독일군 최고사령부는 제3전투단에게 노르웨이의 수도인 오슬로Oslo를 점령하는 가장 중요한 목표를 부여했다. 공격 제대는 소형 전함 뤼초프Lützow, 중순양함 불뤼허Blücher, 경순양함 및 다양한 소형 선박에 탑승한 제163보병사단의 2개 대대로 구성됐다. 그 외에 독일군은 공수 2개 중대에게 오슬로 약간 서쪽에 위치한 포르네부Fornebu 공항을 점령하는 임무를 부여했다. 추가적인 제파들은 오슬로 공격을 증원하고, 다른 부대들과 연결하기 위해 북쪽과 서쪽을 공격하는 것이었다. 부수적인 작전인 남부 베저위붕 작전은 보병 2개 사단과 차량화 1개 여단이 동시에 덴마크를 점령하는 것이었다.

영국 해군의 요격을 피하고, 노르웨이 부대들이 동원되기 전에 핵심적인 목표를 점령하기 위해서는 기습이 매우 중요했다. 상대적으로 노르웨이군은 예산 삭감과 일반적인 방치로 인해 20년간 훈련과 장비 모두 부족하고 매우 열악한 상태였다. 하지만 노르웨이의 지형은 비행장 및 좁은 항구 출입로 등 핵심 요충지를 방어하는 데 매우 유리했으며 대부분의 지역은 해안포로 보호되고 있었다. 만일 6개 사단에 이르는 예비군 동원에 충분한 사전 경고가 이뤄졌다면, 이렇게 취약한 방어력으로도 대담한 독일군 공격의 예봉을 꺾을 수 있었을 것이다. 하지만 만일 모든 것들이 계획대로 이루어진다면, 독일군은 4월 9일 04시 15분 공격 개시 후 몇 시간 내에 노르웨이 정부를 장악하고 거의 모든 군사 시설들을 확보해 노르웨이 주민들에게 이를 기정사실로 받아들이게 하면서 대규모 전투를 피할 수 있을 것으로 기대했다. 아이러니하게도 처칠은 4월 8일 노르웨이 수로에 어뢰를 매설하는 제한된 작전을 승인받아 막강한 영국 해군을 해상에 배치했다. 그러나 개략적인 적 접촉 보고에 따른 조치로, 영국군은 독일군이 북대서양의 해상로로 급습할 것이라는 잘못된 가정에 따라 행동했다. 그 사이에 오슬로의 노르웨이 정부는 우유부단함으로 거의 마비됐고 총동원령을 선포하지 못했다.

나르비크에서 제1전투단 구축함은 해안을 방어하고 있는 노르웨이의 구형 배 한 척을 침몰시켰고, 디들 장군이 지휘하는 산악부대들은 별다른 저항 없이 항구와 기차역 터미널을 점령했다(크비슬링의 동료가 지역위수군을 지휘했다.). 하지만 영국군은 4월 10일부터 13일 사이에 연이은 2개의 해군작전으로 독일군 구축함 10척을 모두 격침시켰고, 노르웨이 제6사단이 상륙을 저지하기 위해 노르웨이 북단의 주도인 핀마르크Finnmark로부터 남쪽으로 이동했기 때문에 독일군의 나르비크 항구 점령은 허약해 보였다.

독일군의 최초 공격

트론헤임에서 피오르fiord 입구에 배치된 노르웨이 해안 포대들은 독일군 함선들이 협곡을 통과해 승선한 부대들을 상륙시키기까지, 단 한발도 명중시키지 못했다. 이 독일 함선들은 후방에서 방어하는 노르웨이 부대를 공격했고 무방비 상태에 있는 도시 트론헤임을 점령했다. 나르비크에서와 마찬가지로 노르웨이 현지 지휘관들이 완전히 소극적으로 대응했기 때문에 4월 10일 독일군은 트론헤임 동쪽에 있는 중요한 비행장을 점령할 수 있었다. 4월 12일 독일군은 손상되지 않은 노르웨이의 대포에 해군을 배치해 협만으로 진입하려는 영국군 구축함의 격퇴를 시도할 정도로 독일군의 각 군 간 협조는 상당히 잘 이루어졌다. 어쨌든 1939년과 1940년 겨울 내내 실시한 독일군의 대폭적인 보수훈련은 최소한 효과적인 합동상륙작전에서 성과를 거뒀다.

독일군 제3전투단은 베르겐에서 주도권을 보다 강력하게 행사한 노르웨이의 해군 지휘관들로 인해 다소 큰 어려움을 겪었다. 노르웨이 포대는 비록 독일군의 베르겐 점령을 막을 수 없었지만, 독일의 경순양함인 쾨니히스베르크Königsberg에 상당한 피해를 가했고, 4월 10일 영국군의 급강하 폭격기가 쾨니히스베르크 호를 격침시켰다. 노르웨이의 구축함은 호송을 받지 않고 스타방에르로 이동 중인 보급선 2척을 침몰시켰다. 독일군은 공정작전으로 솔라 비행장을 점령하는 데 성공했다. 그날 저녁 무렵에 독일군은 증원되는 2개 완편대대를 솔라로 공중 수송했다. 에게르순과 아렌달에 있는 소규모 부대들은 계획대로 목표를 각각 확보했다.

독일군의 크리스티안산 작전은 불량한 시계로 최초 상륙이 지연됐고, 노르웨이 해안 포대의 효과적인 사격으로 독일군의 입항이 여러 차례 저지돼 거의 실패했다. 하지만 독일 공군은 강력한 폭격으로 해안 포병을 제압하고 사기를 저하시켜 상황을 호전시킨 후 마침내 상륙했다. 또 한 번의 독일군 공지합동작전은 폴란드 전역에서보다 훨씬 효과적으로 이뤄졌다. 그날이 저물어 갈 때 독일군은 키에빅Kjevik 가까이 있는 비행장과 크리스티안산의 항구를 점령했다.

노르웨이 침공의 전 과정 중 노르웨이군은 오슬로에서 가장 치열하게 저항했다. 제5전투단은 노르웨이 정부의 도주를 막고 동원령을 선포할 시간을 박탈하기 위해, 가파른 절벽으로 이뤄진 좁고 긴 협만을 신속하게 공격했다. 불행하게도 독일군 제5전투단이 공격하는 피오르 협곡에는 오래전에 구축한 노르웨이 주 방어 요새 3개가 있었고, 아이러니하게도 독일의 크루프사가 제작한 강력한 280mm 대포 3문과 최근에 정밀 검사를 받은 지상 발사용 단거리 어뢰 포대가 배치돼 있었다. 요새 사령관은 앞에서 선도하는 블뤼허 호를 훈련이 안 된 노르웨이 병사라도 명중시킬 수 있는 근거리인 500m에 접근할 때까지 사격하지 않도록 통제했다. 순양함은 치명적인 피해를 입었다. 승선한 제163사단 사령부 요원들과 수도 오슬로 내의 핵심적인 목표를 확보하기 위해 배속된 다양한 특수부대 요원들을 포함한 거의 1,000명이 수장됐다.

생존한 독일 함선들은 훨씬 남쪽에 있는 피오르의 저지대로 상륙하기 위해 철수했다. 설상가상으로 포르네부 공항에 대한 독일군의 공중 강습역시 거의 실패했고, 또한 공수 요원들을 탑재한 항공기가 목표를 찾는데 실패했다. 하지만 보병 증원부대를 수송하는 독일군 제2제파의 사령관은 탁월한 결단력을 발휘해 적의 저항에 개의치 않고 항공기들의 착륙을 명령했다. 이러한 대담성과 임무형 지휘를 통한 주도권 확보를 조합해독일군은 비행장을 점령했을 뿐만 아니라 노르웨이군이 효과적인 방어선을 짜기 전에 오슬로로 진군했다.

독일군의 통제권 장악

그럼에도 불구하고 오슬로 점령이 지연된 것은 노르웨이 정부가 북쪽으로 철수해 동원령을 선포하고 저항 명령을 내릴 시간을 제공했기 때문인데, 이는 결정적인 과오로 판명됐다. 결단력 있고 영국에 우호적인 호콘Haakon 7세는 흔들리는 내각을 규합하는 데 도움을 주었고, 4월 10일부터 11일까지 그들은 오토 루게Otto Ruge 대령을 승진시켜 남은 노르웨이 군대를 지휘하게 했다. 루게 대령은 각개 격파된 부대 내에 걷잡을 수 없이 퍼지는 혼란과 패배 의식을 바로잡기 위해 신속하게 움직였다. 그는 막강한영국과 프랑스군이 곧 도착해 노르웨이를 지원할 것이라는 합리적인 가정 하에 오슬로 북쪽을 공격하는 독일군을 지연시키는 데 집중했다. 그는영국과 프랑스군의 도움으로 트론헤임과 나르비크를 재탈환하고, 북부노르웨이를 국가의 나머지 지역의 궁극적인 해방 기지로 확보하기를 기대했다.

독일 공군은 영국과 프랑스의 해군 우세를 거의 무력화시켰다. 독일군은 덴마크를 성공적으로 점령했고 덴마크를 작전 기지로 노르웨이 남부와 중부를 통제할 수 있었다. 결론적으로 4월 9일 독일군 폭격기는 베르겐의 서쪽에 있는 영국 본국 함대와 성공적으로 교전했다. 독일 공군은 많은 피해를 주지는 못 했지만, 해안 가까이에서 작전하는 전함에게 큰 위협을 가하면서 중요한 심리적 승리를 거뒀다. 그 이후로 영국 해군은 계속 매우 소심하게 행동했으며, 오슬로로 항해하는 독일의 해상 운송을 차단하기 위해 잠수함만으로 공격하는 모험을 감행하기도 했으나 거의 성과를 거두지 못했다. 독일 공군은 그날 적 지상군의 기동을 지속적으로 무력화시키고, 적의 대응을 차단했으며 정예 독일 지상군 부대들의 공격을 지원했다.

독일군의 증원부대가 함선과 항공기로 오슬로를 향해 쏟아져 들어오자, 팔켄호르스트는 최초 확보한 교두보를 통해 전개하는 부대들을 서둘러 임시전투단으로 편성하는 데 여념이 없었다. 그는 최초로 계획했던, 피 흘리지 않는 공격이 수포로 돌아가자 저항하는 노르웨이군을 신속하고 무자비하게 격멸하기로 결심했다. 제181사단과 제196사단의 병력들이 제163사단을 후속했고, 제214사단 예하 부대들이 스타방에르에서 증원됐다. 4월 16일까지 오슬로의 주변에 전개한 독일군은 오슬로 남동쪽 저지대와 크리스티안 해안의 북쪽에 위치한 세테스달Setesdal 계곡에 있는 상당히 많은 노르웨이 부대들을 격멸했다.

하지만 독일군의 베르겐과 트론헤임 공격은 훨씬 더 어려웠다. 주 기지가 베르겐에서 동쪽으로 약 45km 떨어진 곳에 위치한 노르웨이 제4사단은 상대적으로 방해받지 않고 동원할 수 있었기 때문에 독일군의 주둔지를 봉쇄하는 데 거의 문제가 없었다. 비록 순조롭지 못한 동원으로 다소의 어려움이 있었지만 노르웨이 제2사단 예하 부대들도 오슬로 북쪽에 있는 봉쇄 진지들을 구축하고 여러 지점에서 독일군을 성공적으로 저지했다. 그런 반전 중 하나는 4월 15일과 16일에 비에르게세터Bjrrgeseter에서 발생했는데, 노르웨이 스키대대가 도로를 이용해 기동하는 독일군을 측면에서 공격해 독일군을 거의 공포에 질려 퇴각하도록 했다. 독일군 공수 1개 중대는 오슬로로부터 공격하는 부대와 연결하지 못하고 돔바

산악사단

〈사진 출처: WIKIMEDIA COMMONS | CC BY—SA 3.0〉

산악보병 훈련은 젝트의 지휘 아래 시작됐는데 그는 각 사단마다 훈련된 경보병^{jäger}과 산악 장비를 편제한 1개 대대를 편성하도록 명령했다. 1924년 7월에 2개 형태의 산악 사단을 창설하는 법령을 제정했다. 이들은 고산지대 작전과 중간 산악지대 작전에 필요한 장비를 갖춘 산악부대였다. 정예 산악부대의 창설에는 많은 시간이 소요됐지만, 육군은 산악 등반, 로프 하강, 스키, 산악 및 눈이 내리는 조건에서의 사격 훈련 등을 포함한 집중적인 훈련 프로그램을 시작했다. 훈련은 장기간 실시됐으며, 5월부터 4주간의 고지대 훈련(중대 혹은 대대 단위의 행군 및 사격)과 가을에 추가적인 보수훈련이 포함됐다. 가을 훈련은 주로 개인 훈련으로 특히 수색 정찰을 강조했다. 오스트리아가 제3제국으로 합병되면서 산악부대가 증강됐다. 예를 들어 제2, 제3산악사단은 과거 오스트리아 부대에서 창설됐으며, 전문 산악인과 스키어가 포함됐다. 전형적인 산악사단은 사령부와 2개 보병연대 혹은 산악보병연대, 포병연대, 통신대대,, 수색부대, 대전차포 및 공병 등 지원부대를 포함해 약 1만 3,000명으로 편성됐다. 산악부대는 황량한 산악 지형에서 전투하기에 적합하도록 훈련됐기 때문에 상대적으로 많은 노새와 말을 보유했고, 지원화기들은 분해해 휴대가 용이하도록 경량화됐다. 중포병대대는 150mm 화포 대신에 105mm 화포를 보유했다. 독일군 개인 휴대 품목의 최대 하중은 18.1kg이었다. 더 무거운 중량은 속도와 기동을 저해했다. 산악전에서 각 부대는 부대별로 휴대할 수 있는 탄약에 의존해 전투를 실시하기 때문에, 사격 군기가 결정적으로 중요했다. 무기는 싸워야 할 지형에 맞게 제작됐다. 많은 화기에 적은 탄약을 휴대하는 것보다 수적으로 적은 화기에 많은 탄약을 휴대하는 것을 선호했다. 통상 화력 전투가 근거리에서 이뤄지기 때문에 개인 휴대 화기는 정확성보다는 빠른 사격속도가 더 중요했다. 그러므로 가장 이상적인 화기는 기관총이었다. 암벽으로 인해 사용이 제한되는 방망이 수류탄보다 계란형 수류탄이 더 양호했다(적설로 인해 종종 수류탄의 효과가 감소됐다).

스Dombas에서 항복했다.

그러나 이 경우를 제외한 다른 곳에서는 동기 부여가 잘 된 독일군 부대들이 항상 주도권을 장악했다. 4월 16일 제196보병사단장인 펠란가르Pellangahr 장군은 독자적으로 얼어붙은 미에사Mjrsa 호수를 통과하는 기습공격을 실시했는데, 호수 남쪽 끝에 구축된 다른 강력한 노르웨이 봉쇄진지의 측방을 공격해 격퇴시키는 대담한 기동이었다. 노르웨이 전역에 최초로 배속된 독일군 경기갑부대가 같은 날 전투에 투입됐는데, 독일군의 경전차는 대전차화기가 없는 노르웨이군에게 치명적이었다. 비록 지형의 특성상 극히 제한된 좁은 협곡의 기동로를 따라 공격할 수밖에 없었지만, 독일군 부대들은 접근로 상에 축차적으로 구축된 일련의 노르웨이의 봉쇄 진지들을 돌파하는 효과적인 전술을 개발했다. 경전차소대 바로 뒤에 장갑차량에 탑승한 돌격공병소대, 차량화보병중대와 지원 화력을 제공하는 포병중대가 후속했다. 일반적으로 협소한 정면이 독일군을 측방기동으로 수적인 우세를 달성할 수 없도록 만들었지만, 독일군은 종심에서 교대부대로 빠른 작전 템포를 유지하게 해 노르웨이군을 약화시켰다.

4월 18일, 영국의 제148여단이 온달스네스Andalsnes 지역에 상륙하면서, 영국과 프랑스의 지상군이 중부 노르웨이에 모습을 드러냈다. 이 여단은 훈련이 부족한 지역방위군으로, 4월 23일 트레텐Tretten 협곡에 있는

●●● 1940년 4월 오슬로를 점령한 독일군: 해군의 손실을 제외하고 노르웨이 전역에서 발생한 독일군 사상자는 사망 1,028명, 부상 1,604명으로, 전투참가자 10만 명에 비하면 현저하게 적은 손실을 입었다. 베저위붕 작전은 작전적인 측면에서 기상천외한 성공적인 작전이었지만 일부 중요한 희생과 실패가 있었다. 독일 해군은 순양함 3척, 구축함 10척을 포함해 심각한 피해를 입었으며, 이런 피해는 1940년 여름 영국 침공 가능성을 감소시켰다. 독일은 철광석을 수입하는 해상로를 확보할 수 있었으나, 나르비크 항구와 철도 시설이 심각하게 파손돼 앞으로 몇 달 동안 운송이 불가능했다. 〈사진 출처: WIKIMEDIA COMMONS | CC BY-SA 4.0〉

유리한 방어 진지를 확보하고 유지해야 한다는 임무를 맡고 투입되자마자 즉시 궤멸당했다. 후속 부대인 영국 제13여단을 상대로 독일군의 진격 속도가 상당히 느려졌지만, 그들의 진격은 계속돼 영국-프랑스군이 남쪽에서 트론헤임을 공격하지 못하도록 막았다. 특히 대부분이 프랑스군으로 구성된 또 다른 대규모 부대가 양면 공격의 한쪽 측면을 맡기 위해 트론헤임 북쪽에 있는 남소스^{Namsos}로 상륙했다. 트론헤임에 있는 독일군 부대가 수적으로는 열세했으나 트론헤임-피오르의 상류 지역인 스테인셰르^{Steinkjer}에서 소규모의 수륙양용부대를 상륙시키면서 다시 주도권을 장악했다. 독일 공군의 효과적인 대규모 폭격으로 영국과 프랑스군이 확보한 항구는 완전히 파괴됐으며, 4월 28일 노르웨이 중부에 있는 영국과 프랑스군은 철수를 결심했다. 공군의 지원을 받은 트론헤임의 독일군은 독자적으로 돌파를 시도해 4월 30일 오슬로로부터 공격한 부대들과 연결했다. 5월 2일과 3일에 영국군과 프랑스군은 온달스네스와 나모스^{Namsos}로부터 철수를 완료했다. 노르웨이 중부와 남부에 있는 노르웨이의 잔류 부대들은 절망적인 상황에서 항복하기 시작했다.

그러나 독일군이 4월 13일 구축함의 파괴 소식을 들은 후 히틀러가 이미 포기한 나르비크의 고립된 군대를 구출하기 위해 이 승리를 제때에 활용할 수 있을지는 여전히 의문이었다. 디틀 장군의 부하들은 4월 25일과 26일 그라탕겐^{Gratangen}에서 전진하는 노르웨이 부대를 대담하게 공격해 일시적으로 주도권을 장악하고, 1개 대대 전체를 격멸했다. 5월 중순 영국-프랑스군과 노르웨이군은 2개 사단 규모의 부대를 나르비크 주변에 주둔시켜 독일군에 대한 포위망을 좁혀갔다. 나르비크는 마침내 5월 27일과 28일 연합군의 공격에 함락당했다. 하지만 디틀 장군은 항복의 대안으로 억류를 받아들일 수 있는 스웨덴과의 국경에 있는 비요르네펠^{Bjrrnefjell}의 최후 진지로 그의 남은 군대를 철수시키는 데 성공했다.

노르웨이 원정의 종료

구출부대가 트론헤임으로부터 신속히 도착했다. 정예 제2산악사단이 선두에서 일련의 노르웨이 및 영국군 봉쇄부대들을 보되^{Bodö}의 남쪽에서 반복해 돌파하거나 측면으로 공격했으며 때로는 영국군이 통과가 불가능하다고 판단했던 지역을 통과해 하루 30km씩 전진했다. 그런 인상적인 기동속도는 전쟁 전에 엄격한 훈련 프로그램에 의해 숙달된 독일병사들의 탁월한 육체적 회복력 덕분에 가능했다. 그러나 예상하지 못했던 프랑스에서의 반전(프랑스 전역의 승리)이 없었더라면, 구출부대들은 분명히 적시에 돌파할 수 없었을 것이다. 5월 10일 독일군이 프랑스 전역에서 감격적인 승리를 달성하자 처칠은 노르웨이 전투를 포기하고, 임박한 영국 전투를 위해 모든 가용 부대를 집중시켜야 했다. 그러므로 나르비크와 보되에 있는 영국과 프랑스군은 5월 28일부터 6월 8일까지 질서 있게 철수했고, 승선이 용이하도록 나르비크 공격을 종료했다. 노르웨이군은 영국과 프랑스군의 철수를 엄호하고, 독일군을 스웨덴으로 몰아내 마지막 정신적인 승리를 얻기 위해 디틀 장군의 진지에 계속 강력한 압력을 가했다. 팔켄호르스트는 디틀의 예하 부대가 거의 전멸된 것으로 간주했고, 디틀 자신도 그의 부하들이 48시간 이상 진지에서 버티기가 어렵다고 판단했다. 하지만 독일군이 국경선 노르웨이 쪽에 좁은 지역을 점령한 상태에서 노르웨이 정부는 6월 8일 정전 협정에 동의했다.

노르웨이는 정복됐다. 히틀러의 개인적인 지도력은 4월 나르비크의 위기로 인해 거의 신경 질환에 이르렀지만 더 큰 정당성을 인정받았다. 노르웨이 전역은 그 후에 많은 에피소드를 남겼다. 1941년부터 노르웨이 기지는 소련을 공격하기 위해 독일에게 유용한 역할을 하게 됐지만, 히틀러가 결코 실현되지 않은 영국의 침략에 맞서 수비대를 지속적으로 보강하면서 노르웨이는 독일의 자원을 소모시키는 요인이 됐다. 게다가 4월

9일 도주하는 노르웨이 정부를 장악하지 못했고 런던에 세워진 노르웨이의 망명 정부가 애국적인 저항과 전복을 선동했기 때문에 오랫동안 독일의 골칫거리가 됐다.

●●● 독일의 4호 전차가 1940년 프랑스에서 기동하고 있다. 독일군은 전차 총 3,380대 중 2,574대를 프랑스 전역에 투입했다. 그 당시 투입되지 않은 전차의 대부분은 거의 전투능력이 없는 구형인 1호 전차였다. 독일군이 압도적으로 많은 전차를 보유하고 있다는 것은 하나의 신화일 뿐이었다. 독일은 영국과 프랑스보다 훨씬 더 창의적으로 전차를 운용했다. 〈사진 출처: WIKIMEDIA COMMONS | CC BY-SA 3.0 DE〉

제3장
서부 전역에서의 승리

1940년 프랑스와 저지대 국가(베네룩스 3국)들의 정복은 아마도 독일군의 가장 위대한 승리였을 것이다. 독일군은 6주 만에 프랑스, 네덜란드, 벨기에군 및 영국 원정군을 전격전으로 격멸했다.

서부 전역에서 거둔 독일의 놀라운 성공은 세 가지 상호 연결된 요소들 덕분이었다. 첫째, 연합군 배치의 약점을 최대한 이용해 전략적 기습을 이끌어 낸 탁월한 계획이 있었다. 둘째, 독일의 대규모 기계화부대들의 공격이 전례 없이 빠른 속도로 이루어져 전장에서 독일의 적들이 효과적으로 대응할 수 없었다. 셋째, 독일의 각 군과 각 병과들 간의 효과적인 제병협동작전이 있었다(훈련에 의한 병사들의 강인한 체력과 높은 사기, 훌륭한 훈련, 탄력적이며 동기 부여가 잘 된 병사, 모든 수준에서 신속하고 책임감 있는 리더십 그리고 현저하게 우수하지는 않지만 신뢰할 수 있는 장비의 견고한 기반이 독일군의 승리를 촉진시켰다).

1939년 10월 9일, 히틀러는 11월 12일로 예정된 서부 전선 공격을 즉각 개시하라는 명령을 내려 독일군 고위 장성들을 아연실색케 했다. 육군 최고사령부는 폴란드 전역에서 도출된 전술적인 취약점들을 정확하게 알고 있었기 때문에 적잖이 당황했다. 한마디로 독일군 부대들은 프랑스를 침공할 준비가 돼 있지 않다고 확신했기 때문에 독일군은 엄격한 보수교육을 빌미로 히틀러의 의도를 저지하기 위해 지연 전술을 사용했다. 그럼에도 히틀러는 고집을 꺾지 않고 벨기에, 네덜란드, 프랑스를 공격하는 황색 계획Case Yellow을 발전시켰다.

독일 최초 계획의 주요 결함은 1914년의 슐리펜 계획Schlieffen plan과 달리 결정적 승리를 달성할 가능성이 없었다는 것이다. 프랑스는 독일군이 벨기에 중부로 공격할 것을 이미 예견했고 이에 대응하는 전략으로 D-계획을 수립했다. 만일 독일군이 1940년 5월 침공에서 이 축선을 따라 공격했더라면, 딜 선Dyle Line의 영국, 프랑스, 벨기에 방어군은 중부 벨기에에서 독일의 공격을 성공적으로 막아냈을 가능성이 있으며, 결과적으로 이 전쟁은 장기화해 소모전으로 전락됐을 것이다. 그러나 운명이 개입하려 하고 있었다.

히틀러가 1939년 12월 28일에 결정한 변경된 침공 개시일로부터 일주일 전인 1940년 1월 10일, 공수부대원인 헬무트 라인베르거Hellmuth Reinberger 소령이 참모 전술 토의에 필요한 독일의 공격 계획이 들어 있는 비밀 서류가방을 휴대하고 비행기에 탑승했다. 라인베르거 소령이 탑승한 비행기의 조종사가 기상 악화로 방향을 잃어 국경을 넘어 벨기에 메헬렌Mechelen 지역에 비상 착륙했다. 벨기에 경찰이 라인베르거를 체포했고, 수 시간 내에 공격 계획이 들어 있는 서류가방이 프랑스군의 손에 넘어갔다. 라인베르거가 독일로 송환되자 분노한 히틀러는 게슈타포Gestapo에 그를 반역자로 체포하라고 지시했다.

1940년 3월 프랑스는 메헬렌에서 획득한 정보가 정확하다고 판단하고, 자신들의 기존 전략을 수정했다. 프랑스 참모총장 가믈랭Maurice Gamelin 장군은 딜 계획에 추가적인 부대를 할당해 전투력을 증강시키고, 브레다Breda 지역의 배치를 조정해 작전 지역을 확장시켰다. 프랑스군은 이제 네덜란드군을 지원하기 위해 네덜란드 남부의 브레다 마을까지 164km 더 나아가야 했다. 가믈랭 장군은 이 수정된 임무를 수행하기 위해 전방 방어의 전투력을 20개 사단에서 32개 사단으로 증가시키고, 그 사단들은 주로 프랑스 최고사령부의 전략예비인 기동사단에서 차출했으며 지로Giraud 장군이 지휘하는 제7군에 그들을 할당했다.

히틀러는 1940년 봄에 승인한 원래의 계획을 취소하고, 프랑스 전략 예비군의 약점을 인식한 최고사령부는 에리히 폰 만슈타인 장군의 아이디어를 기초로 새로운 공격계획을 보다 긍정적으로 검토하게 됐다. 이 계획은 기동부대가 통과할 수 없다고 여겨지던 아르덴Ardennes 방면으로 독일 기계화부대를 투입하는 전략적인 공격이었다.

만슈타인 계획

1939년 10월 최고사령부는 게르트 폰 룬트슈테트Gert von Rundstedt 중장과 그의 참모장 만슈타인 소장을 독일의 서부 침공 계획의 주력 부대인 A집 단군의 지휘자로 임명했다. 그런데 만슈타인 장군은 최초 계획으로는 결정적인 승리를 기대할 수 없다고 믿었기 때문에 만족하지 못했다. 그는 새로운 계획을 세우고, 자신의 상급 지휘관에게 이 계획을 검토해줄 것을 반복적으로 건의했다. 최고사령부는 만슈타인의 개입을 달갑지 않게 생각하고 그의 계획을 히틀러에게 보고하지 않았다. 하지만 히틀러가 우연히 그 계획을 알고 폴란드의 슈체친Sttetin에 있는 만슈타인을 호출해 그의 생각을 설명하도록 했다. 보고를 받은 히틀러는 깊은 감동을 받았으며 독일군 최고사령부에게 그의 개념을 발전시킬 것을 명령했다. 낫질 작전 Sichellschnitt[13]으로 명명된 최종 공격 계획은 주공 방향을 최초 계획보다 훨씬 남쪽으로 선정했다. 아르덴 지역에 기계화부대를 집중시키는, 신속하

---

13 낫질 작전: 기계화부대가 원거리 포위를 실시하고, 포위된 적은 후속하는 보병부대가 마치 낫으로 풀을 베듯 격멸한다는 서부 지역 전역 계획의 별칭.

고도 기습적인 계획이었다.

이 새로운 계획은 극도로 모험적이었다. 아르덴의 지형은 대규모 기계화부대가 기동하기 매우 어려웠다. 기동로 좌·우측의 가파른 비탈, 좁고 구불구불한 도로, 조밀한 산림으로 우거진 구릉지대 그리고 유속이 빠른 많은 하천들 때문이었다. 전차 1,900대와 자동차 4만 1,000대, 병력 17만 5,000명으로 편성된 7개 기갑사단이 도로를 따라 연이어 기동하려면 행군 장경이 160km에 달했다. 이 계획은 공군과 지상군의 긴밀한 합동작전이 요구되었다. 특히 아르덴 지역에 대한 제공권을 조기에 확보하는 것이 그 무엇보다 중요했다.

적의 항공 전력을 최대한 파괴하기 위해 독일군은 기습 공격을 가했다. 지상에서 적의 항공기들을 격파하고, 동시에 대기하는 항공기들의 이륙을 막고자 활주로를 폭파했다. 무엇보다도 독일 공군은 대규모 프랑스 항공기가 노출에 취약한 독일 전차 대열을 공격하기 위해 아르덴 상공으로 집중 운용되는 것을 막아야 했다.

5월 10일, 독일 육군은 폴란드를 침공했던 제2차 세계대전의 초기보다 49개 사단이 더 늘어난 157개 사단으로 구성되었다. 136개 사단은 서부 전역의 침공에 투입됐지만, 최고사령부는 이 중 44개 사단을 전략적 예비대로 편성했다. 독일의 136개 사단에 맞서 연합국은 프랑스 96개 사단, 영국 10개 사단, 벨기에 21개 사단 및 네덜란드 8개 사단을 동원했다.

프랑스군은 북동쪽 국경선을 따라 가용한 약 4,000대의 전차 중 3,563대를 투입했다. 프랑스군은 이 전차들을, 보병을 지원하는 33개 전차대대에 각 45대씩 모두 1,485대를 소규모 단위로 분산, 배치했다. 총 110대의 프랑스 전차를 3개 기병사단에 할당하고 추가적으로 582대를 기계화사단에 할당했으며, 남아 있는 1,386대를 기갑사단(창설 준비 중인 1개 사단 추가)에 할당했다. 이외에 영국원정군British Expeditionary Force, BEF은 196

대, 벨기에는 60대, 네덜란드는 40대를 투입해 총 4,296대의 연합군 전차를 북동부 전역에 배치했다. 독일군 약 290만 명의 병력에 대해서 300만 명의 연합군이 배치됐다.

1940년 5월 10일 이른 새벽 시간에 독일군 92개 사단이 벨기에, 프랑스, 네덜란드 및 룩셈부르크를 일제히 공격했다. 완전한 기습공격이었다(히틀러는 공격 20시간 전에야 예하 부대에 공격 개시 시간을 알렸다). 폰 보크의 B집단군 선두제대들은 네덜란드 남부와 벨기에 북부 지역을 공격했다. 이어서 독일군의 선두부대는 네덜란드 서부의 주요 방어 진지로 계획했던 상대적으로 약한 네덜란드 요새^{Fortress Holland} 방향으로 밀고 들어갔다. 가믈랭은 이미 이 지역을 독일군의 주공 방향으로 예상했고, 빌로트^{Billotte} 장군이 이끄는 프랑스 제1군의 32개 사단에 벨기에를 경유하는 브레다 수정안^{Breda Variant}을 실시하도록 지시했다. 영국 원정군을 포함한 이 부대들은 브레다 주변의 지정된 진지로 이동을 개시한 다음, 벨기에 중부에 있는 딜 강을 따라 남쪽의 스당까지 기동했다. 독일 공군은 이러한 연합군의 이동을 방해하는 적극적인 공습을 하지 않았다. 왜냐하면, 연합군이 독일군의 결정적인 중앙 지역에서 부대를 다른 지역으로 전환함으로써 독일에 유리한 상황을 만들었기 때문이었다. A집단군이 투입한 사단들은 딜 방어선에 대한 무자비한 공격으로 영국, 프랑스 및 벨기에의 부대들을 서부 전역의 북쪽 지역에 가뒀다.

5월 10일 아침, 육군 B집단군의 3개 기갑사단과 26개 보병사단이 북쪽에서 서부 지역으로 공격했고, 룬트슈테트의 A집단군은 중앙에서 결정적 작전을 개시했다. 구데리안, 라인하르트^{Reinhardt} 그리고 호트^{Hoth} 장군이 지휘하는 3개 차량화군단(구데리안은 폰 클라이스트 장군의 2개 차량화군단을 배속받았다)을 선두로 하는 A집단군은 방어 배치가 미약한 아르덴 지역으로 공격을 개시했다. 헤르만 호트 장군 예하의 제15차량화군단은 하르트립^{Hartlieb} 장군의 제5기갑사단과 롬멜의 제7기갑사단을 지휘했

●●● 1940년 5월 제7기갑사단장인 에르빈 롬멜이 참모들과 지도를 보며 작전을 검토하고 있다: 불리한 지형 조건에도 독일군은 아르덴을 신속하게 돌파해야만 했다. 그렇지 않으면 프랑스군이 재편성에 성공해 개활지에서 독일군의 공격 출구를 봉쇄했을 것이다. 공격 기세를 유지하기 위해 독일군은 효과적인 제병협동작전을 실시했다. 제병협동의 핵심 요소는 임무형 지휘였다. 이런 유연한 사고는 예하 부대 지휘관들에게 상당한 자율권을 부여했고, 작전 중 상급부대의 명령을 기다리기 위해 작전을 중지할 필요가 없었다. 롬멜의 차량은 사단의 선두 차량으로 여러 차례 사용됐는데 현장 지휘는 신속하고 정확한 정보를 바탕으로 적시적인 전술적 결심을 가능하게 했다. 〈사진 출처: WIKIMEDIA COMMONS | CC BY-SA 3.0 DE〉

다. 이 군단은 룬트슈테트집단군의 전차 쐐기대형의 북쪽 축선을 담당하고 슈타트킬Stadtkyll로부터 말메디Malmedy를 경유해 디낭Dinant으로 공격했다. 헤르만 호트 군단의 후미에는 한스 폰 클루게Hans von Kluge의 제4군 예하 12개 보병사단이 후속했다. 중앙 축선은 한스 라인하르트 장군 예하의 제41차량화군단이 제6기갑사단과 제8기갑사단을 프륌Prüm으로부터 몽테르메Montherme에 있는 뫼즈Meuse 강까지 이르는 축선을 따라 전개시켰다.

가장 강력한 구데리안 장군의 제19차량화군단은 제1기갑사단, 제2기갑사단, 제3기갑사단 및 그로스도이칠란트Grossdeutschland연대를 남부 축선으로 전개시켰다. 구데리안군단은 룩셈부르크를 통과해 뫼즈 강에 있는 스당으로 공격할 계획이었다. 구데리안군단은 3개 차량화군단 중 가장 강력한 편성이 요구됐다. 기갑부대의 집중 돌파로 취약한 남쪽 측면을 향한 프랑스의 공격을 막는 힘든 임무를 수행해야 할 것이기 때문이었다. 룬트슈테트의 중앙집단군 예하 3개 차량화군단은 침공에 투입된 전차의 3/4 이상인 총 1,900대의 전차를 배치했다. 멀리 남쪽, 아르덴의 아래에는 레프Leeb 대장이 지휘하는 C집단군 예하 18개 보병사단이 마지노선에 배치되었다.

5월 10일에서 12일까지 72시간 동안 룬트슈테트의 3개 차량화군단은 방어배치가 약한 아르덴 지역에서 벨기에군과 프랑스군을 성공적으로 돌파했다. 독일군이 아르덴 지역을 관통하는 침투 공격에서 달성한 놀라운 작전 속도는 전차가 기동하기 전에 공정부대가 중요한 교량과 교차로를 확보한 덕분이었다. 독일의 기갑부대가 아르덴을 성공적으로 돌파한 후, 독일의 공격 계획에서 다음으로 중요한 단계는 프랑스가 회복하기 전에 신속하게 뫼즈 강을 건너는 것이었다. 5월 12일 저녁 스당에 접근한 구데리안의 기동군단은 적의 준비된 방어진지 전방으로 도하해야 하는 어려운 상황에 직면했다. 프랑스의 주 방어부대인 제55보병사단은 뫼즈 강의 남쪽 제방을 따라 강력한 방어 진지를 편성하고 있었다. 그들은 중포병의 지원을 받았고 독일의 도하 지역 남쪽 마르페Marfee 고지는 매우 양호한 관측의 시계를 제공했다.

5월 13일 15시, 구데리안의 포병은 2시간 동안 포격을 실시했고, 독일군이 확보한 뫼즈 강의 제방을 따라 전개한 전차 700대는 직사 화력으로

●●● 독일군 보병의 도하 장면: 독일군 지휘관들은 적보다 훨씬 강한 주도력을 보여줬다. 예를 들면 호트군단의 부대들이 공격하던 디낭에서 제7기갑사단은 롬멜 장군의 직관적이고 신속한 판단으로 뫼즈 강을 방어하는 프랑스군의 강력한 저항을 꺾을 수 있었다. 그는 평시처럼 최전선에서 전방부대를 지휘했다. 롬멜은 최전방에서 단정으로 강을 건너려는 독일군 정예 차량화보병들에게 강력한 포병 화력을 퍼붓는 프랑스군을 직접 목격했다. 그는 단정 도하를 은폐할 즉각적인 연막의 필요성을 직감하고 주변에 대기하고 있는 병사들에게 건물들에 불을 지르도록 명령했다. 때마침 바람이 유리하게 불어 연기는 주변을 덮었고 독일의 강습부대들은 강 건너편에 성공적으로 교두보를 확보할 수 있었다. 〈사진 출처: WIKIMEDIA COMMONS | CC BY–SA 3.0 DE〉

지원했다. 종종 말이 이끄는 독일군 포병은 전방으로 전진하는 전차와 항상 보조를 맞출 수 없어 1940년 독일군의 승리에 제한적으로 기여했을 뿐이지만, 스당의 도하 작전에서는 방어하는 적의 결연한 의지를 무력화시키는 데 크게 기여했다.

5월 14일 구데리안의 부대들은 대규모 공군과 포병 및 전차포의 지원을 받아 보병과 전투공병의 강습 도하로 스당 남쪽에 교두보를 확보하고 확장했다. 연합군의 저항은 붕괴되기 시작했다. 북쪽에서는 네덜란드군이 제9기갑사단과 제18군에 의해 큰 피해를 입고 서부로 후퇴한 후 항복했다. 네덜란드군은 5일간의 전투에서 3,000명이 사망하고 7,000명이 부상을 입었다. 네덜란드의 항복이 눈앞에 왔음에도 이미 출격한 공군 전투기 제54편대의 일부만 공격을 중지하고, 나머지 전투기들은 로테르담에 대한 폭격 공격을 감행해 약 1,200명의 민간인 사상자와 7만 8,000명의 이재민을 남겼다. 네덜란드가 항복하면서 독일군은 전 공격부대들을 네덜란드 남부 지역으로 투입할 수 있었고, 브레다와 안트베르펜의 주변에 배치된 블랑샤르Blanchard 장군이 지휘하는 프랑스 제1군의 북쪽 측방 공격에 집중할 수 있었다.

벨기에 중부에서 제16차량화군단의 회프너 장군의 예하 전차들이 장블루Gembloux 공간의 개활지를 따라 서쪽으로 공격하는 동안, 독일 제6군 라이헤나우Reichenau의 보병사단들은 딜 강을 따라 연합군의 방어선을 공격했다. 한편, 호트와 라인하르트 차량화군단은 각각 디낭과 몽테르메에서 뫼즈 강을 공격했다. 5월 14일, 라인하르트 기갑군단은 그 전날 격퇴됐으나 마침내 몽테르메에서 뫼즈 강을 도하할 수 있는 작고 위태로운 교두보를 확보할 수 있었다. 호트 군단은 프랑스 제1기갑사단 잔류부대의 강력한 역습에도 불구하고 필리프빌Phillippeville을 넘어 서쪽으로 시브리Sivry까지 48km를 공격했다. 이 저항은 제4군 사령관 클루게에게 심각한 불안을 안겨 결과적으로 그는 부하에게 다음날 전진을 늦추라고 지시했다.

5월 15일까지 독일 제4군의 1개 차량화사단과 6개 보병사단도 뫼즈 강에 도달해 성공적으로 강을 건널 수 있었다. 이것은 프랑스군에게 위험한 전개였는데, 이 부대가 호트의 군단과 남쪽의 클라이스트Kleist 기갑집단군 사이에 존재하는 32km의 간격을 메워 전차를 측면에서 공격할 기회가 줄어들었기 때문이다. 5월 16일과 17일 밤, 6개 기갑사단으로 구성된 3개 차량화군단은 7개 기갑사단의 지원을 받아 기갑부대의 집중이 가능한 약 76km 너비의 전차회랑을 이용해, 서쪽으로 급속히 와해되고 있는 프랑스 제1군과 제9군이 저지하고 있는 중앙 프랑스군의 후방을 빠르게 공격하고 있었다.

또한 스당과 나무르 사이를 흐르는 뫼즈 강을 넘어 종심 깊게 공격한 독일군의 결정적인 전차 공격은, 딜 강과 디낭의 뫼즈 강 하류에 있는 장블루 사이를 점령해 연계된 방어를 실시하는 영국군, 프랑스군 및 벨기에 군 남쪽 측방을 우회하겠다고 위협했다. 5월 15일 늦게 가믈랭은 딜 선을 방어하는 부대에게 서쪽으로 72km 이상 떨어져 있는 에스코Escaut 강까지 4일간 단계적인 철수를 명령했다. 5월 17일까지 전반적인 참담한 패배의 분위기가 뱅센Vincennes에 있는 최고사령부까지 전파됐다. 프랑스군은 사실상 모든 전략예비대를 독일 기갑부대가 돌파한 북동쪽 지역으로 투입했고, 투입된 예비의 일부는 이미 적과의 교전에서 전투력이 약화됐다. 프랑스군은 수도 파리 전방에서 독일군 전차를 저지할 수 있는 가용한 예비대가 없었다. 3개 독일 차량화군단이 최종 마지노선 후방 동쪽으로 우회할 것으로 잘못 인식한 프랑스군은, 5월 17일 독일군이 파리를 향해 남서쪽으로 우회할 것으로 예상했다.

프랑스 수도로 향하는 독일군의 공격을 저지하기 위해, 이날 북동부 전선의 사령관인 알퐁스 조르주Alphonse Georges 장군은 6개 사단에 독일 기갑부대의 돌파구인 북서측방으로 가능한 한 빨리 역습을 개시하라고 명령했다. 하지만 지정된 6개 사단은 자신들의 구역을 방어하는 데 너무 압박을 받아 철수할 수 없었다. 게다가 그들의 전투력 손실이 너무 크고, 부대가 분산돼 있어 수송이 곤란했으며, 지속적인 독일군의 공격에 대응하는 데 급급해 알퐁스 조르주 장군의 역습 명령을 수행하기가 어려웠다. 그날, 실패한 몇 번의 반격과는 별도로 드골de Gaulle 대령이 새로 편성한 제4기갑사단이 몽코르네Montcornet에서 구데리안의 제19차량화군단을 상대로 유일하게 중요한 역습을 실시했으나 역시 실패했다.

다음 날인 5월 18일 서부 벨기에에서 영국 원정군과 블랑샤르 장군 예하 프랑스 제1군의 북쪽 측방부대들이 에스코 강으로 철수했다. 한편 중앙에 있는 독일군 기갑사단들은 서쪽 해안을 향해 신속히 공격했고, 저항

진지를 만나면 우회하면서 계속 64km를 진격했다. 이 작전에서 전차들은 프랑스 지연부대가 철수해 할당된 지연선을 점령하기 전에 연합군의 조르주 장군이 명령한 몇 개의 지연선을 통과했다. 라인하르트와 호트의 부대가 생캉탱St-Quentin 운하를 넘어 생캉탱캉브레Cambrai 지역을 공격하는 동안 구데리안 장군의 부대들은 솜Somme 강을 건넜다. 이날 충격을 받은 프랑스군이 전차회랑에 대한 역습을 실시했으나, 제대로 협조되지 않은, 성공 가능성이 없는 소규모 역습이었다.

독일군은 전차 공격을 계속 강화하면서, 호트군단의 4개 기갑사단의 선두제대와 연결하기 위해, 회프너군단을 상브르Sambre 강 방향의 남서쪽으로 재배치했다. 5월 18일 프랑스 중앙을 관통하는 기갑부대의 신속한 공격이 계속되자 마침내 프랑스 최고사령부는 독일군이 영국 해협에 도달하려는 의도라고 확신했지만, 이런 인식은 결정적으로 3일이나 늦었다. 돌이켜보면 만슈타인 계획의 추가적인 장점은 스당이 함락된 후 독일군에게 세 가지 가능한 전진 축선(마지노 선을 향하는 남동쪽, 파리 방향의 남서쪽, 해안 방향의 서쪽)을 제공함으로써 뫼즈 강을 건넌 후에 오랫동안 기습 효과를 유지하는 데 도움이 됐다.

5월 19일 독일 기갑군단의 공격은 기대한 만큼 신속하게 이뤄지지 않았다. 구데리안의 군단은 페론Péronne까지 단지 24km를 전진하는 데 그쳤다. 5월 17일처럼 공격 속도가 둔화된 원인은 군수지원의 부족에 있었다. 군수지원부대가 신속하게 전진하는 기갑부대의 선두를 지속적으로 지원하기가 매우 어려웠기 때문이다. 게다가 2차례 있었던 프랑스군의 대응이 구데리안의 공격을 지연시켰다. 전투력이 약화된 드골 대령의 사단이 구데리안의 노출된 남쪽 측방을 타격하기 위해 랑Laon으로부터 크레시Crecy 방향으로 공격했다. 반면에 생캉탱에 있던 기진맥진한 제2기갑사단도 북쪽에서 구데리안 부대를 공격했다. 그럼에도 독일군 기갑부대의 프랑스 중앙 돌파는 프랑스의 군사적인 패배를 의미했다. 이렇게 큰 작전적인 실패는 어느 정도의 속죄를 위한 희생 제물을 요구했다. 5월 19일 국무총리 폴 레노Paul Reynaud는 프랑스 최고사령관인 가믈랭을 해임하고 그 자리에 얼마 전 중동에서 돌아온 72세의 베이강Weygand 장군을 임명했다.

독일군의 승리

5월 20일 구데리안과 라인하르트의 기갑사단들은 뫼즈 강을 건넌 후, 단 7일 만에 아브빌Abbeville에 위치한 영국 해협의 해안에 도착했다. 그들은 1주일에 386km, 1일 평균 55km라는 믿을 수 없는 속도로 전진했다. 그런 다음, 그들은 칼레와 됭케르크를 향해 전진해 독일군의 진격으로 해안에 갇힌 영국, 프랑스, 벨기에 군대의 유일한 탈출 수단인 승선 항구를 점령하기 시작했다. 그러나 다음 날, 아라스Arras에서의 충격의 여파는 이제 전개 중인 독일 침공에 결정적인 영향을 미쳤다. 히틀러는 약화된 독일군 측면에 대한 적의 역습으로 인한 위협과, 방어가 잘 된 도시 지역에 전차가 진입했을 때 발생할 수 있는 높은 손실에 대한 두 가지 우려로 인해 48시간 동안 기갑사단의 진격을 멈추라고 명령했다. 이 기간 동안 독일 공군은 고립된 영국, 프랑스, 벨기에 군대를 공격해 그들의 파괴된 응집력을 더욱 약화시켰다.

5월 27일부터 6월 4일 사이에 영국, 프랑스 및 일부 벨기에군은 고립된 수많은 부대를 철수시키기 위해 됭케르크 주변에서 점점 좁혀오는 방어선을 결사적으로 방어했다. 9일간 소형보트 861척으로 영국군 22만 6,000명과 프랑스 및 벨기에군 11만 2,000명을 안전한 곳으로 수송하는 됭케르크의 기적을 이뤘다. 하지만 그들은 거의 모든 편제 장비(대포 2,473문, 차량 8만 4,427대 등)를 그대로 남겨 놓아야 했다.

프랑스군은 프랑스의 전 영토가 점령되기 전에, 조기 휴전협정 체결을

에리히 폰 만슈타인

〈사진 출처: WIKIMEDIA COMMONS | Public Domain〉

에리히 레빈스키 폰 만슈타인(1887-1973) 소장은 1940년 서부 전역에 대한 공격을 준비할 때, A집단군 참모장의 중책을 수행했다. 그는 공격 계획의 대안을 제시했지만, 그로 인해 상급 지휘관들의 미움을 받아 폴란드 국경의 한 예비부대 지휘관으로 좌천됐다. 하지만 다행히도 히틀러가 그의 새로운 계획을 듣고, 상급 지휘관들에게 만슈타인의 계획을 채택하도록 지시했다. 이 계획은 독일군이 서부 전역에서 신속한 승리를 달성하는 데 획기적으로 기여했고 만슈타인의 승진을 보장했다.

그는 1941년부터 이듬해까지 크림반도와 레닌그라드에서 제11군을 지휘했다. 1942년 11월 돈Don집단군의 사령관으로 승진했으나 스탈린그라드에서 포위된 파울루스Paulus 대장의 제6군을 구출하지 못했다. 그의 경력은 1943년 우크라이나에서 노련하고도 탄력적인 방어와 대담한 하리코프Kharkov 전차 역습을 연계한 작전으로 소련군으로부터 동부 전선의 전략적인 주도권을 되찾았을 때 최고의 절정기에 이르렀다. 1944년 3월, 만슈타인 장군은 히틀러의 반대에도 불구하고 동부 전선에서 철수를 감행하면서 기동 방어를 실시했다. 자제력을 상실한 히틀러는 만슈타인을 사령관직에서 해임했다.

희망했지만 독일군은 협상을 받아들일 만한 분위기가 아니었다. C집단군은 프랑스가 자랑하던 마지노 선을 후방에서 공격하기 시작했고, 전차들은 엔Aisne 강과 솜 강에서 프랑스군 방어선을 돌파하면서 미친 듯이 질주했다(프랑스는 독일군에게 점령되지 않은 남부에서 꼭두각시인 비시Vichy 정권을 유지했지만 이 정권은 1919년 베르사유 조약과 마찬가지로 강요된 평화였다).

독일군은 단 6주 만에 벨기에, 프랑스, 네덜란드 및 룩셈부르크를 정복했고 영국군을 유럽 대륙에서 축출했다. 이 모든 승리는 15만 6,000명이 죽거나 다친, 상대적으로 적은 피해로 이루어졌다. 그에 비해 연합군은 30만 명이 죽고 다쳤으며 200만 명이 추가로 포로가 됐다. 이제 히틀러는 영국을 정복하거나 전쟁으로부터 완전히 축출시킨 후, 공격 방향을 동부 전역으로 돌려 독일의 진정한 이데올로기의 적국인 소련 볼셰비키에 대한 영광스러운 승리를 다시 얻으려고 했다.

서부 전역은 신속한 전차 기동에 의한 승리였지만, 아이러니하게도 신속한 전차 기동이 가능했던 것은 연합군의 진지 방어 덕분이었다. 독일군의 최종 공격 계획은 기존 연합군의 잘못된 전개를 성공적으로 이용했다는 점을 고려할 때, 1940년 서부 전역 기간 동안 독일군이 획득한 승리에 대한 모든 평가는 프랑스 전략의 본질을 고려해야만 한다. 제1차 세계대전은 프랑스 북부를 초토화시켰고, 이로 인해 프랑스군은 장차 대규모의 전쟁에서 포병화력과 기관총이 전장을 지배하는 수단이 될 것으로 판단했다. 결과적으로 양차 세계대전 사이의 프랑스의 군사전략은 1930년부터 1935년 사이에 있었던 마지노 선의 구축에서 보여주듯 방어 중심의 전략이었다. 이런 전략의 방향은 또한 프랑스의 성인 남성 인구를 현저하게 감소시킨 제1차 세계대전 동안 그들이 입은 엄청난 사상자에 대한 프랑스의 반응을 반영한 것이다.

요새와 방어선

지금까지 건설된 가장 강력한 지역 방어진지로 추정되는 마지노 선은 스위스에서 룩셈부르크까지 프랑스와 독일 국경을 따라 이어졌다. 엄청난 규모의 방어선 구축은 프랑스 국가 경제에 막대한 부담이 됐다. 이 방어선의 목적은 기껏해야 보주^{Vosges} 산맥 북쪽의 알자스-로렌^{Alsace-Lorraine}을 통과하는 전통적인 이동 축선을 차단해 향후 프랑스와의 전쟁에서 독일을 포기시키는 것이었다. 최악의 경우 독일이 공격한다면, 독일이 벨기에 남부로부터 프랑스 북동부로 공격하기에 앞서 먼저 벨기에를 침공하고 정복하게 될 것이다.

이 예상되는 적의 기동에 대응하기 위해 1936년 이전 프랑스의 전략은 벨기에가 독일의 공격에 저항하는 것을 돕기 위해 벨기에의 중앙에 군대를 배치하는 계획이었다. 이 계획은 프랑스의 입장에서 보면 벨기에 영토에서 독일군을 막아내는 것이기 때문에 프랑스 영토가 전쟁으로 파괴되는 것을 방지하는 부가적인 이점이 있었다. 이런 이유로 1930년대 전반기 프랑스의 전략은 D-계획이었다. D는 중부 벨기에에 위치한 지형적인 자연장애물인 딜 강을 의미하며, 프랑스군은 이곳으로 전진해 벨기에 부대와 연계한 방어를 실시하는 것이었다.

프랑스가 룩셈부르크에서부터 프랑스와 벨기에의 국경을 따라 북해까지 마지노 선을 연장하지 않은 것은, 이 예상된 프랑스와 벨기에의 군사 협력에 있었다. 만일 프랑스의 전략이 20개 사단을 자신의 영토로 투입함으로써 벨기에를 지원하려는 의도였다면, 프랑스와 벨기에 국경을 따라 세계에서 가장 강력한 방어 장벽을 건설한다는 올바른 메시지를 벨기에 정부에 거의 보내지 않았을 것이다. 또한, 362km에 이르는 마지노 선의 구축으로 사실상 프랑스 경제가 거의 파산됐다는 사실 역시 마지노 선을 해안까지 연장하지 않기로 한 이번 결정에 영향을 미쳤다.

이런 측면에서 오늘날 1940년 독일군의 공격 과정을 잘 알고 있는 사람들조차도 프랑스가 마지노 선을 대서양 해안까지 연장하지 않은 것에 대해 신랄한 비판을 가하고 있다. 그러나 사실상 이 마지노 선은 1940년 당시에 계획한 목적을 달성했다. 마지노 선의 목적은, 독일군에게 주공을 벨기에로 지향하도록 강요하는 데 있었다. 치명적인 과오는 이 마지노 선을 해안까지 연장하지 않은 것이 아니었다. 프랑스군이 전략 계획을 수립할 때 험준한 아르덴 지역으로 대규모 독일군 기동부대가 공격할 수 있다는 것을 미처 고려하지 못한 것이었다. 게다가 독일군 포병이 전역 기간 동안 마지노 선에서 교전했을 때 가장 큰 구경인 중화포조차도 마지노 선의 벙커를 파괴할 수 없다는 것을 알았다. 예를 들어 C집단군의 보병부대가 7월 18일 포몽Formont의 요새를 공격했을 때 가장 구경이 큰 중화포인 210mm Mörser 18 중곡사포와 체코의 305mm Mörser 중곡사포의 지원 사격을 실시했으나 아무런 효과를 보지 못했고, 많은 전투력 손실만 입은 채 실패했다. 만일 독일군이 이렇게 가장 강력하게 구축된 마지노 선을 직접적으로 공격했더라면, 심각한 희생을 당했을 것이다. 그 당시 상황으로는 독일군이 아르덴 지역을 기습 공격할 것이라고 프랑스가 예상하지 못했기 때문에 독일군은 마지노 선을 간단히 우회할 수 있었다. 결론적으로, 이 마지노선의 강력한 방어 진지는 서부 지역 원정에서 아무런 역할을 하지 못했다.

이 마지노 선을 도버 해협 해안까지 연장하지 않은 프랑스의 결정이, 독일이 공격할 경우 향후 프랑스-벨기에 군사 협력을 강화하려는 프랑스의 열망에 기초했다는 점을 고려할 때, 벨기에가 1936년 중립을 선언한 결정은 역설적인 것으로 판명됐다. 부분적으로 이 결정은 내부의 정치적 긴장과 프랑스-벨기에의 관계가 긴밀해지면 독일이 벨기에를 침공해 프랑스 북부에 접근할 가능성을 높일 뿐이라는 두려움을 모두 반영했다. 하지만 1914년 독일군이 프랑스를 공격하기 위해 벨기에 영토를 침공했다는 사실은 1936년 이후 벨기에의 중립 선언이 장차 유럽전쟁의 참화를 피해갈 수 없다는 것을 말해주고 있었다.

1936년 이후 벨기에의 중립 선언이 프랑스 전략의 의도에 큰 장애물임이 증명됐다. 프랑스는 만일 독일이 중립국을 공격할 경우, 벨기에가 즉각 프랑스에 군사지원을 요청할 것이라는 사실을 당연히 고려했다. 결과적으로 프랑스는 1936년 이전의 전략을 유지했지만 지금은 중립국인 벨기에와 D-계획의 실용성을 논의할 수 없었다. 이런 문제들은 1940년 5월 10일, 프랑스군이 벨기에를 지원하도록 허용하라는 명령을 아직 받지 못한 벨기에 경찰이, 프랑스에서 벨기에로 연결된 도로가 차단된 것을 발견했을 때 나타났다.

벨기에의 에반 에마엘 요새 역시 독일군의 공격 계획에 아주 중요한 부분이었다. 독일군 계획 수립자는 이 강력한 요새의 대공 방어가 취약하다는 것을 알고 글라이더부대를 요새의 지붕 위로 기습적으로 착륙시키는 대담한 계획을 세웠다. 이 계획은 최초로 시도하는 새로운 전술이었다. 특공부대는 일단 요새의 두꺼운 철근 콘크리트 벽을 폭파하기 위해 새로 개발한 가벼운 성형 작약탄을 요새 지붕 위에 정확하게 설치해야 했다. 서부 전역에 대한 총공세를 개시하기 몇 분 전인 정각 05시 35분에 최고의 베테랑 조종사가 조종하는 글라이더 11대가 에반 에마엘 요새의 지붕 위에 착륙했다. 이 위험한 작전에서 코흐^{Koch} 특공대의 돌격공병 78명이 이 단일 임무를 성공적으로 달성하기 위해 극비의 조건에서 6개월 동안 비밀리에 훈련과 예행연습을 실시함으로써 희박한 성공의 가능성이 점차 높아졌다.

11대의 글라이더 중 10대는 에반 에마엘 요새의 지붕 위에 성공적으로 착륙해 특공 요원들은 당황해 어찌할 줄 모르는 적을 제압하고 난공불락의 요새를 점령했다. 이런 성공은 필요한 경우 공석이 된 상급 지휘자의 역할을 수행할 수 있는 유연성과 의지를 가르치는 독일군의 효과적

●●● 1940년 5월 네덜란드 헤이그를 점령한 직후 도열한 독일의 공수부대원. 독일은 1940년에 4,500명의 정예 공수 요원을 보유하고 있었다. 이 중 4,000명이 네덜란드 공격에 투입됐지만, 네덜란드군과 주민들에게 끼친 심리적인 효과는 숫자에 비해 엄청나게 컸다. 그들에 의해 야기된 두려움과 공황은 투입되지도 않은 독일 공수부대를 수색하기 위해 네덜란드가 부대들을 투입할 정도로, 독일군 공격에 크게 기여했다. 〈사진 출처: WIKIMEDIA COMMONS | Public Domain〉

●●● 파괴된 에반 에마엘. 에반 에마엘의 공정작전은 독일군이 서부 전역에서 실시한 가장 괄목할 만한 특수 작전이었다. 특공대원 78명은 벨기에 중부로 향하는 독일군의 진출로를 감제하는 강력한 난공불락의 에반 에마엘 요새 위에 착륙했다. 독일군 공수요원은 성형 작약으로 요새의 대포들을 파괴하고 수비대를 항복시켰다. 〈사진 출처: WIKIMEDIA COMMONS | Public Domain〉

인 훈련 덕분이었다. 처음에 도착하지 않은 유일한 글라이더에는 부대 지휘관인 비트치히Witzig 중위가 포함돼 있었다. 하지만 이 작전은 어려움 없이 잘 진행됐다. 왜냐하면, 벤첼Wenzel 상사가 비트치히 중위의 지휘권을 대신 수행해 요새를 탈취하기 위해 성형 작약을 설치하는 결정적인 임무를 성공적으로 수행했기 때문이다. 그러나 요새의 정복은 임무의 절반에 불과했다. 독일 특공대는 회프너 장군의 제16기갑군단에 의해 구출될 때까지 벨기에의 역습에 대항해 요새를 방어해야 했다. 이 모든 것들이 성공적으로 잘 이뤄졌다. 대담한 계획, 신형 무기와 새로운 전술, 기습 달성, 벤첼 상사가 보여준 전술 지휘 능력 그리고 극비의 보안 유지 하에 실시된 모형 훈련 및 작전 준비가 이 특수 작전의 성공을 보장해 에반 에마엘에 있는 벨기에 방어 시설을 신속하고, 최소한의 손실로 점령할 수 있었다. 이 대담한 특수 작전으로 에반 에마엘의 결정적인 장애물을 제거한 이후에, 회프너의 기갑군단(제3·4기갑사단)은 전략적으로 중요한 장블루의 개활한 지역으로 신속히 전진했다.

1940년 서부 전역에서 독일군 승리의 핵심 요인은 원정 기간 동안 독일군의 군단장과 사단장들이 보여준 공세적인 전투 지휘와 대담한 공격이었다. 예를 들어 프랑스 최고사령부는 스당을 점령한 독일군이 치밀한 차후 공격 계획을 수립하고, 이에 필요한 충분한 전투력을 확보하려면 현 위치에서 최소 8일이 소요될 것으로 예상했다. 프랑스는 이 기간에 전투 진지를 준비하고 강화하려고 했다. 하지만 불행히도, 1940년 구데리안 등 독일의 기갑지휘관들은 프랑스군이 1918년 경험했던 것보다 훨씬 빠른 템포로 작전을 수행했다. 결과적으로, 5월 12일 늦은 시각, 대담한 구데리안과 그의 상급 지휘관인 에드바르트 폰 클라이스트는 다음 날 오후 제19군단의 모든 부대에게 뫼즈 강의 도하를 승인했다. 스당에서 독일군 기습공격의 작전 템포와 기세는 프랑스군의 균형을 파괴하고 그들에게 성공적으로 충격을 가했다. 북서쪽으로 약 24km 떨어진 클라이스트 기갑집단군 소속인 라인하르트의 군단도 같은 날 오후 몽테르메에서 뫼즈강을 건넜다.

5월 15일 구데리안은 자신의 상급 지휘관인 클라이스트 장군의 조언을 무시하고 전역에서 가장 중대한 결정을 내렸다. 항공정찰 결과 플라비니Flavigny 장군이 지휘하는 제21군단은 제3기갑사단과 제3차량화사단으로 역습을 실시하기 위해 스톤Stonne 지역에서 교두보를 향해 동쪽으로 이동하고 있다는 보고를 받았다. 하지만 이런 보고에도 불구하고, 구데리안은 서쪽 도버 해협 방향으로 계속 공격하기로 결심했다. 5월 10일 이전에 독일군의 작전 계획은 스당을 함락한 후 차후 공격 방향을 결정하지 않았지만, 구데리안은 개인적으로 프랑스군을 양분하기 위해 도버 해협을 향해 서쪽을 공격할 작정이었다. 현장에서 작전을 결정하도록 위임하는 독일의 지휘 원칙에 따라 최고사령부는 현장 지휘관인 구데리안에게 공격 축선을 결정할 수 있도록 허용했다. 위험 부담을 각오한 구데리안은 대담하게도 접근해오는 플라비니 장군의 프랑스 2개 사단의 역습에 대응한 교두보를 보호하기 위해 제10기갑사단만을 남기고, 후속하는 비터스하임Wietersheim의 2개 사단이 스당에 도달할 때까지 교두보를 확보하도록 했다.

그 사이에 구데리안은 다른 2개 기갑사단을 직각으로 우회해 도버 해협 방향으로 공격했다. 그는 예하 부대에게 연료가 바닥날 때까지 전진하고, 적의 저항거점을 우회해 공격 기세를 유지하도록 지시했다. 그의 제1·2기갑사단은 몽코르네Montcornet와 르텔Rethel을 향해 60km를 공격하는 놀라운 기동 속도를 발휘했다. 그렇게 하면서 구데리안은 약하게 배치된 프랑스 중앙의 후방으로 종심 깊은 결정적인 침투 공격을 감행했다. 마침내 5월 13일 아침, 의지가 강한 구데리안은 그의 상급 지휘관인 클라이스트와 격렬한 논쟁 끝에 대담한 공격 작전을 개시할 재량권을 승인받았다. 이른 봄부터 최고사령부 내에 내재됐던 현행 작전 수행에 대한 심각한 근본적인 갈등이 그날 아침에 공공연히 드러나게 된 것이다. 보다 조심스러운 최고사령부와 특히 히틀러는, 구데리안, 호트 그리고 롬멜과 같은 기갑지휘관들의 대담한 지휘로 초래될 위험을 크게 우려했다. 그날 오전 구데리안의 분노를 산 클라이스트는 군단장들에게 5월 15일에 후속하는 2개 차량화사단이 그 지역에 서둘러 도착할 때까지 스당의 교두보를 확장하고 고착하도록 지시했다. 실제로 격렬하고 지루한 논쟁 후에, 클라이스트는 서쪽으로 계속 공격하도록 승인해 달라는 구데리안의 완강한 주장을 받아들였다.

지휘 갈등

5월 중순, 구데리안은 클라이스트로부터 공격 속도를 늦추고, 선두 기갑부대의 일부를 남겨 취약한 측방을 방호하면서, 좀 더 신중하게 작전을 하라는 명확한 명령을 받았다. 이렇게 첨예하고 지속적인 갈등 속에 클라이스트는 구데리안에게 수색작전 이외의 모든 작전을 중지하라는 단호한 명령을 내린 반면, 구데리안은 그의 군단들이 대담하게 작전하도록 승인해줄 것을 고집했다. 구데리안은 지휘 계통으로 사직서를 제출하는 것 이외에도 예하 2개 기갑사단의 대부분을 수색작전의 형태로 공격하게 하면서 달갑지 않은 클라이스트의 공격 중지 명령을 부분적으로 비켜갔다.

 이런 지휘 갈등과 독일군의 빠른 공격 템포로 인해 야기되는 심각한 군수 지원의 부족으로 전차는 5월 17일에 겨우 16km 정도 밖에 진출하지 못했다. 이렇게 속도가 둔화한 가운데, 후속하는 비터스하임이 지휘하는 제14기갑군단 예하 2개 사단이 스당에 도착해 남쪽 측방의 방어 진지를 확보했다. 이런 전투력의 증강으로 제10기갑사단은 방어 임무에서 해제돼, 선두 기갑사단과 합류하기 위해 서쪽으로 기동할 수 있었다. 이날 육군 최고사령부는 회프너의 제16기갑군단과 슈미트Schmidt의 제36군단 예하 3개 기갑사단을, 벨기에 중부로 공격하던 부대에서 분리해 프랑스 중앙을 공격하는 부대를 증원하도록 명령했다. 수일 이내에 독일군 10개 기갑사단 전체를, 이제 곧 붕괴될 것 같은 프랑스군의 중앙으로 집중시키려고 했다.

프랑스군의 사기 저하와, 독일군의 신속한 공격에 제대로 대응하지 못하는 무력감이 1940년 5월 독일군이 승리하는 데 결정적인 영향을 미쳤다. 예를 들어 구데리안군단은 스당에서 힘겹고 위험한 작전에 직면했지만 공군의 대규모 지원으로 승리의 가능성이 높아졌다. 독일 최고사령부는 스당에서의 공격을 결정적인 지점으로 인식하고 최대한의 전투력을 집중하기를 요구했기 때문에 공군은 이 공격을 지원하기 위해 900여 대의 항공기를 투입했다. 5월 13일 아침, 공군은 후방을 차단하기 위해 도르니어Dornier Do 17로 스당의 후방 지역에 지속적인 공중공격을 실시했다. 오후부터 시작된 폭격기와 급강하폭격기에 의한 5시간의 공격은 적의 저항을 약화시키는 데 기여했고, 13시에 개시한 독일의 지상 공격을 지원했다. 이러한 지속적인 공중공격의 물리적인 파괴 효과는 미미했지만, 프랑스군, 특히 이 지역에 있는 포병부대의 사기를 크게 떨어뜨렸다.

스당 지역의 프랑스 지휘관은 5월 13일 아직 배치가 미약한 독일군의 교두보에 대한 역습을 고려했다. 그러나 18시에 프랑스 지휘관은 독일군의 전차가 뷜송Bulson 부근에 있는 마르페 고지의 남쪽 4km까지 점령했다는 첩보로 불안감에 휩싸였다. 이 첩보는 나중에 잘못된 정보라는 것이 판명됐다. 그 시점 독일군 전차는 한 대도 뫼즈 강을 건너지 못했다. 뷜송에서 확인됐다는 전차들은 프랑스 전차였다. 그럼에도 그날 저녁 프랑스 보병부대들과 포병중대 내에 신속하게 퍼지는 유언비어는 공황을 유발했다. 공황에 빠진 수백 명의 프랑스 병사들이 심각한 집단 히스테리에 빠져 후방으로 도주했다. 프랑스 포병은 포 50문을 포기했는데, 이러한 손실은 보병부대의 방어력을 결정적으로 저하시켰다.

클라우제비츠의 우연

1832년에 발간된 칼 폰 클라우제비츠Carl von Clausewitz의 저서 『전쟁론』은 지금도 서구의 전쟁관에 대한 모든 것을 포괄하는 가장 훌륭한 이론서 중 하나로 평가되고 있다. 클라우제비츠가 이 저서에서 제시한 이론 중 하나는 '전쟁은 인간의 다른 모든 활동보다 우연의 영향과 불가분의 관계가 있다'는 것이다. "그 어떤 계획도 적과 최초로 접촉할 때부터 더 이상 유효하지 않다"는 헬무트 폰 몰트케Helmuth von Moltke의 명언은 이런 클라우제비츠의 주장과 맥을 같이하고 있다. 어떤 지휘관도 인간의 대응(적군이나 아군에 의한)에 따른 예측 불가능성 뿐만 아니라 군사력 적용의 일부로 수행되는 모든 전투행동에 내재돼 있는 불확실성과 혼돈 등, 우연한 사건이 작전에 미치는 영향을 피할 수 없다는 뜻이다. 1940년 서부 전역은 우연이 미칠 수 있는 영향에 대한 좋은 사례를 제시하고 있다. 만일 2가지 우연한 사건이 없었다면 독일군은 당연히 1939년 10월에 수립한 최초의 공격 계획으로 작전을 수행했을 것이다. '만일 무엇이?'라는 조건법적 서술은 위험하지만, 실제 원정에서 최초 계획대로 공격했다면 패배했을 것이고, 제2차 세계대전의 결과는 다르게 전개됐을 것임을 시사하고 있다. 첫 번째 우연은 1940년 1월 10일 메헬렌에서 비행기 추락으로 독일의 침공 계획이 좌절된 사건이었고 두 번째 우연은 새로운 프랑스 공격계획의 기안자인 만슈타인 장군이 폴란드 국경에 있는 예비대 지휘관으로 추방된 후 히틀러가 우연히 그의 계획을 들은 것이다. 이 두 가지 우연한 사건이 없었다면 독일군은 만슈타인 계획을 채택하지 못했을 것이고, 서부 전역을 단 6주 만에 정복하지 못했을 것이며, 그 결과로 독일군이 1941년 7월 소련을 침공하는 상황이 아마 발생하지 않았을 수도 있다.

프랑스군의 사기가 무너지면서 그날 저녁 독일군은 프르누아Frenois를 돌파하고 중요한 지형지물인 마르페 고지를 탈취할 수 있었다. 이처럼 프랑스군의 전투력이 약화된 바로 그 시점에 제55사단 사령부가 새로운 지역으로 이동 중이라는 불행한 우연의 일치는 이 지역에서 협조된 방어를 실시하려는 프랑스군의 시도를 방해할 뿐이었다. 공황은 야간에 점점 약해졌지만 사기를 저하시키는 소소하게 많은 사건들이 스당 주변에 있는 프랑스군 내에서 다음 날까지 지속됐다. 이러한 사건들은 일부 프랑스 부대가 그날 저녁과 야간에 일으킨 격렬한 저항을 무색하게 만들었다. 아마도 가장 중요한 것은, 이런 사기 와해의 징후들로 인해 독일군의 맹공격을 저지하기 위해 예하 부대의 운용을 결정해야 하는 프랑스 최고사령부의 신뢰가 깨져버린 것일 것이다. 5월 13일과 14일 밤에 발생한 혼란으로 스당을 방어하는 프랑스군은 독일군의 취약한 교두보에 대한 신속한 근거리 역습조차 계획하지 못할 정도로 극도로 어려운 상황에 빠졌다.

이것이 구데리안 장군에게는 호기였다. 왜냐하면 5월 13일부터 14일 자정 사이 뫼즈 강 남쪽 교두보는 도하를 위해 단 1대의 전차도 운용하지 못할 만큼 위태로운 상황이었기 때문이었다. 독일군 공병의 피나는 노력에 의해 23시 10분에 뫼즈 강에 16톤의 무거운 부교를 설치할 수 있었고, 제1기갑사단의 경전차(1호 전차와 2호 전차)가 5월 14일 이른 새벽에 교두보를 넘어 공격을 개시했다. 구데리안에게는 천만다행으로, 프랑스 군단장 그랑사르Gransard가 04시 30분에 시작하기로 예정된 구체적인 반격 명령을 03시 10분에야 내릴 수 있었다는 것이다. 이런 뒤늦은 프랑스의 대응조차도 전투력이 미약한 1개 기갑 대대와 1개 보병 연대의 역습부대만으로 편성됐다. 1개 역습부대는 슈메리Chemery의 북쪽에 위치한 독일 진지를 공격하고, 다른 역습부대의 공격은 뷜송에서 시작됐다.

마비된 프랑스군

5월 14일 아침까지 프랑스군의 무기력한 초기 대응과 최초로 발생한 사기 저하의 징후로 인해 프랑스군은 뫼즈 강을 건너는 구데리안의 군단을 격퇴시킬 수 있는 호기를 상실했다. 만일 프랑스 그랑사르의 부대가 프랑스 중앙을 관통하는 독일군의 결정적인 투입을 저지할 수 있었더라면, 프랑스군은 독일군의 전반적인 공격에 차질을 빚게 할 수 있었을 것이다. 그러나 무엇보다 구데리안의 신속한 뫼즈 강 도하가 스당에 있는 프랑스군에 강력한 공황을 유발해 상당수의 군인들이 도주했다는 첩보는 프랑스 최고사령부에 엄청난 충격을 주었다. 독일군의 빠른 공격 템포와 대담성은 프랑스군의 의사결정 과정의 마비를 초래하는 원인이 됐다. 예를 들어 다음날인 5월 15일 늦게 프랑스 가믈랭 장군은 프랑스군 내에 퍼지고 있는 군사적 위기의 심각성을 처음으로 명확히 인지했다. 그는 침울하게, 국방부 장관인 에두아르 달라디에Edouard Daladier에게 구데리안의 승리가 프랑스군의 전멸을 의미하고 있음을 보고했다. 그날 저녁, 최고사령부의 연락장교인 미나르Minart 대령은 뱅센에 위치한 프랑스군 사령부 내에 퍼지고 있는 무기력한 마비 상태에 주목했다. 점점 커지는 심리적인 무력감은 적시적인 결심을 어렵게 했고, 예하 사령부와의 통신 수단 부족은 사태를 더욱 악화시켰다. 뱅센에 있는 최고사령부는 야전부대들과 연락할 수 있는 무선통신 수단이 부족해 독일의 작전 템포에 대처할 수 있는 장비가 부족했다.

5월 16일 프랑스군의 지휘 시스템은 프랑스 중심부를 향한 독일군의 전차 공격의 템포를 따라잡을 수 없다는 것이 확실해졌다. 예를 들어 가믈랭이 에스코 강의 하류를 따라 오몽Omont에 이르는 지연선으로 철수하라는 명령을 하달했을 때, 라인하르트 장군의 전차들은 이미 이 지연선을 통과해 몽코르네까지 진출했다. 더욱이 프랑스 최고사령부는 독일군이 마지노 선을 후방으로 우회하기 위해 동쪽으로 선회할 것이라는 가정이 틀렸을 수도 있다는 것을 그제서야 깨닫기 시작했다. 그날 독일군 전차들은 유류 예비량을 모두 소비하면서 보다 취약한 저항진지 위주로 공격했고, 뱅센에 있는 프랑스 최고사령부가 대응을 주저하는 동안 계속 서쪽으로 32km를 전진했다. 구데리안의 부대는 몽코르네에서 라인하르트의 부대와 연결했고, 두 부대 모두 야간에 마를Marle로 계속 진격했다. 북쪽에서는 롬멜의 제7기갑사단이 솔 르 카토Solre-le-Cateau 방향으로 24km를 전진했다. 이 공격은 클루게의 요구에 의해 공격 템포를 늦췄고, 호트의 전차들은 그날 이전보다 신중함을 보였다. 날이 갈수록 무질서해지고 강력한 압박을 받는 프랑스 중앙군이 독일의 전차회랑에 대항해 단 한 번의 실질적인 반격도 감행하지 못한 것이 그날 다시 주목할만 했다.

프랑스 침공 8일 차인 5월 17일에 프랑스 중앙은 매우 심각한 상황에 직면했다. 독일군 9개 기갑사단과 추가적인 13개 사단이 전차회랑과 장블루 간격의 서쪽 끝에서 프랑스 블랑샤르 장군의 제1군과 코랍Coraps 장군 예하의 와해된 제9군의 잔류부대와 대치하고 있었다. 독일군 기갑사단의 속도와 공군의 지속적인 공중공격으로 큰 피해를 입은 프랑스군 병사들의 사기는 누적된 마비와 혼란으로 극도로 떨어진 상태였다. 이런 사기 저하와 와해는 5월 16일-17일에 롬멜의 제7기갑사단이 상브르 우아즈Sambre-Oise 운하에 있는 랑드르시Landrecies 공격에서 절정에 달했다. 이 공격에서 1만 명의 포로를 사로잡고 적 전차 100대를 노획했는데, 놀랍게도 독일군의 손실은 41명에 불과했다. 라이헤나우 장군의 13개 보병사단들이 추가적으로 북쪽에서 공격을 계속해 영국 원정군과 벨기에군이 딜 강에서 에스코 강으로 철수했다.

5월 19일, 가믈랭은 필사적으로 남쪽의 프랑스 부대와 북쪽의 영국군, 벨기에군이 함께 전차회랑에 대한 협조된 반격을 명령함으로써 작전 수행에 직접 개입했다. 하지만 결코 결속력이 강하지 않았던 연합군들은 예기치 않은 독일군의 성공적인 공격 압박으로 더욱 붕괴됐고, 이로 인해 연합군의 동시적인 대규모 역습이 방해를 받았다. 예를 들어 지난주에 새로 부임한 영국 원정군 사령관 존 S. 고트Gort 장군은 자신의 상급자인 프랑스 빌로트 장군으로부터 명령을 수행하는 방법에 대해 어떤 직접적인 명령도 받지 못했다. 기갑사단들이 수행한 빠른 템포의 진격이 성공적으로 전과를 확대한 것은 적의 치명적 약점이었다.

6월 10일에 시작된 이탈리아군의 공격으로부터 프랑스 남동부를 방어해야 했기 때문에 6월 12일까지 베이강의 군대가 직면한 어려움은 더욱 악화되고 있었다. 4일 후 인적이 없어 거의 황량한 파리는 독일군 공

보기 드문 성공적인 통합 섬멸전의 사례

19세기와 20세기 프로이센과 독일의 군사전략은 섬멸전의 개념에 고착돼 있었다. 이런 군사전략은 부분적으로 나폴레옹 시대에 두드러졌던 긴박하고 단호한 개인 전투에 대한 클라우제비츠의 사상을 통찰하는 프로이센 고급 지휘관들의 해석(더 정확히 말하면 왜곡된 해석)에 그 기반을 두고 있다. 이 군사전략은 한 번의 단순하고 연속적인 공세 행동으로 적을 신속하게 격멸하는 데 중점을 두고 있다. 1870년 프랑스에 대한 프로이센의 공격, 1914년 독일군의 서부 유럽 공격(슐리펜 계획), 1940년과 1941년의 서부 유럽 및 소련 침공 등 독일의 모든 공격은 이런 군사전략을 달성하기 위한 시도였음을 말해주고 있다. 그러나 공격군의 군수지원능력이 방어군의 전투력과 사기에 의한 회복력을 고려하면 충분하지 않다는 것이 종종 입증됐으며, 이에 따라 거의 비슷한 전투력을 보유한 적에 대해서는 달성이 불가능하다는 것 또한 확인됐다. 그러나 양차 대전 사이의 기간에 새로운 군사 기술(전차, 장갑차 및 공군력)의 발전이 공격 템포, 공격 기세, 군수지원능력 및 공세 행동 등의 충격력을 증가시켰다. 1939년 이후 이런 기술적인 진보는 강력한 적에까지 특별한 군사전략의 적용을 가능하게 했다. 1940년 독일군이 서부 전역에서 달성한 놀라운 승리의 이례적인 측면은 전투력과 전투 효과가 거의 비슷한 적을 상대로 성공한 보기 드문 통합 섬멸전의 사례라는 점이다. 하지만 이런 승리는 독일군을 교만하게 만들었고, 1941년 소련에 대해 12배 확대된 규모로 동일한 전략을 적용하도록 유혹했다. 1945년 소련에 의한 독일군의 최종적인 패배는, 20세기에 그런 군사전략으로 승리하기가 얼마나 힘든가를 충분히 보여줬다.

격부대의 수중에 들어갔다. 9개 기갑사단이 프랑스의 내부로 쏟아져 들어오면서 프랑스군의 사기는 와해됐다. 영국군은 6월 15일 셰르부르Cherbourg와 브레스트Brest 항구를 통해 프랑스로부터 병력들을 철수시키기 시작했다. 프랑스 전역의 최종 단계에서 독일군 기갑부대들이 급격하게 프랑스 내부로 깊숙이 전진함에 따라 독일군은 보병 지원을 위한 효과적인 포병 무기인 새로운 유형의 장갑전투차량, 3호 돌격포 1개 포대를 투입했다. 독일군의 전차가 남쪽으로 돌진할 때, 지금까지 곤욕을 치른 프랑스 총리 폴 레노가 물러나고, 페탱Petain 원수의 새로운 정부가 출범했다. 6월 중순에 휴전하자는 프랑스 정치가들의 요구가 빗발쳤으며,

많은 고위층 장교들은 독일군이 프랑스 전체를 유린하기 전에 프랑스군의 명예를 보장할 수 있도록 신속한 평화 협정을 요구했다. 6월 22일 휴전협정이 체결됐을 때 독일군은 서부 전역의 보르도^{Bordeaux}, 중앙에는 클레르몽 페랑^{Clermont-Ferrand}, 동쪽의 리옹^{Lyon}에 이르기까지 프랑스 남부 종심 깊숙이 전진했다. 그 과정에서 독일군은 스당에서 남쪽으로 진격해 알자스-로렌의 프랑스-독일 국경을 따라, 여전히 마지노 선을 유지하고 있는 프랑스군 대부분을 포위했다.

독일군은 1년 전 폴란드에서 배운 교훈을 1940년에 잘 적용했으며 프랑스 전역에서 보여준 바와 같이 모든 무기들을 전투 기술 면에서 더 효율적으로 운용했다. 전역 계획은 작전술의 차원에서, 그리고 이론적인 면에서 아주 수준이 높았다. 이 계획은 일련의 전술적인 요소들을 시간적, 공간적, 논리적, 동시적으로 통합시키는 작전적 수준의 전역 계획의 훌륭한 사례로 여겨졌으며, 신속하고 결정적인 승리를 예감하게 했다. 이 계획은 북쪽에서의 강력한 기만공격과 남쪽에서의 위장공격으로 기존 프랑스의 과거 방어개념을 이용하고 프랑스의 강력한 마지노 방어선을 측면으로 공격해서 잘못된 전략적 전개를 강화시키는 것이었다. 이런 전술적 요소의 통합은 프랑스군을 북쪽과 남쪽으로 유인했고, 독일군은 프랑스 중앙 지역의 약점에 그들의 힘을 집중하게 했다. 이 계획은 벨기에로 이동한 프랑스군과 마지노 선을 방어하고 있는 프랑스군 사이에 쐐기를 박는 것이었다. 만일 성공적인 침투공격이 도버 해협을 향해 무자비하게 전과를 확대할 수 있다면 이런 공격은 방어부대를 양분시켜 적을 파괴할 수 있도록 위협했을 것이다.

7개 기갑사단이 집중해 아르덴을 돌파했고, 스당과 나무르 사이에 있는 뫼즈 강의 건너편 지역을 빠르게 확보해야 했다. 뫼즈 강은 프랑스 내부로 공격하는 접근로 상의 마지막 큰 장애물이었다. 프랑스군이 진지를 강화하기 전에 독일군 전차가 뫼즈 강을 따라 편성된 프랑스군의 방어

●●● 나치 무장친위대의 5호 전차 판터(Panther)가 파리의 개선문을 지나고 있다. 독일군은 스당을 돌파하자마자 신속한 공격 템포로 연합군의 균형을 파괴했다. 안타깝게도 연합군은 교리적으로 독일군의 기동에 대응할 준비가 되어 있지 않았다. 구데리안은 "프랑스군의 교리는 제1차 세계대전으로부터 배운 교훈으로, 진지전의 경험, 화력에 지나친 의존, 기동에 대한 과소평가에 대한 경험의 결과였다. 이런 프랑스의 전략과 전술적인 원칙들은 나의 이론과 정확히 대치됐다"라고 말했다. 〈사진 출처: WIKIMEDIA COMMONS | CC BY-SA 3.0 DE〉

진지를 극복할 수 있다면, 프랑스 중앙의 평야는 독일군의 노도 같은 공격에 속수무책이 될 것이었다. 뫼즈 강을 신속히 건널 수 있다면 독일군은 아르덴을 통해 달성한 작전적인 잠재력을 프랑스 내륙 깊숙이 파고드는 결정적인 전략적 침투로 전환할 수 있을 것이었다. 그러나 독일군 최고사령부는 계획 단계에서 스당을 함락한 후, 정확한 공격 방향을 확정하지 않았다. 독일군은 공격을 발전시킬 수 있는 양호한 3개 축선과 마주했는데, 마지노 선 북쪽 후방을 향해 동쪽으로 거슬러 올라가는 축선, 수도 파리를 향하는 남서쪽 축선, 도버 해협을 향해 더 서쪽으로 향하는 축선이었다. 최고사령부는 노출된 최고의 전술적 기회를 활용하고 현장 지휘관이 차후 공격 방향을 판단하는 이점을 얻기 위해 스당이 함락될 때까지 그 결정을 미뤘다. 이런 유연함은 큰 이익을 가져올 것이다.

독일군의 육체적인 강인한 적응력은 적국인 연합군을 훨씬 능가했다. 예를 들어 라이헤나우 장군의 제6군 예하 보병 12개 사단은 독일군의 주공으로 믿었던 벨기에 중앙을 공격했다. 육체적으로 매우 강인한 독일군 보병은 장거리를 강행군하면서 적과 치열한 전투를 벌여 동쪽으로 진군, 프랑스 제1군단이 도달해 방어를 강화하기 전에 딜 강에 도착하기 위한 필사적인 경주를 벌였다.

그들의 사기 역시 월등히 높았다. 5월 30일 15시 스당에서 공병과 보병으로 편성된 독일군의 돌격반(강습제대)이 고무보트로 뫼즈 강을 건너기 시작했다. 이 강습제대들은 우박처럼 쏟아지는 지원화기의 지원 아래 진군했지만 프랑스군의 매우 강력한 저항에 직면했다. 엄청난 적의 사격에도 불구하고 독일군의 강습제대들은 최초 계획한 6개의 공격 지점 중 3개에서 프랑스 쪽 제방에 1개의 교두보를 확보했다. 독일군이 프랑스 쪽의 제방에서 발판을 확보하자 독일군 공병들은 뫼즈 강을 통과해 전차의 도하를 위해 문교와 부교를 설치하기 시작했다. 17시에 슈투카는 스당 지역의 지원을 중지하고, 프랑스 내부의 종심으로부터 교두보로 접근하는 증원병력을 차단하기 위해 더 멀리 서측과 남측으로 이동했다. 90분 후에 독일군 선두 공격부대인 제1소총연대의 차량화보병은 프레누아Frenois의 프랑스 방어선을 결정적으로 돌파했다. 이 부대들은 22시에 스당에서 5km 남쪽에 위치한 슈뵈즈Cheveuges를 점령했다. 22시 30분에

'그로스도이칠란트' 정예 연대 병사들은 저명한 지형지물이며 감제 고지인 마르페 고지에 도달했다. 그리고 마침내 독일군은 5월 14일 03시 30분에 셰리-쇼몽Chehery-Chaumont에 이르는 방어선을 따라 야간에 급편 방어진지를 구축하고 예상되는 적의 역습에 대비했다.

라인하르트 기갑사단들에 의한 성공도, 다른 작전과 마찬가지로 전술차원의 전장에서 전차와 차량화보병(후에 기갑척탄병panzergrenadiers으로 불림)의 긴밀한 협동 작전의 덕분이었다. 폴란드 전역에서 가용한 소수의 인원수송용 반궤도장갑차APC는 보병들을 전장의 외곽 지역까지만 수송하고 거기서 보병들은 하차했다. 그러나 프랑스 전역에서 훈련된 차량화보병은 인원수송용 장갑차에 머무르는 경우가 많았다. 이제 더 많은 수의 차량들이 이용 가능했으며 이 차량들은 거의 와해된 적의 저항에 직면할 경우 종종 인원수송용 반궤도장갑차에 탑승한 채(지금은 대부분이 가용함) 전차와 병행해 공격했다. 이때 기계화보병들은 탑승한 차량에서 숙달된 소화기로 전차를 지원하거나, 계속 탑승해 쐐기대형으로 공격하는 기갑부대의 측방을 차장하거나 혹은 하차해 와해된 적을 소탕했다. 이런 새로운 전술적인 역할은 불가피하게 다소 높은 기계화보병의 전투 손실을 초래했지만, 그럼에도 불구하고 공격하는 기갑사단의 전투력을 높이고 1940년 서부 전역에서 얻은 놀라운 승리에 크게 기여했다.

5월 하순, 호트의 군단 예하 부대들이 어둠이 내린 시간 내내 북서쪽을 향해 계속 공격함으로써, 대치하고 있는 적군의 응집력 부족을 효과적으로 이용할 수 있었다. 폴란드 전역을 뒤돌아보면, 폴란드 침공에 앞서 실시한 엄격한 독일군 훈련 프로그램에서 야간전투기술 습득에 할당된 시간에 부족했기 때문에, 야간작전에서 전술적인 취약점이 그대로 노출됐다. 그러나 1939년부터 1940년까지 겨울에 독일 육군은 다양한 보수훈련 과정을 신설해 야간전투 기술을 향상시키기 위해 전력을 다했다.

야간훈련의 시나리오에서 현저하게 향상된 독일군 병사들의 전투 효율성은 1940년 5월 서부 전역 공격의 많은 사례에서 입증됐다. 특기할 만한 사례는 5월 20일과 21일 야간에 호트의 예하 전투부대, 특히 롬멜의 7기갑사단은 영국군 척탄병근위대대대British Grenadier Guards가 강력하게 방어하고 있는 라 바세La Bassee 운하를 야간에 성공적으로 건넌 것이다. 전투에 참가했던 한 독일 장교 한스 폰 루크Hans von Luck가 다시 한 번 상기했듯이 전술적으로 어려운 상황에서도 롬멜이 나타나면 군대의 공격 기세는 강화됐고, 롬멜은 그들을 지원하기 위해 그의 군대를 격려하고 직접 포격을 지시했다. 추가적으로 독일군 항공기는 초보적이고 즉흥적인 항공지원으로 공격을 강화했지만 이번 전쟁 단계에서 독일 항공기의 야간전투기술은 아직 개발되지 않았다. 그러나 분명한 것은 효과적인 야간 공격능력은 서부 전역에서 독일군이 이미 달성한 높은 수준의 작전 템포를 더욱 빠르게 했고, 공격에 저항하면서도 점점 더 혼란스러워지는 연합군 부대에 가하는 독일군의 압박을 강화했다.

우수한 독일군 보병

독일군 보병의 전투력 수준을 고려할 때, 히틀러가 됭케르크 전방에서 전차를 정지시킨 결정은 부적절했다. 후속하던 보병제대들이 해안으로부터 솜 강을 따라 동쪽으로 스당 인근의 스톤까지 구축된 취약한 남부 독일군 측면을 빠르게 방호할 수 있었기 때문에 5월 24일 독일군의 공격에 있어 가장 어려운 고비는 지나갔다. 사실 해안까지 진격한 독일군 전차의 성공은 전차로부터 너무 이격되지 않고 후속하는 보병의 능력에 힘입은 바 컸다. 전차와 보조를 맞추고 노출된 독일군 측방으로 필요한 더 넓은 지역을 방어하기 위한 노력으로, 보병은 매일 상당한 거리(어떤 경우엔 56km)를 행군해야 했다. 게다가 전술항공 정찰항공기는 위협적인 적의 역습을 사전에 보병부대에 경고해 후속하는 보병이 적의 역습을 성공적으로 방어하는 데 크게 기여했다. 독일군 병사들은 매일 상당한 거리를 강행군하고 나서도 효과적으로 전투에 임했고, 공중화력지원에 거의 의존하지 않았다. 이것은 신병을 포함한 전 독일군이 기본 훈련 중에 받은 엄격한 훈련 프로그램의 덕분으로, 뛰어난 육체적 회복력이 형성됐기 때문이다.

이 보병부대가 독일군의 노출된 남쪽 측방을 거의 대부분 방호할 수 있었기 때문에 적의 역습에 의해 발생하는 위협은 다소 감소됐다. 그러므로 5월 22일과 23일 솜 강을 따라 전개한 독일군에 대한 영국군 제1기갑사단과, 드골의 제3기갑사단 일부에 의한 2번의 역습은 실패했다. 히틀러가 됭케르크 전방에서 공격을 중지시킨 명령은 거의 격멸, 와해된 영국과 프랑스군 부대에게 됭케르크 주변에 급조된 불안한 원형 방어선을 설치할 수 있는 시간만을 벌어줬을 뿐이었다. 그로 인해 영국군과 프랑스군은 탈출할 수 있었다. 그때 유감스럽게도 벨기에 군대는 레오폴드 왕의 명령으로 5월 28일 마지못해 항복했다. 당시 북쪽에서 가장 큰 이슈는 됭케르크 주변을 봉쇄한 독일군의 포위망에서, 임박한 전멸의 위기로부터 영국군과 프랑스군이 어떻게 탈출할 수 있느냐 하는 것이었다.

폴란드 전역에서와 같이, 독일 공군은 육군의 승리에 핵심적으로 기여했다. 지상군 부대들이 국경선의 방어 진지에 대한 공격을 개시했을 때, 독일군의 도르니어 Do 17 경폭격기, 하인켈Heinkel He 111 폭격기, 메서슈미트Messerschmitt Bf 110 전폭기 및 융커스Junkers Ju 87 슈투카 급강하 폭격기 와 같은 전투기, 폭격기들은 적의 공군기지를 타격하기 시작했다. 특히 공군의 폭격은 벨기에와 네덜란드에서 성공적이었다. 다수의 벨기에와 네덜란드의 항공기들이 지상에서 포획되거나 파괴됐으나 프랑스 공군의 피해는 적었다. 공군 작전은 전장에서 국지적인 제공권을 확보하기 위해 계획된 전형적인 소모적 공중전이었다. 일단 이것이 달성되면 독일군은 항공정찰, 전장항공차단Battlefield Air Interdiction, BAI과 근접항공지원

3호 돌격포(StuG III Assault Gun)

〈사진 출처: WIKIMEDIA COMMONS | Public Domain〉

서부 전역 제2단계 작전(적색 작전)의 마지막 날, 새로운 형태의 장갑전투차량^{AFC}인 3호 돌격포 1개 독립포대가 작전에 투입됐다. 차체가 낮고 4명의 승무원이 탑승하는 이 무포탑장갑차는 자주포탑에 장갑화된 화포를 탑재한 장갑차량으로 1936년부터 독일 육군의 소요 제기로 보병을 근접 지원하기 위해 생산됐다. 독일은 초기부터 이 화포를 전차가 수행할 수도 있는 역할인 전략적인 돌파 수단으로 집중 운용하기 위해 생산하지 않았다.

육군은 1940년 봄에 3호 돌격포 A형의 시제품(Sdkfz 142) 30대를 인도받아, 시험적으로 돌격포 5개 포대를 편성하고 훈련시켰다. 그중 1개 포대가 프랑스 원정 마지막 날 투입됐다. 3호 돌격포 A형은 4호 전차의 차체에 맞춘 짧은 포신인 75mm 포를 장착했다. 돌격포의 포신은 견고한 상부 구조물의 전방 상판에 가로 가장자리에 장착됐다. 이 상부 구조물은 3호 전차의 표준 차체의 상판에 고정시켰다. 3호 전차의 높이가 2.5m인 장점이 있는 반면, 돌격포는 단순하게 1.95m로 축소해 설계했다. 게다가 3호 돌격포의 정면 장갑은 두께가 50mm, 측면 장갑의 두께는 43mm로 3호 전차나 4호 전차의 장갑보다 방호력이 더 양호했다. 프랑스에서 작전에 투입된 3호 돌격포가 효과적인 보병의 지원화기라는 것을 명확히 인식한 독일군 최고 사령부는 1940년 7월부터 3호 돌격포를 대량으로 생산하기 시작했다. 전쟁이 지속됨에 따라 독일 육군은 점차 두꺼운 장갑이 장착된 장갑차량을, 항상 수적으로 부족한 가용한 전차의 대체품으로 운용했다. 3호 돌격포는 전차보다 비용이 저렴하고 신속히 생산할 수 있기 때문에 독일의 전시 경제의 과중한 부담을 덜어줬으며, 1943년부터 모든 전선에서 소모되는 전투력을 보충하기 위해 생산했던 바로 그 장갑차량이었다.

Close Air Support, CAS의 임무를 수행해 지상공격이 수월하도록 공군력을 운용할 수 있었다.

육군 B집단군의 공격 템포를 지원하기 위해, 공수부대, 제2보병사단의 공중강습부대 및 제7공정사단의 일부를 네덜란드 병사로 가장해 네덜란드의 종심 지역에 침투시켰다. 이러한 부대들의 임무는 마스Maas 강, 발Wall 강, 도르드레흐트Dordrecht 지역의 라인 강, 헤넙Gennep, 마스트리히트Maastricht, 무르데크Moerdijk 그리고 발 항구 상의 중요한 교량을 점령하는 것이었다. 이러한 작전들은 슈미트가 지휘하는 제39차량화군단(독일군이 네덜란드에 투입한 유일한 제9기갑사단, 기계화보병부대)이 헤이그로 신속하게 공격하기 위해 계획됐다. 예를 들어 헤넙에서 네덜란드 경찰로 위장한 소수의 정예 브란덴부르크특공대가 최소한의 손실로 교량을 탈취할 수 있었고, 이 작전에서 최고의 전략을 수행하는 정예 비밀부대가 전역에서 전반적인 독일의 성공에 어떻게 효과적으로 기여할 수 있는가를 보여 줬다. 이런 공정작전 지역에 바로 근접한 북쪽에서 퀴흘러Küchler 장군이 지휘하는 제18군은 제9기갑사단의 공격을 지원하기 위해 자위더르 해Zuider Zee와 헤이그를 향해 서쪽으로 대규모 공격을 했다.

게다가 독일의 공중강습부대들은 헤이그에 있는 3개의 중요한 네덜란드 공항을 점령하고 빌헬미나Wilhemina 여왕과 그의 정권을 전복하기 위한 습격을 시도했다. 이러한 몇 개의 작전들, 특히 정권을 전복하려는 시도는 좌절됐지만, 다른 작전들은 부여된 과업을 달성해 지상부대의 공격에 기여했다. 다시 한 번 폴란드에서와 같이 1940년 서부 전역에서도 독일군이 결정적인 성공을 오랫동안 확보할 수 있었던 것은, 각 군 간 효과적인 합동과 제병협동부대의 협조 덕분이었다.

스당에서 독일 공군은 최초의 도하를 지원했을 뿐만 아니라, 프랑스의 역습을 저지했다. 5월 14일 9시에 독일군 제1기갑여단 전체가 여단의 3호 전차와 4호 전차의 도하를 위해 2차로 설치한 중부교를 이용해 뫼즈

●●● 프랑스 전역에서 전투 중인 독일 보병. 서부 전역은 전차에 의해 승리했지만, 그 승리는 대부분이 도보로 행군하는 보병의 지원 없이는 불가능했을 것이다. 보병은 항상 전차회랑의 측방을 방호했고, 적의 저항진지를 격멸했다. 한사람 한 사람 비교하면 독일군의 보병들은 영국군과 프랑스군보다 훨씬 더 우수했다. 〈사진 출처: WIKIMEDIA COMMONS | CC BY-SA 3.0 DE〉

강을 건넜다. 독일군이 중부교를 성공적으로 설치했으나, 아침에 프랑스 공군의 지속적인 사격으로 혼란이 발생해 위태로웠다. 하지만 독일 공군 전투기의 적시적인 도착과 교량 주변에 집중 배치한 대공포 200문이 중문교에 가할 수 있는 적의 항공기에 의한 피해를 감소시켰다. 오랫동안 지연된 두 차례의 프랑스군의 역습이 시작될 무렵, 대규모 독일군 전차들이 이미 보병부대가 위치한 최전방 지역에 도착해 방어진지를 점령했다. 프랑스 전차와 보병은 지상부대를 지원하기 위해 대기하고 있던 독일군의 전차, 대전차화기 및 경포병에 의해 무력하게 격파됐다. 독일군 부대는 60분 만에 프랑스 부대들의 역습을 격멸했다. 프랑스 부대들은 남쪽

메종셀Maisoncelle 후방 2km 지점으로 철수했다.

드골의 역습 당시, 구데리안 장군의 기갑사단 예하 고강도 훈련을 받고 동기 부여가 잘 된 병사들은 프랑스군의 대응을 저지하는 데 크게 기여했다. 드골의 기갑부대가 구데리안의 부대를 측방으로 공격하기 위해 랑의 평지를 횡단할 때, 독일군의 항공정찰 항공기는 이런 위협을 발견했다. 이어서, 독일군의 폭격기는 적의 전차를 반복적으로 공격해 전방 공격 기세를 저하시키고 상당한 손실을 안겨줬다. 이런 공중 공격으로 확보한 귀중한 시간에 구데리안의 군대는 신속하고 즉각적인 반격을 시도해 드골의 역습을 저지하는 임무를 완수했다.

전격전의 내재적인 위험 요소: 아라스 전투

1940년 5월 21일 연합군의 아라스 역습은 독일군 최고사령부의 뇌리에 박힌 전차회랑의 측방 노출에 대한 두려움이 얼마나 컸는지를 보여주었다. 그날 아라스에서 독일군 제1기갑여단의 주변에 배치된 영국 여단이 마틸다Matilda 마크 1Mark I 전차 58대와 중장갑과 기관총을 부착한 마틸다 마크 2 전차 16대를 선두로 역습을 가했다. 측방에서 프랑스군이 영국군의 역습을 지원했다. 이 제한된 역습은 최초 가믈랭이 명령한, 대규모 공세를 대체한 초라한 작전이었다. 소규모 부대로 실시했음에도 영국군의 역습은 독일 제7기갑사단과 SS 토텐코프사단SS Totenkopf Division의 방어 지역으로 5km 전진했다. SS 무장친위대Waffen-SS 병사들은 대전차포를 버리고 가능한 한 빠르게 후방으로 도주했다. 무장친위대 병사들은 엄격한 훈련을 받았음에도 불구하고, 연합군 전차가 발사한 37mm 유탄이 폭발했을 때, 기겁해 도주했다(동부 전선에서 소련군 T-34 전차에서도 동일한 상황이 발생했다). 이런 사태는 제7기갑사단의 병사들도 다를 바가 없었지만, 롬멜은 현장 지휘로 동요하는 부하들을 안정시키고 상황을 극복했다

(롬멜은 병사들이 포진지를 떠나지 않도록 포와 포 사이를 뛰어다니며 독려했다). 프랑스군이 대담한 공격을 했더라면 공격하는 독일군 부대에 심각한 어려움을 안겨줬을지도 모른다.

궁극적으로 5월 21일 영국군과 프랑스군의 아라스 역습은 실패했지만 독일군 최고사령부, 특히 히틀러에게 심각한 충격을 줬다. 왜냐하면, 자신들의 성공적이었던 슐리펜 공격을 정지시킨 연합군의 마른의 기적이 일어난 1914년 당시의 악몽이 떠올랐기 때문이다. 영국군이 아라스에서

●●● 50mm Pak 38 대전차포: 5월 21일 아라스 전투에서 나치 예하 부대 사수들은 정신을 집중하고 최초 접근하는 영국군 마틸다 전차 2대와 계속 전투를 벌여 근거리에서 파괴시켰다. 독일군은 과거에 성능이 양호했던 37mm Pak 35/36 대전차포도 영국군 전차 마틸다 II의 두꺼운 60mm의 정면 장갑을 관통할 수 없다는 것을 알게 됐다. 그 후 며칠간 파손된 마틸다 전차를 분석한 결과, 독일군은 37mm Pak 35/36 대전차포로 14발을 명중시켰지만, 마틸다 전차는 단 1대도 파괴되지 않았다. 이 대전차포는 1939년 폴란드 전역에서 폴란드군의 경장갑 전차에 대해 비교적 적절한 것으로 증명이 됐지만 5월 아라스 전투의 경험을 바탕으로 독일군은 몇 개의 시제품을 제작해 야전 시험을 걸쳐, 50mm Pak 38 대전차포와 같은 대전차포를 생산했고, 성능이 더 좋은 75mm Pak 40 대전차포 역시 신속하게 개발했다. 〈사진 출처: WIKIMEDIA COMMONS | CC BY-SA 3.0 DE〉

역습을 벌이는 동안 베이강 장군은 칼레에 착륙하기 위해 전차회랑을 비행하고 있었다. 여기서 그는 빌로트 장군의 제1집단군으로 북쪽으로부터 협조된 공격을 시도했다. 그날 합의된 사항에도 불구하고 그 계획은 그날 밤 빌로트 장군의 치명적인 중상과, 베이강 장군이 제안한 역습을 실행에 옮길 수 없도록 한 독일군의 무자비한 압력으로 무산됐다. 하지만 궁극적으로 이 역습은 프랑스 및 영국군에게 너무 적고 지나치게 늦은 것이었다.

●●● 1941년 5월 20일 융커스 52 수송기를 탄 독일 공수부대원들이 낙하산을 타고 크레타섬에 낙하하고 있다. 독일군은 그리스 공방전에서 그리스 본토를 점령하고 남은 동부 전선 지역의 근거지인 크레타섬을 공략해 발칸 반도 지역을 완전히 점령했다. 〈사진 출처: WIKIMEDIA COMMONS | CC BY-SA 3.0〉

제4장
발칸 반도 침공

1941년 독일군은 발칸 반도를 침공해 깜짝 놀랄 만한 신속한 승리를 거두었다. 하지만 발칸 반도 침공으로 인해 소련 침공 일정에 차질이 생기고, 이후 골치 아픈 '게릴라' 문제가 발생해 이것을 해결하느라 군사력이 발칸 반도에 고착화되는 문제가 발생했다.

추축국들이 1941년 신속하고 즉흥적인 공격으로 유고슬로비아, 그리스 및 크레타를 점령했다. 이 공격은 1939년 폴란드 공격에서 보다 획기적으로 향상된 독일군의 전투수행능력을 보여주었다. 의심의 여지없이, 독일군은 1940년 5월부터 2개월간 서부 전역에서 체험한 소중한 전투 경험과 서부 전역의 승리로 얻은 자신감이 발칸 지역 전투의 승리에 크게 기여했다. 어려운 조건에서 언제든 즉각적이고 효과적인 계획을 수립할 수 있는 지휘관과 참모장교의 능력은 독일군의 승리에 필수적인 요건이었다. 또한 긴밀한 공지합동작전은 발칸에서 경험한 포병 화력지원의 취약점을 보완하는 데 매우 귀중한 것으로 입증되었다. 왜냐하면 포수들은 극히 험준한 그리스와 유고슬라비아의 산악지형에서 기동부대의 선두부대와 보조를 맞추기가 너무 힘들었기 때문이었다.

독일군은 제병협동작전을 효과적으로 실시했다. 정예 공정부대, 특공대와 산악부대들의 성공적 운용은 독일군의 승리에 기여했고, 독일군 부대와 전투차량들은 적들이 통과할 수 없다고 여겨지는 지형을 극복하는 놀라운 기동능력을 과시했다. 그뿐 아니라 초급 장교들의 효과적인 리더십, 탁월한 부대훈련, 강인한 병사들의 육체적인 인내력과 다목적 신형 전투장비 등의 효율적 사용이 1941년 봄 발칸 전역에서 추축국 승리의 규모와 템포를 결정하는 데 크게 기여했다.

1940년 말과 1941년 초에 독일은 발칸 지역이 중립적이거나, 가급적 친 독일적 지역으로 안정되기를 원했다. 히틀러는 발칸에서 발생했던 사건들이 1941년 늦은 봄에 시작될 예정인 소련 침공 계획인 바르바로사 작전을 준비하는 데 방해가 되지 않기를 원했다. 하지만 1940년 10월 28일 이탈리아가 독일에 사전에 알리지 않고 보호국인 알바니아에서 그리스의 북서부로 기습적인 공격을 실시했다. 독일이 이탈리아를 희생시키면서 발칸 지역의 영향권을 장악하는 것을 두려워한 무솔리니는 이탈리아가 그리스를 쉽게 정복함으로써 그러한 상황을 미연에 방지하고 독일의 제3제국이 최근에 이룬 군사적 영광의 일부를 이탈리아도 달성할 수 있을 것이라고 믿었다. 하지만 작전 초기 이탈리아의 승리는 보잘것없었으며, 그리스군이 이탈리아군을 다시 알바니아로 퇴각시켜 그해 12월에 전투는 교착상태로 악화되었다.

이런 교착상태는 독일군이 바르바로사 작전을 준비하기 위해 발칸 반도에서 독일이 원하는 유리한 조건을 약화시킬 우려가 있었다. 히틀러는 그리스가 영국과 군사동맹을 체결하고, 바르바로사 작전을 전개하려는 남쪽 측방에 또 다른 전선이 형성되는 것을 우려했다. 설상가상으로 영국의 장거리 폭격기가 그리스의 공군기지로부터 독일의 가장 중요한 연료 보급 기지인 루마니아의 플로에스티Ploesti 유전 지역을 공격할 수 있었다. 처음에 독일은 제한적인 군사지원으로 이탈리아의 어려움에 대응했으며, 알바니아와 북아프리카에서 영국과의 전투에서 고군분투하는 이탈리아 군대에 도움이 되도록 롬멜의 아프리카 군단을 파견했다.

1940년 11월, 히틀러는 바르바로사 작전이 시작되기 전에 발칸 상황의 영구적인 해결을 위해 1941년 봄에 계획한 결정적인 군사행동을 시작하기로 결정했다. 이 행동은 독일군이 불가리아 영토를 발판으로 그리스를 정복하는 것이었다. 1941년 초, 히틀러는 루마니아와 불가리아를 추축국 조약에 가담시켜 유고슬라비아가 어떤 어려운 입장에서도 베를린에 적대적인 위치에 서지 않도록 필요한 외교적 활동을 개시했다. 독일군은 2월과 3월에 먼저 루마니아로 이동한 다음 불가리아에 부대를 전개했다. 정치적인 분위기에 굴복해 유고슬라비아는 마지못해 그리스에 대한 독일의 연합작전 계획을 논의함으로써 독일이 그리스를 공격의 발판으로 유고슬라비아의 주권을 침해하는 것을 피하려고 했다.

유고슬라비아 전쟁

이런 위협적인 추축국의 움직임은 그리스가 전략적 선택을 재고하도록 자극했다. 1940년 말, 그리스는 독일의 침공을 촉발하지 않고 이탈리아와 싸우기 위해 자국 영토에 영국군을 주둔하지 못하도록 했다. 그러나 그리스는 1941년 초에 인접 추축국이 취하는 공세적인 행보들을 살피면서 자국 영토 내에 영국군 2개 사단을 주둔시키려는 영국의 제안을 받아들여야 한다고 느꼈다. 이런 원치 않은 상황의 전개가 그리스를 침공하겠다는 히틀러의 결심을 더욱 강화시켰지만, 그는 유고슬라비아가 추축국에 가입한 3월 25일까지도 반그리스 연합전선을 구축하려는 마지막 퍼즐 조각을 맞추지 못했다. 하지만 2일 후에 친영국 세력들이 유고슬라비아의 정권을 장악하면서 치밀하게 수립된 히틀러의 계획은 수포로 돌아갔다. 이런 상황의 변화에 분노한 히틀러는 그리스와 유고슬라비아에 대한 전면적인 공격(코드명 마리타^{Marita} 작전)을 가능한 빨리 시작하도록 명령했다.

신속하고 즉흥적인 계획을 수립한 후, 첫 번째 독일군은 1941년 4월

●●● 1941년 4월 발칸에 전개한 독일군의 보병 SIG 33 돌격포(sIG 33 assault gun), 오토바이, 그리고 반궤도차량. 독일군 차량은 장애물이 많은 험준한 산악 지형을 극복하고 양호한 기동력을 발휘했다. 유고슬라비아, 그리스, 영국군은 독일 전차가 통과할 수 없는 산길을 횡단하는 능력에 종종 놀랐다. 〈사진 출처: WIKIMEDIA COMMONS | CC BY-SA 3.0 DE〉

6일 성지주일Palm Sunday(부활절 전의 일요일)에 유고슬라비아와 그리스를 공격할 준비를 완료했다고 보고했다. 유고슬라비아군은 문서상의 숫자로는 강했지만(28개 사단이 전개됨), 그중 대부분은 실체가 없는 유령사단이었다. 예를 들어, 일부 사단은 4월 6일까지 동원되지 않았고, 동원된 사단도 효과적인 신형장비를 보유하지 못했다(사단은 전차 1대도 보유하지 못했다). 게다가 유고슬라비아 공군 역시 작전이 가능한 항공기가 단지 300대뿐이었고, 지상부대를 지원하는 군수지원도 보잘것없었다.

전략적 측면에서 유고슬라비아군은 3면이 적대적 추축국인 이탈리아(알바니아 포함), 일부 오스트리아 제국, 루마니아와 헝가리와 대치하고 있어 근본적으로 방어력이 취약했다. 그리스군은 지리적, 전략적으로 유리한 위치에 있고 단결력도 매우 강했지만, 21개 사단뿐으로 유고슬라비아 군보다 전투력이 약했고 장비 수준 또한 열악했다. 게다가 그리스군은 이탈리아와의 무익한 소모 전쟁에 군대의 2/3가 고착돼 있어, 독일군의 공격을 방어하기 위한 가용한 전투력은 7개 사단과 연방군 4개 사단뿐이었다.

4월 6일부터 4월 11일까지 추축국들은 유고슬라비아를 3개 방향에서 시차를 둔 일련의 공격을 실시했다. 4월 6일, 동시에 공격을 개시하지 않은 것은 이 공격이 얼마나 성급하고 즉흥적인 급속공격이었는지를 증명해 주고 있다. 실지로 그날, 많은 부대들의 공격 준비가 제대로 되어있지 않았다. 하지만 이런 상태에서도 결국 공격을 개시했다는 것은 어려운 상황에서도 신속하고 즉응적으로 계획을 발전시킬 수 있는 독일군 지휘관과 참모들의 탁월한 전투수행능력에 대해 많은 것을 말해준다. 작전 초기 72시간 동안 유고슬라비아군은 필사적으로 동맹국인 소련과 터키에 지원을 요청하는 동시에 군대의 기동의 자유를 제한할 수 있는 그리스와의 전술적 합의를 피했다. 하지만 터키와 소련은 유럽 최고의 군대를 보유한 독일과의 갈등에 말려들지 않으려 했고, 독일의 침공을 비난하지도 않았다. 특히 스탈린은 영국의 무적 군대가 남아 있는 한 히틀러가 소련을 공격하지 않기를 바라며, 이미 미묘해진 히틀러와의 관계를 더 악화시키려고 하지 하였다. 결과적으로 추축국들은 외국의 개입 없이 유고슬라비아를 처리할 수 있는 자유를 확보했다.

하지만 에발트 폰 클라이스트 대장이 지휘하는 제1기갑집단군은 4월 7일 유고슬라비아의 남동부 국경을 따라 불가리아 영토에서 니슈^{Nis}와 베오그라드^{Belgrade}를 향해 북서쪽으로 공격하였다. 전날 먼 남쪽에 있는 제40기갑군단과 18산악군단(독일 12군 예하 부대)은 유고슬라비아의 남부에 있는 마케도니아^{Macedonia}를 경유해 남서쪽으로 알바니아^{Albania}를 향해 공격했다. 마지막으로 유고슬라비아 남서부에서 이탈리아는 알바니아의 북부로부터 해안을 따라 두브로브니크^{Dubrovnik}를 향해 공격했다. 이탈리아의 공격은 상대적으로 약한 적을 향해 순조롭게 이루어졌다.

하지만 클라이스트가 4월 9일 이후에도 전진을 계속하기 위해서는 그의 측방에 상당한 위험을 감수해야 했다. 노출된 측방을 엄호하는 독일군 산악부대가 매우 험한 지형을 극복하느라 공격속도가 느려졌기 때문이었다. 노출된 남 측방을 방호하기 위하여, 클라이스트는 독일의 대규모 항공차단 작전에 의존하는 것 외에도 제3기갑사단의 일부를 코소보의 수도인 프리슈티나Pristina 남동쪽으로 이동시켜야 했다. 4월 11일부터 12일까지 클라이스트의 신속한 공격으로 유고슬라비아는 남동쪽이 위협에 노출됐으며, 유고슬라비아의 제1군과 6군은 루마니아와 헝가리의 국경으로부터 남서쪽으로 베오그라드 주변의 도나우강을 따라 훨씬 짧은 방어선으로 100km를 철수했다. 이 철수로 인해 독일군은 4월 12일로 예정된 41군단의 베오그라드 공격을 하루 일찍 시작하게 되었다.

4월 11일 헝가리 국경에 위치한 제46기갑군단은 크로아티아 중부의 자그레브Zagreb를 향해 남동쪽 방향으로 공격했다. 다음날 이 군단이 4월 13일 점령한 베오그라드의 북서쪽으로 공격하였고, 4월 11일, 이탈리아 제2군은 이스트리아Istria에서 남동쪽으로 크로아티아 서부의 델니체Delnice를 향해 공격을 개시해 다음날 함락시켰다. 델니체를 점령한 후, 독일군은 급변하는 전장상황을 고려해 아군의 화력에 의한 사상자를 최소화하기 위해 가급적 전투를 회피하려고 했던 달마티아 해안Dalmatian coast의 작전 지역을 이탈리아군에게 할당했다.

4월 13일 클라이스트의 기갑군은 유고슬라비아 방어군이 남동쪽으로 산악 지역으로 퇴각했기 때문에 아무런 전투도 없이 베오그라드를 점령했다. 독일군은 산악 방어진지에 고립된 유고슬라비아군을 그대로 두고, 가능한 신속하게 중요한 핵심 도시와 주도로들을 확보하는 데 집중했다.

4월 17일까지 독일군은 아드리아 해안에 도달해 이탈리아군과 합류했다. 그동안 이탈리아 부대는 알바니아에서 북쪽으로 공격하는 이탈리아 부대와 연결하기 위해 북쪽의 이스트라로부터 해안을 따라 남쪽으로 공격했다. 4월 14일 더 이상의 저항은 의미가 없다고 판단한 유고슬라비아의 총리 시모빅Simovic 대장이 사임했고, 유고슬라비아는 휴전을 요청했다. 4월 13일 독일군이 유고슬라비아 최고사령부를 장악한 후 독일 제2군사령관 바이크스Weichs 대장은 휴전 제안을 받아들였고, 4월 17일 베오그라드에서 항복문서에 정식 서명했다.

남은 전쟁 기간 동안 발칸에서 추축국들의 점령을 만성적으로 괴롭히는 게릴라 문제가 남아 있었음에도 불구하고, 히틀러는 1941년 4월 중순 유고슬라비아 작전이 성공적으로 종료됐다고 판단하고, 1941년 3월 하순에 있었던 친 영국 세력의 쿠데타에 대한 무자비한 보복을 감행했다. 게다가 히틀러는 바르바로사 계획을 연기하지 않고 귀찮게 여겼던 발칸 문제의 일부를 정리했다. 1941년 4월 그리스와 크레타의 점령함으로써 히틀러는 발칸 반도 문제의 해결되지 않은 다른 부분에 대한 해결책을 제시했다.

그리스와의 전쟁

4월 6일 빌헬름 리스트Wilhelm List 원수가 지휘하는 제12군은 유고슬라비아 공격과 동시에 불가리아로부터 그리스의 북동부로 공격했다. 실제로 이 2개의 작전은 통합된 하나의 침략계획이었으나 두 가지 측면을 나타내고 있었다. 몇 시간 전, 독일군은 그리스가 발칸 반도에서 영국군의 주둔을 수용함으로써 발칸 반도에서 만들어진 반독일 동맹 전선이 독일군의 침공을 강요했다고 그리스인들에게 알렸다. 그러나 그 외교 문서는 히틀러가 이 전투의 대상이 그리스가 아니라 영국임을 강조했다. 그러나 그 날 오후 전차와 슈투카 폭격기의 폭격을 받은 그리스의 군인들에게 그런 외교적인 수사는 아무런 관련이 없었다.

독일군 제18산악군단은 그리스 동마케도니아군이 배치한 방어선에 맞서 불가리아 남서부에서 그리스 북동부의 세라이Serrai를 향해 남쪽으로 공격했다. 동시에 제18군단의 다른 부대는 불가리아 남서부의 페트리치 Petrich에서 서쪽으로 유고슬라비아의 남동쪽 끝으로 공격했다. 이어서 이 부대들은 90도로 방향을 전환해 정남쪽 그리스의 북부로 공격했고, 강력 하게 편성된 메탁사스Metaxas 방어선의 서부 끝을 우회했다. 메탁사스 방 어선을 정면공격으로 돌파하려는 독일군의 시도에 대응하기 위해, 4월 7 일 영국 폭격기가 불가리아 남서부에 위치한 독일의 군수시설을 타격했 다. 만일 영국 공군이 이런 폭격을 계속했더라면, 신속하게 공격하는 선 두 공격부대의 군수지원을 해결하려는 독일 육군의 필사적인 노력을 약 화시킬 수 있었을 것이다. 그러나 동쪽으로 더 멀리 떨어진 독일 제30군 단 예하 2개 사단은 약한 저항에 맞서 더 빠르게 진격했지만, 4월 9일까 지 네스토스Nestos 강을 따라 메탁사스 방어선의 동쪽 측방으로 후퇴한 그리스군은 성공적으로 산악군단의 서쪽 진격을 저지했다.

멀리 서쪽에서 제40기갑군단은 4월 10일부터 11일까지 유고의 마케 도니아의 남쪽으로 위협적인 공격을 계속했다. 이제 전차들은 임무수행 에 가장 중요한 지역에 도착했다: 전차의 임무는 상대적으로 취약한 영 국군과 그리스군의 중앙을 위협하기 위해 그리스 영토의 남쪽으로 깊 숙이 기동하는 것이었다. 최종적으로 이 전차들은 4월 19일 국경에서 21Km 떨어진 플로리나Florina를 점령하기 위해 야간에 더 남쪽으로 경주 하듯 공격했다. 이 위험한 진출은 훗날 독일군이 그리스 14개 사단을 차 단하고 핀도스Pindus 산맥을 가로지르는 유일한 철수로에서 알바니아 남 부에 있는 이탈리아군과 전투를 벌이게 될 이오안니나Joannina를 향해 더 남쪽으로 진격하는 것을 가능하게 했다.

하지만 4월 12일 베비Vevi 부근에서 영국군 부대는 전투력이 저하된 제 10군단의 공격을 간신히 저지하고 있는 영국 그리스 연합군인 W부대가 확보하고 있는 중앙 지역의 서측방을 따라 배치됐다. 4월 11일 독일군의 전투력이 이처럼 감소된 이유 중 하나는 히틀러가 육군 최고사령부의 계획과는 다르게 제40군단으로부터 친위 차량화사단 친위아돌프히틀러경호대SS Motorized Division Leibstandarte Adolf Hitler를 서쪽으로 전환시켰기 때문이었다. 히틀러는 이 부대를 동쪽의 알바니아로부터 유고슬라비아 3군을 공격하는 이탈리아군과 연결시키려고 했지만, 전투력이 약한 그리스 중앙을 통과하여 남쪽으로 향하는 결정적인 공격에 가용한 독일군 모든 부대들을 집중하는 것이 전략적으로 더 타당했다.

4월 12일, 그리스의 동부 마케도니아 부대가 항복한 후, 독일군의 제18산악군단은 베비 주변 지역으로부터 남쪽으로 공격하는 제40기갑군단과 연결하기 위해 테살로니키Salonika로부터 서쪽 에데사Edessa로 공격했다. 동시에 제2기갑사단을 포함한 제18산악군단의 다른 부대들은 그리스의 동쪽 해안을 따라 카테리니Katerini, 올림포스Olympus 산, 라리사Larissa와 최종 테살로니키의 평원에 이르는 연속적인 목표를 향해 신속하게 공격했다. 이런 공격을 전개하면서 제40군단은 핵심 중앙 지역에 강력하게 구축한 영국 그리스의 방어진지를 돌파하기 위해 플로리나와 베비를 넘어 남쪽으로 공격했다.

그들 사이에서 이 두 개의 독일 군단은 알리아크몬Aliakmon 강의 북쪽에 있는 W부대 예하 영국군 4개 사단을 포위하려고 시도했다. 또한 남서쪽으로 요아니나를 향해 진격함으로써 제40군단은 알바니아 남부에 위치한 이탈리아군의 공격을 막고 있는 그리스군이 이용 가능한 후퇴로를 차단하기를 희망했다. W부대의 포위를 방지하고 그리스가 서부 마케도니아군과 이피로스군이 남쪽으로 후퇴할 수 있도록 하기 위해, 4월 12일부터 13일까지 영연방군과 그리스 연합군이 새로운 방어선인 제2차 알리아크몬 강 선으로 30km를 철수했다. 이런 새로운 방어선은 동쪽 해안의 올림포스 산으로부터 세르바이아와 알리아크몬 계곡을 경유해 그리스 유고슬라비아 알바니아의 국경에 있는 프레스파Prespa 호수까지 이르는 180km의 전선이었다.

알리아크몬 계곡을 통과하는 독일군의 성공적인 공격은 그리스에 대한 추축국의 격렬한 공격에 필사적으로 저항하는 영국군과 그리스군에게 심각한 전략적인 차질을 안겨줬다. 그 당시까지 남부 알바니아에서 이탈리아의 공격을 저지하던 그리스의 서부 마케도니아군에게는 철수로가 없었다. 이런 참혹한 상황에 처해있는 포위된 서부 마케도니아군 예하 14개 사단들은 불가피한 패배를 인정하고, 4월 21일 리스트 원수의 예하 부대에게 항복했다.

동부 지역에서는, 제40군단이 W부대 예하의 영국군 부대들을 4월 20일까지 129km 이상 훨씬 남쪽에 있는 테르모필라이까지 종심 깊게 격퇴시킬 수 있었다. 하지만 이때 영국군 최고사령부는 이미 원정군을 해상으로 철군시키는 치밀한 계획을 수립하고 있었다. 그리스 정부는 군 전체가 붕괴되기 전에 이미 독일과 휴전협상을 시작했기 때문에 영국군은 전체 부대를 긴급히 철수시킬 필요가 있었다. 4월 23일 그리스는 독일 육군의 참모총장 알프레트 요들$^{Alfred\ Jodl}$ 대장에게 항복했다. 이제 독일군에게는 그리스 영토에 남아 있는 영국군 부대들을 격멸하는 것만 남아 있었다. 영국군이 독일군을 테르모피라이 진지에서 저지하고 있는 동안, 4월 23일부터 24일까지 부대들을 배로 철수시키는 악마^{Demon} 작전을 개시했다.

전반적으로 1941년 4월 30일까지 처음에 배치된 6만 2,000명 중 약 3만 명의 영국과 영연방군 부대가 지중해를 건너 대부분 크레타 섬으로 탈출하는 데 성공했다. 그때까지 독일군 부대는 남아 있는 그리스 지역을 점령하기 위해 남쪽으로 공격했고, 지중해를 횡단하여 그리스의 중요한 섬에 위수군을 배치했다. 5월 3일 독일군은 임무를 즉시 완료했다. 독일군은 작전이 종료된 후, 곧 바르바로사 작전을 위해 크레타 침공을 위해 배정된 머큐리 작전$^{Operation\ Mercury}$ 병력을 제외한 그리스에 있는 부대들을 동부 전역으로 이동시켰다.

산악전투

1939년부터 1945년까지 독일군은 그간 싸웠던 험준한 산악 지형을 고려해 가장 험한 산악 지형을 극복하는 선두 공격부대로 항상 정예 산악부대를 지정했다. 육군 최고사령부는 신병 자원 중에서 고산지대에서 생활한 경험이 풍부한 자원을 산악부대 요원으로 선발했다. 1941년 유고슬라비아와 그리스에 대한 춘계공세에서 산악보병의 전투 환경은 산악전의 특성을 보여주는 전형적인 모습이었다. 독일 육군은 이 원정에서 4개 산악사단을 투입하였고, 4월 6일부터 9일까지 루펠Rupel 협로 상에 있는 그리스의 메탁사스 방어선에서 겪었던 율리우스 링엘Julius Ringel 장군 예하 제5산악사단의 전투경험은 산악보병이 직면했던 대표적인 산악전투의 사례가 되었다. 산악보병은 그리스와 불가리아 국경선 상에 접근조차 어려운 산악지역의 정상에 최초 집결지를 선정하고 초인적인 노력으로 점령했다. 기습을 달성하기 위해 가능한 한 야간에 이동했고, 노새를 이용해 75mm GebG 36 중산악포를 분해해 운반했다. 하지만 이 노새들조차도 링엘 장군 예하의 훈련된 산악부대가 점령한 가장 높은 진지까지 화기들을 운반하지 못했다. 결과적으로 각 산악보병 중대는 병력의 절반을 필요한 보급품과 탄약 및 장비를 운반하는데 투입해 적과 직접 싸우는 전투력은 자연히 제한될 수밖에 없었다. 이 산악부대들은 각종 산악훈련을 이수하고 3일간의 강도 높은 반복적인 공격을 견딜 수 있는 전술적 기술을 숙달했음에도 불구하고, 루펠 협로의 지형이 제공하는 이점을 최대한 이용해 단호하게 저항하는 그리스 부대를 무너뜨리기 위해 고군분투했다. 4일째인 4월 9일 드디어 링엘 장군의 산악보병들은 이 방어부대를 우회할 수 있었고, 최대한 기습을 달성하도록 적의 진지를 후방으로 공격해 중요한 루펠 협로 지역을 확보햇다. 단호한 결심, 전술적 유연성, 육체적인 강인함과 효과적인 무기가 전략적으로 중요한 진지를 점령하는 것이 성공요소임을 다시 한 번 입증했다.

크레타 공격

독일은 5월 3일까지 유고슬라비아와 그리스를 점령하고 임박한 바르바로사 작전의 남쪽 측방을 방호했다. 그때까지 그리스의 영토 중 단지 크레타 섬만이 유일하게 아직 연합군의 통제하에 있었다. 5월 중순까지 이 섬에 주둔하고 있던 소규모의 수비대는 그리스 본토에서 탈출한 부대들이 합류하면서 1만 1,000명의 그리스군을 포함해 4만 2,000명으로 증가했다. 연합군의 크레타 섬 점령은 추축국의 작전에 큰 위협이 되었다. 이곳에서 영국 항공기는 북아프리카에 있는 롬멜의 부대에 군수물자를 지원하기 위해 지중해를 항해하는 해군호송대를 저지할 수 있었고 장거리 비행으로 루마니아의 플로에슈티Ploesti의 유전지대를 공격할 수도 있었다. 게다가 소련군과 영국군은 크레타에 대한 독일군의 작전을 분석해 1941년 여름에 동부 전선보다 지중해를 더 먼저 공격할 것으로 판단했다. 결과적으로 4월 25일 히틀러는 지령 28에서 독일군에게 5월 중순에 머큐리 작전으로 명명된 크레타 침공을 명령했다.

크레타 섬의 위수부대는 5월 중순까지 머큐리 작전을 실시하는 독일군보다 수적인 면에서 우세했지만, 다음과 같은 몇 가지 면에서 열세였다. 첫째 대륙에서 탈출한 영국, 영연방 및 그리스의 병사들은 전투장비 중 일부만을 수송할 수 있었다. 둘째 영국 공군은 전투손실이 커서 최소한의 지상군 지원만이 가능했다. 결과적으로 독일군은 머큐리 작전기간 내내 제공권을 유지할 수 있었고, 이로 인해 포위, 고립된 크레타 위수부대를 지원하는 영연방 해군을 방해할 수 있었다. 그러나 영국의 한 가지 이점은 이런 약점을 부분적으로 상쇄했다. 바로 정보였다. 독일의 에니그마 암호를 해독해 얻은 울트라Ultra 정보를 통해 수비대 사령관 버나드 프레이버그Bernard Freyberg 준장은 임박한 독일 공격의 성격과 시기를 어느 정도 파악했다. 공중 및 해상상륙의 가능성을 알고 있는 그는 군대를 분할해 해변 상륙구역과 주요 비행장을 모두 방어했다.

1941년 5월 초에 독일군은 머큐리 작전계획을 서둘러 수정했다. 이 계획은 초기 공격에서 제공권의 우위를 활용해 공정부대들을 대담하게 투입시키는 것이었다. 쿠르트 슈트덴트Kurt Student 장군 예하 제11공정군단에 소속된 예하 제7공수사단의 정예 공정부대(공수 및 글라이더 요원) 1만 6,000명이 수도인 카네아Canea 근처뿐 아니라 말레메Maleme, 레티몬Retimo,

이라클리온Heraklion에 있는 크레타의 3개 주요 비행장에 착륙하는 것이었다. 공수부대가 활주로를 확보하는 즉시, 수송기는 제5산악사단 병력 3,000명을 이 지역으로 증원시킬 예정이었다. 동시에 크레타 섬의 상륙작전을 위해 7,000명 이상의 산악보병을 해군 수송선으로 투입시킬 것이다. 공수 및 상륙작전을 엄호하기 위해 독일 공군은 모든 유형의 전투기 180대와 폭격기 430대를 운용했다.

상륙 전 일주일 동안 적의 저항을 약화시키기 위해 독일 공군의 폭격기들은 크레타 섬의 방어진지에 무자비한 폭격을 퍼부었다. 이 공격은 5월 20일에 시작되었다. 5월 21일까지 독일군은 말레메 비행장을 거의 대부분 확보했지만, 적의 강력한 공격을 받았다. 독일 증원군이 Ju 52 수송기로 도착했지만, 착륙하기 전에 많은 항공기가 추락했다. 하지만 이날 독일군의 공수부대 사령관인 쿠르트 슈트덴트는 모든 위험에도 불구하고 크레타 섬에 추가적인 부대들을 긴급히 투입해야 했다. 그는 5월 21일 늦게 산악보병을 탑승시킨 2개의 해군 수송선을 크레타로 보내기로 결정했다. 독일군이 제공권을 장악하고 있었음에도 불구하고, 영국 해군은 독일 호송단 2척을 요격해 1척을 격침시켰고 다른 호송단은 강한 압력을 받아 회항했다. 하지만 슈트덴트는 많은 사상자가 발생했음에도 불구하고, 공중으로 추가적인 증원 병력을 투입시키려고 했다.

5월 23일 연합군 프레이버그 장군은 적의 과도한 압력으로 예하 부대가 크레타 서부뿐만 아니라 다른 지역에서도 방어진지를 유지하는 것이 어렵다고 판단했다. 그는 최종적으로 말레메 지역에 있는 부대들을 카니아Canea로 철수하도록 명령했다. 훈련으로 숙달된 독일군 서부 크레타 부대(말레메 공격부대)는 도보로 철수하는 적을 추격했고, 카니아에서 방어 중인 영국군 진지를 돌파해 레티몬과 이라클리온에 포위된 전우들을 구출하기 위해 동쪽으로 신속히 전진할 수 있게 했다. 행운의 여신은 프레이버그 장군의 방어부대를 외면했다. 왜냐하면 이날 영국 해군은 공중공격의 위험 때문에, 크레타 섬의 북쪽으로 병력을 증원하는 독일군 호송단을 차단하는 작전을 중지했기 때문이다.

5월 28일부터 6월 1일 사이에 영국 해군은 1만 2,000명의 병력을 스파키아Sfakia 항구로부터 철수시켰고, 5월 29일 추가적으로 3,800명을 이라클리온으로 부터 철수시켰다. 6월 1일 마지막 영국 수송선은 스파키아에서 철수했고, 크레타 섬에 체류하고 있는 대부분의 그리스군을 포함한 부대들은 항복하거나 산속으로 도주했다. 독일군과 연합군의 손실은 엄청났다. 아이러니하게도, 이 작전이 히틀러에게 끼친 가장 지속적인 영향은 독일 공정부대가 미래의 대규모 공습에서 위험을 무릅쓸 필요가 없다는 확신을 심어준 것이었다. 이로써 독일군 공정작전의 시대는 종료됐다.

공군의 영향

다른 전격전과 마찬가지로 발칸에서도 공군의 작전은 육군의 승리에 결정적으로 기여했다. 볼프람 폰 리히트호펜Wolfram von Richthofen 장군 예하 제8항공대는 유고슬라비아에서 작전을 수행했다. 독일군은 유고슬라비아 공격을 개시했고, 히틀러의 개인적인 고집으로 유고슬라비아 수도인 베오그라드에 폭격을 실시했다. 4월 4일 베오그라드는 군부대가 없는 비무장 도시라는 유고슬라비아의 성명에서 불구하고 독일군 항공기 약 500대가 4월 6일부터 7일까지 폭격했다. 이로 인해 베오그라드는 도시의 대부분이 파괴되었고, 무려 민간인 6,000여 명 정도가 사망했다. 공군은 이런 위력시위로 선전효과 뿐만 아니라 도시 내부에 위치한 유고슬라비아의 지휘 및 통제시설을 타격하는 전술적인 임무를 달성했다.

제14기갑사단의 유고슬라비아 공격은 공군이 육군 작전에 얼마나 중요한가를 보여주었다. 4월 10일 아침, 제14기갑사단은 2개 기갑전투단으로 편성해 드라비Drava 강의 교두보를 돌파하고 이어서 남쪽 자그레브를 향해 공격했다. 급강하 폭격기가 접근로 상의 적을 제거하기 전에 공군의 정찰기는 적 부대의 규모와 위치를 확인해 사단 사령부에 보고했다. 공군 화력의 협조, 정확한 정보 및 신속한 기동성은 적의 결속력을 와해시켰고, 제14기갑사단은 160km를 진격해 저녁에 자그레브를 점령했다. 이처럼 사단의 공격이 너무 빨라서 제46군단과의 무선통신이 몇 차례 두절되기도 했고, 정확한 위치를 확인하기 위해 항공정찰부대를 보내야 했다.

그리스에서 4월 15일부터 16일까지 제2차 알리아크몬 방어선을 돌파하는 동안, 공군은 전술항공을 효과적으로 지원했다. 물론 1941년 봄 발칸 전역의 독일군 공지작전은 1939년 말 폴란드 침공 당시 즉흥적으로 실시했던 것보다 더 효과적이었다.

발칸 반도에서 독일군 사단이 마주한 험난한 지형에도 불구하고 독일군의 차량과 전차들은 기대 이상의 기동을 했다. 게다가 독일군 전차는 성능을 개량해 적 전차보다 양호한 전술적인 이점을 제공했다. 유고슬라비아 공격에서 제40기갑군단은 그 전날 주간에 큐스텐딜Kyustendil에서 스트라친Stracin으로 공격해 클라이스트군의 좌측방(남쪽)을 확보한 후, 4월 7일 북서쪽 방향인 니슈Nis 방향으로 공격했다. 4월 8일 제1기갑집단은 유고슬라비아 제5군의 강력한 저항에도 불구하고, 니슈의 남쪽으로 계속 공격했다. 독일군은 이러한 공격 초기에 종종 있었던 반복적이고 효과적인 유고슬라비아의 저항에 힘겹게 대응했고, 클라이스트의 기갑사단은 비교적 수량은 미미했지만 강력한 신형화기들이 실전적인 전술 자산이었다는 것을 알게 됐다.

이런 장비들은 50mm Pak 38 대전차화기와 '3호 전차 G형' 등이며, 1940년 5월 서부 전선에서 극소수의 시제품을 야전시험 후에 1941년 발칸 전역에 최초로 투입되었다. 3호 전차 G형은 프랑스 전역에서 분석

●●● 1941년 발칸 전역에 등장한 3호 전차. 독일 기계화부대의 신속한 속도와 대담한 공격은 그리스군을 최악의 상황으로 급격히 몰아갔고, 그리스군은 과거 1940년 프랑스군처럼 독일군 공격에 효과적으로 대응하지 못하고 고전했다. 〈사진 출처: WIKIMEDIA COMMONS | CC BY-SA 4.0 DE〉

한 바와 같이 관통력이 미흡했던 37mm KwK L/45 대신 관통력이 양호한 50mm KwK L/42포를 최초로 탑재한 전차였다. 이외에도 독일 육군은 가장 최신 버전인 3호 전차 전차 수백 대와 아직 야전시험을 하지 않은 3호 전차 H형을 야전에 보급했다. 이 H형은 장갑 보강뿐만 아니라 육군이 1940년 서부 전역에서 목표했던 위대한 승리를 면밀히 분석한 전술적인 교훈을 반영하여 새로 제작한 전차였다.

4월 9일 전략적 상황이 악화돼 유고슬라비아 제5군은 북쪽 모라바Morava 강 후방으로 철수를 강요당했고, 이로 인해 클라이스트의 부대들은 신속히 니슈를 점령할 수 있었다. 4월 10일 제1기갑집단은 크르셰바츠Krusevac 북동쪽의 모라바 강을 성공적으로 도하했고 계속 크라구에바츠Kragujevac 방향으로 약화된 적의 저항을 제거하면서 40km를 전진했다.

●●● 1941년 독일의 공수부대원들이 크레타에서 진격하고 있다. 5월 22일 독일 공군은 대규모의 사상자를 내면서 말레메에 더 많은 산악부대를 착륙시켰다. 레티몬과 헤라클리온에서 포위된 독일군 부대는 반복된 적의 역습에도 불구하고 오직 투지로 이를 격퇴하고 진지를 확보했다. 비록 크레타 섬에서 독일군의 승리가 불확실했지만, 주도권은 독일의 슈트덴트 장군의 부대로 넘어가기 시작했다. 〈사진 출처: WIKIMEDIA COMMONS | CC BY-SA 3.0 DE〉

이 공격은 유고슬라비아 남쪽과 동쪽에 구축된 전방진지들의 생존능력을 약화시켰다

기동이 극히 제한되는 험준한 지형에서 기갑사단의 유류 소비가 상당히 증가했다. 이런 상황은 선두에서 공격하는 기갑부대에 가까이 있는 비행장으로 연료를 공중으로 수송함으로써 어느 정도 해소됐다. 그럼에도 불구하고 기갑사단은 필사적인 현장대응으로 성공적인 기동을 유지했다. 유고슬라비아의 저항이 경미했다는 것을 고려하면, 이 같은 적절한 대응조치들은 충분히 빠른 작전 템포를 유지했으며 이로 인해 유고슬라비아군의 결속력은 급격히 와해됐다.

그리스에서와 마찬가지로 독일군 전차는 효과적인 작전을 수행했다. 예를 들어 4월 6일, 제2기갑사단의 정예부대들은 유고슬라비아의 남동

쪽에 있는 스트루미차Strumica를 점령하기 위해 서쪽으로 74km라는 믿을 수 없는 엄청난 거리를 신속한 템포로 공격했다. 다음 날 사단은 남쪽으로 우회해 도이란Doiran 호수 가까이에 있는 메탁사스 방어선의 서쪽 끝을 공격하기 위해 유고슬라비아 그리스의 국경을 횡단했다. 열악한 도로 사정으로 인해 발생하는 마모적 손실을 극복하고 사단 차량의 기동성을 유지하기 위해 사단 전투차량 정비관들은 고장난 현수장치suspension, 궤도 및 엔진을 주야로 정비했다. 양호하게 편성된 독일군 기갑사단 예하 군수지원 부대들은 발칸 전역에서 전방 공격부대의 승리에 결정적으로 기여했다.

전투력이 소진된 제2기갑사단의 병사들은 4월 8일 정오에 남쪽으로 테살로니키 항구의 중간지점까지 신속히 공격하면서 결정적인 승리를 예감했다. 만약 기갑부대가 항구를 점령한다면 그리스의 북서부 지역에 전개된 그리스 동마케도니아군의 4개 사단을 차단할 수 있을 것이다. 이 날 그리스 제19사단의 필사적인 역습에도 불구하고 제2기갑사단은 일련의 제병협동작전으로 남쪽으로 공격해 4월 8일 저녁, 테살로니키의 외곽에 도달할 수 있었다. 퇴로가 차단된 그리스 동마케도니아군을 철수시키거나 탄약을 재보급할 배가 부족하고, 악시오스Axios 강을 넘어 동쪽 세라이Serrai를 향하는 독일 제2기갑사단의 공격을 저지할 예비대가 없어, 포위된 약 6만 명의 그리스군은 절망적인 상황에 빠졌다. 4월 11일 그리스 부대들은 불가피한 상황임을 인정하고 수적으로 열세한 독일군 공격부대에 항복했다.

독일군 초급 지휘관

독일군 초급 지휘관들은 발칸 전역에서 종종 상급 지휘관의 명령을 어기고 강력한 주도권을 발휘한 사례를 수없이 보여주고 있다. 독일군은 유고슬라비아에서 소위 말하는 마법의 불꽃이라는 암호명의 탐색공격을 실시했다. 오스트리아-유고슬라비아 국경 지역을 넘어 차량화부대의 운용이 부적절한 지역에서는 간부요원과 최근에 입대한 훈련생으로 특수돌격부대가 조직됐다. 원래 이 부대들은 전방의 경계근무를 증원하거나 후속부대들의 집결지를 엄호하는 과업을 수행했다. 하지만 소수의 초급 지휘관들의 생각은 달랐다. 그 중 한 부대가 팔텐^{Palren} 대위가 지휘하는 부대로, 그들은 4월 8일 명령을 어기고 마리보르^{Maribor}를 향해 공격했다. 유고슬라비아가 모든 교량을 폭파했기 때문에, 독일군은 편제장비를 등에 짊어지고 공격했다. 그들은 적 부대와 계속 조우했고, 측방과 정면공격으로 양측방의 적을 소탕했다. 그날 저녁에 팔텐 대위는 마리보르를 점령하고 100명을 생포했다. 팔텐부대는 사망 1명, 부상 1명의 피해를 입었을 뿐이었다.

이와 마찬가지로, 4월 14일 독일군 제16차량화사단은 유류가 고갈될 때까지 기동하면서 미트로비차^{Mitrovica}로부터 남쪽으로 보스니아 헤르체고비나^{Bosnia-Hercegovina}의 수도인 사라예보 방향으로 계속 공격해 다음날 사라예보를 점령했다. 수송기로 연료를 인근에 있는 비행장으로 추진하자, 제16차량화사단은 우나^{Una} 강으로부터 바냐루카^{Banja Luka}를 경유해 남동쪽으로 공격하는 제14기갑사단과 연결했다. 이 작전에서 예하 부대 지휘관들은 탈진상태에 있는 자신과 부하들의 체력을 아랑곳하지 않고 유고슬라비아 영토의 종심 깊은 목표를 도달하기 위해 마치 동료들과 달리기 경주를 하듯 공격했다.

그리스에서 친위사단 친위아돌프히틀러경호대는 비록 육군 최정예부대에 비해 다소 장비 면에서 미흡했지만, 공격 간 매우 신속한 공격 템포를 유지했다. 이런 성공은 육체적으로 가장 강인하고 정신력이 투철한 자원자인 나치병사들을 광신적으로 세뇌시킨 이데올로기의 덕분이었다. 그렇지만 이 같은 정신력은 예하 지휘관들의 무자비한 통제와 훈련으로

●●● 크레타 섬에서 전투 중인 독일군 공수부대원들. 독일 육군은 강력하게 저항하고 있는, 수적으로 우세한 연합군의 부대와 3일간의 단호하고 대담한 공정작전으로 크레타 섬을 점령했다. 하지만 많은 희생을 당한 김빠진 승리였다. 공격부대의 2만 3,000명 중 7,000명 이상이 전사하거나 부상당했다. 게다가 공군은 264대의 전투기 및 폭격기와 118대의 Ju-52 수송기의 손실을 입었다. 〈사진 출처: WIKIMEDIA COMMONS | CC BY-SA 3.0 DE〉

더욱 강화됐다. 이런 광신적인 이데올로기의 대표적 사례는 사단 수색대 대대장인 나치돌격대의 쿠르트 "판처" 마이어Kurt "Panzer" Meyer 소령이었다. 그는 자신과 부하들의 안전을 고려하지 않고, 각 돌격대의 마지막 병사의 뒤에서 안전핀을 제거한 수류탄을 던지면서 적의 강력한 저항에 부딪힌 부하들의 공격을 독려했다. 두말할 필요도 없이, 이러한 마이어 소령의 리더십은 독일군의 공격 기세를 회복시켰다.

그리스군을 신속하게 패배시키는 데 만족하지 못한 현지 독일군 지휘관들은 영국군이 철수하기 전에 무자비하게 사살하려고 했다. 독일군은 4월 26일 나플리오Nauplion과 칼라마타Kalamata 항구에서 승선하기 위해 펠로폰네소스Peleponnese 반도로 철수하는 영국군을 차단하기 위해, 글라이더 탑승 보병과 공수부대를 적 후방 종심 깊게 투입시켰다. 그들 자신의 잘못은 아니었지만, 이 공정부대들을 24시간 늦게 투입하여 영국군 승선의 마지막 단계를 방해하는 데 실패했다. 그때 상당히 많은 영국군 부대가 해협의 남쪽을 건너가 항구가 폐쇄됐다.

크레타 섬의 작전 초기에 최악의 상황에서도 불구하고, 소화기 위주로 무장한 생존 독일군 공정부대원들은 몇몇 소규모 진지를 확보했다. 그들은 적의 강렬한 저항으로 인해 비행장들을 점령할 수 없었다. 건초용 쇠스랑과 사냥용 엽총으로 무장한 그리스 민병대들은 고립된 소규모 공수부대원들을 공격했다. 독일군은 생존을 강구하는 것 외에는 다른 대안이 없는 듯했다. 하지만 작전은 계획대로 진행됐고 처참했던 상황에도 불구하고, 전사한 장교의 임무를 위임받은 부사관들의 주도적인 임무수행과 정예 공수요원들의 탄력적 회복력이 고립된 진지를 지탱하게 했다.

전술

1940년 서부 전역에서와 마찬가지로 독일군의 전술은 연합군보다 탁월한 것으로 입증됐다. 유고슬라비아 부대가 독일군의 공격을 저지하기 위해 장애물을 설치했던 몇 가지 경우에 클라이스트 기갑사단들에 편제된 공병들이 중요한 역할을 수행했다. 종종 반궤도차량에 탑승해 임무를 수행하는 공병은 일반적으로 기갑부대 대열의 전방 근접한 지역과 먼 후방 지역에 은밀히 전개하고 다른 독일군 전투차량의 기동로를 개척하는 실질적인 기동지원을 했다.

그 당시 독일 사단들은 전술적 상황을 평가하고 그에 따라 조치할 수 있는 베테랑 부대를 보유했다. 이것은 그들이 공격을 받았을 때 당황하지 않고 엄폐된 진지를 점령해 당면한 상황에 맞는 계획을 세웠다는 것을 의미했다. 포격 속에서도 이런 냉정함은 독일군의 공격기세를 유지하는 데 크게 기여했다. 예를 들어 4월 12일 저녁, 제40군단이 북동쪽에서 베오그라드로 접근하는 동안, 클라이스트기갑군은 베오그라드의 남동쪽에 있는 고지를 점령했다. 이때 훈련에 숙달된 산악보병 1개 중대가 작전에 중요한 교량을 점령하기 위해 유속이 빠르고 위험한 하천을 단정으로 도하했다. 일단 대안 상에 구축된 진지에서 교량을 통제하고 있는 중무장한 유고슬라비아의 벙커로 돌진해 기습적으로 벙커를 신속하게 공격해 점령했다. 그들은 교량에 설치된 폭발물을 제거했고, 이어 클라이스트기갑군은 교량으로 도하해 베오그라드를 향해 계속 공격했다. 다시 한 번, 독일군은 전술적 담대함, 작전 템포, 협조된 통합작전 및 약간의 행운으로 어려운 전투상황에서 신속한 승리를 달성할 수 있었다.

리스트 원수는 마케도니아를 돌파하고 번개와 같은 빠른 템포를 유지하기 위해, 브란덴부르크 특공부대 중 1개 부대를 운용해 바르다르^{Vardar} 강의 결정적인 도하 지역을 확보했다. 제40군단의 기갑부대 선두는 결정적인 도하 지역을 확보하자마자, 알바니아에 도달하기 위해 남쪽 코소보를 통과해 서쪽으로 계속 공격했다. 1940년 서부 전역에서와 같이 독일 육군은 선두 기계화부대의 기세를 유지하기 위해 정예 특수부대를 효과적으로 전개시켰다.

4월 6일 제18산악군단의 예하 부대인 링엘^{Ringel} 장군이 지휘하는 제5산악사단의 특수 정예부대가 그리스의 메탁사스 방어선의 중앙 지역인 루펠 고지의 애로 지역을 공격했으나, 강력한 근접항공지원에도 불구하고 속도가 둔화되었다. 강력하게 구축된 그리스의 요새진지에 대한 사단의 보병공격이 실시된 그날, 75mm GEbG 36 중산악포는 화력을 매우 효과적으로 지원했고 이때 독일군 급강하 폭격기 슈투카가 추가적으로 근접항공을 지원했다. 이런 지원화력 아래, 산악보병들은 가용한 지형을 이용해 적의 벙커로 돌격해 수류탄과 폭발물로 폭파했다. 이것은 아주 위험한 근접전투였다.

하지만 이 같은 정예 독일군 부대의 탁월한 전술적인 능력에도 불구하고, 그들은 여전히 격렬한 그리스의 저항에 직면해 이를 극복하기 위해 싸웠다. 4월 9일 마침내 산악부대들은 독일군의 전형적인 즉응성을 발휘하여, 먼저 방어진지에 배치된 적 부대들을 우회한 후, 루펠 고지의 통로를 점령한 그리스 방어진지를 기습적으로 탈취했다. 하지만 산악부대들은 많은 사상자들을 내면서 이 전술적인 임무를 최종적으로 달성했다. 4일간의 격렬한 산악전투에서 약 2,300명이 부상 혹은 전사했다. 독일군이 이로부터 얻은 적절한 교리적 교훈과 발칸 반도에서 마주친 이와 유사한 다른 경험들은, 준비된 적에게 대항하기 어려운 산악전투는 항상 힘든 임무일 수밖에 없지만 인내력과 창의력, 그리고 전술적인 능력을 갖춘 산악부대라면 적을 이길 수 있다는 것을 보여주었다.

독일군 제72보병사단은 메탁사스 방어선을 돌파하고, 그리스군의 격렬한 저항을 극복하면서 세레스Serrai를 향해 불과 30Km를 전진하는 데 48시간이 소요됐다. 독일군은 이 치열한 교전에서 실전적인 전투상황을 상정한 시뮬레이션 훈련과 1939년부터 1940년 사이에 체득한 과거의 전투경험을 통해 독일 병사들에게 주입된 탄력성이 실질적인 도움이 되었음을 알았다. 전투에 참가했던 한 보병 병사는 대치하고 있던 그리스군이 착검하고 공격해 올 때의 공포를 생생히 기억했다. 하지만 그 같은 두려움에도 불구하고, 독일군 병사들은 군기를 유지했고, 적군이 백병전을 실시하는 근접 지역에 도달하기 전에 강력한 MG 34 기관총과 개인화기로 돌격하는 적군을 사살했다.

독일군 제18군단은 올림포스 산 주변의 세르비아 동쪽에서 영국군의 견고한 방어진지를 돌파하는 지상작전 중심의 방책을 구상했다. 독일군은 견고한 영국군 진지를 돌파하기 위해 효과적인 제병협동부대와 극도로 열악한 지형에서 육체적으로 튼튼한 병사들을 대담하게 투입했다. 4월 15일 헤르만 발크Hermann Balck 대령이 지휘하는 제2기갑사단의 예하부대는 카테리니 Katerini로부터 해안도로와 철도를 따라 남쪽으로 공격을 개시했다. 목표는 피니오스Pinios 강을 도하해 라리사Larissa를 점령하고 이 지역에서 남쪽 방향으로 철수하는 영국군 부대의 퇴로를 차단하는 것이었다. 한편 발크의 바로 오른쪽 측면에는 특수훈련을 받은 제6산악사단의 부대가 적의 방어선을 뚫기 위해 극도로 힘든 올림포스 산을 오르는 임무를 수행했다.

험준한 지형으로 인해 발크의 기갑부대는 야지 기동을 수행할 수 없었고, 도로에는 지뢰가 아주 많이 깔려 있었으며 영국군이 화력의 엄호 하에 종심 깊게 여러개의 진지를 구축했기 때문에 전술적 상황은 여전히 어려웠다. 발크 대령은 단념하지 않고, 거의 모든 예하 보병부대인 오토바이 1개 중대와 차량화보병 1개 대대에게 차량을 포기하고 영국군 진지의 측방으로 대담하게 야간 도보 공격을 실시하라고 명령했다. 그리고 이것은 영국의 관심을 타 지역으로 돌리기 위한 야간 기만작전으로 공병대대를 잔류시켜 기갑연대와 협동작전을 실시하게 했다. 그날 밤 지구력의 한계에 도달한 측방 공격부대는 특수훈련을 받은 산악보병만이 오를 수 있는 소름끼치는 지형을 힘들게 통과했다. 새벽에 완전히 탈진한 병사들은 뉴질랜드군의 배후로 기습공격을 실시했고 동시에 발크의 예하 기갑부대와 공병으로 편성된 전투단이 전방에서 공격했다. 이 같은 전·후방의 동시공격으로 영연방군은 중장비들을 모두 남겨놓고 즉시 남쪽으로 퇴각했다.

독일군은 이 같은 대담한 전술적 즉응성을 통해, 적의 방어진지를 돌파할 수 있었고 4월 18일까지 알리아크몬 계곡 전체를 점령했다. 이런 전투에서 독일 육군은 새로 개발한 신형장비의 전술적인 효율성이 크다는 것을 확신했고 전장에서 각 장비는 일차적으로 고유한 중요한 기능뿐만 아니라, 다른 다양한 전술적인 역할에 부합한 2차적 기능을 수행할 수 있다는 중요한 전술적 가치를 발견했다. 이러한 융통성 있는 전투장비 사용의 대표적인 사례는 88mm Flak 18 대공포로 서부 전역에서 발휘한 탁월한 대전차화기로서의 명성을 알리아크몬 전투에서 재현했다. 그 한 예로 친위사단 친위아돌프히틀러경호대는 88mm 대공포 3문 중 1문을 대공사격이 아닌 제2차적인 기능인 대전차화기로 운용해 6km의 원거리에서 영국군 전차들을 효과적으로 파괴하는 믿기지 않는 전공을 세웠다.

민족갈등 이용

발칸 전역에서 독일군은 군사작전을 지원하기 위해 각 지역의 민족 분열을 성공적으로 이용했다. 예를 들어 유고슬라비아 군대 내에 내재되어 있는 민족 간의 갈등은 군대의 전투력을 상당히 약화시켰다. 다양한 인종으로 구성된 유고슬라비아군 내 크로아티아인들은 자신들이 호의적으로 생각하는 독일군에게 즉각 항복했다. 독일군은 당면한 적의 저항을 약화시키기 위해 몇 개의 심리전중대를 최전방 공격부대와 함께 운용했고, 유고슬라비아 내에 억압을 받고있는 비 세르비아계 소수 민족의 국가적인 열망을 해결해주기로 약속하면서, 이런 갈등을 효과적으로 이용했다. 크로아티아의 한 공군장교는 독일군에게 유고슬라비아의 항공기가 전개한 비행장 현황을 넘겨주었다. 따라서 작전 초기에 독일 공군은 적의 항공기를 효과적으로 격파할 수 있었다.

동부 유고슬라비아에서 달성한 조기 성공은 독일군 최고사령부에게 4월 13일로 계획된 오스트리아 남부의 제49산악군단의 공격을 앞당기도록 촉구했다. 비록 거의 모든 부대가 작전 준비를 제대로 갖추지 못했지만, 4월 10일 공격을 개시했다. 그럼에도 불구하고 군단은 신속하게 남쪽으로 전진했다. 예상대로 크로아티아 군인들의 친독일적인 성향으로 유고슬라비아의 북서부에서 독일군이 조우한 크로아티아 부대의 저항은 훨씬 더 약했다. 많은 크로아티아 병사들이 독일군 전방의 심리전 중대가 살포한 팸플릿과 라디오의 메시지 방송을 확신하여 곧바로 독일군에게 항복했다. 이와 유사하게 다른 크로아티아의 부대들은 공격명령을 거부했고, 오히려 세르비아계가 통제하는 부대를 공격했다(빈코비치Vinkovic에서 크로아티아의 부대들은 공개적으로 세르비아계의 상급자에 항명하고 봉기했다). 유고슬라비아에서 독일군은 전술적인 심리전으로 제2차 세계대전의 후반기 다른 어떠한 전역에서보다 더 큰 성과를 거뒀다.

이러한 유고슬라비아 북서부(크로아티아)의 달갑지 않은 상황을 고려해 유고슬라비아 최고사령부는 이 지역의 유고슬라비아 부대로는 추축국의 기습공격을 방어할 수 없다고 판단했다. 결과적으로 4월 10일 오후 아직까지 충성스러운 유고슬라비아의 부대들은 약 200km 후방에 있는 우나Una 강까지 질서정연하게 자의적인 철수를 개시했다. 4월 10일 오후 유고슬라비아군이 철수하는 동안 독일 제2군은 신속한 공격으로 저녁에 자그레브를 점령했다. 국수주의 지도자인 안테 파벨리치Ante Pavelic[14]는 즉시 친 독일 파시즘의 크로아티아 정부수립을 공포했다.

독일군이 주도한 추축국의 침공은 신속하고 놀라울 정도의 경미한 손실로 유고슬라비아를 정복했으며, 이러한 승리의 즉각적인 여파로 승리한 추축국들은 전리품을 주장하고 유고슬라비아를 분할했다. 하지만 사실상 이 승리는 겉으로 보기보다는 완벽하지 못했다. 독일군은 대부분의 산악 지역을 거의 통제하지 못했다. 곧 초기 게릴라 부대들이 산악에서 활동을 개시했고, 이들 중에는 포로가 되지 않은 군인들뿐만 아니라 공산주의 운동가들도 포함되어 있었다. 휴전협정이 발휘되자마자, 독일군은 서둘러 대부분의 부대를 철수시켜 가능한 가장 빠른 시간 내에 개시하게 될 바르바로사 계획을 준비하기 위해, 소련 전역으로 전환시켰다. 그러나 독일군은 유고슬라비아에서 전투력을 조급하게 전환함에 따라, 산악 지역에서 활동 중인 게릴라의 소탕에 소홀했다. 그러므로 이후의 전투에서

---

14 안테 파벨리치: 크로아티아의 극우 민족주의 단체의 지도자임. 나치 독일 괴뢰 정권인 크로아티아 독립국의 독재자로 75만 명 이상의 정교회 신자들을 학살한 주범이다.

공중강습작전의 종말

독일군의 초기 전격전, 특히 1940년 5월과 6월 프랑스에서 독일 육군은 지상군의 공격 템포와 공격기세를 더욱 증가시키려고 공수부대와 글라이더 공정부대를 광범위하게 운용했다. 그러나 1941년 5월 크레타 섬에 대한 공격에서 독일 공정부대의 재앙 수준의 큰 손실로 인해 히틀러는 "공정작전은 전략적인 타당성에 비해 희생이 너무 크다"고 판단했다. 1941년 7월 훈장수여식에서 히틀러는 독일군 공정부대 지휘관인 슈트덴트 장군에게 크레타 섬의 작전결과를 언급하면서, 대규모 공정작전의 시대는 지나갔다는 결론을 피력했다. 그런 작전이 성공하려면 기습이 필요하나 이제는 독일의 모든 적들이 독일군의 공정부대가 투입될 것을 예상하고 있다고 히틀러는 선언했다. 이런 히틀러의 결심으로 그 이후 전쟁 기간에 공정부대들은 정예부대로 지상전투에서 거의 배제되었다. 1944년 말에 이러한 경향은 독일 육군이 제1공수군을 서부전역의 수세적인 지상전투에 방어부대로 투입하면서 절정에 이르렀다. 하지만 이를 객관적으로 평가하면 1944년 7월 히틀러의 결심은 크레타 공격에서 체득한 실제적인 교훈을 왜곡한 것이었다. 1944년 연합군의 마켓가든Market Garden 작전이 보여주듯 종종 많은 희생을 초래하기도 하지만 유리한 조건, 특히 기습을 달성할 수 있을 경우 대규모의 공중강습작전은 여전히 성공할 수 있었다. 하지만 1941년 봄 이후 공정작전의 경험부족으로, 1944년 12월 아르덴 반격 시 가장 최소 규모(연대급)의 공중강습조차 계획에 반영하지 못할 정도까지 공정부대의 작전능력은 약화되었다.

독일군 5개 사단과 추가적인 추축국의 상비부대들이 이미 정복한 유고슬라비아의 대부분 지역에서 지속적이고 무섭도록 잔인한 게릴라 전쟁에 발목을 잡혔다.

전투의지의 한계

히틀러는 항상 예하 장군들에게 군사적 승리를 위해 의지력이 중요하다고 강조했다. 결연한 정신적인 전투의지로 수적, 육체적으로 우세한 적을 극복하고 승리할 수 있다고 강조했다. 전투의지는 결국 히틀러의 신조가 되었는데 그의 군대가 모든 전선에서 패배하고 있던 전쟁의 마지막 2년 동안, 특히 소련에서 그랬다. 이러한 전투의지는 단순한 인종 차별주의와 히틀러의 비이성적인 집착에 지나지 않는 것으로 일축되었지만, 사실 전투의지는 전장에서 결정적인 군사적 영향을 미칠 수 있었고 확실히 독일의 승리에 한 요인이 되었다. 몇 가지 실례가 이를 설명해 주고 있다.

유고슬라비아에서는 악천후로 인해 야지횡단은 말할 것도 없고 사잇길로 이동하는 것이 불가능했기 때문에 클라이스트기갑군은 예정된 공격축선인 주도로로 기동할 수밖에 없었다. 1940년 독일 육군이 수행했던 기계화부대의 탁월한 신속한 기동은 험준한 산악 지형에서 거의 불가능했고, 장애물과 차단진지를 이용한 적의 효과적인 방어로 전차는 마치 포복을 하듯 아주 느리게 전진할 수밖에 없었다. 그러나 초기 독일군의 강렬한 전차 공격, 대담성 및 기세는 유고슬라비아군에 충격과 공황을 안겨주었고 방어부대의 내부에 퍼져있는 민족주의적인 취약점을 더욱 확대시켰다. 그 결과 유고슬라비아군은 빠르게 붕괴되었고, 추축국들의 신속한 공격을 저지하기 위한 지형의 이점을 충분히 활용하지 못했다. 4월 12일, 거의 모든 부대의 사기가 저하되어 폭동, 대량 탈영이 빈번히 발생했으며, 추축국 군대는 사방에서 유고슬라비아의 중심부로 신속하게 공격했다.

4월 8일 제40군단은 슈티프Shtip와 불가리아 국경으로부터 122km 떨어진 프릴레프Prilep를 점령했다. 이때 독일군 부대들은 유고슬라비아 군대의 통제를 받는 마케도니아 부대의 군기가 와해되었음을 명확하게 인지했다. 독일의 효과적인 심리전은 대부분의 부대의 군기를 와해시켰고 4월 7일과 8일 집중적인 근접항공지원과 공중공격은 심리적인 마비를 더욱 가속화시켰다. 독일 항공기가 공격 첫날 유고슬라비아와 그리스의 비행장에 대한 집중적인 폭격으로 제공권을 확보했고, 효과적인 공중지원을 가능하게 하였다. 독일 공군은 제공권을 계속 유지하기 위해 추가적인 작전이 필요하지 않았기 때문에, 독일 공군은 항공수색, 근접항공지원, 그리고 공중으로부터 적의 조직적인 행동을 방해하는 지상작전을 집중적으로 지원할 수 있었다.

크레타 섬에 대한 집착

뿐만 아니라 크레타에서 독일 공수부대를 지탱한 것은 확실히 의지력이었다. 독일군 공수부대는 크레타 섬에 착륙한 첫 순간부터 이 섬을 점령하는 것이 결코 쉬운 과업이 아님을 명확히 인식했다. 임박한 공격을 예상한 연합국 방어부대들은 느리게 움직이는 독일 글라이더와 공수부대원이 탑승한 육중한 Ju 52 수송기에 엄청난 대공 사격을 퍼부었다. 게다가 공수요원들이 일단 생존한 항공기로부터 이탈해 낙하, 착륙하는 동안 엄청난 사격을 받았다. 독일군은 몇 개의 착륙 지역 중에 특히 방어가 취약할 것으로 판단한 레티몬에 낙하했으나, 강력한 방어진지에 낙하해 우박같이 쏟아지는 죽음의 실탄 세례를 받았다. 많은 공수부대원이 지상에 도달하기 전에 공중에서 사살되었고, 안전하게 착륙한 공수요원들은 적의 화력에 고착되거나 저수지에 빠져서 자신들의 지휘관이나 연대와의 접촉이 단절되었다.

슈투덴트는 작전을 중지해야만 할 것 같았다. 공정부대 돌격연대의 정예 부대가 말레메의 비행장을 점령할 수 있는 중요한 지형지물을 점령했기 때문에, 작전 지역 중 유일하게 단 한 곳에서만 성공할 가능성이 보였다. 슈투덴트는 도박하듯 모든 것을 걸고, 말레메를 확보하는 데 모든 노력을 집중하라고 명령했다. 작전이 개시되었고, 병력을 증원하기 위한 항공기가 활주로에 착륙하기 시작했다. 어렴풋이 보이는 패배의 문턱에서 상급자의 단호한 의지적인 대응으로 승리를 쟁취하겠다는 모험적인 노력은 특히 동부 전선에서 잘못된 공격작전에 대한 독일군의 대응을 전형적으로 보여줄 것이다.

●●● 1942년 6월 북아프리카 전선에서 게오르크 폰 비스마르크(Georg von Bismarck) 장군과 이야기를 나누고 있는 롬멜. 1941년부터 1943년까지 독일군의 북아프리카 전쟁은 독일군과 연합군의 양대 진영이 리비아와 이집트의 사막과 해변의 평지에서 시소를 타듯 전진과 후퇴를 반복하는 일련의 기동전이었다. 〈사진 출처: WIKIMEDIA COMMONS | CC BY-SA 3.0 DE〉

제5장
북아프리카 전역

독일군은 본의 아니게 계획하지 않았던 북아프리카 전역에 휘말리게 되었다. 독일군은 기계화부대와 대담한 롬멜의 지휘로 연속적인 승리를 거뒀지만, 군수 지원의 미흡과 계속 증가하는 연합군 전투력의 수적 우위로 인해 롬멜의 모험은 결국 종말을 맞게 되었다.

제2차 세계대전에서 독일군이 달성한 북아프리카의 승리를 연구하기 위해서는, 한 가지 사실이 고려돼야 한다. 그것은 1939년 이전까지만 해도 그 어떤 독일인도 독일이 유럽 이외의 지역에서 지상전을 하리라고 생각하지 못했다는 것이다. 따라서 모든 면에서 사막작전을 위한 준비가 제대로 이뤄지지 않았으며, 독일군이 1941년 초에 아프리카 전역에 도착했을 때, 새로운 임무를 수행할 준비가 전혀 되어 있지 않았다는 것은 믿기 어려웠다. 이것은 독일군의 아프리카 전역의 승리를 더욱 감동적으로 만들었고, 독일군의 리더십, 전술, 장비 및 유연성이 전적으로 우수했다는 증거였다.

에르빈 롬멜은 북아프리카 전역의 초기에 독일 아프리카 군단Deutsches Afrika Korps, DAK을 지휘했다. 이 부대는 아프리카에서 추축국 공격을 선도했지만 롬멜이 전역의 대부분을 지휘한 아프리카기갑집단Panzer Group Africa, 아프리카기갑군Panzer Army Africa, 그리고 독일-이탈리아 기갑군German-Italian Panzer Army 등 다양한 이름으로 알려진 더 큰 추축국 사령부의 일부일 뿐이었다. 북아프리카 추축국의 주력부대는 군사작전 기간 내내 독일 군이 아니라 이탈리아군이었음에 주목해야 한다.

작전 초기에 제5경기갑사단(후에 21기갑사단으로 개편)과 제15기갑사단이 아프리카 군단의 주력부대였다. 독일은 1941년부터 1942년에 이 부대 외에 제90·164경아프리카사단, 람케공수여단, 죄수부대인 999아프리카여단으로 추가 증원했다. 이런 독일의 부대 외에도 이탈리아 최고사령부는 전역의 특정 단계에서 다양한 이탈리아 부대를 파견해 롬멜의 지휘를 강화했다. 이 전역에서 롬멜의 성공의 마지막 요소는 공군의 효과적인 항공지원이었다. 작전기간 동안 아프리카 항공단은 이탈리아에 주둔한 제10항공군단에 배속된 다양한 항공편대로 편성됐다. 롬멜은 1941년 2월 12일 아프리카군단의 사령관으로 리비아에 도착했다. 그는 공식적으로는 이탈리아군의 지휘를 받았으나, 사령부 통제에 대해 불만이 있을 경우 베를린에 있는 독일 최고사령부에 건의할 권리가 있었다. 하지만 그는 초기부터 소신껏 행동했다. 그는 제2전차대대가 도착하는 5월까지 공격하지 말라는 독일군 최고사령부의 명령을 무시하고, 1941년 3월 20일에 제5경기갑사단과 몇 개의 가용한 이탈리아 부대로 영국군 방어선에 대한 공격을 개시했다.

롬멜의 부대는 3월 하순부터 4월 전반기까지 공격을 개시해 영국군을 동쪽으로 퇴각시켰으며, 벵가지Benghazi를 포기하도록 강요하고, 토브룩Tobruk에 있는 수비대를 포위했다. 그는 영국군이 솔룸Sollum과 할파야Halfaya 언덕 사이에 협조된 방어선을 구축할 때까지 영국군을 리비아의 키레나이카Cyrenaica 지방에서 바로 이집트 땅으로 몰아냈다. 추축국이 공격하는 동안 이를 우려한 독일군 최고사령부는 롬멜에게 공격을 중지하도록 여러 차례 명령했으나, 사막의 여우 롬멜은 이 명령을 무시하고 계속 공격했다.

아프리카 군단은 영국군을 리비아-이집트의 국경 너머로 퇴각시켰으나, 병참선이 신장돼 16만 4,000명의 병력이 전술적으로나 전략적으로 상당히 불리한 위치에 놓이게 되었다. 그럼에도 불구하고 아프리카군단은 이집트 국경을 따라 새로운 방어진지에서 자신들을 몰아내려는, 두 번에 걸친 영국군의 공격을 막아냈다. 1941년 5월 15일 영국군은 브레비티Brevity 작전에서 솔룸, 할파야 언덕 및 카푸초Capuzzo에 있는 추축국의 방어진지를 공격했다. 영국군은 성공적인 최초의 공격으로 서쪽으로 약 24km를 진출했으나 롬멜은 반격을 가해 빼앗긴 지역을 탈환했다. 6월 15일 시작된 후속 배틀액스Battleaxe 공세에서 영국군은 솔룸에서 추축국을 무너뜨리고 서쪽으로 약 322km 떨어진 메칠리Mechili까지 진격하여 전과를 확대하려고 했다. 하지만 영국군의 배틀액스 작전은 추축국을 퇴각시킬 수 없었다. 광범위한 독일의 방어선에서 영국군의 공격기세가 꺾인 후, 롬멜은 6월 16일과 17일에 기갑부대로 역습을 실시해 영국의 공세를 결정적으로 물리치고 다시 최초의 전선을 회복했다.

1941년 3월과 4월 롬멜의 초기 공세로 키레나이카에서 영국군을 격퇴시켰을 때, 고립된 영연방의 위수부대는 토브룩의 핵심 항구를 계속 확보했다. 영국군을 이집트로 몰아내기 위해 롬멜의 기갑부대가 동쪽으로 투입되면서 아프리카군단 중 가장 기동력이 약한 부대들은 토브룩 주변의 영국 방어선에 도달해 포위하기 위해 강행군해야 했다. 무더위와 사막 지형의 끔찍한 조건에서 하루 32km의 행군은 대대적인 훈련을 받은 일반 독일 병사들의 신체적 강인함을 다시 한 번 증명하는 엄청난 업적이었다. 추축국 부대들은 1941년 4월 9일부터 12월 7일까지 8개월 동안 투브룩을 포위하는 데는 성공하였으나, 점령하지는 못했다.

독일군은 1941년 4월 30일 제1차로 토브룩에 대해 강력한 공격을 실시했으나, 영국군의 역습으로 최초 출발진지로 철수했다. 이런 큰 대가를 치른 전술적인 후퇴 후에, 독일군 최고사령부는 더 이상의 강습으로 토브룩을 점령하겠다는 시도를 포기하는 대신 차후 1941년부터 1942년까지 레닌그라드에서 실시했던 것과 유사한 포위작전을 명령했다.

롬멜의 후퇴: 크루세이더 작전

1941년 11월 전술적, 전략적으로 불리한 상황에서 과도하게 신장된 롬멜의 부대를 공격하기 위해 영국의 클로드 오친렉Claude Auchinleck 장군이 지휘하는 코드명 크루세이더 작전Operation Crusader이 개시되었다. 독일군 최고사령부는 제5경사단을 제21기갑사단으로 개편했지만, 영국군의 배틀액스 작전 때와 마찬가지로 여전히 전투력이 미약했다. 게다가 롬멜은 최근 후에 제90경아프리카 사단으로 불리게 되는 아프리카사단을 추가적으로 창설했다. 이 부대는 급조되고, 기동력이 약한 보병부대로 장비 또한 대체로 좋지 않았지만 임무 수행에는 문제가 없었다. 영국 공군은 700대의 항공기를 보유했지만 롬멜은 120대의 독일 항공기와 200대의 이탈리의 항공기의 지원이 가능할 뿐이었다.

영국군은 1941년 11월 18일 공격을 개시했다. 영국군 제13군단이 추축국의 주방어진지를 공격하는 동안 제30군단은 롬멜의 주력 기갑군과 교전하기 위해 추축국 방어의 남쪽 끝으로 우회했다. 다음날 자정, 제30군단은 비르 엘 구비Bir el Gubi와 시디 레제그Sidi Rezegh를 위협하기 위해 서쪽과 북서쪽으로 각각 96km를 진격했는데 시디 레제그는 토브룩에 있는 포위된 영연방 수비대로부터 불과 32km 떨어져 있었다. 때때로 롬멜의 105mm le PH 18 곡사포 포병대도 영국군의 진격을 필사적으로 막기 위해 개활지에서 전진하는 영국 전차와 직접 교전했다. 그러나 11월 19일 영국군은 어수선한 상태에서 혼돈에 빠졌는데, 이런 상황은 롬멜에게 순간적으로 기회를 제공했으며 롬멜은 그 호기를 적극적으로 이용했다.

11월 24일 롬멜은 제21기갑사단 예하 전투력이 손실된 부대를 재편성한 후 전방 전선에 대한 돌진을 감행해 이집트 국경을 넘어 대담하게 동쪽으로 질주해 현재 영국군 후방에서 몇마일 떨어진 서쪽과 북서쪽에 배치된 영국군의 병참선을 차단했다. 그러나 최전방 전선에서 버티고 있던 롬멜의 공격은 전차의 연료가 거의 고갈돼 기세를 상실했으며, 육체적으로 강인한 병사들조차도 탈진해 쓰러졌다. 설상가상으로 뉴질랜드 사단은 11월 27일부터 28일 사이에 해안을 따라 신속하게 바르디아^{Bardia}로부터 토브룩을 공격해 롬멜의 병참선을 위협했다. 이런 상황 변화로 인해 사막의 여우 롬멜은 위험한 뉴질랜드군의 공격을 저지하기 위해 부대를 철수시켰다.

이로써 롬멜의 부대는 수적으로 우세한 영연방군의 반복적인 공격에 대비하기 위해 방어작전으로 전환할 수밖에 없었다. 12월 초까지 영국의 크루세이더 작전을 저지하려는 아프리카군단의 시도가 비교적 성공적이었으나 많은 전투력을 잃었다. 아프리카군단은 작전 가능한 전차 60대만을 보유하고 있었다. 롬멜은 12월 7일 아프리카 서부로 전략적인 철수를 지시하는 것 외에 다른 선택의 여지가 없었다. 독일군과 이탈리아군이 키레나이카를 경유해 서쪽으로 철수했고, 후속하는 연합군은 242일 만에 포위되었던 토브룩 수비대를 구출할 수 있었다.

12월 26일까지 추축국 부대들은 엘 아게일라^{El Agheila}에서 키레나이카의 서부 국경을 따라 새로운 방어진지를 구축하기 위해 질서정연하게 243km를 철수했다. 과도하게 신장된 병참선의 끝에 있는 쪽은 이제 롬멜이 아니라 영국군이었다. 이러한 중요한 시기에 롬멜은 지중해의 해상보급로를 통해 성능이 양호한 신형 전차 54대를 인수했다. 이 같은 증원을 받아 롬멜은 방어를 지원하기 위한 군수지원의 네트워크를 구축하기 전에 또다시 과도하게 신장된 영국군에 대한 공격계획을 수립했다. 1942년 1월 21일 롬멜은 22주간의 강력한 공격을 개시해 아프리카 전역 중 가장 동쪽 지점에 도달했다. 1942년 7월에 전투력이 소진된 추축국 부대들은 이집트의 알렉산드리아^{Alexandria}에서 96km정도 떨어져 있는 엘 알라메인El Alamein 기차역에 도착했다.

5개월 15일에 걸친 롬멜의 엘 알라메인 공세는 명확하게 구분된 2단계로 전개됐다. 첫째로 1942년 1월 21일에서 2월 6일 사이에 그의 군대는 가잘라-비르 엘라케임Gazala-Bir Elakeim에 있는 제8군의 강력한 방어선을 향해 전진했다. 그런 다음 양측은 15주간의 소강상태 동안 병력을 꾸준히 보충했으며, 롬멜은 1942년 5월 26일 가잘라 전선에 대한 공격을 개시했다. 17일 간의 치열한 전투 후, 최근에 아프리카기갑군으로 개칭된 부대들은 드디어 가잘라-비르 엘라케임에 연하는 영국군의 방어선을 극복했다. 만일 롬멜이 가잘라 방어선을 돌파할 수 있다면, 히틀러는 이제 아프리카기갑군이 중동을 통과해 소련 남부에서 캅카스를 거쳐 독일의 성공적인 진격과 연결될 수도 있을 것 같다는 생각을 하기 시작했다. 롬멜에게는 불행하게도, 아프리카기갑군에 대한 히틀러의 커져가는 야망이 이 지휘부를 강화하려는 더 큰 의지와 일치하지 않았다. 사막의 여우 롬멜은 이전에 가용했던 수준의 부대로 야심찬 히틀러의 목표들을 추구해야 했다.

1942년 6월 7일 아프리카군단은 영국군의 병참선을 차단하기 위해 토브룩을 향해 북동쪽으로 우회함으로써 전장에서 그의 승리를 확대했다. 아프리카기갑군은 가잘라 방어선을 돌파했다. 6월 13일 추축국 부대들은 다시 토브룩을 포위하고 이번에는 영연방군의 방어선을 수월하게 돌파해, 3만 명이 넘는 연합군의 항복을 받았고, 수많은 연합군의 물자와 차량을 포획했다. 롬멜군은 이런 장비들을 현장에서 즉각적으로 활용했다. 롬멜은 포획한 다양한 장비들을 혼성 편성하여 작전에 투입했으며, 이 같은 부대편성과 지원은 롬멜군의 엘 알라메인 공격에 크게 기여했다.

롬멜이 1942년 6월 하순에 엘 알라메인 진지를 공격할 때, 전투력이 약화되고 있음에도 불구하고 대담한 공격 기세를 유지했다. 그의 부대는

대전차방어진지

독일군은 북아프리카에서 반궤도차량이 견인하는 대전차포를 진지에 고정 배치하지 않고, 종심 상의 방어진지와 연계해 기동성 있는 통합 대전차방어진지를 운용했다. 대전차방어진지는 37mm와 50mm 대전차포에 추가하여 소수의 신형 75mm Pak 40 대전차포와 공군에 편제된 88mm Flak 18/36/37 대공포로 편성됐다. 독일군은 국지적인 역습을 위해 이런 대전차방어진지 주변에 기갑부대를 배치했다. 수시로 독일군 전차는 영국군 전차들을 대전차방어진지로 유인하기 위해, 주도면밀하게 은폐된 진지 전방으로 기동했다. 북아프리카에서 기동전의 본질을 고려할 때, 독일군 대전차포의 기동성은 필수적이었고, 병력 수송 차량 Sdkfz 10과 같은 반궤도차량으로 견인하는 대전차포는 전술적인 가치가 크다는 것이 입증됐다. 롬멜은 이 전투에서 88mm 대공포가 충분하지 않았지만, 이 포 중 몇 문만으로도 탁월한 효과를 발휘했다. 이 대공포는 2,000m에서 160mm의 전차 정면 장갑을 관통할 수 있었으며 영국군의 모든 전차, 중전차인 마틸타까지 파괴할 수 있었다. 예를 들어 배틀 액스 작전에서 마틸타 13대가 할파야 고개로 공격할 때 88mm 대공포 4문에 의해 모두 파괴됐고, 단지 1대만이 철수할 수 있었다(영국군은 불지옥 고개라는 별명을 붙였다). 아프리카의 전 전역에서 독일군은 전투 효과를 더욱 높이기 위해 대전차화기와 전차를 통합하여 운용했다(교대식 지원방법으로 운용). 예를 들어 북아프리카 전역의 초기 단계에 영국군 전차의 손실이 컸던 주요 원인은 독일군이 전차 전방에서 50mm Pak 38 대전차포를 공세적으로 운용했기 때문이었다. 이 대전차포는 사막의 지표면보다 낮은 지역에 진지를 점령해 영국군 전차와 교전했으며, 이 때 영국군은 독일군이 원거리에서 사격하고 있다고 오판했다. 이어서 영국군은 거의 명중할 가능성이 없는 원거리에서 사격했다. 영국군 전차승무원들은 자신들의 장비가 독일군보다 열세하다고 생각함으로써 사기가 저하되었다.

단지 전차 44대와 이탈리아 전차 14대만이 가용했고, 병참선은 과도하게 신장됐다. 그럼에도 불구하고 추축국은 북아프리카에서 적이 거의 패배했다고 확신했다. 6월 30일 저녁까지 아프리카기갑군은 알렉산드리아로부터 96km 정도 떨어진 곳까지 진격했으나 이 단계에서 군수지원이 붕괴되고, 엘 알라메인의 1차 전투에서 증가된 적의 저항으로 추축국의 공격은 돈좌되었다.

알람 할파 전투

롬멜은 1942년 가을 엘 알라메인에 대한 새로운 공격을 계획했을 때, 영국군을 증원하기 위한 대규모의 신형 미군 장비들이 이집트에 도착했다. 반면에 롬멜은 1942년 8월 람케Ramcke의 공수여단과 이탈리아 사단을 증원받았다. 이 부대들은 영국군의 증원 규모를 결코 따라갈 수 없었다. 게다가 엘 알라메인 지역의 지형은 롬멜의 지휘로 인해 생긴 수적인 열세를 더욱 약화시켰다. 영국의 엘 알라메인 방어선 남쪽으로 신장된 카타라Quattara 저지대 때문에 롬멜은 자신이 선호하는 전술인 탁 트인 사막을 통과하는 측면 공격을 실시할 수 없었다.

롬멜은 1942년 8월 30일 알람 할파Alam Haifa에서 공격을 개시했다. 영국 제8군의 새로운 지휘관인 버나드 몽고메리Bernard Montgomery는 오친렉이 설치한 방어선을 기반으로 알람 할파 주변에 종심 깊은 지뢰지대를 설치해 강력한 방어진지를 구축했다. 9월 3일에서 6일 사이에 영국군은 마침내 독일군이 패배해 자신들의 출발지로 후퇴하는, 만족스러운 광경을 볼 수 있었다. 영국군은 순전히 방어적인 행동으로 전투에서 승리했으며 후퇴하는 추축군을 추격하려고 하지 않았다.

알람 할파 전투의 여파로 몽고메리는 첫 번째 그의 대규모 공세인 제2차 알라메인 전투를 신중하게 준비했다. 롬멜은 지병으로 의사의 진료를 받기 위해 9월 23일 귀국했다. 롬멜의 부재중에 게오르크 슈툼메Georg Stumme 장군은 아프리카기갑군의 부사령관을 맡기 위해 동부 전선에서 도착했으며, 폰 토마von Thoma 장군이 아프리카군단의 예하 지휘권을 맡았다. 영국군의 엘 알라메인 공격은 저지할 수 없는 것으로 판명되었다.

●●● 북아프리카 전역에서 지휘차량에 탑승한 롬멜. 북아프리카에서 롬멜의 대담한 작전 수행의 특징은 독일의 표준 반궤도장갑차인 자신의 지휘차량인 Sdkfz 250/3 "그리핀(Griffin)"을 타고 최전선에서의 지휘에 있다. 롬멜은 이런 현장 지휘로 변경된 전장 상황에 신속하게 대응해 아프리카군단의 승리에 기여했다. 롬멜은 전장에서 예기치 않게 전개되는 최신의 정보들을 획득하기 위해, 몇 차례의 위기에도 불구하고 정기적으로 항공정찰을 실시했다. 〈사진 출처: WIKIMEDIA COMMONS | CC BY-SA 3.0 DE〉

롬멜의 대규모 철수

생존한 독일군 부대들은 영국군 지휘관들이 예상했던 총체적인 붕괴를 피하면서 아직 가용한 모든 수송수단을 이용해 순서에 따라 단계적으로 질서있게 철수했다. 강력한 공격을 받은 아프리카기갑군의 생존부대들은 1942년 11월 전반기에 키레나이카^{Cyrenaica}를 경유해, 에토레 바스티코 ^{Ettore Bastico} 원수의 지휘 하에 이탈리아 부대가 약한 방어선을 구축하고 있던 메르사 엘 브레가^{Mersa el Brega}까지 서쪽으로 약 1,120km를 후퇴했다.

연합군이 1942년 12월 11일 독일군 진지에 접근했을 때, 롬멜 사령부는 전투력이 너무 약해져 방어선을 유지하기 어려웠다. 그 결과 아프리카기갑군은 2주 내내 리비아의 트리폴리타니아^{Tripolitania} 지역을 통과해 467km를 더 철수했다. 1942년 12월 23일 독일군은 부에라트^{Buerat}에서 시작되는 약한 방어진지를 점령했다. 1943년 1월 18일 몽고메리의 부대들은 이곳에서 롬멜의 취약한 방어진지의 측방을 우회해 남쪽으로 공격하려고 했다. 하지만 영국군이 이런 우회기동을 실시하기 전에, 아프리카기갑군은 다시 서쪽으로 467km를 더 후퇴해 트리폴리를 포기했다. 1943년 1월 26일 추축국 부대들은 리비아와 튀니지의 국경선에 있는 오래된 프랑스의 마레스 선^{Mareth Line}을 따라 방어진지를 구축했다.

1942년 11월 8일 제 2차 엘 알라메인 전투가 치열하게 진행되는 동안, 영국군과 미군은 프랑스 비시정부가 통제하는 모르코^{Morocco}와 알제리^{Algeria}에 대한 일련의 상륙작전인 햇불 작전^{Operation Torch}을 실시했다. 일단 작전이 개시되면 연합군은 상륙한 부대들을 신속하게 서부 튀니지의 험준한 지역으로 투입시켜, 리비아를 통해 서쪽 마레스 방어선으로 철수하는 롬멜부대의 후방을 공격하려고 했다. 시칠리아에서 해상과 공중으로 증원병력의 수송을 포함해 인상적인 빠른 독일의 즉응성과 영국 제1군에 의한 다소 느린 공격으로 인해 독일군은 11월 말까지 접근하는 영국군과 미군에 맞서 서쪽을 향한 불안정한 방어선을 구축할 수 있었다.

1942년 12월 중순까지 추축국 부대들은 임시 편성된 제5기갑군의 신형 티거 1$^{Tiger I}$ 전차를 튀니지에 투입해 방어진지를 강화했다. 이런 성과는 지치고 사기가 저하된 부대들의 동기를 유발시키는 지휘관의 개인적인 노력 덕분이었다. 예를 들어 11월 30일 튀니지의 테르부르다^{Terbourda}에서 볼프강 피셔$^{Wolfgang\ Fischer}$ 소장은 개인적으로 전투에 지친 자신의 제10기갑사단 예하 부대 중 단 몇 개 소대를 이끌고 공격했다. 이와 같은 방법으로 제5기갑군은 12월 중순까지 세즈넨^{Sedjenane}에서 보우 아라다$^{Bou\ Arada}$, 카세린^{Kasserine}과 가프사^{Gafsa}까지의 임시전선을 강화했고, 여기서 과거 롬멜의 기갑군인 독일-이탈리아 기갑군이 확보했던 방어선과 연결했다.

이 급조된 제5기갑군은 1943년 1월 초까지 앤더슨^{Anderson} 장군의 영국 제1군 예하의 영국군과 미군의 동쪽을 향한 진격을 막기 위해 이탈리아 1개 사단과 독일 3개 사단을 통제했다. 이탈리아 지오반니 메세$^{Giovanni\ Messe}$ 장군이 지휘하는 독일-이탈리아 기갑군은 몽고메리의 노련한 제8군의 공격에 맞서 마레스 선을 따라 남동쪽 전선을 점령했다.

이 같은 소규모 역습의 성공에 고무된 독일군은 서부 튀니지에서 점점 강화되는 연합군의 통제력을 약화시키려는 야심찬 역습계획들을 발전시켰다. 연합군은 지형적으로 분리된 2개 전선에서 작전을 실시하는 반면, 독일군은 내부 병참선의 이점을 이용할 수 있었다. 2개 전선으로 분리된 연합군 부대의 내부에 위치한 독일군은 분리된 연합군 사령부가 대응할 수 있는 것보다 더 빠르게 단일 지점에 전투력을 집중할 수 있었다.

결과적으로, 2월 14일에서 22일까지 제5기갑군과 독일-이탈리아 기갑군은 서부 튀니지의 카세린 협곡을 점령한, 전투경험이 없는 미군에 대해 협조된 강력한 반격을 실시했다. 이 공격으로 결속력이 와해된 적을 계속 공격해 96km를 전진했다. 미군 일부 부대는 공황에 빠졌다. 하지만

●●● 북아프리카 전역에서 임무를 수행하고 있는 독일군의 88mm Flak 대공포. 독일군은 사막전 내
내 전차와 대전차포의 통합 운용으로 승리했다. 사막은 시계가 양호해 적을 원거리에서 발견할 수 있기
때문에, 88mm Flak 대공포처럼 사거리가 긴 화기가 유리하다는 것을 알았다. 가능한 한 수류탄과 폭탄
의 파편효과를 감소시키기 위해, 차량호를 구축했다. 독일군 병사들은 적의 공중공격으로부터 차량 정면
을 방호하도록 자체 차폐진지를 구축했다. 〈사진 출처: WIKIMEDIA COMMONS | CC BY-SA 3.0 DE〉

이런 승리는 북아프리카에서 피할 수 없는 연합군의 승리를 단지 지연시
켰을 뿐이었다.

　카세린 전투 이후 롬멜은 1943년 3월 6일부터 7일까지 마레트 선에서
조우한 몽고메리 부대를 상대로 메디닌Medinine에서 공격을 개시했다. 롬
멜은 약 220문의 포와 보병 1만 명의 지원을 받은 160대의 전차로 3개
의 기갑사단을 집결시켰다. 하지만 몽고메리는 에니그마 암호 해독으로
사전에 공격에 대한 정보를 획득하고 롬멜의 공격을 저지하기 위해 400
대의 전차와 330문의 포병화포 그리고 470문의 대전차포를 집결시켰다.
몽고메리는 이런 연합군의 수적인 우세로 롬멜의 공격을 격퇴시켰고 추축국 부대에는 수많은 사상자가 발생했다. 북아프리카 메디닌 전투는 롬멜의 마지막 전투였다. 히틀러는 롬멜을 건강상의 이유로 소환하고, 폰 아르님Von Arnim 장군을 북아프리카기갑군 최고사령관으로 임명했다.

1943년 3월 6일과 7일에 롬멜이 메디닌을 공격할 때 많은 전투력을 상실해 추축국은 1943년 3월 말과 4월 초에 재차 마레스 방어선을 돌파하는 영국군 공격을 거의 저지할 수 없었다. 4월 중순까지 서쪽에서의 미국과 영국 연합군의 공격과 남쪽에서의 몽고메리의 공격으로 추축국은 개방된 해안 평원 앞에 있는 마지막 구릉지대를 중심으로 한 튀니스와 비제르테Bizerta 주변의 좁은 지역으로 밀려났다. 추축국 병사들은 불리한 상황에도 불구하고 계속 용감하게 방어했다. 히틀러는 아프리카 집단군의 탄력성 있는 군대가 튀니지에서 몇 달 동안 불안정한 교두보를 유지해 연합군을 저지할 수 있기를 바랐다. 하지만 1943년 5월 7일 연합군은 비제르테와 튀니지의 중요한 항구를 점령했다. 북아프리카 전쟁은 5일 후인 5월 12일 종료됐다. 27만 5,000명의 독일군과 이탈리아군이 포로가 되어 수용소로 이송됐다.

북아프리카 전역에서 전차의 영향

북아프리카 전역에서 전차는 승리의 촉매제였다. 전차는 독일군의 중추였다. 모든 작전은 전차를 중심으로 이루어졌다. 다른 부대들은 단순히 전차를 지원했을 뿐이었다. 따라서 전차전은 독일군과 연합군 모두에게 매우 중요했다. 아프리카군단의 신화는 롬멜이 영국군보다 많은 전차를 보유하고 전차의 성능도 우수했기 때문에 가능했다고 알려져 있다. 그러나 이것은 사실과 다르다. 부대와 장비의 수량에 관련해 사실은 1941년 11월 크루세이더 작전에서 롬멜과 마주한 영연방 진영의 부대의 수와 그들이 배치한 장비 수준이 현저하게 증가했다는 것이다. 더구나 독일군 전차의 상대적인 약점은 이전보다 크루세이더 작전 초반에 훨씬 더 두드러졌다. 영국군이 1941년 11월 중순에 700대 이상의 전차를 보유한 반면, 롬멜의 부대는 단지 174대와 추가로 투입을 준비하는 146대의 이탈리아 전차뿐이었다. 더욱이 롬멜의 아프리카군단은 예비 전차가 단 한 대도 없었던 반면, 영국은 500대를 보유하고 있었다.

1941년 12월 미군이 참전한 후 미국으로부터 대규모의 장비를 공급받고 있는 영국군은 1942년 5월 가잘라에서 전차 850대와 추가적으로 예비 전차를 420대 더 보유하고 있었지만 추축국은 이탈리아 구형전차 230대와 비효율적인 독일군 2호 경전차 50대를 포함해 작전에 투입이 가능한 전차는 총 560대뿐이었다. 1942년 10월 제2차 엘 알라메인 전투에서 영국 제8군은 1,029대의 전차를 보유했는데 여기에는 3호 전차 J형의 성능을 능가하는 신형 M4 셔먼Sherman 252대가 포함되었다. 이에 반해 추축국은 211대의 독일 전차(3호 전차 173대, 4호 전차 34대)와 대부분이 구형인 278대의 이탈리아 전차만을 배치할 수 있었다. 11월 2일까지 몽고메리의 공격으로 롬멜의 핵심 2개 부대인 15기갑사단과 21기갑사단은 단 30대의 전차와 2,500명의 전투병으로 줄었다. 이 공격단계에서 심각한 타격을 받은 독일군의 기갑전투단은 600대의 전차로 구성된 영국 기갑부대와 20대 1의 비율로 맞서게 되었다.

장비의 질적인 면에서도, 롬멜의 부대는 연합군에 비해 종종 불리했다. 예를 들어 가잘라에서 영국군의 수적 우세는 질적 우세로 인해 더욱 전투력이 강화되었다. 대부분의 독일 중형 전차(3호 전차)에는 포신이 짧은 50mm KwK L/42를 장착했으며, 관통 능력은 영국의 6파운드 포보다 떨어졌다. 장갑의 보호 면에서도 독일군의 전차는 전체적으로 영국의 크루저Cruiser 신형 전차보다 떨어졌다. 하지만 이 공격에서 독일군은 전투효율이 높은 신형 3호 전차 J형을 투입했다. 3호 전차 J형(영국식 용어로 마크 3 스페셜Mark III Special)는 50mm KwK 39 L/60의 긴 포신과 두께

50mm의 장갑으로 현재까지 전장에 투입된 영국군의 모든 전차보다 우수했고, 1942년 5월에 전장에 투입된 영국의 신형 M3 그랜트 전차(영국이 개조한 미국 전차)와 성능이 거의 대등했다. 하지만 그달 중순까지 3호 전차 J형은 19대만이 전선에 도착했고, 추가로 19대가 트리폴리 항구에 하역됐다. 이렇듯 독일군 전차는 최소한으로 증강된 반면, 영국군은 미국군으로부터 M3 그랜트 전차 400대를 새로 인수함으로써 전투력의 우위를 달성했다. 이러한 연합군의 신형전차는 3호 전차 J형보다 관통력이 우수했다.

영국군 전차 마틸타[Matilda], 발렌타인[Valentine] 및 크루세이더[Crusader]는 미국의 스튜어트[Stuart]와 마찬가지로 더 나은 장갑 보호 기능을 가졌다. 독일군 전차 중 유일하게 질적으로 우수한 전차는 전쟁이 종료될 시점에 도착한 4호 전차와 티거[Tiger] 전차였다.

독일군은 1942년 11월에 연막 발사기[Nebelwerfer] 부대뿐만 아니라, 88mm 포와 두꺼운 장갑을 장착한 신형 티거 1[Tiger I] 중전차 45대를 편제한 제501중전차대대를 증원받았다. 전술적으로 독일군은 튀니지에서 이용 가능한 소수의 티거 전차를 적당한 크기의 전차 쐐기 전투대형의 중앙 선두와 중앙 후방에 배치하고 그 주변에는 더 가볍고 기동성이 뛰어난 3호 전차와 4호 전차를 배치했다. 티거 전차는 튀니지에서 수십 대의 연합군 기갑전투차량[AFV]을 파괴해 인상적인 전차 킬러임을 입증했지만, 독일 지휘관들은 곧 티거의 무게가 매우 무거워 기동성이 제한되고 연료소모율이 높아 전차의 전술적 유효성이 제한된다는 사실을 발견했다. 게다가 티거 전차의 엔진은 사막작전에 매우 취약했고 민감했다. 반면 4호 전차의 엔진은 1만 5,000km를 기동한 후 한 번의 점검만 필요할 정도로 매우 효율적이었다. 그러나 1943년 초 튀니지에서 독일군이 수행한 방어작전 및 제한적인 반격작전에서 티거는 연합국의 수적 우위 앞에서 추축국의 방어력을 크게 강화하는 이상적인 무기임을 증명했다.

이탈리아군의 전투력

북아프리카 전역에서 영국과 독일군은 이탈리아군의 전투능력을 폄하했다. 전쟁 이후 영국과 독일의 참전보고서에 의하면, 라틴 기질에 기반해 희화화한 글에서 "비군사적" 인종으로서의 이탈리아인에 대한 생각을 발전시켰다. 이탈리아군은 북아프리카 추축군의 대부분을 차지했으나, 독일군은 자신들이 교만하거나 아니면 자신의 실수와 약점을 숨기기 위해 이탈리아의 군사적 효율성을 부당하게 조롱했다. 사실상 상당히 많은 이탈리아 부대들은 북아프리카에서 노련하게 잘 싸웠고, 독일군의 승리는 이탈리아의 전술과 추축국의 협조된 노력의 결과였다. 영국인들은 이탈리아군이든 독일군이든 전투원들의 우월한 자질을 인정하기보다는 뛰어난 적장의 존재로 인한 패배를 정당화하는 것을 선호했기 때문에 롬멜을 신화로 만들었다. 일부 이탈리아 부대가 효과적으로 싸웠다는 것은 이탈리아 국민이 참전을 꺼려했다는 점을 감안하면 인상적인 업적으로 남았다.

대전차화기

아프리카군단은 대공포를 대전차 무기로 사용했기 때문에 연합군보다 대전차 무기에서 질적으로 우수했다. 예를 들어 1941년 5월과 6월에 있었던 브레비티와 배틀액스 작전에서, 독일군의 37mm Pak 35/36 대전차포는 더 무거운 영국 중전차에 대해 효과가 없다는 것이 입증됐다. 신형 50mm Pak 38 대전차포도 단거리에서 사격하지 않고서는 영국군의 중전차 마틸타를 파괴할 수 없었다. 이 작전은 독일군 88mm Flak 18 대공포와 그 개량형인 88mm 대공포 36과 37이 지상포로 전술적 가치가 있다는 것을 입증했다. 게다가 88mm 대공포는 최대 2,000m 거리에서 영국 마틸다 전차의 77mm 전면 장갑을 관통할 수 있었다. 이중 목적을 가진 88mm 대공포의 대전차화기 능력, 전술적인 운용능력 및 독일군의 전문성은 브레비티와 배틀액스 작전에서 독일군 전차가 가진 얇은 장갑의 단점을 보완했다(영국군이 3.7인치 대공포를 대전차화기로 운용하지 않는

●●● 1942년 롬멜과 바이어라인이 탑승한 지휘차량이 노획한 미국의 반궤도차량에 탑승한 차량 화보병들을 지나치고 있다. 1941년 말 방어하는 독일군은 뛰어난 전술적 기동성을 활용하여 예상치 못한 장소에서 제한된 자원으로 대담한 반격을 가함으로써 영국군에게 큰 피해를 안겨줄 수 있었다. 〈사진 출처: WIKIMEDIA COMMONS | CC BY-SA 3.0 DE〉

것이 독일군 지휘관에게는 의문이었다).

가잘라 전투에서 롬멜이 보유한 소수의 88mm 대공포는 적 전차를 파괴하는 중요한 화기였다. 영국의 대전차포를 독일의 50mm 대전차포 38 보다 우월한 57mm 6파운드 포로 교체한 것은 대전차전에서 어느 정도 우위를 점할 수 있는 전술적 우위를 연합군에게 제공했다. 영국군이 이 같은 무기체계를 개발하고 50mm 대전차포 40으로 관통하지 못하는 마틸타 II 전차의 전면 장갑을 개발하자, 히틀러는 1942년 5월에 조작이 용이한 신형 대전차 차량을 제작해 전투 현장에 투입했다. 대전차차량 38(t) 마르더 3^{Marder III}은 구형 전차 38(t)의 차체(노출된 전면 및 양 측면)에 보강 장갑을 부착하고 강력한 소련의 구형 76.2mm 대전차포를 탑재했다. 가잘라 전투에서 마르더 3은 가용한 소수의 88mm 대공포를 탑재함으로써 롬멜의 보병들에게 긴급히 요구되는 기동성과 파괴력을 제공했다. 마르더 3은 76.2mm 포로 수십 대의 영국군 전차를 파괴했다. 실제로 영연방군은 독일군이 무한궤도차체에 강력한 88mm 대공포를 단순히 장착했다고 생각할 정도로 깊은 인상을 받았다.

롬멜

사막의 여우 에르빈 롬멜을 연구하지 않고는 북아프리카에서 이룩한 독일군의 승리를 논할 수 없다. 롬멜은 북아프리카 전역에서 명성을 얻었다. 1941년 2월 12일, 히틀러는 이탈리아군이 영국군과 영연방군에게 당한 참패에 대한 대책으로 롬멜을 항공편으로 트리폴리로 급파했다. 신임 사령관 롬멜의 임무는 소규모 기동부대로 이탈리아군의 전쟁의지를 강화시키고 이집트로부터 공격하는 영국군에게 이탈리아군이 궤멸당하지 않도록 지원하는 것이었다. 그러나 히틀러는 아프리카군단의 눈부신 성공을 예상하지 못했고, 롬멜이 거둔 성과를 영국의 반격으로부터 유지하기 위해 귀중한 독일군 예비대를 임박한 소련의 바르바로사 침공에서 북아프리카 전선으로 전용했다.

1941년 초 최초의 전투에서 롬멜은 기동성과 계략을 사용해 자신의 소규모 부대를 대규모 부대로 위장했는데, 이는 영국과의 심리전에서 승리하는 데 도움이 되었다. 독일군은 트럭을 배치해 먼지구름을 일으켜 더 큰 군사력을 가진 것처럼 기만하는 교묘한 전략을 사용하기도 했으며 이와 같은 교묘한 수법으로, 그들은 메칠리에서 영국군 제2기갑사단의 사령관과 여단을 포위하고 포로로 잡아들였다. 1940년 서부 전역에서와 같이, 독일군은 적과의 접촉 시 전투효과를 극대화하기 위해 전형적인 기만작전을 효과적으로 실시했다.

롬멜은 외골수적인 성격으로 독일군 장군참모들에게 별로 인기가 없었으며 히틀러는 롬멜을 총애해 명령을 무시한 부하를 처벌하려는 최고사령부의 분노로부터 그를 보호해 주었다. 그러나 대담함에는 그에 따른 보상이 있었다. 가잘라 전투에서 롬멜의 성공이 놀라운 것은 아프리카기갑군이 모든 중요한 지역에서 수적으로 열세였다는 것이다. 게다가 독일군은 예비전력이 거의 없었다. 이는 공격하는 독일군이 실제로 활용 가능한 전차가 적군보다 3;1로 적었음을 의미한다. 포병 전투력 면에서도 영국군이 3:2로 우세했다. 하지만 영국처럼 포병의 화포들을 각 사단에 분산 운용하는 것보다 차라리 주로 105mm le FH 18 경곡사포를 집중 운용하는 독일의 이점이 이런 수적 열세를 어느 정도 상쇄했다. 마지막으로, 항공지원 측면에서는 영국군은 출격 가능한 항공기가 약 430대인 반면에 추축국은 350대로 공군력은 비교적 대등했다. 1942년 7월 2월부터 4일까지 벌어진 제 1차 엘 알라메인 전투에서 롬멜은 영국군 방어선을 돌파하지 못했다. 하지만 영국인들은 롬멜이 승리할지도 모른다는 두려움 때문에 카이로의 외교관들은 비밀문서들을 불태웠으며, 영국군 함대들은 알렉산드리아 항구를 떠났다. 모든 민간인들은 가용한 수송수단들을 강구해 동쪽 팔레스타인으로 떠났다. 그러나 독일군은 승리하기 위한 마라톤식의 공격으로 지칠 때로 지쳐있었다. 이 패배는 좀 더 신중한 지휘관이라면 피했어야 할, 과도하게 확장된 병참선의 끝에서 부족한 병력으로 기꺼이 전투를 계속했다는 점에서 롬멜 리더십의 한계가 있음을 시사하고 있다.

알람 하이파에서 롬멜은 북쪽에서는 기만공격을 실시하고, 주공은 남쪽 축선을 따라 이동한 후 북쪽으로 우회해 알람 하이파 능선을 향해 공격해 영국의 병참선을 차단하는 전략을 사용했다. 더구나 카타라 저지대에서 전차의 기동이 제한됨에도 불구하고 아프리카 군단은 9월 2일까지 32km를 공격해 알람 할파 능선에 도달했다. 하지만 여기서 적의 격렬한 저항, 종심 깊은 지뢰지대, 영국 공군의 주간 폭격 및 추축국 부대의 연료 부족 등으로 롬멜의 대담한 공격은 저지되었다. 그는 종종 군수지원의 중요성을 경시하고 대담함과 공격적인 기질이 이 문제를 상쇄할 수 있다고 믿었다. 그러나 그러한 고려 사항이 점점 더 중요해지는 전역에서 이것은 중대한 오해였다.

사막 전술

아프리카군단은 종종 독일군의 공격 및 방어의 기본전술을 사용했으며 특히 적 전차를 파괴하기 위한 대전차 방어를 효과적으로 실시했다. 독일군 전차는 자유로운 기동으로 적의 전차를 측면에서 공격하고 적의 보병과 협조된 작전을 파괴했다. 아프리카 전역에서 롬멜의 아프리카군단은 압도적으로 우세한 연합군과 치열한 전투를 벌여 전문성과 대담성으로 괄목할만한 승리를 거뒀다. 롬멜의 군대가 이집트를 정복할 수 없었던 것은 한정된 자원에 비해 지나치게 야심찬 계획을 세우는 경향이 있던 그의 태도와 끊임없는 군수지원의 문제 때문이었다. 흥미롭게도, 독일군 부대들을 사막 전쟁에 적응시키지 않았는데 이는 전역의 첫 해에 그들이 최대의 육체적 효율성을 발휘할 수 있었던 기간의 일부를 낭비하게 될 것이라는 생각 때문이었다.

　독일의 대전차호antitank trap와 대담한 대기동은(1942년 초부터 모든 독일 보병부대에 대전차포가 편제되었지만, 각 대대에 76.2mm 포 18문을 배치하는 목표는 달성되지 않았다.) 보병 지향적인 영국의 공격보다 한 수 앞섰다. 독일군은 특히 남쪽의 개방된 사막 측면을 이용해 영국의 진지를 우회한 다음 적의 후방을 공격하는 데 능숙했다. 예를 들어, 브레비티와 배틀액스 작전에서 독일군은 일련의 기동성 있는 대전차방어로 탄력적인 공세적 방어를 실시했으며 전차의 역습이 수적으로 우세한 공격을 얼마나 효과적으로 약화시킬 수 있는지를 보여주었다.

●●● 1943년 카세린 협곡을 지나고 있는 미군. 이 시기에 독일군은 유명한 88mm Flak 41 대공포의 신형 버전을 인도받아 독일의 대전차 능력을 강화했다. 88mm Flak 41은 Flak 18보다 포구속도가 20%, 수직사거리는 30% 정도 더 우수했다. 히틀러가 튀니지 전투 이후 모든 가용한 Flak 41(1945년 1월 현재 318문)을 연합군의 전략적인 폭격에 대비해 독일 본토 방어에 할당한 것은 연합군 지상군의 입장에서는 행운이었고 독일군의 입장에서는 불행이었다. 〈사진 출처: WIKIMEDIA COMMONS | Public Domain〉

　하지만 때때로 롬멜은 전차의 부족으로 전과를 확대하기가 어려웠다. 예를 들어 1941년 11월 20일부터 22일까지 롬멜은 대담한 역습을 위해 시디 아제이즈Sidi Azeiz에 기갑부대들을 집결시키는 동안, 대전차화기를 공세적으로 운용해 영국의 전차 공격을 고착시켰다. 그런 다음 그는 가브르 살레Gabr Saleh를 향해 남서쪽으로 공격해 후방의 적 기갑부대와 교전한 후 북서쪽으로 방향을 돌려 시디 레제흐를 위협하는 영국의 선두부대를 격파했다. 하지만 추축국 부대들이 소수의 전차만을 이 공격에 투입할 수 있었다는 것은 롬멜의 기동역습을 어렵게 만들었다. 아프리카 군단이 크루세이더 작전에서 획득한 전술적인 승리는 11월 23일 시디 레제흐 주변에서 경험한 파괴와 같은 죽음의 일요일을 재현한 용감한 영국의 대전차 공격에 직면하여 중전차의 손실을 감수해야만 달성할 수 있었다. 이러한 심각한 장갑전투차량의 손실은 아직 남아 있는 소수의 기갑부대에게 달성한 전술적인 승리를 전과확대 해야 하는 큰 부담을 안겨주었다.

독일군 최고사령부는 주로 동부 전선에서 엄청난 수의 병력이 소모되었기 때문에 롬멜을 돕기 위한 북아프리카의 추가 병력 파견을 거부했다. 롬멜의 부대는 지금까지 아프리카군단의 전설을 만들어낸 놀라운 성공을 거둔 즉응적 전술을 채택할 수밖에 없었다. 이런 전술이 어떠한 전술인가? 사막전에서 몇 가지의 성공적인 사례가 독일군 전술의 효율성, 특히 제병협동부대와 기갑사단 예하 부대의 전투 능력을 보여주고 있다.

1942년 1월, 롬멜의 공격작전 동안 베르너 마르크스Werner Marcks 장군은 제155연대, 제21기갑사단, 제90경사단과 아리에테 이탈리아 기갑사단의 일부 부대로 편성된 마르크스전투단을 지휘했다. 이 전투단은 롬멜 공격의 선두부대의 역할을 수행했다. 이 전투단은 수색장갑차[15]를 선두로 공격했다(독일군은 전장정보를 매우 중요시했고 항상 정보를 수집하기 위한 작전을 실시했다. 기갑사단의 수색정찰부대는 대담성과 속도를 강조했고 추가적으로 정보를 수집하기 위한 고도의 훈련을 받았다). 수색장갑차에 이어서 전차, 보병이 탑승한 대형트럭, 대공포와 포병을 견인하는 반궤도차량이 후속했다. 오토바이에 탑승한 수색부대의 경수색 요원들은 각 측방을 경계했다.

---

15 수색장갑차: 수색장갑차는 수색정찰과 정보전을 수행할 수 있는 준비된 장갑차임. 기갑사단의 수색중대들은 정보를 수집하기 위해 대담성, 템포 및 우수한 훈련을 갖춘 신뢰할 수 있는 중대였다.

1월 21일 이 전투단은 영국군 전차 및 대전차포와 조우했다. 마르크스는 빠르게 그의 포병을 배치해 사격을 개시했고, 그런 다음 전차들이 서로에게 접근해 화력을 상호지원하기 시작했다. 수색중대의 오토바이 병사들은 전방으로 침투했다. 그들은 하차해 박격포와 기관총의 엄호 아래 전진했고 적 대전차포의 위치를 무전으로 보고했다. 마르크스는 대공포를 전방으로 추진시켜 영국군의 대전차포와 전차를 목표로 무자비한 사격을 퍼부었다. 마르크스는 적의 전차와 대공화기가 충분히 파괴되었다고 판단했을 때, 자신의 포병과 대공포의 지원을 받은 기갑부대와 반궤도 차량에게 돌파구를 통해 전진하라고 명령했다. 방어진지에 있던 영국군 부대들은 철수했고, 마르크스전투단은 그 지역을 점령했다. 견인포병과 대공포 및 기타 전투단의 부대들이 후속했다. 후에 전투단이 영국군 보병들의 공격을 받았을 때, 영국 보병은 독일군의 기관총 사격에 의해 쓰러졌고 공중 폭발한 88mm 대공포의 파편이 그 위를 덮었다.

사막전투의 초기에 독일군은 영국군보다 사거리가 긴 화기를 보유한 장점이 있었다는 것이 많은 교전에서 확인되었다. 기갑부대는 대부분 3호 전차와 4호 전차로 구성되었다. 3호 전차의 주포는 50mm였으며, 4호 전차의 주포는 75mm 고폭탄으로 사거리 2,740m까지 사격할 수 있었다. 배틀액스 작전에서 독일군 제5경기갑사단은 영국군 제7기갑사단과 교전을 벌였다. 독일군 전차는 2,740m의 거리에서 사격을 개시했다. 2파운드 포로 무장한 영국군 전차는 피해를 받지 않았지만, 지원하는 25파운드 포의 승무원과 포는 전멸했다. 1941년 6월 16일 1개 기갑대대 40대의 전차가 25파운드 포대의 지원을 받는 순찰차 10대를 일렬로 공격했다. 영국군 전차가 대응하기 전에 독일군 전차가 사격해 25파운드 대포를 차례대로 파괴했다.

이런 전투단은 방어 시에도 역시 효과적으로 운용되었다. 1942년 6월 6일 가잘라 전투에서 볼츠^{Wolz}전투단은 제33수색대대, 제33대전차대대,

제25대공포연대의 제2대대로 편성되었다. 나이츠브리Knightsbridge 지역에서 이 전투단은 영국 전차의 공격을 받는 동안 88mm 대공포를 일렬로 배치해 영국군 전차 50대를 효과적으로 파괴하는 쾌거를 이룩했다.

가잘라에서 롬멜은 아프리카 기갑군의 북쪽에서 토브룩으로 향하는 정면의 기동로를 따라 기만공격을 개시하는 유리한 전략을 구사했으며 아프리카군단은 후방에서 다른 방어구역을 공격하기 위해 비르 하킴에 있는 최남단 적 방어구역의 남쪽 주위를 선회했다. 그러나 자유프랑스Free French 제1여단은 비르 하킴 방어 지역에서 10일간의 영웅적인 저항을 시작해 롬멜의 공세를 방해했다. 5월 28일부터 31일까지 아프리카 군단은 영국군 150여단을 성공적으로 포위해 공격 선두부대의 병참선을 직접 연결할 수 있었다. 6월 5일부터 6일에 동쪽에서 시작된 예상된 영국군 전차의 역습을 격멸해 막대한 손실을 입혔다. 그러나 추축국의 승리에는 많은 희생이 뒤따랐다. 가잘라에서 영국군이 운용했던 그랜트Grant 전차는 독일군 전차를 상대로 효과적인 사격을 가해 결과적으로 롬멜의 전차에 막대한 피해를 입혔다(앞서 언급한 사거리의 장점을 상쇄했다). 하지만 사막의 여우 롬멜은 흔들림이 없이 전차전을 계속 수행했으며 아프리카 군단은 6월 6일 저녁까지 가잘라에서 주도권을 장악했다. 이 전투는 효과적인 전술, 제병협동부대 편성, 그리고 지휘관의 대담성의 3개 요소의 조합으로 무엇을 성취할 수 있는지에 대한 완벽한 예이다.

티거 전차의 승리

튀니지 전역에서 독일군의 패배는 불가피했다. 그럼에도 불구하고 아프리카군단은 아직도 전장에서 전술적 우위를 재현했다. 예를 들면 1943년 2월 튀니지 전선에서 독일군의 저항은 전투력의 열세에도 불구하고, 폰 아르님 장군이 채택한 제한된 역습으로 더욱 강화되었다 퐁 뒤 파Pont du Fahs로 가는 도로를 따라 제501대대의 티거 전차의 제한된 대응은 영국의 대전차화기에 대한 회복력을 다시 한 번 보여주었다. 그날 2대의 티거 전차가 이끄는 16대의 3호 전차와 4호 전차로 구성된 쐐기전투대형이 영국 대전차 매복 공격을 받았다. 12문의 6파운드 대전차포가 티거 전차와 근거리의 직사거리에서 교전해 선두 차량에 9번의 사격을 가했으나 측면 장갑을 관통하는 10번째 사격이 명중해 간신히 쓰러뜨렸다. 후속하는 연합군이 파괴된 전차를 분석해 본 결과 영국군의 6파운드 대전차포는 매우 가까운 거리에서 사격했음에도 불구하고 티거 전차의 전방 장갑을 단 1발도 관통할 수 없다는 것이 밝혀졌다.

그 어떤 전투보다 2월 19부터 20일 밤 제벨 샹비Djebel Chambi[16]에 위치한 카세린 전투에서, 독일군 병사들은 야간작전을 효과적으로 수행해 미군의 방어진지를 성공적으로 공격했고 또한 미군의 방어진지의 침투에 성공했다. 이런 성공은 독일군이 1939년 폴란드 전역에서 드러난 야간전투의 약점을 훈련을 통해 얼마나 개선했는지를 다시 한 번 입증했다. 하지만 독일군은 최초돌파에 성공했으나 영국과 미국 예비군은 신속하게 돌파 지역을 회복했으며 독일군은 전투력이 너무 약해 전과를 확대하지 못했다. 추축국은 2,000명이 희생된 반면, 연합군은 1만 명이 손실을 입었으나 연합군은 롬멜군보다 훨씬 수월하게 손실을 보충할 수 있었다.

독일군은 북아프리카 전역에서 탁월한 전술뿐만 아니라, 양호한 훈련 수준, 장비에 대한 무한 신뢰 등 연합군보다 많은 장점을 갖고 있었다. 전쟁사학자 배리 피트Barrie Pitt가 분석한 대로 연합군은 완편된 부대로 도착하여(대부분 사단급, 크루세이더 작전에서는 여단급) 부대단위로 보충된 반면, 롬멜군은 병력과 장비가 개별적으로 도착하여, 부족한 부대에 조금씩 보충되었다. 보충병들이 전투에 투입되면 전투경험이 많은 병사들과 함

---

16 제벨 샹비: 튀니지에서 가장 높은 지점으로 1,544m이다

티거 1 중전차

1942년 12월 북아프리카 전역에 투입된 독일 6호 전차 티거 1[Tiger I] E형은 2차 엘 알라메인 전투 이후 토치 작전[Operation Torch]과 롬멜의 대규모 철수라는 두 번의 재앙으로 악화된 독일군의 상황을 안정시키는 데 기여했다. 티거 1은 파괴력이 우수한 88mm KwK 43 L/56의 주포를 탑재하고 두꺼운 장갑으로 방호력을 증가시킨 중전차로 중량은 56톤이었다. 티거 전차의 정면 장갑의 두께는 100mm였으며 측면과 후면 장갑의 두께는 80mm로 강력한 방호력을 제공했다. 초기에 제작된 티거 전차를 제외한 모든 티거 전차는 700 PS 마이바흐[Maybach] 230 엔진으로 구동되며 도로에서의 주행속도는 시속 38Km로 만족스러웠지만 야지 기동속도는 시속 20Km에 불과했다. 티거 전차는 열차수송을 위한 독일의 표준 화물적재 무개차량의 규격보다 훨씬 넓기 때문에 헨셸[Henschel]사는 2중 궤도시스템을 새로 개발했다. 티거 전차는 전장에서는 폭이 725mm의 전투궤도를 사용했으나, 열차수송 시에는 좁은 수송용 궤도로 교체해야 했다. 티거 전차는 1942년 8월 동부 전선에 첫 선을 보였으나, 많은 전차가 1943년 봄 북아프리카에 조기 투입돼 전투에 참가했다. 비록 티거 전차가 가장 우수한 강력한 전차포를 탑재하고 두꺼운 장갑으로 방호력이 양호했지만, 반복되는 기계적인 결함(엔진의 잦은 고장)과 기동성의 제한으로 전투효율이 감소되었다. 그럼에도 불구하고 티거 전차는 독일군이 1943년 가장 중요하게 경험했던 방어전투에 계속 투입되었다. 티거 전차는 연합군의 수적인 우세에 대응해야 하는 독일군의 저항력을 강화시킨 가공할 전차 킬러로 입증됐다. 티거 전차가 전쟁의 후반기에 계속 악화되는 전투상황을 개선하는데 기여했으나, 불행하게도 독일군이 전쟁 후반기에 악화되는 전략적인 상황을 점차 회복시키기에는 가용한 티거 전차의 대수가 너무 적었다(단지 1,354대만 생산됨).

께 작전을 수행하거나 개인지도를 받았다. 고참병들은 사막전투의 어려움을 쉽게 극복하고 위험을 즉시 인지할 수 있으며, 전투 시 불필요한 잡담이나 쓸데없이 흥분하지 않고 당면한 목적에 집중하는 전투경험이 풍부한 베테랑들이었다. 신병들은 그런 고참병들로부터 배우고 숙달시켰다. 피트는 훈련 수준을 향상시키기 위해 특히 1941년 7월과 11월 사이에 자주 실시된 훈련에 대해 언급했다. 그 당시 무엇보다 독일군은 포병과 전차, 혹은 포병과 전차 및 항공기의 제병협동작전을 강조했다. 독일군은 무기, 장비와 차량의 운용과 조작에서 높은 훈련 수준을 유지했다. 모든 화기를 철저하게 손질한 후에 수시로 가볍게 오일을 발라 주었다. 그렇지 않으면 먼지가 금속 표면으로 스며들어 부식됐을 것이다.

그러나 궁극적으로 다음과 같은 몇 가지 외적인 요인들로 인해 독일군은 북아프리카 전역에서 승리할 수 없었다. 첫째, 연합군은 지중해를 통과하는 신장된 독일군의 병참선을 성공적으로 차단해 롬멜군에게 꼭 필요한 물자들을 고갈시켰다. 군수지원이 전쟁의 승패를 좌우하는 이 전쟁에서, 영국의 울트라 정보사용은 그들에게 시간과 추축국 보급 호송대의 항로에 대한 지식을 제공했기 때문에 특히 유용한 것으로 입증되었다. 둘째, 독일군과 이탈리아군 간의 협조된 전투가 효과적으로 이뤄지지 않았으며 셋째, 이러한 독일과 이탈리아군의 상이한 전략을 통합시켜야 하는 불필요한 노력이 롬멜의 위상을 약화시켰다. 넷째, 트리폴리 항구는 필요한 군수물자의 물량을 고려할 때, 너무 협소했다. 다섯째, 히틀러는 항상 북아프리카 전역에서 현상유지를 원했기 때문에 롬멜은 카이로를 점령해 전략적인 승리를 달성하는 데 필요한 군수지원을 베를린으로부터 받지 못했는데 만일 지원을 받았다면 전쟁의 결과가 달라졌을 것이다. 궁극적으로 2차 엘 알라메인 전투 후에 영국군은 독일군의 어떠한 탁월한 전술로도 극복할 수 없는 수적인 우세를 확보했다.

추축국의 군수물자가 지중해를 통과했더라도, 군수물자가 전선에 도달하려면 도로를 따라 수백 Km를 이동해야만 했다. 제한된 도로망을 따라 전선까지 공급해야 하는 군수물자의 수송은 전방 차량화부대에 필요한 귀중한 많은 연료를 소모시켰으며, 탁트인 사막에서 이동하는 수송차량들은 영국 공군에 의해 파괴되었다. 이탈리아로부터 아프리카에 이르는 길목에 위치한 몰타 섬은 병참선 유지하는 데 반드시 필요한 요충지였다. 추축국들은 이 섬을 오랫동안 포위했으나 공군의 폭격 후에도 포위 공격에 실패했다. 그들이 공중강습으로 몰타를 점령하려는 계획을 실행하고 히틀러가 지중해와 북아프리카 전쟁에 더 많은 자원을 할당했다면 롬멜은 중동을 점령할 수 있었을 것이다. 북아프리카로 가는 추축국 보급 수송대가 모든 것을 변화시킬 수 있었다. 1942년 1월에 신형 전차들을 적재한 함선 6척이 무사히 도착함으로써, 롬멜은 공격을 재개할 수 있었고, 결국 엘 알라메인에 도달했다. 반대로, 제2차 엘 알라메인 전투에서 4,400톤의 연료를 실은 두 척의 이탈리아 선박의 손실은 이미 심각한 연료의 부족을 겪고 있는 롬멜의 군대에게는 결정적인 것으로 판명되었다. 롬멜과 마찬가지로 슈툼메 장군 역시 보급품의 부족, 특히 전차와 대형트럭의 연료 부족으로 불만이 고조되었다. 영국이 공격하기 4일 전인 1942년 10월 19일의 현재 보유량에 대한 슈툼메 장군의 군수 보고에 의하면 연료 11일분, 탄약 9일분, 식량 21일분뿐이었다. 차량용 타이어와 예비 부품이 대량으로 부족했으나, 보충 수준은 극히 낮았으며, 영양실조가 점점 늘어갔고, 환자의 비율이 증가했다.

1942년 10월 23일 몽고메리의 제8군은 그동안 북아프리카에서 본 적 없었던 화포 1,000문의 엄청난 강력한 포병사격으로 공격을 개시했고 공군의 지원도 증가되었다. 믿을 수 없을 만큼 강력한 화력의 지원을 받으며 몽고메리는 대규모의 전차와 보병으로 독일군 진지를 깊숙이 공격했다. 영국군과 영연방군은 194,000명에 이른 반면 롬멜의 사령부는 10만 4,000명을 배치했다. 공중에서는 전투가 가능한 530대의 항공기가 몽고메리의 공격을 지원했지만 롬멜은 지상방어를 지원하기 위해 340대의 항공기만 동원할 수 있었다.

작전의 치명적 급소 - 군수지원

추축국은 병력과 장비의 부족으로 몽고메리의 결정적인 공격을 효과적으로 저지하기 어려웠다. 롬멜은 위기를 해결하기 위해 휴양을 마치고 독일에서 돌아왔다. 10월 28일 롬멜은 제21기갑사단과 이탈리아 아리에테 기갑사단을 북쪽으로 이동시킨 후에, 이 부대를 해안을 따라 공격하는 위협적인 오스트레일리아 부대(몽고메리의 돌파부대 중 일부)에 대한 역습부대로 운용했다. 지금까지 롬멜은 역습공격이 성공해야만 한다는 것을 명확히 알았다. 왜냐하면, 아프리카기갑군은 방어선이 돌파되면 병력들을 철수시킬 수송수단과 연료가 부족했기 때문이었다. 롬멜이 몽고메리를 정지시키지 못하면 영국군의 차후 전과확대 작전으로 롬멜군 전체가 궤멸될 수 있었다. 추축국은 몽고메리의 공격을 계속 저지하기 위한 기동성이 부족했기 때문에, 롬멜군은 서쪽으로 도주해 리비아 지역 전체를 포기하는 것 외에는 다른 선택의 여지가 없었다.

1943년 초, 독일과 이탈리아는 튀니지에서 이미 전투력의 열세로 고전하는 추축국 부대들에게 연료, 탄약 그리고 식량을 보급하려고 노력했다. 예를 들어 1943년 1월부터 2월까지 독일군은 소량이지만, 지속적인 증원과 군수지원을 위해 공중수송을 계획했다. 튀니지에 있는 추축국 부대들을 차단하기 위한 연합군의 치열한 공중 및 해상공격에도 불구하고, Ju-52 수송기 200대 및 6기통 Me323 수송항공기(자이언트) 15대가 튀니지로 위험한 군수물자 수송작전을 반복해 실시했다. 공중보급은 1943년 4월까지 실시됐다. 그 후에 점점 증가하는 연합군의 공군공격으로 인해, 공중 혹은 해상으로 아프리카 육군 부대를 지원하려는 추축국의 모든 노력은 사실상 수포로 돌아갔다.

●●● 941년 6월 22일 바르바로사 작전 첫날 독일군이 소련 국경을 넘고 있다. 독일군의 기습은 완벽했다. 스탈린이 독일의 공격이 임박했다는 영국의 경고를 믿지 않았기 때문에 독일군의 초기 전차 공격은 전술적·작전적·전략적으로 압도적인 기습을 달성할 수 있었다. 또한 스탈린은 침공 첫날 아침, 소련 국경부대에게 주요 추축국의 침공이 분명한 경우에만 반격하고 사소한 군사적 도발의 경우에는 대응하지 말라고 명령했다. 〈사진 출처: WIKIMEDIA COMMONS | Public Domain〉

제6장
동부 전선 I(1941-1942년)

1941년 6월 히틀러의 소련 침공(바르바로사 작전)은 거대한 무력 충돌이었다. 하지만 바르바로사 작전은 볼셰비키 국가를 신속하게 격멸하지 못하고, 참혹한 소모전에 휘말리게 되었다.

모든 작전 요소들을 고려할 때, 바르바로사 작전을 개시한 1941년 6월 22일의 독일 육군은 1940년 5월 프랑스 침공 당시의 육군보다 약간 증강된 208개 사단으로 구성됐다. 1941년 6월까지 독일 육군은 50mm Pak 38 대전차포와 같은 소수의 효과적인 신무기를 도입했다. 또한 초급 장교 및 부대훈련의 수준을 강화했다. 장비와 훈련의 질적인 향상은 병력과 장비의 부족 그리고 전선에서 필요한 전차, 포병 및 대전차화기의 제한된 생산능력을 상쇄할 수 있었다. 1941년 여름, 전투력이 별로 증강되지 않은 독일군이 지금까지 만난 그 어떤 적보다 훨씬 더 강력한 적군과 싸워야 한다는 것을 고려할 때 이런 결함의 중요성이 증명될 것이다. 그러나 숫자는 이야기의 절반에 불과할 뿐이었다. 2년 동안의 계속되는 승리에 도취된 독일군은 소련 침공을 개시했다. 사기는 최고로 고조됐고, 독일군은 소련군을 신속하고 수월하게 이길 수 있을 것으로 확신했다.

바르바로사 작전의 최종계획은 3개 집단군이 3개 축선을 따라 기습적으로 공격하는 것이었다. 북쪽 축선에서는 리터 빌헬름 폰 레프 원수가 지휘하는 북부집단군이 레닌그라드를 점령하고 칼레리아^{Karelia}로부터 남쪽으로 공격하는 호전적인 핀란드 부대와 연결한 후 백해^{White Sea} 부근의 아르한겔스크^{Arkhangelsk}를 점령하는 것이었다. 추가로 5개 독일 사단이 무르만스크^{Murmansk} 항을 점령하려고 북부 카렐리아를 통과하는 핀란드 군을 지원하기 위해 북부 노르웨이에서 진격했다. 중앙 축선에서는 페도르 폰 보크 원수의 중부집단군이 벨라루스^{Belorussia}와 스몰렌스크^{Smolensk}를 거쳐 모스크바로 직진하고, 그곳에서 고르키^{Gorky}와 카잔^{Kazan}을 거쳐 우랄 산맥으로 향하는 최단거리로 진격할 예정이었다. 중부집단군은 광대한 프리퍄치 습지^{Pripet Marshes}로 인해 게르트 폰 룬트슈테트 원수의 남부집단군과 물리적으로 이격되어 있었다. 남부집단군에는 루마니아군, 헝가리군, 슬로바키아군이 포함되었다. 남부집단군은 우크라이나의 키예프^{Kiev}와 하르코프를 거쳐 아조프^{Azov} 해의 로스토프^{Rostov}로 전진한 다음, 석유가 풍부한 캅카스를 향해 남동쪽으로 돌진하고 카자흐스탄^{Kazakhstan}을 거쳐 오르스크^{Orsk} 주변의 남부 우랄로 공격해야 했다.

바르바로사 작전은 작전목표가 명확하지 않아 모호하고 혼란스러웠다. 작전목표는 우크라이나의 농업 지역, 돈^{Don} 강 분지의 공업 지역 그리고 캅카스 유전 지역과 같은 경제적인 목표가 포함돼 있었으며 모스크바, 키예프, 하르코프와 같은 교통의 요충지로서의 역할을 하는 인구 중심지를 대상으로 했다. 또한 레닌그라드, 로스토프, 세바스토폴^{Sevastopol}과 같은 해양 중심지를 목표로 선정하고 이들을 점령해 추축국의 양 측방을 보호하려고 했다 추축국 침공군은 이렇게 많은 다른 목표들을 추구함으로써 주요 노력을 기울일 수 있는 명확한 주공 목표, 즉 최우선 목표를 선정하지 못했다.

작전 지역은 놀라울 정도로 광대했다. 초기 작전개시선은 핀란드 지역을 제외하고도 발트해^{Baltic Sea}로부터 루마니아 흑해 해안까지 1,464km에 달했다. 북부집단군은 레닌그라드에 도달하기 위해 788km를 공격해야 했고, 중부집단군의 중간목표인 모스크바는 990km 떨어져 있었다.

남부집단군은 스탈린그라드를 점령하기 위해 1,410km, 남부 우랄에 도달하기 위해서는 2,415km를 전진해야 했다.

전투서열

회프너^{Hoepner} 대장의 제4기갑군은 북부집단군의 선두부대로 제41 및 56차량화군단 예하 6개 기계화사단으로 편성됐다. 하인츠 구데리안 대장이 지휘하는 제2기갑군과 호트 대장이 지휘하는 제3기갑군이 중부집단군의 공격을 선도했다. 구데리안 사령부는 제24차량화군단, 제46차량화군단, 제47차량화군단 예하 총 9개의 차량화사단으로 편성된 반면 제3기갑군은 제41차량화군단 및 제56차량화군단 예하 7개 사단으로 편성됐다. 마지막으로 클라이스트 대장이 지휘하는 제1기갑군은 남부집단군 공격의 선두로 제3차량화군단, 제14차량화군단, 그리고 제48차량화군단 예하 9개 기계화보병사단으로 편성되었다. 이런 진영에 추가해 대규모의 3개 집단군은 전차를 후속하면서 지역을 확보하고 잔적을 소탕하도록 편성됐다. 핀란드 전역에서 만네르헤임^{Mannerheim} 원수는 핀란드군 18개 사단을 전개했다. 북부집단군은 제16, 18군 예하 21개 보병사단이, 중앙 집단군은 제4군과 제9군 예하 각각 15개 사단과 17개 사단이 기갑군을 후속한 반면 남부집단군은 32개 사단으로 독일군 6군, 11군, 17군을 편성하고 루마니아 3군과 4군의 14개 사단이 추가됐다. 제2군은 예비대였다.

　1941년 독일의 동부 전역은 4단계로 구분할 수 있다. 제1단계는 6월 22일부터 7월 19일까지로, 이 기간 동안 신속하게 기동하는 기갑선봉부대는 민스크와 스몰렌스크 같은 거대한 포위 지역에서 수십만 명의 소련군을 포위하고, 벨라루스에서 적군을 완전히 패배시켰다. 7월 20일과 8월 21일 사이의 제2단계 작전에서 히틀러는 지령 33호로 측방을 강화시키고 기갑부대를 중앙 모스크바 축선으로부터 분리해 방향을 전환시켰다. 따라서 구데리안 장군의 제2기갑군은 남부집단군을 증강하기 위해 남쪽으로 공격방향을 전환한 반면 호트 장군이 지휘하는 제3기갑군은 레닌그라드 공격을 지원하기 위해 북쪽으로 방향을 전환했다. 제3단계 작전은 8월 22일부터 9월 26일까지로 키예프의 포위망을 압축시켜 소련군 66만 5,000명을 포획했다. 이 승리는 20세기 칸나에^{Cannae} 전투로 제2차 세계대전에서 독일군의 가장 큰 승리였을 것이다. 제4단계는 10월부터 1941년 12월 초까지 지속되었는데 히틀러는 다시 계획을 변경해 모스크바 공격을 명령했다. 작전명 태풍 작전은 9월 마지막 날에 시작됐다. 하지만 독일의 기갑사단과 보병사단의 전투력이 소모전으로 50%로 감소됐고, 공격을 2개월 지연시키는 예기치 않은 복병인 진창을 만나게 됐다. 초 겨울비는 가뜩이나 빈약한 도로를 진흙뻘로 만들었고 공격을 지연시키다가 결국 완전히 정지시켰다. 11월에 소련의 혹독한 겨울 추위가 시작되면서 공격을 재개했으나 독일군의 인내력은 임계점에 도달했다. 태풍 작전은 12월 초에 중지되었으며, 이는 바르바로사 작전의 실패와 러시아에서 독일군의 시련의 시작을 알리는 것이었다.

1941년 6월 22일 아침, 추축국은 161개 사단으로 공격을 개시했다. 일단 소련의 방어선을 통과한 후, 바르바로사 작전의 첫 주 동안 독일군은 기갑부대들을 앞세워 적의 후방으로 깊숙이 침투해 소련군이 비축한 전방 군수물자를 공략했다. 이런 전진을 돕기 위해 독일군은 다시 한 번 특수부대, 특히 러시아어를 구사하는 브란덴부르크특공대를 전방에 배치했다. 이들은 1939부터 40년까지의 겨울전쟁 동안 핀란드에서 탈취한 적군의 차량과 군복을 입고 적의 깊은 후방에서 은밀하게 작전을 실시했다. 이 특수부대는 전선 후방으로 은밀히 침투해 주요 교량을 확보하고, 통신 케이블을 절단해 적의 지휘, 통제를 마비시켰다. 이는 소련군이 중앙에서 시작하는 명령 체계에 의존하고 있었기 때문에 특히 중요한 과업이었다. 실제로 소련군 최고사령부는 작전 초기 몇 시간 동안 전방 상황과의 접촉이 단절되었다. 예를 들어 추축국의 맹공으로 이미 격멸된 부대에게 역습을 명령하기도 했다.

공세 개시 직후 독일군은 곧 비알리스토크, 민스크, 스몰렌스크, 그리고 키예프에 갇힌 소련군을 포위했으며, 기갑부대들은 그들의 목표지로 빠르게 전진했다. 예를 들어 회프너 장군의 전차들은 북쪽에서 하루 평균 24km의 속도로 단 24일 만에 587km를 진군했다. 이런 속도라면 전차는 4일 만에 레닌그라드에 도달했을 것이다.

독일군이 1941년 8월과 9월 우크라이나에서 소련군을 섬멸하는 동안 북쪽 축선에서는 제4기갑군의 정예부대들이 계속 레닌그라드를 향해 북동쪽으로 공격했다. 9월 7일 그들은 라고다^{Lagoda} 호수에 도달했고, 도시로부터 다른 지역에 이르는 마지막 육로를 차단했다. 다음날 히틀러는 이 북쪽 전역의 공격을 계속하라는 새로운 명령을 하달했으며 또한 우크라이나 지역에 예정된 공격을 하르코프와 크림 반도까지 연장하라고 지시했다. 동시에 비록 이 도시가 모스크바 축선으로 향하는 전차의 기동을 보장하기 위한 강렬한 공격을 받는 대신에 굶주려 항복하게 될 것이지만, 그는 레닌그라드에 대한 북부집단군의 작전을 계속하도록 강조했다.

독일 육군은 2개의 임무를 수행하기에 전투력이 충분하지 않았지만, 히틀러는 9월 8일 중부집단군에게 동시에 모스크바에 대한 공격을 재개하라는 명령을 내렸다. 히틀러의 명령을 이행하기 위해, 제2기갑군은 9월 하순에 우크라이나로부터 7월 하순에 점령했던 스몰렌스크 진지로 다시 돌아왔다. 또한, 회프너 장군이 지휘하는 제3기갑군 역시 모스크바 공격을 위해 동일한 기간에 북쪽으로부터 스몰렌스크 지역으로 철수했다. 1941년 9월 30일 중부집단군 예하 78개 보병사단은 1,350대의 전차를 보유한 3개 기갑군을 선두로 모스크바에 대한 태풍 작전을 개시했다.

폭우로 인해 땅이 진흙 바다로 변하면서 독일군의 진격 속도가 느려졌고 소련군은 모스크바 전방에 임시 방어선인 모자이스크 방어선Mozhaisk Line을 긴급하게 구축하기 위해 절실히 필요한 14일 간의 숨 돌릴 시간을 얻게 됐다. 이 방어선에는 동원이 완료된 모든 병력이 투입됐다. 독일군 차량화보병들이 이 모자이스크 방어선을 공격하는 동안 여러 차례에 걸쳐 소련군 중전차에 의한 강력한 측방 역습을 받았다. 방호력이 미약한 인원수송용 장갑차량APC에서 작전을 수행하던 차량화보병들은 사실상 이런 소련의 맹렬한 대응에 맞닥뜨릴 때마다 심각한 정도의 사상자를 냈다. 모자이스크에서 당한 충격적인 경험으로 독일군은 1942년부터 1943년까지 차량화보병의 전술을 덜 치명적인 수색정찰의 임무로 전환했고, 1944년에 보다 안전한 거리에서 적 전차와 교전하기 위해 75mm Pak 40 대전차포를 장착한 Sdkfz 251/22 특수목적차량을 제작했다.

10월 25일 보크 장군은 태풍 작전을 일시적으로 멈추고 모스크바에 대한 공격을 재개하기 위해 부대를 재편성하고 재보급할 수 있도록 했다. 독일군의 주공이 26일 이상 유지될 수 없다는 사실로 인해 최고사령부는 독일군이 바르바로사의 야심찬 목표를 달성할 가능성이 극히 희박하다는 점을 분명히 인지했어야 했다. 하지만 이런 현실은 히틀러가 모스크바에 도달해 전쟁에서 승리하고, 임박한 패배의 문턱에서 순수한 의지를 행사해 결정적인 승리를 거두기 위한 최후의 공세를 펼치는 것을 막지 못했다.

이런 사건들이 전개되는 동안, 우크라이나의 남부집단군은 키예프 포위전투를 마무리하고 동쪽으로의 전진을 재개했다. 가을비가 내려 클라이스트의 전차는 진격 속도가 떨어졌음에도 불구하고 지쳤지만 여전히 동기 부여가 잘 돼있는 독일 보병들의 과감한 공격으로 10월 24일에 도시를 점령하는 데 성공했다.

독일군 군수지원의 문제점

전례 없는 대규모의 바르바로사 작전은 독일군에게 엄청난 군수지원 문제를 제기했다. 독일군은 1941년 6월 이전에 군수지원 능력을 향상시키기 위해 많은 노력을 기울였지만, 계획에 대한 과도한 자신감으로 군수지원계획을 지나치게 낙관적으로 수립했다. 심지어 계획 단계에서도 독일군은 스몰렌스크 점령 이후 응집력 있는 소련군에 대항해 버틸 수 없다는 것을 인지했기 때문에 스몰렌스크 서쪽에서 소련군을 격멸하도록 목표를 설정했다. 일반적 생각과는 달리 1941년 독일군은 차량화부대가 아니었다. 소수의 정예 기계화부대들 외에는 육군의 대부분은 말이 끄는 차량을 장비한 보병사단들이었다. 62만 5,000마리의 독일군 말이 1941년 소련에 투입됐다. 그 외에도 작전이 진행되면서 독일 육군은 기동성을 높이기 위해 현지에서 수백 대의 튼튼한 마차를 몰수했다. 하지만 독일군 군수지원의 기반은 전략적인 재보급을 위해 각 집단군에 할당된 총 6,500대의 운송차량이었다.

약 1만 9,500대라는 숫자는 인상적으로 들리지만 바르바로사 작전의 거대한 규모에 비해 많이 부족했다. 이런 차량들이 추축국이 점령한 유럽지역에서 군대와 민간으로부터 몰수한 1,800종의 다양한 형태의 차량으로 구성돼 있다는 사실로 인해 부적절함이 더욱 가중되었다. 이 같은 다양한 차량의 형태로 인해 필요한 예비 부품을 확보하는 것이 불가능해졌다.

추가적인 다른 문제점들이 1941년 독일군의 재보급을 어렵게 했다. 소련의 도로체계는 빈약했고, 심지어 상태가 양호한 소수의 도로들도 독일군의 많은 교통량과 악천후로 인해 파괴됐다. 독일군은 예하 부대들에게 물자와 장비를 보급하기 위해 소련의 철도를 이용할 계획이었지만, 철로의 폭이 유럽보다 좁아서 독일 기관차를 운행하기 전에 공병은 모든 선로를 재측정해야 했다. 이 같은 어려움으로 인해 7월 중순에 레프 장군은 후속 보병부대에 대한 보급품을 중단해야만 제4기갑군에 대한 재보급이 가능했다. 마찬가지로 중부집단군도 8월에 스몰렌스크에서 처음으로 공격을 중단했고 10월 말에는 군수시스템이 따라올 수 없었기 때문에 태풍 작전도 중단했다. 후속 사건에서 알 수 있듯이 독일 육군은 전쟁의 군수지원 문제를 계속 경시하고, 대신 이런 어려움들을 상쇄하기 위해 전투기술에 의존했다. 독일군이 바르바로사 작전에서 이룬 전술적 승리의 규모를 감안할 때, 더욱 탄탄한 군수체계를 갖추었더라면 독일이 1941년에 소련군을 완전히 파괴하는 데 성공했을 가능성이 있었는지에 대해서는 여전히 논란의 여지가 있다. 1941년에 독일군이 구축한 군수지원 시스템은 추축국 목표의 규모와 소련의 계속되는 맹렬한 저항을 고려할 때 부족할 가능성이 컸을 것이다.

공격 재개

소련의 겨울이 다가오면서 심한 첫 추위로 진흙의 늪이 얼어붙어 11월 5일에서 6일 사이의 밤, 태풍 작전의 재개가 가능해졌다. 하지만 중부집단군과 대치하고 있는 소련군은 120만 병력과 850대의 전차를 보유한 84개 사단으로 증강되었다. 게다가 11월 중순 스탈린은 첩보요원을 통해 일본이 시베리아 동쪽을 공격할 계획이 없다는 정보를 입수해 이에 대한 조치로 10만 명이 넘는 병력을 아시아에서 모스크바 전방으로 신속하게 전환했다.

11월 15일 중부집단군은 모스크바 공격을 재개했지만, 소련군의 강렬한 저항, 혹독한 혹한의 날씨 및 심각한 군수지원의 문제들로 인하여 공격이 지지부진했다. 기갑사단의 느린 작전 템포를 향상시키기 위해 독일군 부대들은 지역주민들로부터 가용한 스노우 슈즈, 각종 썰매 그리고 살아 있는 모든 조랑말들을 무자비하게 몰수했다. 더구나, 남부 방향의 공세에서 툴라Tula가 거의 완전히 포위되었음에도 불구하고, 소련군의 완강한 저항은 독일이 그 마을로 향하는 철도를 개통하여 전방부대에서 필수적으로 필요한 보급품을 공급하는 중요한 생명선의 확보를 방해했다.

북쪽 축선에서 공격하는 독일 선두 기갑부대는 전투력이 급격히 감소되었음에도 불구하고 12월 4일 모스크바에서 19km 떨어진 곳까지 포복을 하듯 전진했다. 그러나 이 시점에는 많은 기갑부대들이 전투가 가능한 10대 미만의 전차만을 배치할 수 있었고, 최선의 노력에도 불구하고 12월 4일까지 소련의 대규모 포병 화력과 민간의 저항이 독일군 태풍 작전의 공격력을 파괴시켰다는 것을 모두가 알고 있었다. 12월 5일 히틀러는 어쩔 수 없이 공격을 중지하고, 보크 장군의 예하 부대에게 방어로 전환하도록 지시했다. 설상가상으로 북부 전선에서 이 같은 사태가 전개되는 동안, 남부집단군은 동부 우크라이나를 통과하면서 성공적인 공격이 패배로 전환됐다. 11월 28일 소련군은 독일군을 로스토프에서 격퇴시켰다. 독일군은 이제 동부 전역에서 방어로 전환했다.

태풍 작전의 종료와 동시에 소련은 전 전선에서 반격을 시작했다. 독일군은 모스크바 문턱에서 쫓겨났다. 잠시 동안 독일군이 패배한 것 같이 보였다. 하지만 히틀러는 현진지 고수를 명령했다. 독일군 부대들은 추위로 얼어붙은 열악한 장비로 전선을 유지했다. 독일군은 임시 방어거점을 이용하여 소련군의 공격을 저지하고 동부 전선을 지탱했다.

히틀러가 소련군에게 굴복하기를 거부한 한 가지 이유는 그에게 바르바로사는 이데올로기적 투쟁이었고 군대의 전쟁수행에 영향을 미친 그의 많은 결정은 이데올로기적 맥락에서 봐야 한다는 것이었다. 히틀러의 저서 『나의 투쟁Mein Kampf』은 모든 독자들에게 히틀러의 미래의 야망에 대해 추호의 의심을 남기지 말았어야 했다. 히틀러는 소련을 국제주의자, 반자본주의자, 슬라브계 아시아인 그리고 유대인의 지배를 받는 볼셰비키 통치체제로 봤으며 아리아 독일 민족의 고향을 확장하는 나치 국가의 생존과 기본적인 이데올로기를 위협하는 체제로 간주했다. 간단히 말해서, 볼셰비키의 통제체제가 존재하는 한, 천년 제국은 번영할 수 없었다. 히틀러는 이런 이데올로기적인 적대관계에 추가해, 동부 지역의 생활공간을 마련하기 위해 소련 지역의 점령을 구상했다. 독일이 제1차 세계대전(1914-1918)에서 패배한 이유에 대해 히틀러는 중부 유럽의 지정학적인 상황이 연합군에게 전쟁에 필요한 독일의 식량 및 원료의 수입을 차단하도록 허용했기 때문이라고 믿었다. 천년 제국의 번영을 위해, 히틀러는 소련 서부의 농업과 경제적인 자원을 획득함으로써 경제적인 자급자족을 주장했다.

1939년 8월 히틀러와 스탈린은 불가침조약인 몰로토프-리벤트로프 조약에 서명했다. 그러나 이 조약은 양 국가 사이의 잠재적인 긴장을 조금도 해소하지 못했다. 이 협약은 단순히 두 지도자들의 일시적인 냉소적

편법에 불과했다. 그들은 이 조약에서 공동으로 폴란드를 침공하고, 이어서 분할할 것에 합의했으며 스탈린은 1941년 6월 중순까지(일자에 주목) 독일에 막대한 식량 제공을 약속했다. 이와 같이 히틀러는 스탈린으로부터 1940년 2개 전선 전쟁의 망령에 대한 두려움 없이 서부 전역으로 전투력을 돌릴 수 있는 행동의 자유를 얻었고, 스탈린은 피할 수 없을 것으로 생각하는 전쟁에 대비할 시간을 벌었다.

바르바로사 작전이 독일군 병사들에게 무한한 육체적, 정신적 희생을 요구한 것에서 알 수 있듯이, 최고사령부는 병사들에게 나치 이데올로기를 체계적으로 주입시켰다. 초급 장교들과 심리전 장교들은 히틀러가 시도하려는 참혹한 전쟁 준비의 일환으로 동부 전선의 어려움을 극복하기 위한 세미나와 비공식적인 수시 토의를 실시해 부하들에게 나치주의의 가치관을 주입시켰다. 이런 이념적인 가치관을 강화하기 위해, 열등한 슬라브 민족인 적에 대해 무자비한 행동을 고취시키는 선전, 선동의 정신교육을 지속적으로 실시했다.

바르바로사 작전이 진행되면서 이데올로기는 여러 가지 측면에서 작전에 영향을 미쳤다. 침공 후 첫 10일 동안 가장 눈에 띄는 특징은 바로 소련군과 병사들에 대한 독일의 인식을 확인하는 것처럼 보였다는 것이다. "우리가 해야 할 일은 문을 걷어차는 것뿐이며 그러면 부실한 건물 전체가 무너질 것"이라는 6월 22일 히틀러의 발언은 이런 태도의 본보기였다. 돌이켜보면 1939년과 1940년에 달성한 독일군의 놀라운 승리와 바르바로사 작전의 모든 분야에 침투한 이데올로기적 요소들이 자만심을 과도하게 부추겼다. 대부분의 독일인이 바르바로사 작전을 실제로 독일 제국의 생존에 필요한 이데올로기적인 전쟁이라고 인식했기 때문에, 아무도 승리 이외의 다른 것을 생각할 수 없는 싸움에서 패배주의자처럼 보이기를 원하는 장교는 거의 없었다. 독일군은 국가 간의 물리적 충돌의 결과는 원칙적으로 더 강한 의지력으로 결정된다는 이데올로기적 시각

●●● 1941년 12월 모스크바 전투에서 소련군에 투항하는 독일군 행렬. 독일군은 신장된 취약한 병참선의 끝에서 싸웠기 때문에 공격 기세의 유지가 매우 어려웠다. 〈사진 출처: WIKIMEDIA COMMONS | CC BY-SA 3.0〉

으로 추축국의 맹공격에 저항하는 소련군의 의지를 지나치게 과소평가했다. 숙청으로 적군에 입힌 피해를 독일군이 과대평가했기 때문에 이런 소련에 대한 오해는 더욱 커졌다.

1939년부터 1940년까지 벌어진 전쟁에서 약한 핀란드군이 소련을 상대로 달성한 승리가 이런 평가를 더욱 강화했지만, 동시에 독일군은 1939년 할힌 골Khalkin Gol 전투[17]에서 일본인들에 대한 놀라운 소련의 성공에 의해 제공된 상반된 증거를 무시했다.

독일 지도부에게 추축국의 동부 침공은 이데올로기적으로 주도되는 인종말소전쟁Vernichtungskrieg이었으며, 그들은 처음부터 전례 없는 야만적

---

17 할힌 골 전투: 1936년 5월 11일~9월 16일 몽골 할힌골에서 벌어진 전투로, 러일전쟁에서 승리한 일본군이 만만하게 생각했던 소련의 현대화된 기갑부대에게 철저하게 패배했다.

공격을 실시하려는 의도를 갖고 있었다. 독일인들은 소련이 제네바 협약에 서명하지 않았기 때문에 적들이 무시무시한 아시아적 전쟁 기준을 사용할 것이라고 암시했고, 이 구실을 이용해 그들이 항상 일으키려고 했던 잔인한 전쟁을 정당화했다. 독일군 부대 내에 이미 만연돼 있는 볼셰비즘에 대한 증오심과 독일군 최고사령부가 1940부터 1941년 겨울 동안 나치주의 세계관을 병사들에게 주입시킨 결과, 1941년에는 동부 전선의 독일군이 이전의 전역에서보다 더 나치화 되어있었다. 이 같은 변화는 1941년 6월에 히틀러가 시작한 종족적인 대량학살 인종전쟁에 필수적인 잔인성을 실현하기 위해 바르바로사 작전 중 독일군이 보여준 의지에서 드러났다.

바르바로사 작전은 소련을 점령하는 것뿐만 아니라 볼셰비키의 고질병을 파괴함으로써 제국의 미래를 확보하려는 의도였다. 소련의 정치위원들은 당의 정치적인 충성심을 확고히 하기 위해 각 부대에 배치된 공산당의 정보요원들이었다. 1941년 6월 히틀러는 독일군 부대에 소련의 모든 인민위원들을 색출해 즉결처형하라는 정치위원 명령[18]을 하달했다. 게다가 독일군은 동부 지역에 대한 무자비한 점령정책을 기획했다. 점령지역은 제국이 필요로 하는 생활공간을 제공하도록 설계됐기 때문에, 정복자들은 독일인 가족들이 이주해 농장을 인수할 수 있도록 농업 지역들의 인구를 줄여야 했다. 소련 국민들을 추운 겨울에 오지로 추방하고, 굶주릴 정도의 식량배급과, 학대와 이런 조건에 수반되는 질병을 통해, 추축국의 점령은 원주민 슬라브 농업인구를 줄여나가려고 했다. 그러나, 숙련된 소련의 도시 노동자들은 노예 노동자로서 고용을 위해 죽이지 않았다. 1941년 7월 16일 히틀러는 "첫째 점령하라! 둘째 지배하라! 셋째 착

18　정치위원 명령: 히틀러가 1941년 7월 6일 발부한 인민위원을 처형하라는 명령으로 인민위원뿐만 아니라 유태인을 말살하라는 것이었다.

"전차 포위전투Cauldron Battle[19]"의 역설

바르바로사 작전에서 독일군의 전격전은 포위전투의 개념으로 실시되었으며 전차 선두 부대는 소련 전투서열 상의 대규모 부대들을 포위하고 섬멸하기 위해 종심 깊은 이중 포위를 실시했다. 독일의 작전 개념은 소련군의 응집력을 파괴함으로써 신속하게 승리하는 것을 목표로 했다는 점에서 교리적으로 기동전이라고 할 수 있다. 하지만 독일군이 일련의 포위로 소련군의 응집력을 무력화시키기를 원했던 수단은 과거 소모전을 수행했던 보병들을 주축으로 한 수단들이었다. 무엇보다 1812년 나폴레옹의 참혹한 침공에서 교훈을 얻은 바르바로사 작전은 소련 국경 지역에서 적군을 격파하기 위해 노력했다. 독일군 최고사령부는 스몰렌스크를 지나면 군수지원 면에서 여전히 우월한 소련군을 계속 공격하는 것이 불가능하다는 것을 알고 스몰렌스크에 도달하기 전에 격멸해야 했다. 이런 목적으로, 히틀러는 선두 기갑부대들에게 소련군이 도주해 종심 깊은 영토에서 다시 싸우지 못하도록 공격을 중지하고 포위지역들을 봉쇄하라는 명령을 내렸다. 이것은 독일군의 대부분이 그저 전차를 따라갈 수밖에 없는 기동력이 없는 보병사단으로 구성되었기 때문에 필요한 조치였다. 게다가 그 당시 모든 전차들이 사실상 기계화부대에 집중되어 있었기 때문에 보병은 기동화된 직접화력자산이 부족했다. 따라서 보병은 포위된 적을 격멸하기 위하여 기갑사단과 긴밀하게 협조해야만 했다.

돌이켜보면, 독일 육군의 부대 구조는 동부 전역의 작전범위를 고려할 때, 부적절했다. 전차의 공격을 중지시키고 근거리 포위망을 형성해야 했기 때문에 계속해서 소련으로 공격할 수 없었다. 따라서 독일의 기동전은 궁극적으로 기세를 잃었고, 이것은 독일이 그 시점까지 이미 적에게 가한 충격 행동과 혼란에서 회복할 시간을 주었다. 전격전은 목표의 크기와 그런 야심찬 임무를 고려한 독일군 부대 구조의 문제로 조성된 아주 까다로운 딜레마에 빠졌으나, 이런 딜레마조차도 독일의 최고사령부 내에서 극소수만이 인지했다.

취하라!"는 동부의 점령 지역에 대한 특수명령을 하달했다.

바르바로사 작전이 흔들리기 시작했을 때에도 이데올로기 십자군의 광란은 수그러들지 않고 계속됐다. 예를 들어 1941년 10월 하순 남부집

---

19 전차 포위전투: Cauldron Battle은 가마솥 전투로, 포위 전투를 말하며 제2차 세계대전 중 북아프리카 토브룩에서 있었던 영국과 독일 간의 전차전을 말한다.

단군은 전방 병사들에 대한 선전 활동을 강화했다. 추가적으로 영화용 차량이 전방 지역에 도착하면 모처럼 휴식하고 있는 부대들은 유대-볼셰비키가 지배하는 열등 슬라브 민족으로부터 유럽의 문명을 보호하는 독일의 의무를 찬양하는 선전, 선동 영화를 봐야 했다. 그 외에도 독일군은 탄약과 유류가 절대적으로 부족함에도 불구하고, 귀중한 군수지원을 담당하는 차량들을 격주로 발간되는 상당히 왜곡된 국방 뉴스와 부대 소식과 같은 팸플릿을 전방으로 수송하는 데 낭비했다. 그리고 화물트럭들은 마침내 독설적인 독일 민족주의, 반유대주의, 반슬라브 서적을 가득 실은 사단의 이동도서관으로 전용되었다.

이데올로기가 전투의지를 강화시켰을지는 모르지만, 바르바로사 작전을 개시한 초기 몇 주 동안 독일 육군이 성공한 가장 중요한 요인은 기갑사단들의 전문성과 공격성 및 기백이었다. 1941년 여름 독일 육군은 소련을 파괴하려는 히틀러의 의도를 구현하기 위해 부대 구조를 개편해야 했다. 1940년 6월 중순부터 육군 사단을 153개로 급격하게 확장시키면서 단결력이 저하되었다는 것을 인식하고, 작지만 보다 강한 141개 사단으로 전투서열을 개편했다. 또한, 1940년 가을에 기존의 기갑사단을 20개로 증가시키라는 히틀러의 명령은 바르바로사 작전을 위한 기갑부대의 단결과 응집력을 와해시켰다. 이런 부대 구조의 개편은 소련과 같은 광대한 영토를 정복하는 데 필요한 종심 깊은 전략적 돌파에 필요한 최소한의 규모였다.

하지만 1940년부터 1941년 겨울까지 독일의 전차생산은 보잘것없었다. 게다가 히틀러는 1940년 후반기에 장비 할당의 우선권을 육군에서 공군과 해군으로 전환했다. 결과적으로 군대의 기갑부대를 두 배로 늘리는 것은 각 사단의 전차 전력을 절반으로 줄여야만 달성될 수 있었다. 1941년 봄까지 독일 육군은 전차 320대를 편제한 10개 기갑사단을 20개로 개편하는 대신, 11개 기갑사단은 200대 이하의 전차로 편성했다.

●●● 동부 전역에 배치된 50mm Pak 38 대전차포. 이 대전차포는 500m 범위에서 60mm의 수직 장갑을 관통할 수 있는데, 이는 T-34를 관통하기에는 충분하지만 KV 중전차를 관통할 수는 없었다. 37mm의 경우 독일군은 대전차포-38용 텅스텐 카바이드 탄을 개발하여 관통력을 더욱 높였다. 독일군은 곧 T-34 전차가 주도하는 소련의 반격을 막을 수 있는 유일한 현실적인 방법으로 50mm 포를 요구하게 되었다. 〈사진 출처: WIKIMEDIA COMMONS | Public Domain〉

그 외에도 히틀러는 1941년 봄까지 독일군 141개 사단을 208개로 50% 증가시키라고 명령했다. 하지만 바로 이전의 전역에서와 같이, 이 같은 부대 확장은 병력과 장비의 능력에 심각한 부담을 주었다. 결과적으로 비록 독일군은 점령한 9개국으로부터 노획한 많은 무기들과 그 중 다양한 종류의 수백 대의 차량들을 활용했지만, 많은 사단들은 계획한 수준의 장비를 보유하지 못했다.

　4개 기갑군(1941년 후반기에 기갑군으로 명칭이 변경됨)이 공격을 선도했다. 1개 기갑군은 2, 3개 기동군단으로 편성됐다. 4개 기갑군은 모두 합쳐서 17개 기갑사단과 3,584대의 전차, 11개 차량화사단 및 1개 기병사단의 총 29개 기계화사단으로 편성됐다. 선봉에 선 17개 기갑사단은 일반적으로 각 3개 독립 전차대대로 편성했고 모두 합쳐 1호 전차 160대, 2호 전차 1,831대, 35(t) 전차 187대, 38(t) 전차 772대, 3호 전차 965대, 4호 전차 439대 그리고 지휘용 전차 230대로 총계 3,584대였다. 전략적 수단으로 집중 운용하는 기갑사단 외에도 독일군 제2제대인 보병 126개 사단과 전략예비는 신속한 기동으로 직접 지원화력을 제공할 수 있는 돌격포 250문을 보유했다. 이로써 독일은 선봉에 총 3,834대의 장갑전투차량을 갖추게 됐으며, 루마니아군도 추가로 227대의 전차를 배치했다. 이 4,061대의 기갑전투차량에 추가해 독일은 350대의 전차를 예비로 보유함으로써써 추축군 기갑전투차량은 4,411대가 되었다.

기계화보병 전술

소련 전역에서 기갑군이 승리한 또 하나의 요인은 바르바로사 작전의 첫 주 간에 투입된 기갑사단 내에 편제된 기계화보병이 보다 공세적인 전투를 수행했기 때문이었다. 1939년 폴란드에서는 기갑사단 내 소수의 차량화보병대대만이 인원수송용 반궤도장갑차를 장비하였으며 병사들은 교전 지역 가장자리에서 하차해 도보로 기갑부대를 지원할 수 있었다. 그러나 1940년 서부 전역에서 인원수송용 장갑차에 탑승한 차량화보병은 차량에 탑승해 기갑부대를 밀접하게 지원하는 보다 야심찬 전술적인 역할을 수행했다. 바르바로사 작전에서도 훈련에 숙달된 차량화보병들은 더욱 야심찬 기능과 역할들을 수행했다. 종종 인원수송용 장갑차들은 전차 V대형의 측방으로 전진해 소련의 측면 공격을 방어했다. 또한 인원수송용 장갑차에 탑승한 기계화보병들은 전차 쐐기대형 내에서 개인화기와 기관총으로 전차를 지원했다. 바르바로사 작전을 시작한 첫 한 달 동안 전차와 장갑에 탑승한 보병부대 사이의 적시적이며 효과적인 협조는 강력한 파괴력을 지닌 근접항공지원과 함께 제대로 준비되지 않은 적을 압도적으로 제압하는 데 크게 기여했다.

바르바로사 작전에서 제2기갑집단과 제3기갑집단은 놀랍게 전진했다. 이 전투에서 부대들은 모두 7월 20일까지 모스크바를 향해 290km 이상 공격해 스몰렌스크에서 거의 30만 명의 소련군을 포위했다. 공군은 선봉에 있는 기갑부대를 효과적으로 지원했다. 지속적인 항공차단 임무는 스몰렌스크 전선 후방에서 동-서로 연결하는 소련군의 병참선을 차단해 이미 기갑군의 측면에 포위된 기동력이 둔화된 소련군이 독일 포위망에서 동쪽으로 철수하는 것을 막았다. 이러한 지상전의 승리는 긴밀한 공지합동작전의 덕분이었다. 결론적으로 독일군은 첫 4주간 일일 평균 119km의 속도로 모스크바까지의 거리의 거의 2/3인 571km를 성공적으로 전진했다. 만일 독일군 전차가 이러한 기세를 유지했더라면 21일 만인 8월 11일에 크렘린Kremlin에 도달했을 것이다. 사실상 중부집단군 예하 야전사령관들에게 소련의 수도 모스크바를 향한 계속적인 전차공격은 반드시 모스크바를 성공적으로 점령할 것같이 보였다.

1941년 8월부터 9월까지 우크라이나에서 독일 기갑부대의 감동적인 전투수행은 우수한 승무원들의 덕분이었다. 기갑사단은 보병 신병훈련을 우수하게 이수한 병사들만을 전차병으로 선발해 양성했다. 이 전차병들은 기갑병과학교에서 교리, 탄도학, 전차포술, 전차정비 및 전차전술을 포함한 다양한 주특기훈련을 받았다. 소련 전역과 같은 최전선에서 전투 경험이 많은 탁월한 지휘관이 절실하게 필요했음에도 불구하고 정규적으로 전방부대에서 가장 유능하고 전투 경험이 많은 기갑장교들을 교관으로 선발해 전차병을 양성했다. 전방 병력이 부족해 훈련기간의 단축이 요구되었던 1944년까지도 훈련 중인 전차병의 훈련기간을 오히려 더 연장했고 엄격한 전투사격훈련을 실시했다. 우수한 광학장비를 포함한 이러한 요소들의 통합은 최소한 1944년까지 계속 전차포술의 탁월한 훈련수준을 유지했다. 기갑사단들이 효율적으로 전투할 수 있었던 또 다른 요인은 전차승무원 역시 기갑학교에서 차량화보병과 전차포병 간 최초 전장협조 등 병과 간의 협조 및 공지합동전술을 충분히 훈련했기 때문이었다.

바르바로사 작전에서 공군의 역할

제공권은 독일군 공격의 승리에 결정적이었으며 공군은 1939년부터 1940년 폴란드 전역과 서부 전역에서와 마찬가지로 육군을 적극적으로 지원했다. 바르바로사 작전 최초 48시간 동안, 공군은 제공권을 확보하기 위해 가용한 항공기 2,150대를 공중전에 집중적으로 투입했다. 독일군 전투비행단은 기습적 공격으로 소련 서부 지역의 비행장 활주로에 전개한 소련 항공기를 폭격했다. 독일 공군은 바르바로사 공격 최초 48시간 동안에 80초마다 한 대씩 소련 항공기 2,200대를 격파했다. 독일군은 일정 기간 동안 광대한 전역의 여러 구역에서 적어도 상당한 수준의 제공권의 우위를 달성할 수 있었다. 이를 달성한 후 공군은 6월 24일 4개 기갑군의 공격을 지원하는 임무로 전환했다. 공군은 전선 후방에 있는 적을 차단하고, 적과의 접촉 시 근접항공지원을 실시했다. 이 같은 항공차단작전은 소련군 예비대의 전선 투입을 방해했고, 포위된 소련군 부대들이 포위망을 돌파하거나, 우회해 동쪽으로 퇴각하는 것을 차단했다. 공군은 기갑군이 바르바로사 작전에서 대규모의 포위작전을 실시하고, 포위망 내에 있는 소련군을 적시에 포획하도록 지원했다.

　공군은 효과적인 근접항공지원을 실시해 보통 말이 끄는 독일 포병이 기갑부대의 신속한 공격과 보조를 맞출 수 없을 경우, 전방부대를 지원하는 포병화력지원의 공백을 메웠다. 1941년 초에 도입되어 나머지 기간 동안 확장된 조치는 바르바로사 기간 동안 독일의 공대지 협력 메커니즘이 이전보다 더 정교해졌음을 의미했다. 1940년에서 1941년까지 항공통신반의 수가 증가해 바르바로사 작전에 투입된 40개의 독일군단 및 엄선된 기갑사단들은 대부분 1개 항공통신반을 운용했다. 항공통신반은 장갑차에 탑승하거나 때때로 양호한 통신장비를 장착한 전차에 탑승해 전차와 함께 공격했고, 전방상황과 각 부대의 위치를 후방으로 보고했다. 하지만 근접항공지원 요청은 여전히 군단사령부에서 육군을 통해 소속 공군사령부로 전달되면 공군사령부가 특정한 공군부대에 그 과업을 할당했다.

바르바로사 작전에서 근접항공지원에 대한 폭격기의 할당이 점점 증가되면서, 장갑차량에 탑승한 전방 관측장교들은 항공기를 직접 유도할 수는 없었지만, 무전기로 많은 표적 정보들을 릴레이식 중계로 항공기에 제공했다. 이 같은 조치를 통해, 전진하는 지상군에 대한 공군의 근접항공지원 제공은 이전 전역과 비교해 기술적인 측면에서 확실히 개선됐다. 그러나 전역의 광대한 규모, 급조된 전방 잔디 활주로에서 작전을 수행하는 동안 전술항공편대가 무서운 속도로 달리는 기갑부대를 따라잡는 데 어려움을 겪었고, 종종 끔찍한 날씨와 심한 손실율은 모든 공지합동작전이 항상 효과적으로 실시됐다기보다는 산발적으로 이뤄졌다는 것을 의미했다. 그럼에도 불구하고 공군의 효과적인 공중지원으로 적의 부대들을 무력화시킬 수 있었다. 그뿐만 아니라 직접 눈으로 확인할 수 있는 공군의 지원은 최전방에서 공격하는 지친 기계화보병들과 전차승무원들의 감투정신을 고양시켰다.

2년간 연속된 승리를 거둔 육군과 공군의 전투력과 높은 사기를 완전히 활용하기 위해, 1940년 12월의 바르바로사 계획은 독일군에게 기갑부대를 선두로 한 종심 깊은 전략적 침투기동을 포함해 대담하고 빠른 작전을 수행하도록 명령했다. 4개 기갑집단군은 많은 소련군을 포위하고 파괴하는 일련의 이중 포위를 수행하려고 했다. 또한 러시아의 후퇴로 인해 보급에 심각한 어려움을 겪은 나폴레옹의 전철을 밟지 않기 위해 바르바로사 작전은 기갑집단군들이 포위망에 갇힌 병력을 포함해 전투력을 갖춘 소련군이 소련 내부로 깊이 철수하는 것을 막아야 한다고 강조했다. 이 4개 기갑집단군은 많은 소련군을 포위하고 파괴하는 광대한 이중 포위망을 형성하기 위해 수렴하는 축선을 따라 빠르게 전진하는 포위전투Cauldron Battle의 작전술을 시행하려고 했다. 일단 기갑사단의 정예부대들이 포위망을 형성하면, 포위된 적군이 소련 내륙 깊숙이 탈출해 후퇴하는 것을 막고 포위망을 봉쇄하기 위해 일부 부대가 남아 있을 것이다. 그동안 나머지 기갑부대들은 적의 응집력을 파괴하기 위해 소련 후방 지역으로 계속 종심 깊은 공격을 실시할 것이다.

상대적으로 적은 수의 추축국 기계화부대들이 전방으로 공격하면서 62만 5,000마리의 말을 가진 126개 보병사단은 선봉에서 공격하는 기갑부대와 너무 많이 떨어지지 않도록 필사적으로 행군했다. 지역을 점령하여 적을 소탕하는 것 외에도 보병부대들은 4개 기갑군을 도와 소련군의 포위 지역을 줄였다. 이런 행동은 몇 달 만에 전쟁에서 승리했던 하나의 지속적이며 공격적인 노력의 일부로 구상되었다. 그러나 핵심적인 의문은 만약 독일군이 소련의 결속력이 빠르게 무너지지 않는다면, 소련만큼 강력한 적에 맞서 이 정도 규모의 국가에서 진격을 유지할 수 있을지에 대한 것이었다. 처음 몇 주는 그렇게 할 수 있다는 것을 보여줬다.

8월 26일, 클라이스트는 제1기갑집단군 예하 기갑사단들을 드네프르 강을 건너 북쪽으로 진격시켜 남쪽으로 진군하는 구데리안의 기갑부대를 향하게 했다. 2개의 기갑부대들이 서로 접근함에 따라 키예프 서쪽의 소련군에 대해 계획된 독일군의 대규모 포위가 현실화되기 시작했다. 클

신형 전차의 필요성

바르바로사 작전 2일과 3일차인 1941년 6월 23일과 24일, 리투아니아에 있는 회프너의 제4기갑군과 부크 강 근처의 클라이스트의 제1기갑군은 소련의 신형 KV-1 중전차와 처음으로 조우했다. 독일군의 최신형 전차인 3호 전차가 820m의 거리에서 사격한 50mm KwK L/42탄이 당혹스럽게도 소련 KV-1 전차의 전면 장갑에 맞고 튕겨 나갔다. 그 후, 7월 4일 신형 전차인 T-34가 이끄는 소련군의 역습으로 독일군 제2기갑집단군의 선두부대가 후퇴했다. 이와 유사하게 1941년 10월 4일 오룔Orel 근처의 므첸스크Mtsensk에서 제4기갑사단은 51대의 소련 T-34와 KV-1 전차가 이끄는 단호한 반격에 마주쳤다. 이 같은 소련의 기습대응으로 3호 전차 10대가 파괴됐고 리시차Lisiza 강을 도하하는 독일군 전

●●● 1941년 8월 드네프르 강에서 파괴된 독일군 3호 전차 〈사진 출처: WIKIMEDIA COMMONS | CC-BY-SA 3.0 DE〉

차가 철수했다. 이런 불안정한 전장 경험들은 소련 전차가 독일군의 모든 전차들 보다 우수하다는 것을 증명했고 독일군의 대전차 화기로 사실상 파괴할 수 없다는 것을 알게 되었다. 이런 문제들을 해결하기 위해 독일군 최고사령부는 서둘러 포신이 좀 더 긴 50mm KwK L/60 전차포를 장착한 최신형 3호 전차를 생산하고, 전차 장갑을 강화하기 시작했다. 하지만 그 무엇보다 독일군은 1943년부터 유럽의 전장에 큰 영향을 미칠 새로운 75mm 포를 장착한 5호 판터Panther 중형 전차와 88mm 포를 장착한 6호 티거Tiger I 중전차의 개발에 착수했다.

라이스트의 제1기갑집단군이 남쪽에서 작전을 재개한 4주 후인 8월 22일에 구데리안의 제2기갑집단군은 남쪽으로 공격을 개시할 수 있었다. 이 지연은 모스크바로 향하기를 원하는 독일 사령관의 불복종 시도, 독

일군의 끔찍한 군수지원 상황, 옐냐Yelnya에서 실시된 치열한 소련군 반격의 결과였다. 8월 22일 구데리안의 정예 기갑사단들은 키예프 전방에서 방어하는 소련군의 후방 남쪽으로 깊숙이 공격했다. 26일간의 전투 끝에 남쪽으로 진격한 후 끔찍한 먼지와 열기에도 불구하고 빠르게 이동하는 제2기갑집단군은 로스라블Roslavl 남쪽 399km, 소련의 전선 후방 188km에 위치한 로크흐비차Lokhvytsya에 도달했다. 9월 15일 로크흐비차에서 제2기갑집단군은 클라이스트의 기갑부대와 연결해 키예프 주변에 66만 5,000명의 소련군에 대한 거대한 포위망을 형성했다. 어떤 대가를 치르더라도 키예프를 버려서는 안 된다는 스탈린의 고집 때문에 포위된 소련군은 다가오는 독일의 양면 공격을 피하기 위해 철수할 수 없었다.

따라서 9월 중순까지 구데리안과 클라이스트의 기갑군은 키예프와 우만Uman 포위망에서 66만 5,000명의 소련군을 포위하고 추가로 30만 명을 사살했다. 광대한 키예프 포위를 완성하는 데는 2주가 더 걸리겠지만, 이 시점에서 독일군은 우크라이나에 있는 소련군 진지를 거의 전멸시켰다. 우크라이나 동쪽의 기름진 농업지대와 공업 지역으로 향하는 도로들이 독일군 기갑부대의 공격에 개방됐다. 그들의 길을 가로막는 것은 와해된 소련 남서부전선군의 무질서한 패잔병, 드네프르 강 너머 훈련학교에서 급히 동원된 생도들, 그리고 계속 공격하기 위해 지원하는 독일군 군수지원부대의 능력뿐이었다. 또 한 번 소련군은 독일군의 신속한 작전 템포와 기계화부대의 공격 기세에 효과적으로 대응할 수 있는 능력이 없음이 증명됐다.

스탈린과 히틀러의 기여

이 시점에서 언급해야 할 것은 스탈린이 종종 독일의 포위를 도왔다는 것이다. 예를 들어 태풍 작전 동안 소련군은 모스크바를 방어의 중심으로 인식하면서 모스크바 전방으로 막강한 전투력을 집중시켰지만, 스탈린은 수세적인 선형 지역방어와 키예프 포위의 참사를 초래했던 철수를 금지하는 이중전략을 계속 고집했다. 이 같은 소련의 전략으로, 우수한 작전적 기동능력을 보유한 독일군 기갑사단은 측방으로 공격해 고착된 소련군을 포위했다. 태풍 작전의 첫 12일 동안, 빠르게 기동하는 독일의 기갑부대들은 브랸스크Bryansk와 뱌즈마Vyazma 전방에서 실시하는 소련군의 지역방어를 압도해 66만 명의 소련군을 가두는 두 개의 포위망을 만들었다. 독일 공군의 에이스 전투기조종사인 한스 울리히 루델이 회고했듯, 이 단계에서 독일 공군은 양호한 기상을 이용해 슈투카 폭격기와 헨셸Henschel HS 123 급강하폭격기로 대규모의 근접항공을 지원했다. 예를 들어 이 같은 지원은 10월 8일 포크로프Pokrov에서 무장친위대 차량화사단 다스라이히SS Motorized Division Das Reich가 개시한 성공적인 공격에 기여했다. 중부집단군이 2곳의 대규모 포위를 실시하는 데 추가적으로 11일이 더 걸리겠지만, 10월 13일까지 독일군은 이미 모스크바 전방에 있는 소련군 방어진지의 중심부를 공격해 들어갔다. 크렘린으로 향하는 길이 활짝 열렸다.

그렇다면 히틀러는 어땠을까? 히틀러가 1941년 소련군을 패배시킬 수 있는 육군의 능력을 감소시켰으며 최고사령부가 이를 방조했다는 데는 의심의 여지가 없다. 최고사령부는 소련 전선 후방에 형성된 포위망에 갇혀있는 수십만의 적군이 두려워 기갑부대를 계속 공격시키려는 야전군 사령관의 건의를 묵살했으며, 대신 행군하는 보병사단이 그 지역에 도달할 수 있을 때까지 기갑사단을 정지시키고 스몰렌스크 포위망을 소탕한 다음에야 모스크바를 향한 진격을 재개하라고 명령했다. 결과적으로 소련의 수도로 향하는 독일군의 기세는 중부집단군이 모스크바를 방호하는 소련군을 돌파하는 바로 그 순간에 약해졌다. 하지만 히틀러가 이를 허락했다 하더라도 구데리안과 호트의 기갑부대들이 계속 공격할 수 있었는지는 확실하지 않다. 7월 중순에도 군수지원 면에서 그 같은 공격은 거의 불가능했으며, 구데리안과 호트의 부대는 파손된 전차들을 정비하기 위한 전투휴식이 긴급히 필요했다. 예를 들어 호트 예하의 모든 기갑사단이 편제상 전차의 절반 이상을 보유하지 못했고, 생존한 병사들은 탁월한 훈련과 육체적인 강인함에도 불구하고 인내력의 한계점에 도달했다.

히틀러의 결심은 훨씬 더 절망적이었다. 우크라이나에 배치된 막강한 소련군이 중부집단군의 남쪽 측방 역습을 우려한 히틀러는 중부집단군에게 모스크바 공격을 재개하기 전에 우크라이나에 있는 소련군을 격멸하라고 명령했다. 소련의 반격에 대한 이런 두려움에서 히틀러의 지령 33호는 중부집단군 예하 제2기갑군을 남쪽으로 전환해 우크라이나 지역을 방어하는 소련군의 후방으로 공격한 후, 거기에서 동쪽으로 공격하는 남부집단군의 제1기갑군과 연결하도록 지시했다. 또한, 히틀러는 독일군이 레닌그라드로 진격하는 것을 돕기 위해 중부집단군의 제3기갑군에게 북쪽으로 방향을 전환하라고 명령했다. 마지막으로, 히틀러는 중부집단군에게 중요한 임무인 모스크바 진격을 계속하라고 지시했지만, 상대적으로 기동력이 미약한 2개의 보병부대만으로 공격했다. 히틀러의 지령 제33호는 엄청난 큰 전략적 과오였다. 소련은 7월 하순과 8월 초에 민스크와 스몰렌스크 포위전에서 끔찍한 손실을 당한 후, 전투력이 약한 부대로 모스크바 전방에 전개할 수밖에 없었다. 이런 측면에서 보면 새로 편성된 독일군 기갑부대가 소련군이 새로 동원된 예비전력을 증강하기 전에 공격했더라면 모스크바를 점령할 수 있었을지도 모른다. 어쨌든 보크 장군 예하 2개 보병군(제4군, 제9군)의 공격은 너무 느렸고, 소련군이 전투력을 다시 회복하기 이전에 모스크바를 점령할 수 없었다. 지령 33호의 어리석음은 동부 전선의 많은 현장 지휘관뿐만 아니라 최고사령부의 일부에게도 명백했으며, 몇몇 용감한 장교들은 이 결정을 비판하고 히틀러가 그의 마음을 바꿀지도 모른다는 희망으로 기갑부대 공격 방향의 전

●●● 1941년 6월 벨로루시에 진입하고 있는 독일 제3기갑군 : 침공 10일째 독일 중부집단군은 벨로루시의 베레지나Beresina 강을 도하해 소련을 향해 400km를 진격했다. 구데리안과 호트의 기갑군은 이미 비알리스토크Bialystok와 민스크에서 소련군을 성공적으로 포위했다. 〈사진 출처: WIKIMEDIA COMMONS | Public Domain〉

환을 피하려고 했다.

　당시의 전장 상황으로 인해 중부집단군은 8월 21일까지 이런 새로운 남진과 북진을 위한 2개 기갑군의 재배치를 완료하지 못했다. 한 달 내내 제2, 제3 기갑군은 모스크바로부터 410km 떨어진 곳에서 1km도 더 전진하지 못했지만, 전쟁 첫 달에 이들 부대들은 소련의 수도를 향해 571km 이상 전진했다.

결론

바르바로사의 가장 놀라운 점은 추축국 군대가 전쟁 역사상 가장 놀라운 전술적 승리를 달성했음에도 불구하고 소련에게 결정적인 전략적 패배를 안겨주지 못했다는 것이다. 1941년 6월부터 12월까지 166일 동안 독일군은 1,600km의 긴 전선에서 1,290km를 진격해, 소련군에게 430만 명의 전투력 손실을 안겨 주었으며, 소련 서부 지역에서 1.3배로 강한 지상군을 격멸했다. 하지만 이 같은 승리에도 불구하고, 1941년 12월 중순 독일 육군은 1941년 6월 21일 바르바로사 작전을 개시할 때보다 더 강력한 소련군과 대치하게 됐다. 이런 불편한 진실은 독일군의 승리가 고통스럽고 거의 회복할 수 없는 손실로 달성되었다는 측면에서 예리한 비판을 받고 있다. 예를 들어 12월 5일까지 독일 육군은 6월 22일에 투입했던 인원수송용 장갑차 3,854대 중 87%인 3,370대를, 투입된 병력 305만 명의 26%인 78만 명을 잃었다. 인원수송용 장갑차 663대와 병력 4만 명으로 보충된 독일 육군은 12월 초에 바르바로사 작전이 시작될 당시의 전력에 비해 장갑차 2,707대, 병력 34만 명이 부족했다.

독일군이 바르바로사 작전의 손실을 제대로 보충하지 못한 주된 이유는 히틀러가 1941년 봄 지상군 무기, 특히 경곡사포와 박격포의 생산을 크게 축소하기로 결정했기 때문이었다. 1941년부터 42년 겨울, 극도로 약화된 동부 전선의 독일군은 자신들이 이룬 엄청난 전술적인 성공에도 불구하고 소련 땅에서 잔인한 추축국 군대를 쫓아내기로 무자비하게 결심한 그 어느 때보다 더 강력한 적과 마주하고 있음을 알게 되었다. 히틀러는 전투력이 저하된 부대에게 무리한 지령을 내렸다. 구데리안 장군은 "우리 최고사령관의 완강한 고집 때문에, 그 후 수 주 내에 심각하게 악화된 적의 수도 모스크바에 도달하는 데 실패해 참혹한 패배를 당했다. 우리가 모든 것을 보고했음에도 불구하고, 동프로이센에서 멀리 떨어져 있던 최고사령부의 장군들은 병사들이 악전고투하는 동계전투의 실제 상황을 정확히 이해할 수 없었다"고 회상했다.

1942년 3월까지 소련의 반격은 독일군의 완강한 방어로 저지됐다. 그리고 봄의 해빙과 이어지는 진흙으로 모든 기동은 정지됐다. 하지만 이번에는 소련군의 병참선이 신장됐다. 동부 전선에서의 이 같은 교착상태는 1942년 5월까지 계속됐다.

●●● 1942년 9월 15일 스탈린그라드 시가지 전투 중인 독일군. 독일군은 이 도시에서 장기간의 소모적인 시가지 전투에 휘말리게 되면서 적의 장점을 이용하지 못했을 뿐만 아니라, 훈련이 잘 되고 전술적 융통성을 뛰어난 기갑사단의 우수한 기동성을 효과적으로 발휘하지 못했다. 〈사진 출처: WIKIMEDIA COMMONS | Public Domain〉

제7장
동부 전선 II(1942년)

암호명이 청색 작전인 소련에 대한 독일군의 하계 공세는 독일군이 스탈린그라드에서 참패하면서 끝이 났다. 독일군은 또다시 병력 수만 명과 장갑전투차량 수백 대를 잃었다. 이는 동부 전선에서 감당하기 어려운 큰 손실이었다.

독일군은 1941년 작전에서 입은 엄청난 손실에서 결코 회복하지 못했다. 1942년 4월 현재 독일 육군은 전쟁을 시작한 1941년과 비교해 병력의 1/3, 대전차포의 40%, 말의 50%, 전차의 79%를 잃었다. 대규모 차량의 손실로 기동성이 크게 저하되었으며, 탄약은 1941년 6월 보유 수준의 1/3로 감소됐다. 새로운 생산과 보충은 손실을 상쇄하지 못했고, 보병, 장교 및 장비의 수준이 급격히 감소됐다. 게다가 독일군은 지형과 기상, 병력, 장비 및 군수지원의 부족 그리고 히틀러의 명령 수행으로 발생하는 제한사항들로 인해 1941년부터 1942년 겨울에 발전된 교리에 의한 탄력적인 종심방어를 실시할 수 없었다. 대신 즉응력을 갖춘 독일군은 당면한 상황에 부응하는 방책을 신속하게 채택했다. 한편 소련군은 모스크바로부터 독일군을 격퇴시키고 기동이 가능한 작전공간을 확보하기 위해 전선의 중앙 구역 전체를 따라 정밀하지 못하며 협조되지 않은 대규모의 강력한 정면공격을 가했다. 이 같은 소련군의 반격은 소련의 수도를 공격하는, 전투력이 대폭으로 감소된 독일군의 선두부대인 기갑사단을 기갑의 특성에 맞지 않는 치열한 방어전투에 휘말리게 했다.

처음에는 반격을 예측하거나 규모를 파악하는 능력이 떨어졌지만 독일의 인종적 편견으로 인해 현지의 사령관들은 소련의 인내력뿐만 아니라 자신의 약점도 과소평가했다는 것을 알게 됐다. 병력과 무기, 군수지원이 부족하고 방어에 미숙해, 초기에 과신했던 독일은 어설픈 조치만을 취했다. 단편적이고 국지적인 후퇴 이동과 소규모 부대의 교대작전을 포함한 소극적인 기동으로 조수처럼 몰려오는 소련군의 제파식 공격을 저지하지 못했다는 것은 새삼 놀랄 일이 아니었다.

환경의 변화에 대한 적응력이 빠른 독일 육군은 전략을 변경하고 방어 전술을 개선해 1941년 12월의 소련군에 대응했다. 독일군은 다음과 같은 두 가지 전략적 선택에 직면했다. 장군들이 원했던 보다 짧고, 방어에 더 유리한 겨울 방어선으로의 전면적인 철수와 12월 16일 히틀러가 선택한 현 전선에서 소련의 맹공을 저지하며 버티는 것이었다. 한겨울에 기동성이 제한된 가운데 전략적 철수를 했다면 독일군은 중전투장비들을 잃었을 것이고 1812년 나폴레옹의 퇴각처럼 패주로 변했을 수도 있었다.

또한 히틀러는 1942년 후반에 수도를 공격하고 점령할 수 있도록 모스크바에 가까운 전선을 유지하기를 원했다. 그는 예하 부대들에게 전 전선을 모두 유지하고 지난 12월에 독일군이 포위했다가 철수한 요새화된 마을을 거점으로 주변에 '고슴도치 진지'[20]를 구축하고 강력하게 방어하도록 명령했다. 독일군은 12월 말까지 중앙 지역 전선 전체에 최선을 다해 요새화한 고슴도치 방어진지를 구축했다. 하지만 전투를 하면서 동계 방어작전의 교리가 미흡하고 장비 및 훈련이 부족하다는 냉엄한 현실이 고스란히 드러났다. 그럼에도 불구하고 독일군의 군건한 정책과 전술적 운용 능력, 부대의 단호한 의지, 겨울 날씨 그리고 소련군의 제한된 공격 능력으로 인해 마침내 1942년 초에 소련군의 공세는 중단됐다.

20　고슴도치 진지: 포위된 부대가 사면으로부터 방어하기 위해 편성한 진지의 한 형태.

그러나 그와 같은 즉응적 대처가 소련군의 공세를 멈추게 할 수 있었던 것은 고슴도치 진지의 방어적인 특성이나 독일군의 견고한 방어보다는 소련군의 미숙한 공격작전 수행이 더 크게 작용했기 때문이다. 하지만 독일 육군은 그러한 즉응적 대응으로 전선의 와해를 막을 수 있었지만, 막대한 비용을 치러야 했다. 동계 전투에 대한 준비가 부족했던 독일군은 1941년과 1942년 겨울에만 22만 8,000명이 동상의 피해를 입었다. 추가적으로 그 기간에 소련군은 많은 고슴도치 진지를 성공적으로 포위하고 유린했다. 특히, 소련군의 T-34 중형 전차는 동계 작전에 적합한 탁월한 성능으로 독일군에게 위협적이었던 반면 필수적인 MG 34 기관총을 포함해 일반적으로 신뢰할 수 있는 많은 독일 무기들은 혹독한 동계 작전 환경에 맞지 않아 성능을 제대로 발휘하지 못했다.

그러나 1942년 1월 지략이 있는 독일군 방어부대들은 방어와 동계 작전 능력 그리고 고슴도치 진지의 강점을 신속하게 개선했다. 독일군은 부분적으로는 개별적인 시행착오를 통해, 또는 통찰력 있는 사후 보고서의 신속한 전파를 통해 이를 달성했다. 독일군은 마을 거점에 큰 한계가 있음을 재빨리 인식했다. 집결한 방어 병력은 소련군의 포격에 취약하고 방어의 종심이 깊지 않았다. 특히 적이 개별 고슴도치 진지를 고립, 소탕하기 위해 방어선으로 침투할 때 고슴도치 방어진지는 진지 사이에 양호한 침투 공간을 적에게 제공했다. 따라서 1942년 1월 말부터 독일 부대들은 경계와 관측을 강화하며 소련군이 침투하는 전선의 간격을 줄이기 위해 마을 경계 너머로 고슴도치 방어선을 점진적으로 확장했다.

또한, 1942년 1월의 전투 경험을 통해, 독일군은 적의 기습공격을 저지하기 위해서는 대규모의 화력을 동반한 즉각적이고 강력한 역습이 필요하다는 것을 알았다. 전방의 어려운 군수지원을 감안해 현장 지휘관들은 위험이 적은 지역에서 포병 탄약을 절약해, 결정적으로 위협하는 적의 공격에 화력을 효과적으로 집중해야 한다는 것을 신속하게 배워야 했다.

이런 전투 경험을 바탕으로, 1942년 독일군은 최초로 모든 가용한 대구경포를 통합해 협조된 대규모 방어사격을 실시할 수 있는 지휘구조를 발전시켰다. 거점방어 시스템은 탄력적인 방어를 강조하는 기존 독일의 교리와 정확히 일치하지 않았지만 중심, 화력 및 신속한 역습을 강조하는 것은 독일의 전통적인 방어 교리에 확고하게 뿌리를 두고 있음을 보여주었다. 능동적이고 공세적인 방어를 유지함으로써 독일의 고슴도치 진지는 즉응적인 특성에도 불구하고 종종 큰 역경에 맞서 살아남았다. 예를 들어, 수히닌치^{Sukhininci}에서는 216보병사단 소속의 고립된 독일 1개 연대가 구출될 때까지 한 달 이상 소련의 2개 소총사단^{rifle division}을 제압했다.

선수비 – 후공격 작전

과도한 작전 지역의 확장, 피로, 그리고 동계 전쟁에 대한 준비의 부족에도 불구하고 독일군은 소련의 맹공을 견뎌 낸 거점방어 체계를 즉응적으로 구축했다. 1942년 봄 소련군의 공세가 약해진 후, 독일 육군은 동계 작전의 위기로부터 체득한 교훈을 신속하게 연구하고 전파했다. 그 결과는 이런 경험에 비춰 독일의 교리, 훈련 및 방어연습을 실질적이고 신속하게 수정한 것이었다. 최전선 부대들은 독일 장비, 편성 및 훈련에 대한 결함을 상세히 기술하고 취약점에 대한 해결책을 제시하는 종합적인 사후 보고서를 작성했다. 그러나 독일의 성공은 히틀러의 진지 사수 명령이 옳았다는 것을 분명히 증명한 것처럼 보였다. 더 나아가 러시아 북부의 데먄스크^{Demyansk} 포위망에서 SS 토텐코프사단^{SS Totenkopf Division}이 영웅적으로 저항한 사례에서 잘 알 수 있듯이 인종적으로 우세한 군대의 강철 같은 의지는 병력, 화력 및 군수지원의 차이에 관계없이 항상 더 강력한 적을 이길 수 있다는 그의 잘못된 신념을 강화했다. 이런 잘못된 생각을 가진 히틀러는 그 후 독일군에게 압도적인 역경에 맞서 신속하게 싸울 것을 일상적으로 명령했는데, 이는 종종 군대가 보여준 영웅적 행위에도 불구하고 손실을 악화시키고 재앙을 가속화했다.

고도로 훈련된 대담한 부대가 수행한 독일의 선수비-후공격 전투기술은 매우 효과적인 동시에 1942년 한 해 동안 공세적인 전투수행 방법을 훈련하고 있던 소련군의 최고사령부STAVKA를 대상으로 싸우기에 효과적이고 경제적인 것으로 증명됐다. 소련군은 1941년과 1942년 겨울 동계 공세의 연장선상에서 5월 12일 남부 지역의 하리코프 탈환을 목표로 양면공격을 개시했다. 북쪽에서는 제28군이 볼찬스크Volchansk 남서쪽에서 하르코프를 향해 공격했고, 제6군은 남쪽 축을 따라 이지움-바르벤코보Izyum-Barvenkovo 돌출부에서 정서쪽 크라스노그라드Krasnograd와 북쪽 하르코프를 향해 공격했다. 이 작전은 후에 2차 하르코프 전투로 알려졌다. 소련은 독일군이 바르벤코보 돌출부를 제거함으로써 의도된 독일의 하계 공세를 위해 보다 쉬운 출발점을 확보할 목표로 5월 18일에 개시될 예정인 제한된 작전을 준비하고 있다는 탐지된 정보를 반영해 공격을 결정했다. 5월 12일 남서부 전선의 소련군 부대들은 독일군 남부집단군이 확보하고 있는 진지들을 공격했다. 소련군 예하 46개 소총사단 및 16개 차량화보병여단은 독일군 제17군단, 51군단, 8군단 및 루마니아 제6군단이 점령한 지역을 공격했다. 북부 축선의 추축국 보병사단들은 필사적인 방어로 소련군의 대규모 돌파를 저지했지만, 남부에서는 실패했다. 결론적으로 소련군의 공격 선두부대는 5월 15일까지 서부로 92km를 공격해 크라스노라드를 포기하도록 강요했다.

소련군은 5월 12일에서 15일 사이에 초기 성공을 달성했지만 남부집단군은 이 지역에서 소련의 전술정찰을 증가시켜 적의 의도를 파악했다. 소련군이 독일 전선 깊숙이 공격하는 동안 남부집단군은 대담한 역공격을 개시하기 위해 바르벤코보 돌출부의 북쪽과 남쪽 측면에 기갑예비대를 냉정하게 재배치했다. 소련 정보기관이 양쪽 측면에서 독일군이 증강되고 있음을 알아차렸음에도 불구하고 스탈린은 소련군이 공격을 계속해야 한다고 주장했다. 5월 17일, 남부집단군은 작전명 프레데리쿠스 작전Operation Fredericus이라는 반격을 개시해 양 측면에서 과도하게 확장된 소련군을 타격했다. 독일 제6군 예하 정예부대가 북쪽으로부터 공격했고 이어 발라클레야Balakleya의 남쪽 도네츠Donets 강의 교량을 향해 남쪽으로 공격했다. 동시에 클라이스트 장군 예하 제1기갑군의 정예부대들은 북쪽 측방과 연계하기 위해 바르벤코보로부터 북서쪽으로 공격했다. 제6군의 다른 부대들은 오스켈Oskel 강에 있는 쿠퍈스크Kupyansk를 향해 정 동쪽으로 공격했다.

5월 22일, 6일간의 집중적인 공군의 공중공격지원 아래 신속한 템포로 실시된 공격 이후 추축국의 양 축선은 발라클레야Balakleya에서 남쪽으로 약 32km 떨어진 지역에서 성공적으로 연결돼 소련군 제6 · 9 · 57군 28만 명을 포위했다. 독일군이 포위된 대규모의 소련군을 상대하는 동안, 다른 기동부대들은 도네츠 강을 건너 동쪽으로 빠르게 전진해 오스켈 강 방어선까지 도달하면서 전과를 확대했다. 1942년 5월 30일 포위된 소련군 부대들이 마지막으로 항복했을 때 프레데리쿠스 작전으로 23만 9,000명의 포로를 잡았으며, 전차 1,250대를 파괴했고 도네츠-오스켈 선을 따라 계획된 독일군의 하계 공세를 개시할 수 있는 양호한 전선을 확보했다.

청색 작전

당시 독일 육군을 직접 지휘했던 히틀러는 남부집단군이 캅카스의 유전을 확보하기 위해 공격하는 동안 중부집단군과 북부집단군은 중앙과 북쪽에서 방어태세를 유지하기로 결정했다. 하지만 그는 북쪽으로 수송되는 석유를 차단하기 위해 볼가Volga 강에 있는 스탈린그라드를 점령해야 할지, 석유를 확보하기 위해 캅카스를 공격해야 할지를 확정하지 못했다. 이 같은 우유부단한 태도는 청색 작전을 실시하는 내내 계속됐다. 청색 작전은 사실상 소련군을 격멸하고 승리할 수 있는 독일의 마지막 기회였다. 최고사령부는 독일군이 1942년 봄에 총공세를 개시하기에는 전투력이 너무 약하다고 판단했다. 1942년 6월 중순까지, 새로운 독일군 증원군은 동부 전역의 군대를 313만 명의 병력으로 끌어올렸는데, 이는 바르바로사 작전이 시작될 때보다 겨우 8만 명 더 많을 뿐이었다. 그러나 1941년 하계전투에서 가장 양호한 병력과 장비의 일부를 잃음으로써 1942년 여름의 독일군은 1941년 6월보다 질적으로 약화됐다. 따라서 독일군은 석유 자원을 점령함으로써 산업생산의 전쟁을 계속할 수 있는 소련의 능력을 파괴하려고 시도했다.

1942년 6월 28일 남부집단군은 청색 작전Operation Blue을 시작했다. 140만 명의 병력과 1,495대의 장갑 전투차량AFV으로 구성된 68개 사단의 공격 부대가 동부 전역에 투입이 가능한 2,950대의 공군 항공기 중 제4공군의 1,550대의 항공기의 지원을 받아 캅카스를 향해 남동쪽으로 향했다.

1942년 7월 9일 히틀러는 남부집단군을 폰 리스트 원수의 A집단군과 보크의 B집단군으로 분리하라고 명령했다. 히틀러는 A집단군이 마이코프Maikop 유전지대 너머 캅카스로 더 깊이 밀고 들어가는 동안 B집단군이 돈 강의 분지를 소탕하면서 스탈린그라드를 점령하기 위해 동쪽으로 진격할 것을 예상했다. B집단군은 현재 보로네시Voronezh 남쪽에 배치된 제4기갑군이 6월 30일에 시작된 파울루스의 제6군의 동쪽 진격과 연결하기 위해 돈 강의 서쪽 제방을 따라 남동쪽으로 공격하면서 청색 작전의 두 번째 단계 작전을 시작했다.

동시에 먼 남쪽에서 아직 전개하지 않고 있던 A집단군의 3개 군(클라이스트 제1기갑군, 루오프Ruoff의 17군, 두미트레스쿠Dumitrescu의 루마니아 3

군)이 공격을 개시했다. 이지움-타간로크Izyum-Taganrog 구역에서 공격한 22개 사단은 로스토프와 돈 강 하구를 향해 동쪽과 남동쪽으로 빠르게 진격해 제4기갑군과 연결했다.

8월 11일까지 제1기갑군의 정예 기동부대들은 체르케스크Cherkessk 주변의 캅카스 산맥으로 신속하게 공격했다. 한편, 북서쪽으로, 52군단은 인적이 드문 칼무크 초원Kalmuk Steppe을 통해 진격해 8월 12일 로스토프에서 남동쪽으로 360km 떨어진 엘리차Elitsa를 점령했다.

그러나 급속도로 강화되는 소련의 저항, 줄어드는 보급품, 질병, 심각한 병력 부족 때문에 캅카스 전역에서 추축국의 진격은 주춤했다. 각 사단은 병력이 평균 4,000명 이하였다. 이미 캅카스에 흥미를 잃어버린 히틀러는 A집단군의 지휘권을 클라이스트에게 위임하고 자신은 임박한 스탈린그라드 점령에 몰두했다. 이제 클라이스트의 지휘가 수세에 놓이게 되자 지나치게 확장된 추축군은 바쿠Baku의 주요 유전지대에 도달하지 못할 뿐만 아니라 열악한 지형에서 크게 확장된 전선을 유지하는 데에도 어려움을 겪을 것이 분명했다.

1942년 9월, 스탈린의 이름을 딴 도시 주변에서 추축군 20개 사단이 볼가 강에 도달해 도시를 점령하기 위해 소련의 완강한 저항에 맞서 폐허가 된 거리를 말 그대로 1야드씩 전진했다. 스탈린그라드를 점령하려는 심리적 승리에 대한 히틀러의 집착은 이제 청색 작전의 전체 개념을 왜곡시켜 추축축군을 제한된 지리적 공간으로 빨아들였던 반면 캅카스에서는 과도하게 신장된 몇 개의 부대들이 광대한 지역에서 작전을 수행했다.

추축국에는 알려지지 않았지만, 독일군의 진격이 느려지던 한 가지 이유는 소련이 추축국이 도시를 점령하는 것을 막기에는 충분하지만 진격을 저지하기에는 충분하지 않을 만큼의 병력만을 투입했기 때문이었다. 소련은 추축국 군대를 이 치열한 전투에 끌어들여, 고착시키고, 제거하는 것을 교활하게 계획했던 반면 소련군은 파울루스 제6군의 노출된 측면에 대한 기습적인 반격을 실시하기 위한 예비 전력을 아꼈다.

독일군 최고사령부는 하계 공세가 11월 중순까지 대부분 달성됐다고 판단한 것 같았다. 하지만 청색 작전으로 달성한 영토의 획득은 가치 있는 전략적 성과와 동일하지 않았다. 오히려 영토의 획득은 추축국의 전략적 위치를 강화하기보다는 약화시켰다. 확보된 지역은 경제적으로 쓸모없었고, 오히려 방어가 거의 불가능한 황무지로 전투에 지친 추축국 부대들을 유인해 이미 과도하게 신장된 독일군의 전선을 계속 더 신장시키는 결과를 초래했다. 결정적으로 이렇게 과도하게 신장된 독일군이 추축군의 진격에 맞서 철수함으로써 전투력의 대부분을 보존해 온 남부의, 여전히 응집력 있는 적군과 마주하게 됐다. 게다가, 11월에 추축국이 스탈린그라드에서 진격하고 캅카스에서 교착 상태에 빠지자, 독일군에게 알려지지 않은 소련군은 스탈린그라드 주변에서 전투를 벌이고 있는 추축국군에 대한 기습적인 반격을 완료했다.

11월 19일 소련군은 암호명 천왕성Uranus 역습을 시작했다. 독일군의 구출작전인 겨울폭풍 작전은 소련군의 저항으로 미슈코바Myshkova 강에서 중지됐다. 게다가 3일 전 소련군은 돈집단군의 북쪽 지역에서 소규모의 강력한 반격을 시작했다. 그들은 12월 19일 추축국의 후방 지역으로 깊숙이 침투해 미슈코바 강을 따라 겨울폭풍 작전에 갇힌 제4기갑군의 북쪽 측면을 공격하겠다고 위협했다.

히틀러는 아직 생존한 제6군의 전투력을 지나치게 과대평가했고, 스탈린그라드 대부분에서 독일군의 점령을 포기하는 것을 의미하는 어떠한 탈출도 금지했다. 어쨌든 12월 24일이면 이미 제6군에게 너무 늦었을 수도 있었다. 설령 탈출이 허용됐다 하더라도 그때까지 제6군은 약 32km를 이동할 수 있는 연료밖에 없었기 때문에 미슈코바에 있는 호트의 진영에서 24km 떨어진 곳에서 정지해야 했다.

전쟁 개념 :
의지의 충돌로서의 레닌그라드 포위와 전쟁

동부 전선에서의 독일의 군사작전은 클라우제비츠의 군사사상에 대한 왜곡된 해석에 기초해 전쟁이 압도적으로 도덕적 힘의 충돌을 구성한다는 개념에 의해 지배됐다. 지금도 그렇듯 이 개념은 군사작전에 상당한 실마리를 제공했지만, 제2차 세계대전 중에는 나치 이데올로기의 영향으로 개념에 대한 독일인의 이해가 더욱 왜곡됐다. 아리아 독일인의 우월한 인종적 의지에 대한 나치의 숭고한 신념을 고려해 볼 때, 독일군 지휘관들의 대부분은 미개한 슬라브족인 소련군이 기술적으로 발전한 독일군의 맹공을 저지할 수 없을 것이라고 생각했다. 결론적으로 바르바로사 작전은 단기적이고 결정적인 전역이 될 것으로 확신했다. 그러나 900일 간의 가혹한 레닌그라드 포위작전은 독일군이 소련군을 얼마나 잘못 평가했는가를 보여주었다. 이 포위작전은 독일군의 맹공에 저항하는 필사적인 전투에서 소련군이 얼마나 참고 견딜 수 있는가를 보여주었다. 도시의 주민들을 굶어 죽게 만들려는 독일군의 포위에도 불구하고, 소련은 독일군의 압박에 저항하기 위해 남성, 여성 및 아이들을 포함한 대부분의 도시 주민들을 동원했다. 거의 3년 간 주민들은 기아와 질병 같은 끔찍한 굶주림의 고통을 겪었지만, 불굴의 저항력을 보여주었다. 소련이 레닌그라드에서 보여준 영웅적 저항은 동부 지역에서 생존하려는 더 큰 의지를 가진 것이 인종적으로 우월한 아리아 독일인이 아니라는 것을 증명했다. 이런 의지의 균형에 대한 독일군의 잘못된 인식은 1942년 이후 부활한 소련군을 저지하려는 독일 육군의 노력에 결코 도움이 되지 않았다. 이런 독일군의 오해에 대한 궁극적 결과는 1945년 봄 베를린의 폐허로 진군하는 소련군 전차의 개선 행렬이었다.

1942년 11월 소련군 최고사령부는 남부의 독일군 진지 전체를 파괴할 토성 작전Operation Saturn을 천왕성 작전으로 시작한 일련의 합동 공격의 두 번째 단계로 생각했다. 1942년 12월 16일 소련군은 원래의 토성 작전 보다 덜 야심적인 소小토성 작전으로 돈 강을 넘어 방어가 취약한 이탈리아 8군과 홀리트 임시파견군Army Detachment Hollidt을 공격했다. 소련군은 캅카스에 있는 A집단군을 포위하기 위해 로스토프를 향해 남쪽으로 386km를 전진할 목표를 세웠다. 12월 20일부터 24일까지 소토성 작전에 의해 노출된 강력한 측방위협에 직면해, 제57군단은 커다란 위험을 감수하면서 제6군이 돌파를 시도할 수 있도록 미슈코바에서 진지들을 사수했다. 하지만 1942년 크리스마스에 돈집단군을 지휘하던 만슈타인이 적의 강력한 공격에 직면해 필요에 따라 호트의 부대를 돈 강 서쪽으로 철수시키는 과정에서 제6군은 전멸당했다.

이런 열악한 상황에서도 동부 전선의 초급 지휘관들은 저항력을 강화시키기 위해, 전투력이 소진된 부대들에게 엄정한 군기를 요구했다. 예를 들면 홀리트사령부의 병사들이 특별한 사유 없이 후방 지역에서 발견될 경우, 군사재판소는 이들에게 장기구금형을 내렸고, 최소 9건에 대해서는 사형선고를 내렸다. 제1기갑군은 1943년 1월 상순에 캅카스로부터 로스토프로 후퇴하는 동안, 제17군은 이제 히틀러가 향후 캅카스로의 공세를 위한 발판으로 삼으라고 명령한 쿠반^{Kuban} 반도로 철수했다.

1943년 1월 15일 보르네시 전선에 있는 소련군 17개 사단은 헝가리의 제2군이 점령한 진지를 기습적으로 공격해 1월 26일 보르네시의 중요한 도시를 성공적으로 탈환했다. 최근 2개월 동안 달성한 승리로 자신감을 얻은 소련군 최고사령부는 공격작전의 범위를 확장했다. 그 결과, 1943년 1월 29일과 2월 2일에 소련군은 스타-갤럽 작전^{Operations Star and Gallop}[21]을 시작했으며, 이 작전에서 보로네시전선군과 남서부전선군은 벨고로드, 쿠르스크, 하르코프를 점령하고 남서쪽으로 아조프 해로 진입해 보로실로프-미우스 강 지역에 있는 제1·4기갑군의 63만 명의 병력과 홀리트 임시파견군을 포위했다. 스탈린그라드에서 파울루스 제6군 20만 명에 대한 소련군의 성공적인 포위는 독일군에게 동시에 구출작전을 수행해야 하는 문제를 안겨주었다. 포위망 안에 갇힌 군대가 독일군의 주요

---

21 스타-갤럽 작전: 스타는 소련 태생인 미국인 연주자이고, 갤럽은 빠르게 달리는 구보를 의미함. 스타가 연주하는 빠른 템포의 음악같이 신속하게 공격한다는 의미를 담은 작전의 암호명으로 추정된다.

방어선을 향해 돌파를 시도하는 동안, 구출부대는 탈출하는 군대와 연결하기 위해 포위망을 향해 공격을 가했다.

제6군은 소련군이 스탈린그라드 주변의 포위망을 강화하기 전에 신속하게 탈출해야 했다. 하지만 포위망의 외부에 치르^{Chir} 강을 따라 배치된 부대들이 다시 기습적인 스탈린그라드 구출작전을 준비하는 동안, 히틀러는 제6군에게 수세적인 고슴도치 진지를 구축하고 어떤 희생을 감수하더라도 스탈린그라드를 사수하라고 명령했다. 히틀러는 그런 작전이 파울루스 사령부와의 육상 연결을 회복하고 스탈린그라드의 상당 부분뿐만 아니라 도시의 나머지 부분을 점령할 수 있게 할 것이라고 예상했다. 히틀러가 그동안 동부 전역에서 직면하고 있는 현지 상황을 완전히 무시한 것은 훈련이 잘되고 여전히 단호한 파울루스 장군 예하 장병들에게는 서글픈 것이었다.

8월 23일부터 27일까지 소련군의 연결 후에, 독일군은 신속하게 대응해 치르 강과 돈 강을 따라 스탈린그라드 서쪽의 일관성 있는 전선을 재건하기 위한 필사적인 조치를 취했다. 열정적인 초급 지휘관이 지휘하는 후방제대 부대들은 아직 단결력이 살아 있는, 임시 편성된 전투단의 증원 병력들을 통합해 추가적인 적의 공격을 저지하기 위해 치르 강과 돈 강을 따라 신장된 차장진지를 구축했다. 다음으로, 독일군의 생각은 포위된 파울루스의 군대를 구출하기 위한 작전으로 방향을 틀었다. 이것을 향한 첫 단계는 B집단군이 효과적으로 통제할 수 있는 것보다 더 많은 5개의 광범위하게 분산된 군대를 지휘했기 때문에 사령부 구성을 개편하는 것이었다. 그러므로 최고사령부는 만슈타인 장군에게 11월 하순에 제11군 사령부를 모체로 새롭게 구성된 돈집단군의 참모부를 편성하라고 지시했다. 이 돈집단군은 제4기갑군과 루마니아 제3군, 홀리트 임시파견군, 그리고 스탈린그라드에 포위되어 있는 파울루스 사령부로 편성했다.

신임 사령관은 제6군의 유일한 탈출 기회는 즉각적인 돌파에 있다는 정확한 결론을 내렸으나, 히틀러는 이를 승인하지 않았다. 만슈타인은 구출작전을 시작할 준비를 하면서 공군이 파울루스의 하루 보급 요구량의 절반도 전달하지 못했기 때문에, 제6군이 매일 약해진다는 것을 인지하고 시간이 매우 중요하다는 것을 깨달았다. 이 재보급 임무는 독일 수송함대의 부족을 감안할 때 엄청나게 중요한 임무였지만 악천후와 소련의 대응으로 상황이 악화됐다. 소련군은 독일의 공중 재보급 노력을 예상하고 대공 및 전투기 방어를 집결시켰는데, 이 지역에서 총 투입량의 3분의 1에 해당하는 엄청난 488대의 독일 수송기를 격추시켰다. 이런 실패의 원인이 무엇이건 공군 괴링의 성급한 약속에도 불구하고 공군의 원천적인 지원능력 부족, 악천후 기상 혹은 적의 대응은 제6군의 전투력을 지속적으로 저하시켰다.

겨울폭풍 작전

그러나 돈집단군은 1943년 12월 12일까지 파울루스를 구출하기 위한 반격인 겨울폭풍 작전을 개시할 수 없게 됐다. 그 계획은 제48기갑군단 및 57기갑군단(과거 1941년에는 차량화군단)이 스탈린그라드를 향해 동시에 양방향으로 공격 하려는 것이었다. 전투경험이 많은 제57기갑군단 부대들은 호트 장군의 제4기갑군에 소속된 2개 루마니아군단의 측방엄호를 받으면서 돈 강 동쪽의 코텔니코보^{Kotelnikovo}로부터 북동쪽으로 적 지역을 돌파해 파울루스 제6군 지역의 북서쪽 모서리에 위치한 마리노프카^{Marinovka}로 143km를 공격하도록 계획됐다. 북쪽으로 약 80km 떨어진 홀리트 임시파견군의 일부인 제48기갑군단의 정예부대는 니즈네 치르스카야^{Nizhne Chirskaya} 근처의 돈 강과 치르 강의 합류 지점에서 공격하고 강을 건너 제57기갑군단과 연결하기 위해 파울루스의 작전 지역까지 62km를 진격해야 했다. 하지만 제6군에게는 불행하게도 소련의 강한 압력과 겨울폭풍 작전을 위한 가용한 증원 전력의 부족으로 구출작전은 시작부터 난항을 겪었다. 소련군이 치르 강을 따라 강력한 공격을 가해 제48기갑군단은 공격에 가담하는 것조차 불가능했으며 제57기갑군단 만이 단독으로 작전을 실시하게 됐다.

1942년 후반기 이후 소련군의 성공적인 포위는 점점 증가됐고, 이에 따라 독일군은 포위된 부대들을 구출하는 작전을 계속 실시해야 했다. 1944년 봄에 카메네츠 포돌스크^{Kamenets Podolsk}와 같은 동부 지역의 몇 개의 작전에서 크게 승리했으나 1944년 2월 체르카시^{Cherkassy}와 같은 다른 작전들은 부분적인 성공에 그쳤다. 하지만 스탈린그라드에서 필사적이었던 만슈타인은 12월 22일부터 24일까지 전투력이 소진된 자신의 구출부대와 연결되도록 파울루스 부대의 포위망 돌파를 승인해 달라고 최종적으로 히틀러를 설득했다. 파울루스 장군이 스탈린그라드를 포기해서는 안 된다는 히틀러의 고집과 연료의 부족으로 구출작전은 시작되기도 전에 취소됐다. 이것은 스탈린의 이름을 지닌 도시의 폐허에서 포위된 제6군의 운명을 결정지었다.

1943년 2월 8일 빠르게 기동하는 소련군의 기계화선두부대는 쿠르스크를 점령하고 우크라이나의 산업 및 정치 중심지인 하리코프를 포위하기 시작했다. 이런 치열한 방어전투에서 소련군의 강한 압박을 받는 독일군 기갑 지휘관들은 소련군의 압박에 의해 지역을 포기하기 전에 전장에서 손상된 전차들을 복구하기 위해 더욱 분투했다. 이를 지원하기 위해 독일군 기갑부대들은 1942년 말과 1943년 초에 38(t) 전차와 같은 구형 전차의 차체를 개조해 제작한 구난 전차를 추가로 수령했다. 독일의 장갑전투차량 생산이 동부전선의 손실을 적시에 보충할 수 없었기 때문에 1943년 초에 전장에서 복구된 몇 대의 손상된 전차는 독일 육군의 저하된 방어 능력을 증대시키는 데 큰 도움이 됐다.

하지만 소련군의 전차들은 도네츠 남서쪽 164Km 지점에 있는 파블로그라드Pavlograd에 도달했고, 미우스 강의 독일군 전선을 지원하는 2개 철도의 연결 지점을 차단하기 위해 당시 중요한 철로의 요충지인 시넬니코보Sinelnikovo를 점령했다. 이런 작전 환경에서 미우스에서 방어하고 있는 대규모의 추축국 부대들은 군수지원을 제대로 받지 못해 남은 전투력조차 곧 소멸될 것 같았다. 훨씬 동쪽에서는 포포프Popov의 전차(제5돌격군)들이 그의 목표인 아조프 해안에서 불과 158km 떨어져 있는 크라스노아르메이스코예Krasnoarmeyskoye에 도달해 만슈타인의 돈집단군의 거의 대부분을 포위했다. 1943년 2월 17일 추축국의 남부 지역 전체가 붕괴될 것 같았다. 하지만 추축국이 붕괴되지 않았다는 것은 독일군의 병력, 전술 및 장비가 질적으로 우수하다는 증거였다.

참혹한 패배 모면

1943년 2월 11일 히틀러는 육군 란츠파견대Army Detachment Lanz에게 어떤 희생을 무릅쓰고라도 거의 포위된 하르코프를 확보하라고 명령해 제3차 하르코프 전투의 발판을 마련했다. 란츠는 가장 최근에 편성된 SS 기갑군단에게 도시 방어 임무를 할당했으며 그 후 친위차량화사단 친위아돌프히틀러경호대와 친위기갑사단 다스라이히의 단호하고 전투력이 강화된 정예부대를 통제했다. 당시 양호한 장비로 편제된 이 부대들은 얼마 전 프랑스 전역에서 최초 차량화부대에서 기계화보병부대로 개편됐다. 친위기갑군단장 파울 하우저Paul Hausser가 이끄는 군단은 동부에 막 도착했을 뿐이었고 아직 전장의 전투조건에 적응하지 못한 상태였다.

작전상의 필요성보다는 자신의 위신을 세우기 위해 하르코프를 사수하라는 히틀러의 명령은 또 다른 중대한 전략적 과오였다. 당시 우크라이나에서 포위된 독일군에게 시급한 것은 하르코프를 확보하는 것보다는 차라리 숙달되고 공세적인 역습으로 공격하는 소련군의 선두 기갑부대를 저지하고 도네츠 강 너머에서 드네프로페트로프스크^{Dnepropetrovsk}와 파블로그라드^{Pavlograd} 방향으로 맹렬하게 질주하는 것이 절실히 필요했다. 그러나 하우저가 히틀러의 지시에 복종한다면, 이것은 그의 강력한 군단의 파멸을 초래할 뿐만 아니라 남쪽의 끔찍한 추축국의 전략적 위치를 안정화하는 데 아무런 기여도 하지 못했을 것이다. 그렇지만, 히틀러는 자신의 충성스러운 무장친위대가 최후 한 사람까지 하르코프를 방어할 것이라고 확신했다. 독일군들에게 다행스럽게도, 하우저는 유용한 전략적 목적을 달성하지 못한 불가피한 파멸의 위기로부터 전선을 안정화하려는 독일의 핵심 전투부대인 자신의 부대를 구하기 위해 히틀러에게 불복종할 수 있는 용기를 가지고 있었다.

1943년 2월 15일까지 소련군은 독일군의 중요한 방어선으로 철수하는 폭 2km에 달하는 가느다란 회랑을 제외하고 하르코프에 있는 하우저 군단을 거의 포위했다. 그날 밤, 히틀러와 란츠가 철수 요청을 다시 거부한 후에도 하우저는 자신의 정예부대에게 폐허된 도시에서 철수하는 지연전을 개시하라고 명령했다. 란츠가 이 움직임을 감지하자마자 하우저에게 철수를 중단하라고 명령했지만 그는 탈출 시도를 멈추지 않았다. 그는 스탈린그라드 전투에서와 같이 자신의 노련한 부대원들을 희생시킬 생각이 없었다. 이 후위부대의 필사적인 전투에서 양호한 장비를 휴대한 무장친위대 기계화보병반의 분대원들은 새로운 분대화력자산인 MG 42 기관총이 방어력을 상당히 강화했던 이전의 MG 34보다 훨씬 더 강력한 방어 무기라는 것을 알았다. M42 기관총은 실제로 그때까지 제작된 모든 기관총 중에 가장 성능이 우수한 기관총이었다. 이 기관총은 저렴하게 제작됐고 신뢰도가 높으며 정비가 용이하고 분당 1,300발의 믿기지 않는 발사속도를 보유하고 있었다. 총열이 과열되면 연발 사격이 가능하도록 신속히 총열을 교체할 수 있었다. 총기에 특수 장치가 부착돼 적의 화력에 노출되지 않고 구축된 진지나 방어진지의 총안구로부터 조준사격이 가능했다. 하르코프에서 뿐만 아니라 동부 전선의 다른 곳에 있는 독일의 다른 적들과 마찬가지로 공격하는 소련 병사들은 수시로 단호하고 잘 훈련된 독일 병사들이 운용하는 이 놀라운 M42 기관총의 짧고 날카로운 총성을 두려워하게 됐다.

히틀러는 동프로이센에 위치한 전쟁지휘소에서 하우저 장군의 명령불복에 대한 보고를 받고 엄청난 분노에 휩싸였다. 그러나 히틀러는 하우저의 처벌을 깊이 고민하면서 친위대 장군의 이런 행동에 대한 전술적인 의미를 어렴풋이 깨달았으며 하우저의 불복종에 대한 희생양이 필요하다는 점을 감안할 때 상당히 부당하게도 란츠를 해임했다. 왜냐하면 히틀러조차도, 하우저의 불복종으로 인해 절실히 필요했던 독일의 최정예 2개 기동사단을 파괴로부터 구한 반면, 무장친위대 군단이 하르코프에서 제공했던 지속적인 단호한 저항으로 인해 다른 독일군 부대들이 서쪽으로 철수하고 도시 서쪽의 취약한 방어 지역을 복구할 수 있는 충분한 시간을 벌었다는 사실을 인정해야만 했기 때문이었다.

대다수 다른 지역과 마찬가지로 이곳 동부 전역의 하르코프에서도 신속하고 유연하게, 그리고 즉응적으로 대응하는 독일군의 숙달된 전투기술은 더 큰 위기를 피하는 데 도움이 됐다. 적극적인 예하 지휘관들은 수시로 혼란스러운 지휘 환경에서도 주도권을 장악했고, 하르코프의 서측에서 전선을 유지하기 위한 즉각적인 조치를 취했다. 또다시 육군은 상급자의 임무를 수행할 수 있는 능력을 갖추게 하는 훈련의 효과를 봤다. 예를 들어 초급 지휘관이 전투에서 쓰러지면 부하들이 신속하고 효과적으로 전임자의 임무를 수행함으로써 고위 장교 및 부사관 사상자로 인해 나머지 부대의 결속력이 와해되지 않도록 했다. 이 초급 지휘관들은 부대를 파견해 육군의 모든 부대에서 후퇴하는 많은 소규모 그룹을 가로막았고, 거의 와해된 그들을 신속하게 결합시켜 새로운 전선을 유지하기 위해 즉석에서 전투단을 편성했다. 이렇게 기계화보병, 취사병, 보병과 타자병

●●● 1942년 1월 동부 전역의 야전공항에서 융커스 Ju 52 앞에 서있는 파울루스. 1943년 1월 소련군은 전투력이 약해진 독일 제6군을 격퇴시켰다. 독일군은 군용 말까지 거의 잡아 먹었고 만성적인 탄약과 연료 부족에 시달리고 있었다. 1월 말, 히틀러는 파울루스를 원수로 승진시켰다. 이것은 불운한 사령관에 대한 총통의 명확한 의도가 포함된 괴이한 진급이었다. 프로이센이나 독일의 어떤 야전사령관도 이전에 살아서 항복한 적이 없었기 때문에 히틀러는 파울루스가 이 전통을 지킬 것이라고 기대했음이 분명했다. 하지만 2월 1일 방치된 제6군은 굶주림과 동상 그리고 사기 저하로 더 이상 저항할 수 없었기 때문에 파울루스 장군은 그의 포위된 부대를 구출하는데 실패한 히틀러에게 반항하여 그의 사령부와 그 자신이 소련 당국에 항복했다. 〈사진 출처: WIKIMEDIA COMMONS | CC BY–SA 3.0 DE〉

등 잡다한 인원들을 모아 신속하게 지휘체제를 유지한 부대로 편성할 수 있는 탁월한 능력은 통일된 교리, 모든 군인들이 동일하게 이수한 신병훈련, 그리고 제병협동훈련의 덕분이었다. 의심의 여지 없이 전선 후방에서 증가된 헌병의 활동은 전투에서 이탈한 병사들을 샅샅이 수색해 인간 이하의 적을 전선에서 저지하고 저항하기 위해 군대의 전투태세를 강화했다.

하우저가 스탈린그라드의 재판인 하르코프로부터 이데올로기로 무장된 무장친위대 부대들을 탈출시켰음에도 불구하고, 우크라이나에서 추축국의 위치는 하르코프 함락 이후 급격히 악화됐다. 왜냐하면, 스탈린은 히틀러가 드네프르 강 후방으로 전략적인 총철수를 명령할 경우, 히틀러의 광신적인 무장친위대 병사들이 소련의 네 번째 큰 도시를 포기할 것으로 믿었기 때문이었다. 이런 오판으로 승리에 도취된 소련군 최고사령부는 이제 전과를 확대할 호기가 왔다는 결론을 내렸다. 이번 공격이 우크라이나에서 추축국의 전 전선을 붕괴시킬 것으로 판단했다. 결과적으로, 소련군 최고사령부는 제6군에게 드네프로페트로프스크와 자포리자Zaporozhye 사이의 드네프르로 전진해 교두보를 구축하라고 명령한 반면에 포포프 장군의 기동부대는 미우스 강 선에서 모든 추축국들을 포위하기 위해 남쪽 크라스노아메이스코예 방향으로 그리고 그 너머 아조프 해안의 마리우폴Mariupol로 진격했다.

그러나 그저 때를 기다리고 있었던 만슈타인은 전진하는 소련 사단들이 병참선의 끝에 도달하자 무장친위대 기갑군단과 함께 파괴적인 반격을 개시했다. 그 결과 5만 명의 소련군이 사망하고 추가로 2만 명이 포로가 되자, 소련군의 공세는 중단됐다.

독일군에게는 불행하게도 히틀러와 최고사령부 모두 이후의 동부 전역 전략계획에서 능숙하게 실행되고 탄력적인 선수비-후공격 작전이 매우 강력한 작전술이 될 수 있다는 제2차와 제3차 하르코프에서 배운 핵심 교훈에 귀 기울이지 않는 듯했다.

사후 보고서들은 독일군의 대전차방어 교리와 장비의 부족을 밝혔고, 소련군 중전차 파괴의 어려움을 지적했다. 독일군의 가장 효과적인 대전차포인 50mm 대전차포 38조차도 소련의 KV-1 중전차를 아주 짧은 사거리에서만 파괴시킬 수 있었다. 결론적으로 부대들은 50mm 대전차포를 후사면 진지(차폐진지)에 배치하고 적 전차의 가장 취약한 측면과 후면에서 사격해야 한다는 것을 곧 체득했다. 독일의 88mm 중 대공포는 소련의 전차들을 각각 원거리에서 파괴할 수 있었지만, 대공포의 공급 부족, 높은 차체로 인한 피격의 위험성 증대, 방공포의 공군 통제 등의 문제

●●● 1943년 스탈린그라드 인근에서 파괴된 독일군 차량. 1942년 11월 19일부터 1943년 2월 19일까지 3개월간 소련군의 강한 저항으로 독일군은 전례 없는 큰 위기를 겪었다. 특히 잘 훈련된 독일 기갑군은 청색 작전에 이어 다양한 소련군 역습을 저지하기 위해 필사적으로 노력하는 과정에서 심각한 손실을 입었다. 1943년 1월 말까지 작전이 가능한 독일군의 총 전차 전력은 사상 최저 수준인 502대에 불과했다. 〈사진 출처: WIKIMEDIA COMMONS | Public Domain〉

로 동부전선에서는 보병을 충분히 지원하지 못했다. 바르바로사 작전 때와 마찬가지로 전투의 필요성으로 인해 독일 포병은 종종 개활지에서 전방을 돌파한 소련 전차와 교전해야 했기 때문에 필연적으로 큰 손실이 발생했다. 그렇지 않을 경우, 지뢰(예를 들면 원형 대전차지뢰Teller mine 35), 수류탄과 TNT 폭발물을 휴대한 보병과 공병들이 백병전으로 소련군의 전차와 맞서야만 했다. 지치고 굶주리고 장비가 열악하고, 사기가 저하된 부대의 능력을 초과하는 이 모든 것들은 강철 같은 정신력과 군기를 요구했다. 결과적으로, 사후검토 보고서는 보다 강력한 대전차 능력을 요구했다.

독일군의 중전차

1942년 히틀러는 신형 중전차인 6호 전차 티거 1과 5호 전차 판터의 개발에 박차를 가해 1942년 여름과 1943년 봄에 서둘러 전력화했다. 그동안 전차 생산공장은 3호 전차와 4호 전차에 구경이 큰 주포와 보강 장갑을 장착해 성능이 개량된 새로운 전차 모델로 개조해 생산을 늘렸으며, 제작비가 저렴한 3호 돌격포의 생산을 증가시켰다. 또한, 경대전차용 전차를 생산하기 위하여, 마르더 III와 같이 전차 차체에 중전차포를 탑재시켰다. 최대한의 화력을 지원하기 위해 장갑 보호와 야지기동의 성능을 감소시키는 즉흥적인 디자인으로 제작된 마르더 계열의 대전차용 전차는 특수 목적으로 제작된 대전차차량이 배치되기까지 효과적이고 과도기적인 임시방편의 가치 있는 화기로 입증됐다. 동시에 독일군 보병과 공병들은 변경된 대전차전 교범에 따라 전차격멸을 위한 근접전투의 폭넓은 훈련을 숙달했다

전선의 기갑사단을 강화하기 위한 노력도 이뤄졌다. 청색 작전에 투입된 기갑사단들은 바르바로사 작전 때 보다 40% 적은 126대의 전차를 보유했다. 그러나 이를 상쇄하기 위해 소수의 기갑전투차량(실제로는 133대)은 강력한 75mm KwK 40 L/48 대포를 장착하고 전면 장갑이 50mm로 더 두꺼워진 최신 4호 전차 F2였다. 강력한 F2 전차포는 포구 속도가 초속 740m였고, 1,000m의 거리에서 89mm 유선형 장갑을 관통할 수 있어 소련군 T-34의 정면 장갑도 충분히 관통할 수 있었다. 그러나 독일군이 절실히 필요로 했던 것은 T-34가 당시 전술적 전투 현장

에 가한 충격을 무력화하기 위한 더 많은 수의 4호 전차 F2였다.

보병은 공세적인 간접화력지원화기로 전투력을 증강시켰다. 150mm 6연장 로켓발사기 41은 개조된 37mm 대전차포 발사대에 장착된 6연발 발사기였다. 상대적으로 기동성이 뛰어난 이 무기는 완전히 장전됐을 때 무게가 770kg에 불과했으며 최대 사거리 6.9km까지 일제로 사격 시 6발의 로켓을 발사할 수 있었다. 보로네시에서 제52로켓발사기연대는 공격하는 보병에게 파괴적이고 효과적인 화력 지원을 제공했다. 한 독일 보병병사는 로켓이 새벽하늘에 천둥을 치는 것처럼 끔찍한 소리를 내며 그 뒤에 붉은 줄무늬를 남겼다고 회상했다. 일제 엄호사격은 매우 효과적이어서 소음과 참을 수 없는 충격효과에 의해 유발된, 공포에 반쯤 미친 몇몇 소련 병사들은 무턱대고 독일군 전선을 향해 달려가다 쓰러졌다. 몇 분 내에 보병들은 거의 저항 없이 소련군 진지를 탈취했고, 로켓화력의 지원을 받아 그 도시를 정복하기 시작했다. 로켓발사기 41은 상대적으로 부족했고, 전방부대가 요청하는 화기의 소요를 제대로 보충할 수 없었던 것이 독일군 보병에게는 불행한 일이었다. 게다가 210mm 6연장 로켓발사기 42는 일제사로 사격 시 8초 내에 112kg의 탄약 5발을 사격할 수 있었고, 5분 안에 3번의 재장전이 가능했다. 7.8km의 긴 사거리와 비교적 기동성이 뛰어나지만 여전히 희귀한 이 무기는 1942년 말 반복되는 소련의 제파 공격을 저지하고 지연시킬 수 있는 강력한 화력 지원 자산이었으나 남부 러시아에서 가장 운이 좋은 독일 보병에게만 제공됐다.

물론 화기를 운용하는 전투부대의 질적인 수준이 장비보다 더 중요했다. 예를 들어 1942년 12월 25일과 26일에 게오르기 주코프^{Georgi Zhukov} 원수는 화성 작전과 목성 작전을 시작했다. 그러나 목성 작전에서 소련군은 변화무쌍하고 끈질긴 독일군의 방어로 인해 막대한 전투력을 상실했으며 반복적인 제파식 공격에도 불구하고 어느 한 곳도 돌파하지 못했다. 이곳에서 독일군은 소련의 공격을 물리치기 위해 보병 대전차공격팀,

독일군 포위전

1942년 늦은 봄, 만슈타인 장군의 예하 제11군은 1941년 말에 시작된 포위전에 이어 세바스토폴 주변의 강력한 소련군 방어망을 급습할 준비를 시작했다. 독일군은 포위와 후속 공격을 지원하기 위해 항구 주변에 초대형 포병 구경포를 배치했다. 이러한 화기들 중에 420mm 감마 박격포(420mm Gamma Mortar), 전前 체코의 420mm 곡사포−420mm H(t)(420mm Howitzer−420mm H(t)), 믿기지 않을 정도로 큰 800mm 열차포−800mm K(E)− 구스타프(800mm Railway Gun − 800mm K(E)−"Gustav")가 포함돼 있었다. 800mm 구스타프포의 1개 포반은 4,400명이었고 총 중량은 1,350톤이었다. 이 포는 그 당시까지 독일이 제작한 것 중 가장 큰 포였다. 이 구스타프포는 한번 조립하고 별도로 준비된 복선 기차선로로 전개하는데 4주가 걸렸고, 매 15분마다 무게 7,100kg의 기준 탄약으로 47km까지 사격할 수 있었다(특수 탄약을 사용하면 사거리가 훨씬 길어졌다).

1942년 6월 2일, 6월 7일 시작된 주요 지상공격에 앞서 소련군의 방어를 약화시키기 위해 공군과 협조된 강력한 포격이 시작됐다. 6월 30일까지, 길고 치열한 전투 끝에, 독일 보병과 강습공병들은 강력한 공중 및 포병지원을 받아 도시 주변의 강력한 소련 요새로 진격했다. 4주가 넘는 전투에서 가용한 항공기 400대가 전장차단 및 전술항공지원을 위해 모두 2만 3,000회 출격했으며 일부 베테랑 조종사는 하루 8회 출격하기도 했다. 다시 한 번 세바스토폴에서 독일군이 승리한 요인은 모든 병과의 효과적인 제병협동작전, 연합작전, 폭발물, 수류탄과 화염방사기 41(Flaw41)을 휴대한 돌격공병의 근접전투 그리고 소련군의 벙커를 반복하여 공격하는 대담한 용기 덕분이었다.

구스타프포는 이 전투에서 총 300발을 발사했으며, 4m의 철근 콘크리트로 보호된 소련의 가장 강력한 방어선인 막심 고리키Maxim Gorky 요새를 무너뜨리는 데 중요한 역할을 했다. 그러나 가장 탁월한 성과는 세베르나야Severnaya 만의 얕은 바다 30m 깊이에 있는 소련의 탄약저장소를 파괴한 것이었다. 포위 작전에서 의심할 여지가 없는 전술적 가치가 무엇이든 간에 구스타브는 개발하는 데 막대한 노동력, 재료 및 자금이 필요했다. 마우스Mouse 초대형 전차 프로젝트처럼, 800mm 포는 실현 불가능한 군사적 거대주의라고 밖에 말할 수 없는 독일 최고사령부의 터무니없는 집착과 관련된 가장 끔찍한 노력의 낭비를 반영했다.

50mm 대전차포 38, 88mm 대공포, 마르더 3Marder III 자주포 그리고 개활지에 대한 야전포병사격 등 가용한 모든 무기를 통합하고 공세적인 국지역습과 연계하여 현지에 맞는 효과적인 대전차방어를 실시했다. 르제

●●● 1943년 1월 스탈린그라드 전투에서 사격하고 있는 소련군. 일반적으로, 빈약한 리더십, 잘못된 교리, 협조의 미흡, 그리고 원시적이며 불충분하며 성급한 훈련, 열악한 장비를 갖춘 군대에 의한 불안정한 정면공격은 포병과 군수품의 부족, 불충분한 통신, 그리고 제한된 기갑 지원과 마찬가지로 소련군의 작전을 방해했다. 게다가, 소련군은 신속하고 단호하게 침투하는 경우가 거의 없었으며 독일군이 정기적으로 시행한 강력하고 신속한 대응조치에 직면해 종종 후퇴했다. 〈사진 출처: WIKIMEDIA COMMONS | CC BY-SA 3.0 DE〉

르제프^{Rzhev} 돌출부의 서쪽에서 소련군은 벨리^{Belyi} 외곽에 있는 독일군 진지를 돌파한 후, 이어서 남쪽으로 공격했다. 하지만 독일군은 신속하고 효과적으로 대응했다. 독일군은 역공을 가하기 위해 국지적인 예비대를 신속하게 재배치했다. 잘 협조되고, 모든 무기를 동원한 빠른 템포의 작전은 벨리 북쪽에서 소련군의 침투를 곧 중단시켰다. 그런 다음, 순간적인 전술적 기회를 대담하게 이용해 독일 기계화부대는 신속하게 측면을 공격하고 포위한 다음 마을 남쪽의 소련군 2개 군단 전체를 파괴했다.

대담한 지휘와 훈련에 숙달된 생존 부대들은 이전의 전투력을 상당 부분 유지했지만 전투장비의 부족으로 1942년 동부 전역에서 독일 정예 기갑부대의 전투력은 약화됐다. 공격이 정지된 대부분의 전방 지역에서 적시적인 대응과 연계한 담대하고 빠른 속도의 기갑부대의 반격이 우크라이나 지역에서 곤경에 빠진 추축국의 부대들을 구할 수 있었다. 그러나 히틀러의 전술적 철수의 거부와 패배했지만 여전히 응집력 있는 기갑사단들이 이용할 수 있는 장비의 수준이 빈약해 효과적인 작전에 필요한 탄력적인 대응을 어렵게 했다.

히틀러의 와일드 카드

1942년 작전 기간 동안 더욱 불규칙했고 피해를 입히는 히틀러의 간섭은 스탈린그라드에서 제6군의 손실로 직접적으로 이어졌다. 최고사령부가 계획하고 히틀러가 승인한 청색 작전의 최초 목표는 독일의 존립에 필요한 마이코프 주변의 캅카스 유전 지역을 확보하는 것이었다. 흥미롭게도 1942년 봄의 최초 계획은 스탈린의 이름을 딴 도시 스탈린그라드를 점령하는 심리적 목표에 낮은 우선순위를 부여했다. 이 시점에서 최고사령부는 청색 작전이 2단계로 구성될 것이라고 예상했다. 첫 번째 단계에서는 추축국 군대가 돈 강을 향해 동쪽과 남동쪽으로 진격하는 반면, 두 번째 단계에서는 그들의 군대가 두 개의 다른 축에서 작전을 수행하여 1개 축선은 스탈린그라드를 향해 동쪽으로 진격하고 다른 축선은 캅카스 남쪽으로 진격할 것이다. 하지만 바르바로사 작전과 마찬가지로 독일군의 공격목표는 심각한 모순을 안고 있었다. 많은 고위 독일 지휘관들은 이 지역을 점령하는 데 필요한 지상작전이 바르바로사 작전과 같은 대규모 포위작전이 되기를 희망했다. 결론적으로 그렇게 했더라면 독일군은 적의 전쟁을 지속하기 위한 경제능력을 파괴하는 과정에서, 소련군을 결정적으로 패배시킬 수 있었을 것이다.

만일 독일군이 청색 작전에서 결정적인 승리를 거두었다면, 히틀러는 성공적인 바르바로사 작전을 활용하기 위해 1941년에 세워진, 믿을 수 없을 정도로 지나치게 낙관적인 계획들을 실현함으로써 그런 성공을 이용할 꿈을 꿨을 것이다. 이런 계획들은 독일의 성공적인 캅카스 진격이 중동을 통해 계속될 수 있을 것이라고 예상했다. 이 진격들 중 하나가 팔레스타인을 통해 북쪽으로 밀고 나갈 때 롬멜의 의기양양한 아프리카 기갑군과 연결된다면 제3제국은 세계의 핵심 석유 지역에 자리잡게 될 것이다. 지나치게 신중한 전략계획 수립이 제2차 세계대전 기간 독일 최고사령부를 괴롭힌 재앙이 아니었다.

7월 16일, 히틀러는 로스토프 남동쪽으로 공격하는 제1기갑군을 지원하기 위해 성공을 눈앞에 둔 호트 장군의 기갑군을 스탈린그라드 공격으로부터 로스토프 방향으로 전환시키면서, 진행 중에 있던 공격작전에 개입했다. 돌이켜 생각해 보면, 이것은 결정적인 과오였다. 왜냐하면, 소련군이 효과적인 방어를 준비하기 전인 7월 중순에 기습공격으로 스탈린그라드를 점령할 수 있는 순간적인 호기를 놓쳤기 때문이었다. 사실상 히틀러는 7월 30일 자신의 과오를 시인했다. 돈 강 유역의 이심랸스카야 Isymlyanskaya에 도달한 제4기갑군을 다시 스탈린그라드로 공격하도록 북쪽으로 방향을 전환시켰다. 히틀러의 불규칙한 명령은 확실하게 목표를 선택하고 유지한다는 고전적인 핵심 군사원칙을 준수하지 않았다. 게다가 히틀러의 명령이 이 부대들에게 도착하는 데 2주가 지연되었고, 독일 파울루스의 6군이 단독으로 스탈린그라드를 점령하기에는 전투력이 너무 약했기 때문에 소련군은 스탈린그라드 주변에 강력한 방어선을 구축할 수 있었다. 게다가 이 무의미한 호트의 지휘권 전환은 부족한 연료를 대량으로 소모시켰고, 그로 인한 부족은 이후 그의 군대가 스탈린그라드 주변에서 수행한 작전에 어려움을 가중시켰다.

그러나 7월 셋째 주까지 히틀러는 분명히 성공한 청색 작전이 상당한 소련군을 포위하고 파괴하는 데 실패한 것에 대해 점점 더 좌절하게 되었고, 이로 인해 육군 최고사령부와의 끓어오르는 논쟁에 불을 붙였다. 히틀러와 육군총참모장 프란츠 할더와의 긴장된 관계는 더욱 악화됐다. 그 외에도 히틀러는 B집단군 사령관인 폰 보크 장군을 해임하고 제2군

●●● 스탈린그라드 전투에서 피격된 소련의 T-34 전차. 스탈린그라드 전투 동안 소련군은 예비대를 도시 주변으로 집결시켰다. 소련군은 50개 사단과 1,000대의 전차를 집결시키려는 자신들의 의도를 독일군이 눈치를 채지 못하도록 하기 위해, 소련은 교묘하게 적용하는 광범위한 마시로프카(Maskirovka)─소련군의 교리가 전술 계획의 필수적인 부분을 형성한다고 강조하는 기만, 보안, 은폐행동─을 능숙하게 수행했다. 〈사진 출처: WIKIMEDIA COMMONS | CC BY-SA 3.0 DE〉

사령관 폰 바이흐^{von Weich} 장군을 임명했다. 히틀러는 이것이 부분적으로 자신의 개입으로 인해 발생했다는 것을 인정하지 않고 독일이 더 큰 성공을 거두지 못한 책임을 보크에게 전가했다. 다음으로 7월 23일 항구도시 로스토프가 함락되었을 때, 히틀러는 새로운 공격지침을 지령 45호로 하달했다. 그는 스탈린그라드의 점령을 B집단군의 핵심목표로 부여했고 A집단군의 과업을 카스피해의 해안에 있는 바쿠 유전 지역을 점령하는 것으로 확대했다.

이미 청색 작전에서 포위에 성공했으나 많은 소련군을 포획하지 못했다는 실망에도 불구하고, 지난달 광대한 소련 영토를 점령했다는 지나친 자신감으로 히틀러는 남부 지역의 소련군이 무너졌을 것으로 추측하게 됐다. 이런 판단은 히틀러가 얼마나 우매한지를 확실히 보여주는 것이었다. 왜냐하면, 히틀러는 청색 작전의 포위로 단지 9만 명밖에 포획하지 못한 것을 알고 있었기 때문이다. 이러한 실망스런 결과를 초래한 중요한 요인은 히틀러의 생각처럼 독일 장군들의 형편없는 리더십이나 자신의 간섭이 가져온 악영향이 아니라 오히려 독일군의 공격에 대한 소련군의 적절한 대응에 있었다.

히틀러는 9월 9일 리스트를 해임함으로써 이 불안정한 진격에 대응했다. 자신이 직접 임명한 지휘관을 교체하기 위해 놀랍게도 히틀러는 자신이 직접 통제하는 부대로부터 1,448km 떨어진 빈니차Vinnitsa에 있는 전쟁지휘본부에서 A집단군에 대해 개인적인 지휘권을 행사하려고 시도했다. 그는 즉시 제17군에게 흑해 항구인 노보로시스크Novorossisk와 투압세Tuapse를 점령하라고 명령했지만, 9월 중순 내내 이 군대는 히틀러의 직접적인 전투 통제와 한스 루델Hans Rudel의 슈투카 편대가 제공하는 방대한 공중지원에도 불구하고 거의 진격하지 못했다. 멀리 동쪽에서 제1기갑군은 10월 그로즈니Grozny를 공격했고, 11월 2일에 전쟁 중 독일군이 도달한 가장 남쪽 마을인 오르조니키제Ordzhonikidze에 도착했다. 1942년 스탈린은 히틀러와 달리 이전의 전략적 실수로부터 배우기 시작했다. 그는 방어 지역을 고수하고 철수를 금지한 자신의 명령으로 인해, 1941년에 키예프, 브랸스크 그리고 뱌지마Vyazma에서 독일군에게 포위됐고 소련군 수백만이 포획됐다는 것을 알았다. 그는 1942년 중반에 독일군의 양익포위로부터 탈출하고, 소련군을 위협하는 포위로부터 소련 지역 종심으로 철수하는 것을 승인했다 1942년 여름 청색 작전에 대응하고 있던 소련군은 시간을 벌기 위해 공간을 거래하는 전통적인 러시아의 전략을 실행했다. 1942년 8월 히틀러는 이러한 소련군 전략의 변경으로 스탈린그라드 전선 및 남동부 전선에서 결코 이길 수 없다는 것을 알았어야 했다. 마침내 소련군은 8월 20일 독일 제6군을 스탈린그라드 전방에서 저지했다. 하지만 이 같은 군사적으로 심각한 현실은 순수한 의지력만으로 스탈린그라드와 캅카스 전체 지역을 정복할 수 있다는 히틀러의 확신에 영향

●●● 1943년 쿠르스크 전투에서 T-34 전차를 따라 공격하는 소련군: 보로네슈 전선에서 소련군의 선두부대는 2월 17일까지 쿠르스크로부터 96km까지 진격했고 바투틴(Vatutin) 남서부전선군은 도네츠에서 177km에 이르는 긴 독일군 방어선을 돌파했다. 이제 동부 전선의 남부 지역은 상호 접촉이 단절되는 위험에 처하게 됐다. 〈사진 출처: WIKIMEDIA COMMONS | CC BY-SA 4.0〉

을 주지 못했다.

8월 중순에 히틀러가 어리석게도 현재 가용한 제11군을 청색 작전을 강화하기 위해 사용하는 대신 공격을 위해 레닌그라드로 전환했을 때 A집단군과 B집단군이 이런 야심 찬 목표를 달성할 수 있는 희박한 가능성은 더욱 감소했다. 1942년 여름 히틀러의 동부 전역 전략은 한심하게도 결정적인 지점에 전투력을 집중해야 하는 기본적인 군사원칙을 고려하지 않았다.

독일 공군의 실패

스탈린그라드에서 독일군이 지상 구출작전을 준비하는 동안, 공군은 제6군에 필요한 모든 탄약, 연료, 식량을 재보급하기 위해 노력했다. 파울루스의 부대들은 전투력을 유지하는 데 매일 600톤의 보급품이 필요했다. 이를 지원하기 위해 공군은 Ju-52 수송기로 매일 230회의 성공적 비행을 해야만 했다. 히틀러가 제6군으로 스탈린그라드를 고수하겠다고 결심한 결정적인 요인 중 하나는 공군의 공중보급이 가능하다는 헤르만 괴링의 장담이었다. 괴링 역시 히틀러와 마찬가지로 동부 지역의 전략적 현실에 대해 무지했다는 것이 파울루스의 부대에게는 큰 불행이었다. 에리히 폰 만슈타인이 나중에 말했다. "항공보급에 대한 보장이 주어져야만 구출부대를 투입해 군대의 탈출 가능성을 높일 때까지 탈출을 연기할 수 있었다. 파울루스의 탈출 요청을 거부함으로써 히틀러는 이미 그 보장을 받은 모든 목적과 의도를 달성해야 했다. 그의 거절은 괴링의 보증에 기초하고 있었다. 그럼에도 불구하고, 히틀러는 여전히 그의 진술의 신뢰성을 확인했어야 했다. 괴링이 어떤 사람인지 아는 것 외에도, 그는 또한 공군의 능력을 잘 알았어야 했다."

공수작전은 11월 25일에 시작됐지만, 처음부터 악천후, 항공기의 부족, 적의 대공사격망을 뚫고 스탈린그라드를 왕복해야 하는 도전이 결합돼 비참할 정도로 부적절했다. 괴링은 하루 600톤의 보급을 장담했지만, 보급은 좋은 기상 상황에서도 실제로 1/3도 되지 않았다. 스탈린그라드에서 공군의 실패는 공군의 명예를 실추시키기는 했지만, 공군은 시급히 해결해야 할 더 중요한 문제를 안고 있었다. 공군은 제6군에 대한 공중보급을 실시하면서 수송기 488대를 잃었고, 손실의 대부분은 황당하게도 적의 화력이 아니라 이.착륙의 문제 때문이었다. 승무원들의 손실도 컸는데, 특히 공수에 참여하기 위해 독일에서 파견된 교관들의 손실이 컸다.

●●● 1942년 소련 중부에서 6호 전차 티거 1에 탑승한 독일 승무원들이 파괴된 소련의 T-34 전차를 바라보고 있다: 1942년과 1943년 초 동부 전역의 모든 작전에서 독일군은 소련군보다 월등히 탁월한 기동전을 수행했다. 예를 들면 마르티노프카(Martynovka)에서 발생한 대규모의 전차전에서 주저하던 소련군 전차들은 독일군의 신속한 대응, 최전선 지휘관의 유연한 전투지휘, 모든 병과 간에 적시적인 제병협동 그리고 우수한 전차 주포에 의해 무력화되고 파괴됐다. 〈사진 출처: WIKIMEDIA COMMONS | CC BY-SA 3.0 DE〉

그로 인해 새로운 승무원을 제대로 훈련시킬 수가 없었다. 총체적으로 스탈린그라드의 패배는 독일 공군의 미래에도 끔찍한 결과를 가져왔다.

소련군 전투능력의 향상

1942년의 동부 전선은 독일군 운명의 전환점이 되었을 뿐만 아니라 소련군이 더욱 유능해지고 있음을 보여줬다. 예를 들어 1942년 11월 천왕성 반격 작전의 성공은 소련군이 1942년 후반에 전술 및 작전적인 측면에서 독일군을 이겼을 뿐만 아니라, 전략적인 수준의 작전 전개를 더 효과적으로 계획했다는 것을 증명했다. 청색 작전과는 달리 천왕성 작전은 이 전투단계에서 아직 미흡한 소련군 공격능력을 감안해 달성 가능한 소박한 목표인 양익포위를 목표로 했다. 소련군은 과거의 패배, 특히 초기에 성공한 1941과 1942년 겨울 반격의 성과를 조기에 과도하게 확대한 것에서 교훈을 얻었다. 그러므로 1942년 후반기 소련군이 달성한 승리는 대체로 과거 패배의 교훈에서 배우는 소련군 지휘관들의 능력 덕분이었다.

하지만, 이것은 히틀러와 그의 최고사령부가 1942년에 익힐 수 없을 것처럼 보였던 기술이었다. 예를 들어 독일군은 이미 청색 작전에서 바르바로사 작전의 과오를 반복했다. 지나치게 야심찬 공격이 그 해 너무 늦게 시작되면서 청색 작전은 전술적 성공을 전략적 승리로 전환하는 데 실패했고, 독일군 전선은 더 이상 군수지원이 불가능할 만큼 신장돼 소련의 반격을 불러일으키는 취약한 측면을 노출시켰다. 그리고 천왕성 작전에서 소련군은 독일인들이 무심코 발표한 초대를 감사하게 받아들였다. 1942년 독일군이 소련군을 격멸하지 못한 요인은 효과적인 제병협동작전의 미흡, 전과확대를 위한 작전 템포의 저하, 예하 지휘관의 능력 부족이나 부대의 사기저하가 아니며, 이 모든 것은 이전 1941년의 기준에 상당히 근접하게 유지됐다. 오히려, 소련은 역량을 향상시키기 위해 전략적이고 운영적인 수준에서 독일의 약점을 이용했다. 그리고 불행하게도 곤경에 처한 평범한 독일 군인에게 천왕성 작전은 동부 전선을 가로지르는 소련의 전략적 대응의 시작에 불과했다. 소련군은 천왕성 작전을 추축국의 약점에 소련의 힘을 집중시키는 전형적인 이중 포위망으로 만들려고 했다. 다만, 독일군의 포위작전과는 달리, 소련군의 포위는 지형적으로 달성 가능한 제한된 목표로 실시했다는 점이었다.

그러나 소련군 고위 지휘관들은 부대의 능력을 초과한 공격을 시작했다. 1942년 가을, 주코프는 동시에 동부 전선의 중앙에서 훨씬 더 야심찬 공격작전을 발전시켰다. 소련군은 화성과 목성 작전을 르제프 돌출부에 위치한 육군 중앙집단군이 모스크바에 가하는 위협을 제거하기 위한 강력한 공격으로 생각했다. 화성 작전은 칼리닌전선군Kalinin Front이 르체프 전방 돌출부의 북서쪽 측방으로 공격하고, 목성 작전은 서부전선군이 돌출부의 동쪽을 공격하는 계획이었다. 그들 사이에서 소련군은 독일군 제 9군을 포위, 격멸하고 돌출부를 제거하고 스몰렌스크의 중요한 교통의 중심지로 계속 공격하는 것을 목표로 했다.

주코프 장군이 직접 지휘한 화성, 목성 작전은 소련군 사령관의 가장 중대한 실패를 상징했다. 이 같은 작전의 경험은 독일군의 효과적인 대응에 직면했을 때 소련군의 공격능력이 얼마나 형편없는지를 보여주었다. 게다가 이런 작전들은 독일군의 인상적인 방어전술이 독일군 상급사령부의 과오로 초래된 불리한 전략적인 상황을 이용할 수 없었던 소련군의 공격에 실질적인 위협이 됐다는 것을 보여주었다.

소련군은 1942년 한 해 동안 많은 것을 경험하고 배웠지만, 그해 말에 독일군과 1:1로 직접 비교해보면 소련군은 아직도 열세였다. 그러나 과오를 통해 배우는 소련군의 능력은 독일군의 미래에 좋은 징조가 아니었다. 고슴도치 방어는 소련이 주요 독일군을 포위하고 섬멸할 전문성, 화력, 기동성이 부족했기 때문에 의도치 않게 소련군의 편성, 리더십, 교리의 결함을 이용했다. 이런 공격은 스탈린이 독일군의 방어력과 공격에 강력한 장애물이 되는 기상효과를 과소평가한 점을 고려할 때, 크게 저하된 소련군의 전투능력을 훨씬 초과하는 것이었다. 소련군의 전투력 부족과 노력의 분산으로 전투력이 극도로 저하되었지만 여전히 지략이 풍부한 독일군의 전멸을 피할 수 있게 해주었다. 소련군은 포병의 분산 운용, 탄약의 부적절한 사용 그리고 효과적인 협조 미흡으로 독일군의 끈질긴 방어를 물리치는 데 실패했다.

독일군의 전투력 질적 수준

1942년 동부 전선에서 전투하는 내내, 독일군 병사 개개인의 전투 자질은 높은 수준을 유지했다. 이 같은 전투력의 질적 수준은 이념 주입 훈련으로 강화됐다. 예를 들면 1942년 늦은 봄, 독일군은 동부 전선에서 병사들의 심리적 동기를 부여하기 위한 노력을 강화했다. 5월에 대학 강사들은 최근 연대 규모에서 확장된 정예 그로스도이칠란트 사단Grossdeutschland Division을 방문해 공산주의의 폐해에 대해 토론했다. 또한 사단은 군대의 사기와 단결을 강화하기 위해 수행되는 모든 활동을 조정하는 교육장교Education Officer라는 새로운 직책을 만들었다. 그 장교는 사단의 도서관 승합차에 비치할 수백 권의 새로운 선전용 서적을 조달했고, 독일군의 고유한 우월성과 군대 내에서 군인의 자질을 강화하고 위기에서도 흔들리지 않는 정신을 심어주기 위한 궁극적인 승리의 필연성을 강조하는 세미나를 열었다. 동부 전선에서 겪고 있는 끔찍한 굶주림과 점점 불리해지는 전략적 상황에도 불구하고 그런 대책은 독일군 최고사령부가 효과적으로 싸울 수 있도록 동기를 부여하기 위해 점점 더 군대를 세뇌하려는 추세의 초기 단계였다. 독일군이 전투에서 패배할 경우, 죽음과 전멸을 안겨줄 야만적인 볼셰비키 패거리들과 싸우고 있다는 점을 강조했는데, 이것은 어느 정도 성공을 거둔 전술이었다.

7월 15일 최고사령부는 동부 전선에 있는 각 사단에 감투정신을 고양시키는 교육장교를 대규모로 임명하도록 명령했다. 이 같은 임명은 1943년 말에 창설된 국가사회주의 리더십 장교National Socialist Leadership Officer의 효시임이 입증되었으며, 이들은 전쟁의 마지막 18개월 동안 독일군의 주요 동기 부여의 도구가 됐다. 국가사회주의의 미덕에 대한 두뇌 훈련에는 힘든 신체훈련도 병행됐다.

독일군의 체력단련

독일군이 1942년 캅카스에서 달성한 인상적인 공격은 여름에 동부 전선에 도착한 보충병들이 받은 강도 높은 훈련의 결과였다. 예를 들면 그로스도이칠란트사단의 신병이었던 구이 사예르^{Guy Sajer}는 켐니츠^{Chemnitz}에 있는 병영막사에서 체험한 엄격한 훈련을 생생하게 기억하고 있었다. 그와 그의 동료 신병들은 동부 전선의 혹독한 악조건들을 이겨낼 수 있는 육체적이고 정신적인 지구력을 기르기 위해 계획된 장시간의 극기훈련을 견뎌야 했다. 그들은 지치고 굶주린 상태에서 엄청난 인내력을 요구하는 수많은 주야간 실사격 현장 훈련과 반복훈련을 받았다. 이 훈련은 실전과 거의 유사한 아주 엄격한 훈련이었다. 이 훈련 중 사예르가 소속된 신병 1개 중대 140명 중 24명이 부상을 당했고 그 중 4명이 사망했다. 훈련 경험은 유쾌하지 않았지만 캅카스의 황량하고 개활한 평원을 공격할 때 큰 효과를 거뒀다. 여기서 정신적, 육체적으로 회복력이 있는 독일 군인들은 먼 거리, 엄청난 더위와 먼지, 그리고 그들이 마주한 물의 부족에 의해 이러한 자질들이 최대한으로 시험됐다는 것을 발견했다. (남부 러시아에서는 우물이 부족했고, 실제로 존재했던 우물은 종종 맛이 고약했다. 북쪽에서는 대조적으로, 많은 우물이 있었고 물은 시원하고 맛이 좋았다.) 육군 A집단군의 병사들이 경제적 가치가 있는 유전자원에 대한 히틀러의 욕심을 채우기 위해 싸웠던 황량한 사막과 산악지형은 강인한 체력을 갖춘 병사들조차도 지구력의 한계까지 밀어붙였다.

마찬가지로 1942년 12월 19일 스탈린그라드 구출을 시도하는 동안 소련의 격렬한 저항에 맞서 8일간의 완만하지만 지속적인 진격 끝에 훈련으로 숙달된 57군단 예하 부대는 출발지점으로부터 90km, 파울루스군의 원형 방어선으로부터 50km 떨어진 미시코바^{Myshkova} 강에 도달했다. 소련군의 강력한 방어와 악천후 속에서도 구출 노력을 계속할 수 있었던 것은 훈련으로 숙달된 우수한 전차승무원, 제6기갑사단의 라우스 장군과 휘너도르프^{Hünerdorff} 대령과 같은 융통성 있는 대응 방책을 수립할 수 있는 탄력적인 사고를 견지한 지휘관 그리고 대공포의 대담한 운용의 덕분이었다. 독일군 병사들은 상급자의 명령을 수행하기 위해 영웅적으로 행동했다. 비극은 이 같은 명령, 특히 동프로이센에서 내려지는 명령은 종종 비현실적이었고 수천 명의 독일인 생명을 불필요하게 잃게 했고 독일군이 동부 전선에서 세 번째 여름을 준비하면서 감당할 수 없었던 손실을 초래했다는 것이다.

제3부
독일 국방군의 특성

●●● 무장친위대를 사열하고 있는 군 최고사령관 히틀러. 히틀러는 전략적인 식견을 가지고 있었지만, 그의 이념적 신념은 '전쟁을 어떻게 이끌 것인가'에 관한 전략적인 사고에 큰 영향을 미쳤다. 무엇보다 만일 히틀러가 군 최고사령관으로 순수하게 군사적인 차원에서 오류를 범한 점이 있다면, 그것은 그가 마지막까지 총력전을 벌이기로 결정했다는 사실일 것이다. 〈사진 출처: WIKIMEDIA COM-MONS | CC BY-SA 4.0〉

제1장
히틀러의 전쟁 지휘

무능한 군사적 결정으로 수십만 명의 독일군을 불필요하게 사망하게 만든 미치광이로 묘사되는 히틀러가 독일 육군을 지휘했던 방식은 전쟁 초기에는 매우 고무적이었으나, 그 이후에는 전적으로 재앙의 연속이었다.

제2차 세계대전이 점점 치열해지면서 아돌프 히틀러는 전쟁의 흐름을 독일에게 유리하게 전환하기 위해 더욱 극단적인 조치에 의존하면서 독일의 전쟁 노력에 대한 통제권을 완전히 장악했다. 히틀러의 전쟁 지휘는 현재까지도 커다란 논쟁의 대상이 되고 있으며, 많은 독일 장군들은 1945년 이후 자신들의 회고록에서 독일 패전의 전적인 책임을 히틀러에게 돌리고 있다. 그가 폐허가 된 베를린에서 사망했기 때문에 독일 장군들은 쉽게 패전의 모든 책임을 그에게 전가할 수 있었다.

히틀러는 단 한 치의 땅도 포기하지 않겠다는 광기로 수십만의 독일군 병사들을 죽음과 포로로 몰아넣은 미쳐 날뛰는 광인으로 묘사돼 왔다. 그는 1944년 6월 노르망디 작전 당시 연합군에게 공격의 발판을 제공했고, 이듬해 봄에 소련군이 베를린의 문턱까지 공격하도록 허용한 중대한 전략적인 과오를 범했다는 비난을 받고 있다. 많은 장군들에 따르면, 만일 히틀러가 군사작전을 전문적인 군인들의 손에 맡겼다면 소련군과 영미연합군의 공격을 저지하고, 회담으로 전쟁을 종료할 기회를 마련했을 것이다.

히틀러가 왜 그렇게 전쟁을 지휘했는지를 이해하기 위해서는 히틀러의 목표들과 히틀러라는 인간 자체를 살펴볼 필요가 있다. 그는 제1차 세계대전 당시 참호에서 싸웠고 대담한 전투로 철십자 훈장을 받았다. 이런 전투 경험은 전쟁과 육군의 상급지휘부를 바라보는 그의 시각에 큰 영향을 미쳤다.

제2차 세계대전 내내 그는 고위급 군사령관들이 생각하지 못한 것을 전방부대 병력이 생각해 낼 수 있으며 자신 역시 그 병사들 중 하나였기 때문에 그들이 무엇을 할 수 있는지 알고 있다고 믿었다. 이런 이유로 그는 전문가의 견해를 신뢰하지 않게 됐다. 그는 "직감이 무엇보다 가장 중요한데, 직감은 확신에서 나온다. 건전한 일반 시민은 공동체를 형성하기 위해 똘똘 뭉치는 반면, 지식인들은 닭장 안에서 이리저리 뛰어다니는 닭처럼 우왕좌왕할 뿐이다. 이런 사람들과는 함께 역사를 만들어 갈 수 없다"라고 말했다. 히틀러는 1939년 이전에 정치적 성공을 이뤘는데 이는 의지와 대담함이 결과를 만들어낼 수 있다는 자신의 견해를 더욱 강하게 만들었다. 그는 라인 지방을 재점령했고, 전쟁을 하지 않고 오스트리아와 체코슬로비아를 독일로 합병시켰다. 그는 고급 지휘관들, 특히 공세적인 외교 정책이 바람직하지 않다고 주장했던 베르너 폰 블롬베르크^{Werner von Blomberg} 원수와 폰 프리치^{von Fritsch} 대장을 불신하기 시작했다. 한편 히틀러는 그의 성공으로 인해 독일 국민들로부터 막강한 지지를 얻었는데 독일 국민들은 히틀러를 비스마르크보다 더 위대한 지도자로 생각했다. 이같은 인기로 히틀러는 자신을 유럽 최고의 정치 지도자로 여기게 되었다.

1939년 9월 1일 기습적인 폴란드 점령으로, 히틀러는 전쟁의 영웅이 됐다. 1939년부터 1940년 사이 독일군이 연전연승하면서 히틀러는 군사전략 분야에 건전한 식견을 가진 지도자로 인식됐다. 특히, 그가 1940년 아르덴을 돌파하는 만슈타인 계획을 승인했을 때 더욱 그랬다. 프랑스 전역의 승리는 다음과 같은 두 가지 직접적인 결과를 가져왔다. 첫째, 전쟁과 작전에 대한 히틀러의 식견은 다른 장군들보다 탁월하지는 않을지라도 적어도 비슷하다는 것을 입증했다.(이것이 전적으로 비합리적인 것이라고 말할 수 없는 이유는 그가 구 독일 제국과 현 독일 제국의 장군들이 4년 동안 이루지 못한 승리를 단 6주 만에 달성했기 때문이었다.) 둘째로, 독일 국민들 대부분은 히틀러를 천재로 간주하게 됐다. 전쟁사학자 존 키건^John Keegan이 언급한 바와 같이, 히틀러는 천재는 아니었지만 군사적 승리에 필요한 중요한 자질인 자기 신뢰, 대담성, 지성, 예하 부하들을 지휘하는 통솔력과 인간의 고통에 대해 진정으로 무관심했다.

1941년 봄 발칸 정복과 바르바로사 작전의 몇 주간, 그리고 소련 침공은 군사적 능력에 대한 히틀러 자신의 믿음을 강화시켰을 뿐이었다. 그 다음, 1941년 겨울에 모스크바를 눈앞에 두고 실시된 소련군의 침공은 고위층 장군들과 히틀러의 관계가 벌어지는 전환점이 됐다. 그들은 히틀러에게 철수를 건의했으나 히틀러는 현 진지를 사수하라고 했다. 부대들은 현 전선에 머물렀고 결국 현진지를 고수했다. 히틀러는 자신의 관점에서 정당화되었다. 그 후로 특히 고위급 장군들이 동부 전선에서 방어 지역을 포기하고 철수를 건의했을 때 히틀러는 패배의식에 빠진 장군들에 대해 더욱 환멸감을 느꼈다.

히틀러의 인종 전쟁

많은 서양 사학자들은 동부 전선의 전쟁이 히틀러에게 얼마나 중요한 전쟁이었던가를 간과했다. 소련과의 전쟁은 히틀러를 완전히 소진시켰다. 그의 모든 행동은 스탈린의 공산주의 정권을 붕괴시키려는 메시아적 욕망에 의해 발동됐다. 이는 히틀러가 안고 있는 강박관념이었는데, 그는 1942년에 "만일 소련을 전적으로 그리고 완전히 정복하지 못하면 다음

세대들이 이 전쟁을 수행해야만 한다"고 선언했다. 1943년 7월 히틀러
는 그가 총애했던 에르빈 롬멜 장군에게 "독일은 정복해야 할 영토가 필
요하다. 그렇지 않으면 독일은 오래 살아남지 못할 것이다. 독일은 유럽
의 남은 전 지역에서 패권을 잡을 것이다. 우리가 점령하는 곳, 거기서 우
리는 머무를 것이다"라고 말했다.

1943년 봄 히틀러는 지난 6개월 동안 북아프리카와 소련에서 크게 패
배했음에도 불구하고, 아직도 적들에 대한 완전한 승리를 확신했다(스탈
린그라드와 엘 알라메인 및 튀니지에서 50만 명의 독일군이 전사하거나 포로
가 되었다).

히틀러는 항상 낙관적이었고, 공공연히 독일 제3제국이 1,000년 간 지
속될 것이라는 허식이 가득한 확신에 차 있었다. 히틀러는 슬라브족과 유
대인 동맹이 이끄는 적들이 독일 혈통인 아리아인들보다 열등하기 때문
에 자신이 승리할 것이라고 확신했다. 히틀러는 열등한 소련 민족이 독일
의 우월감에 도전할 정도로 영리하고 강할 수 있다는 것을 미처 생각하
지 못했다. 이는 19세기 아프리카 혹은 아시아 식민지 국가들이 어떠한
경우에도 적수가 될 수 없다고 생각한 유럽의 식민지 통치자들의 태도와
유사했다.

히틀러는 슬라브족과 유대인들을 독일 민족과 같은 대륙에서 살 가치
가 없는 미개인으로 폄하했다. 그들은 강제 이주되거나 노예가 되거나
아니면 궁극적으로 몰살돼야 할 대상이었다. 그 때문에 히틀러는 스탈
린과 그 어떤 평화협상도 고려하지 않았다. 소련이 망하지 않으면 독일
이 망할 것이다. 1945년 4월 패배할 조짐이 보이자, 히틀러는 "나는 유
대인을 대하는 데 있어 공정했다. 나는 유대인들에게 최후 경고했다. 유
대인들이 다른 전쟁을 일으킨다면, 그들은 살아남지 못할 것이다"라고
말했다.

1943년 독일군이 스탈린그라드와 쿠르스크 전투에서 패배하자, 히틀

●●● 1939년 9월 폴란드를 방문한 히틀러. 라이헤나우(중앙)와 롬멜(우측 2번째)이 보인다. 히틀러는 항상 프로이센 귀족 출신 장교단을 불신했다. 〈사진 출처: WIKIMEDIA COMMONS | Puclic Domain〉

러의 신념은 급격하게 흔들리기 시작했다. 그는 독일군에게 닥친 패배에 대해 자신을 제외한 모든 사람을 비난했다. 패배에 대한 책임이 독일 장군들의 무능력과 배신에 있다고 생각했다. 왜냐하면, 소련군이 대등한 조건으로 독일군과 싸울 수 있는 군대를 양성할 수 있다는 것을 인정할 수 없었기 때문이었다.

히틀러가 포위된 독일군이 소련군을 저지할 수 없다는 것을 서서히 깨달아 가면서 전쟁의 목표도 변경되었다. 그는 독일이 극비밀리에 개발하고 있는 V-무기를 완료할 때까지(즉 영국군의 사기를 저하시켜 평화협정을 하도록 강요할 수 있는 무기), 혹은 스탈린과 서부의 연합군과의 결속이 와해될 때까지 가능한 한 전쟁을 연장시키려고 했다. 그는 연합군을 와해시키는 데 우선순위를 두었고, 베를린 벙커에 있던 마지막 날까지도 독일이 머지않아 소련군과 싸우기 위해 영국과 미국과 협정을 맺을 수 있을 것으로 확신했다. 1944년 12월 아르덴 공세 바로 전날 히틀러는 예하 장군들에게 "우리가 만일 연합군에게 더 큰 타격을 줄 수 있다면, 현재 인위적으로 지탱하고 있는 연합군의 공동 전선은 단 순간에 무너질 수 있다"라고 강조했다.

협상에 의한 평화는 히틀러의 아젠더가 아니었다. 그는 완전한 승리를 달성하지 못하면 전멸당할 결심을 했다. 독일의 아리아인들과 슬라브족 간의 인종 전쟁이 목적 그 자체였다. 히틀러는 죽음을 각오하고 이 목적을 달성해야 한다고 확신했다. 그는 항상 "나는 포기하지 않을 것이다. 나는 굴복하지 않을 것이다"라고 몇 번이고 반복해 되뇌었다. 당연히 히틀러의 장군들은 독일의 멸망이 임박했다는 것을 깨닫기 시작하면서 그의 전쟁 목표에 점점 더 환멸을 느꼈다. 히틀러는 적대국들뿐만 아니라 예하 장군들과도 전투 의지 면에서 대립했다.

독일 국민들이 스스로 자신의 운명을 결정할 준비를 하도록, 히틀러는 1943년 1월 국가 총력전을 선포했다. 총력전은 스탈린그라드에서 제6군의 패배가 임박한 상황에서 선포됐다. 히틀러의 선언에 이어서 제국 선전부 장관 요제프 괴벨스^{Josef Goebels}의 선전 공세가 등장했다. 괴벨스는 불길한 패배 소식에 대한 공식적인 입장을 준비해야 했고, 장기간의 혈전에 대비해 국민들을 무장시켜야 했다. 전쟁 기간의 그 시점까지 독일 국민들은 제대로 전쟁 준비도 안 된 무능한 적에 대한 보잘것없는 승리의 소식을 날마다 들어야만 했다. 당시 독일은 진검승부를 벌이고 있었다.

총력전

총력전 전략의 핵심 요소는 전시경제 제도였다. 경제계획은 더 이상 단기전에 기반을 두고 수립될 수 없었다. 놀랍게도 민간 생산이 여전히 경제를 지배했으며 약 600만 명의 근로자가 여전히 소비재를 생산하고

150만 명의 여성이 가사 도우미로 일하고 있었다. 월별 전차의 평균 생산량은 1940년에는 136대에 불과했고, 1943년 1월에는 257대로 증가했다. 군비 및 전쟁생산부 장관인 알베르트 슈페어^{Albert Speer}는 유능한 사람이었지만, 경제 총동원 체제를 이루지 못했다. 1942년 소비재 생산량이 12%나 감소했다. 1944년 한 해에만도 전체 산업생산량이 22% 감소했다.

1943년 2월 괴벨스는 베를린 스포츠 경기장에서 개최한 마지막 대규모 대중 연설에서 독일 국민들에게 총력을 다 해 싸울 것을 촉구했다. 65세 이하의 모든 남성과 45세 이하의 모든 여성은 강제 전시 노동에 징집될 의무가 있었다. 히틀러 청소년단원^{Hitler Jugend}들은 농장에서 노동하거나 고철을 수집해야 했다. 죄수의 노동력이 전시 노동에 이용됐다. 동시에 히틀러는 기업가들과 군인들이 하나가 된 새로운 전시 생산체제로의 전환을 구상했다. 당시 독일의 생산은 1939년과 1940년보다 높지 않은 수준이었다. 슈페어와 기갑집단군 사령관 구데리안은 전차 생산과 기타 무기들의 생산을 증가시키는 임무를 수행했다.

아이러니하게도 독일 국민들의 동기를 유발시키는 총동원의 캠페인에서 히틀러에게 기여한 최고 협력자는 영국 공군이었을지도 모른다. 1943년 3월부터 영국 공군사령부는 매일 밤 독일 도시들을 폭격했다. 이 폭격은 1943년 7월, 6일간의 연속적 공습으로 약 4만 명의 함부르크 시민이 사망하면서 절정에 달했다.

슈페어와 구데리안은 복수심으로 임무를 수행했고, 곧 획기적인 결과를 만들어냈다. 1943년 중반까지 전차 생산량은 월 1,004대로 급상승했으며 1944년 월평균 전차 생산량은 1,538대였다. 독일에 대한 연합국의 폭격이 최고조에 달했던 1944년 12월에 전차 생산량이 최고점에 달했다. 1943년과 1944년에 들어서면서 독일군 부대들은 전 전선에서 매우 용감하게 싸웠고, 히틀러가 나라를 완전한 패망으로 몰아가고 있다는 장군들의 우려에도 불구하고, 히틀러의 동기유발 노력은 매우 효과적인 것으로 증명됐다.

지연전과 맞서 싸우기 위해 히틀러는 적군을 독일 국경으로부터 가능한 멀리에서 저지하고 동맹국가들과 관계를 지속 유지하며, 생존에 필수적으로 중요한 자원과 지하자원을 보호해야 했다. 특히, 기술 발전과 전쟁 생산이 더 많은 인구를 가진 소련을 패배시키는 데 필수적 요소라고 믿으며 전쟁을 경제적 관점에서 본 히틀러에게 지하자원은 매우 중요했다.

독일이 더 많은 영토를 차지할수록 히틀러는 더 많은 시간 동안 소련과 서부 연합국을 분리시켜야 한다고 믿었다. 이것이 히틀러의 "어떤 대가를 치르더라도 버티는" 전략의 핵심이었다. 히틀러는 자주 이것을 "시간! 시간! 시간!"이라는세 단어로 요약했다. 그는 소련 전역의 판터 방어선Panther Line이나 프랑스 해안의 대서양 방벽Atlantic Wall 등과 같은 거창한 이름의 방어진지를 방어하라는 명령으로 이 전략을 공식화하는 것을 좋아했다. 히틀러는 머뭇거리는 장군들이 후퇴하고 싶어할 때 그들을 협박해 후퇴하지 못하도록 방어선의 존재를 이용했다. "나는 역사상 가장 위대한 축성의 대가이다. 나는 서부 방벽과 대서양 방벽을 구축했다"라고 선언했다.

1943년 여름부터 독일군은 전투력이 감소되어 가는 상황에서 다수의 전선에서, 매달 더 강력해져가는 적과 맞서 싸우게 됐다. 이로 인해 히틀러는 독일의 군사력과 자신의 관심을 전 전선에 분산할 수밖에 없었다. 이를 소방전이라고 했다. 정예 무장친위대 기갑사단들은 항상 위기의 순간에 그 위기를 해결하고 다른 위기를 해결하기 위해 급히 이동해야 했기 때문에 "총통의 소방대"라는 별칭을 얻었다.

독일군의 전쟁 지휘부

〈사진 출처: WIKIMEDIA COMMONS | CC BY–SA 3.0 DE〉

전쟁이 지속되면서 히틀러의 야전부대 방문이 점점 더 위험해졌다. 항공기를 이용한 방문은 위험이 컸고, 미국 폭격기의 매복 공격으로 일본의 야마모토 이소로쿠 제독이 사망한 사건은 제공권을 상실한 독일 공군에게 큰 교훈을 주었다.

히틀러는 극비리에 설치된 21개의 지하 벙커 시설에 머물렀다. 이런 지하 벙커들은 중요한 전선을 방문할 때 안전을 고려해 여러 곳에 설치됐다. 소련이 1944년 겨울에 발틱 해안을 돌파할 때, 그는 동프로이센 숲속에 있는 유명한 늑대굴Wolfsschanze에서 대부분 시간을 보냈다. 영국 공수사단의 집단 강하에 대한 두려움으로 히틀러는 이 지하 지휘소 부근에 대규모의 지뢰 지대를 설치하고, 특수 훈련을 받은 엘리트 부대인 총통의 경호대 대Fuehrer Begleit Battalion로 방호했다.

1944년 말 아르덴 공세 동안 히틀러는 바트 나우하임Bad Nauheim에 있는 독수리 둥지 Adlerhorst 지하벙커에 머물렀다. 히틀러는 이 깊숙한 지하에서 장군들의 대표를 만나고 나치당의 추종자들을 통치했다. 항공기를 통한 이동이 거의 불가능했기 때문에 히틀러는 통신시설이 설치되고 대공포로 잘 방호된 지휘소에서 점점 좁혀지는 작전지역을 지휘했다.

아르덴에서 라인 강 방어의 시도가 좌절된 후, 히틀러는 베를린 심장부에 있는 제국 청사 지하에 위치한 지휘용 벙커에 지휘부를 설치했다. 여기에서 그는 전쟁의 마지막 전투들을 지휘했다.

히틀러의 전쟁 지휘 방법

히틀러는 공식적인 총통의 지령과 명령으로 전쟁을 지휘했다. 총통의 지령은 특정한 전역의 개괄적인 전략 계획들이나 작전계획 혹은 특정한 전장에 대한 전장지도 지침에 관련된 사항들이었다. 이 같은 지령들은 히틀러의 이름으로 직접 하달되었는데 이는 군 지휘관들이 장기적인 전쟁을 준비하기 위한 것이었다. 예를 들어 1940년 12월 18일에 하달된 총통 지령 21호인 바르바로사 계획은 "영국에 대한 전쟁이 끝나기 전이라도 신속한 작전으로 소련을 분쇄하기 위해 독일군이 준비되어야 한다"고 선언하면서 러시아 침공의 기반을 마련했다.

전쟁이 지속되면서 독일은 주도권을 상실했고, 대규모 작전계획의 범위가 점점 축소됐다. 히틀러는 총통 명령을 통해 전쟁을 세밀하게 관리했다. 이같은 지시는 중요한 공격계획 수립에서부터 대대장에게 추가적으로 벙커를 설치하라는 등 구체적인 것에 이르기까지 모든 분야를 포함했다.

총통 명령은 대개 히틀러의 일일 상황회의의 결과로 만들어졌으며 그회의에서 그는 모든 전선과 작전 전역의 활동에 대한 매우 상세한 보고를 받았다. 히틀러가 보좌관들에게 이러저러한 조치를 취하도록 즉석에서 지시를 내리면서 이 두서없는 회의는 몇 시간 동안 계속됐다.

이때부터 히틀러는 패배를 우려하는 장군들과 군인들, 즉 육군 최고 사령부 참모총장인 브라우히치Brauchitsch, 그의 후계자인 할더, 룬트슈테트(히틀러에 의해 3번 해임되고 다시 임명됨) 심지어 만슈타인까지 불신했다. 그는 지휘의 핵심축을 점차 하급 제대 지휘관에게 돌리기를 원했고, 특별히 중요하다고 생각되는 업무에 대한 총통의 명령을 개인적으로 하달하기 위해 전령들을 도처에 파견했다. 어떤 경우에는 히틀러가 직접 전화해, 불만을 표출하는 장군들에게 추상같은 명령을 하달했다. 그는 1944년 여름에 "장군참모단을 해체해야 한다"라며 분노했다.

●●● 히틀러의 마지막 공식 사진으로 히틀러가 1945년 3월 자신의 벙커 앞에서 히틀러유겐트 대원에게 훈장을 수여하고 있다. 히틀러는 지하 벙커와 어두운 지하실에서 지휘하는 시간이 점점 많아졌고, 마침내 전투 현장과 접촉이 단절됐다. 그는 장군들과 오랜 시간 회의하지 않았고, 작은 정원에서 나치 당원들과 시간을 보냈다. 이것은 그의 선입관과 과대망상증을 더욱 강화시켰다. 게다가 그의 동료들은 그의 광신적인 이념을 진지하게 받아들이고, 아직 생존해 있는 귀중한 많은 병사들을 히틀러의 광신적인 이데올로기를 달성하는데 소모해 버렸다. 〈사진 출처: WIKIMEDIA COMMONS | CC BY-SA 3.0 DE〉

히틀러는 마지못해 충성하는 달갑지 않은 장군들에게 자신의 성격을 드러내 보이기 좋아하는 신봉자로, 소련 전역에 있는 전방 지휘소를 불시에 기습적으로 방문하는 경향이 짙어졌다. 이 방문의 목적은 현장에서 상황을 보고 받는 데 있는 것이 아니라, 총통의 명령을 정확히 수행하도록 예하 지휘관들을 위협하는 데 있었다.

전쟁 종료 전 마지막 2년간 히틀러는 정신적, 육체적인 건강 상태가 급격히 나빠졌다. 모든 전쟁을 지휘해야 하는 스트레스가 심했는데 특히 가장 사소한 세부사항도 부하들에게 위임하지 않으려는 과대망상증 환자에게는 더욱 그랬다. 1943년부터 히틀러는 매일 밤 단지 몇 시간 밖에 자지 못했으며 특히, 전쟁 마지막 해의 한 달 동안은 그 자신도 극도로 의심하는 주치의 테오도어 모렐Theodor Morell이 처방한 수면제의 도움으로만 잠을 이룰 수 있었다.

이른바 유대인 문제의 최종 해결책인 학살 계획은 히틀러의 가장 극단적인 계획이었다. 반면에, 1944년 가을 폴란드 국내군Polish Home Army의 폭동이 실패한 후, 바르샤바를 완전히 파괴하라는 명령은 가뜩이나 약한 전투력을 소모시키는 미친 명령의 또 다른 사례였다. 왜냐하면 반란이 진압된 이후 수개월 동안, 독일군 공병은 히틀러의 불타는 복수심을 충족시키기 위하여 모든 건물과 도시를 파괴시키는 데 귀중한 시간과 폭약을 소비했기 때문이었다.

1944년 7월 폭탄 암살은 히틀러의 편집증과 장군들에 대한 불신을 부추겼을 뿐이었다. 히틀러는 점차 모든 업무를 나치당과 무장친위대에 의지했다. 이것을 가장 잘 보여주는 것은 폭탄 테러 계획이 실패한 후 SS의 수장인 하인리히 히믈러Heinrich Himmler를 보충군Replacement Army 사령관으로 임명했을 때였다. 1945년 1월 비스와집단군Army Group Vistula 사령관으로 임명됐을 때 히믈러는 최전선에서 필요한 병사들을 양성시키는 훈련시스템의 운용에 완전히 무능함을 드러냈으며 일을 훨씬 더 엉망으로 만들었다.

하지만 이때까지만 해도 히틀러는 어느 정도 합리적인 판단을 내릴 수 있었다. 예를 들면 그의 예하 장군들이 파드 칼레Pas de Calais로 상륙할 것이라고 오판했을 때, 히틀러는 연합군이 노르망디로 상륙할 것으로 판단했다. 그는 프랑스에서 연합군 상륙에 대비하는 상반된 건의를 받았다. 롬멜은 주요 전투를 해변에서 벌이고 싶어 했으나 구데리안은 내륙에서 기갑부대의 집중공격으로 격멸할 것을 제안했다. 가장 탁월한 두 명의 독일군 기갑부대 지휘관들의 의견조차도 일치하지 않았기 때문에 작전 개시일 노르망디 상륙에 대한 최초 대응은 미약하고 혼란스러웠다는 것은 놀라운 일이 아니었다. 하지만 히틀러는 그 자신뿐만 아니라 독일 멸망의 주체이기 때문에 이 문제는 최후 학문적인 문제로 남아 있다.

●●● 1942년 11월 파울루스가 전선 상황을 관찰하고 있다: 1943년 초 원수로 승진했음에도 불구하고 그는 생존한 제6군 장병들과 함께 소련군에 항복했다. 그 같은 행동으로 인해 히틀러는 자신이 "패배주의적인 장군"으로 지목한 장군들을 신뢰하지 않았다. 〈사진 출처: WIKIMEDIA COMMONS | Public Domain〉

제2장
최고사령부

독일 육군에는 제2차 세계대전 기간 중 가장 뛰어난 몇몇 장군들이 있었지만 히틀러가 "패배주의적인 장군들" 중 다수를 불신하고 지속적인 간섭을 해 그들의 효율성이 희석되고 독일의 전쟁 노력이 손상되었다.

프로이센 장군참모단은 제1차 세계대전이 일어나기 전까지 군사적인 전문성과 효율적인 임무수행에 대한 명성으로 경외의 대상이 됐다. 전쟁 이후, 연합국들은 독일을 전쟁의 길로 이끌어간 책임을 물어 1919년 베르사유 조약에 장군참모단의 해체를 명시했다.

히틀러의 군 최고사령부는 비스마르크나 황제 빌헬름 2세 때와는 전혀 다른 짐승 같은 조직이었다. 그는 군에 대한 통제권을 유지하기로 결심하고 이를 위해 1938년 2월 4일 과거의 전쟁부를 대신할 국방군 최고사령부Oberkommando der Wehrmacht, OKW를 설치했다. 히틀러는 각 군 총장의 동의를 받아 군의 최고사령관이 됐다. 그 결과 육군 최고사령부는 건전한 군사적 조언과 상상력이 풍부한 계획의 원천이 아니라 히틀러의 의지를 따르는 도구로 점차 전락했다. 히틀러는 교묘한 정치공작으로 나치당 외에 어떤 대체 권력 기반도 원하지 않았기 때문에 육군 장군참모단의 권한을 약화시켰다.

하인츠 구데리안 대장은 "히틀러의 가장 탁월한 자질은 강한 의지력이었다"라고 회고하며 "그는 자신의 의지를 행사해 내게 자신을 따르도록 강요했다"고 말했다. 히틀러의 이 능력은 암시를 통해 작용했으며 실제로 많은 사람들에게 미치는 영향은 거의 최면을 거는 수준이었다. 사실상 최고사령부의 그 어떤 장군도 히틀러를 반박하지 못했다. 장군들은 국방부 최고사령관인 빌헬름 카이텔Wilhelm Keitel 원수같이 영원히 최면에 걸렸거나 국방군 최고사령부 작전참모장인 알프레트 요들Alfred Jodl 장군과 같이 체념한 상태였다. 적 앞에서 자신의 용기를 입증한 자신감 넘치는 장군들조차 히틀러의 웅변술에 굴복하고 반박하기 어려운 그의 논리에 직면하면 침묵할 것이다. 또 다른 냉정한 비평가는 카이텔 원수를 "생각도 없고 책임감도 없는 히틀러의 "예스맨"으로 평가했다.

구데리안 장군은 장교단의 대부분이 히틀러와 나치당을 지지했다는 점을 지적하지 못했다. 이 장교단은 기본적으로 군인 가문이나 귀족 혹은 중산층 출신이었다. 그들은 대부분이 보수적이었고, 반공산주의자들이었다. 그뿐만 아니라, 전쟁의 흐름이 독일에게 불리하게 바뀌었음에도 불구하고 고위 지휘관들은 히틀러에 대한 충성 맹세를 파기하지 않았다. 예를 들어 1944년 7월 중순, 육군에는 2,000명이 넘는 장군들이 있었지만 그 중 히틀러를 제거하는 공모에 적극 가담한 장군들은 단지 35명뿐이었다.

육군의 원수들은 각 전역과 집단군을 지휘했다. 반면에 그보다 낮은 각 군들은 대장 혹은 중장이 지휘했다. 사단급 부대들은 준장이나 소장이 지휘했고 연대들은 대령급이 지휘했다. 문서상으로 국방군 최고사령부는 다양한 각 군들의 작전을 통합시키는 임무였지만, 실상은 히틀러의 개인적인 기획참모와 거의 다를 바가 없었다. 각 군은 작전업무에 관한 보고를 하지만, 각 군의 참모총장은 히틀러의 명령을 수령하는 공식적인 회의 외에는 서로 거의 만나지 못했다. 국방군 최고사령부는 각 군 총장들과 회의하고 국가 원수에게 계획수립에 대한 의견이나 군사적인 조언을 하는 합동참모부가 아니었다. 참모장교인 F.W 메렌틴Mellenthin 소장은 "민주주의 국가에서는 각 군과 전시 경제의 다양한 분야들이 서로 긴밀하게 협조돼야 하지만, 독일군은 이상하게도 독립적으로 분리되어 있었다"라고 회고했다. 그는 또한 "육군, 해군, 공군, 무장친위대, 토트^Todt 방위산업체(독일군 군사기술을 연구하는 산업체), 국가사회주의독일노동자당 Nationalsozialistische Deutsche Arbeiterpartei, NSDAP, 병참부, 수많은 경제 단체 등 모든 분야가 각각 분리되어 히틀러로부터 직접 명령을 받았다. 이 기이하고 사악한 현상의 원인은 의심할 바 없이 히틀러의 권력에 대한 갈망과 독립 세력에 대한 불신 때문이었다. '분할통치'라는 오래된 모토는 논리적으로 부조리하게 받아들여졌다."

분할통치

자신의 권력에 대한 위협에 편집증적인 히틀러는 공군, 육군 그리고 해군과 방위산업이 서로 논쟁을 벌이고 분쟁을 중재하기 위해 자신에게 의존하는 것을 무척이나 즐겼다. 그뿐만 아니라, 그는 자신의 사적인 군대인 나치 무장친위대^Waffen-SS를 창설했다. 전쟁 종료 당시까지 무장친위대는 1개 집단군 사령부와 군단 사령부 그리고 거의 40개 사단으로 증가했다. 무장친위대는 국방군 전략본부 소속이었으나 자체적으로 보급, 행정, 계급 및 진급 체계를 갖고 있었다. 그들은 직접 하인리히 히믈러에게 보고하거나 개인적으로 히틀러에게 보고했다.

전쟁 기간 내내 에르빈 롬멜, 하인츠 구데리안, 에리히 폰 만슈타인과 같은 장군들은 독일의 부족한 자원을 효율적으로 운용하고 독일군의 작전계획을 효율화하기 위해 무질서하고 비효율적인 지휘구조를 변경하도록 히틀러에게 반복해서 건의했다. 히틀러는 매번 이를 거절했다. 히틀러는 1943년부터 장군들을 신뢰하지 않게 됐다. 히틀러는 장군들을 '요강에 앉아 있는 전략가(허튼 소리꾼)' 또는 '소심한 겁쟁이들'로 치부했다. 1944년 7월, 히틀러를 제거하기 위한 암살 공모는 고위층 장교단에 대

●●● 독일군 최고사령부(왼쪽에서 오른쪽으로). 게르트 폰 룬트슈테트 대장, 육군 최고사령부 사령관 베르너 폰 프리치 대장, 국방장관 베르너 폰 블롬베르크 장군. 폰 프리치 장군와 블롬베르크 장군은 나치가 조작한 스캔들에 의해 희생돼 강제 퇴역을 당했다. 〈사진 출처: WIKIMEDIA COMMONS | CC BY-SA 3.0 DE〉

한 히틀러의 부정적인 인식을 더욱 악화시켰다. 그는 장군들이 기회가 있을 때마다 연합군과 평화협정을 체결하려고 노력할 것이라고 확신했다. 그러므로 독일이 적들과의 거대한 전쟁을 계속할 수 있는 유일한 방법은 그가 전쟁의 방향을 아주 작은 세부 사항까지 완전히 통제하는 것이었다. 그는 장군참모단의 도구가 된 카이저 빌헬름 2세^{Kaiser Wilhelm II}와 같은 역할을 할 생각은 추호도 갖고 있지 않았다. 히틀러는 그것이 그의 장군들에게 전선을 안정시키는 데 도움을 줄 수 있다는 이유만으로 권력의 고삐를 포기하려고 하지 않았다.

모든 의사 결정을 중앙 집중화하려는 히틀러의 욕망은 국방군 최고사령부 수준에서 멈추지 않았다. 그는 유럽지역을 여러 개의 작전적 전역으로 분리해 경쟁자들을 쓰러뜨리기 위해 경쟁하는 장군들을 임명했다. 가장 큰 전역인 소련의 동부 전선은 명목상으로는 육군 최고사령부 예하에

두었다. 육군 최고사령부는 각 집단군에게 책임지역을 할당했다. 가장 유명한 집단군은 북부, 중부, 남부집단군이었다. 그들은 발트 해와 레닌그라드, 모스크바, 우크라이나를 담당했다. 히틀러는 육군 최고사령부의 참모들에게 행정적인 세부사항들을 위임했으나 전략적 문제에 대해서는 집단군 사령관들과 직접 처리했다. 1941년 말, 그는 자신이 육군 최고사령관이 되어 소련 전역의 세부 사항까지 관리를 공식화했다. 소련 전역에서 육군 최고사령부의 권한 박탈은 장군참모단에 의해 지휘되었던 옛 독일군의 지휘 스타일을 바꾸는 신호였다. 독일 육군의 지도력은 동부 전선에 고착되어 있었으며, 국방군 최고사령부는 독일군 각 군을 위해 취할 수 있는 어떤 대안적인 중심을 제공하는 일에 집중하지 않았다. 히틀러는 계획적으로 그런 방법을 창안했다. 지중해 전역은 전쟁 종료 전 2년 동안 대체로 공군의 통제 하에 있었으며, 알베르트 케셀링Albert Kesselring 원수가 이탈리아의 육군 C집단군 사령관으로 임명됐다. 수만 명의 연합군을 궁지에 몰아넣은 그의 성공은 히틀러가 그에게 자신의 방식을 위임했다는 것을 의미했다.

1942년부터 1944년까지 북유럽은 게르트 폰 룬트슈테트 원수의 책임 하에 있었다. 그는 67세에 프랑스, 벨기에 그리고 네덜란드를 책임지는 서부 최고사령관으로 임명됐다. 1944년 봄 연합군의 공격이 임박해지자, 히틀러는 룬트슈테트 예하에 있는 수많은 지휘관들에게 자신에게 직접 보고하도록 강요해 룬트슈테트가 현장 상황에 실질적인 영향력을 행사하지 못하도록 했다.

발칸은 1944년에 60만 명 이상 투입이 되면서 독일의 중요한 작전 전역이 됐다. 1943년 1월 이후, 원수로 승진한 막시밀리안 바론 폰 바이크스Maximilian Baron von Weichs 남작은 전쟁 종료 마지막 2년 동안 그리스, 알바니아와 유고슬라비아의 게릴라를 통제하는 임무를 맡았다

육군은 몇 개의 집단군으로 편성됐다. 육군 집단군은 히틀러 전쟁수행

의 핵심 동력이었고 대부분 히틀러의 전쟁 지도본부인 늑대굴로부터 멀리 떨어져 있어서 지휘관들과 참모들은 어느 정도 독립적인 작전지휘가 가능했다. 에리히 폰 만슈타인, 발터 모델Walther Model, 한스 크루게Hans Kluge, 게르트 폰 룬트슈테트 등 가장 유명한 독일군 장군들 중 몇 명은 소련 지역에서 집단군을 지휘했다.

집단군 사령관은 히틀러의 '분할통치' 정책으로 영향력을 상실하기 시작했던 최초의 명령 제대였다. 공군, 무장친위대와 집단군 사령관에게 배정된 해군 부대들은 히틀러의 작전 통제 하에 있었다. 고위급 지휘관 사이의 지휘 및 개인적인 관계는 일반적으로 좋아서 일관성 있는 계획의 수립과 효율적인 작전 수행이 가능했다.

집단군 내에서, 사령관들은 영국군 '울트라'에 의해 자주 도청되거나 해독시스템에 매우 취약한 무선통신에 의존하지 않고 작전을 수행할 수 있었다. 1943년과 1944년 사이에 소련 전역에서 달성한 만슈타인의 승리는 군단장 및 사단장들과 향후 작전을 직접 토의하는 그의 지휘 스타일에 어느 정도 기인했다. 그 같은 이유로 영국군은 1943년 초 만슈타인의 하르코프 역습계획에 대한 정보를 획득할 수 없어 소련군에게 아무런 정보도 제공할 수 없었다. 소련군은 위험할 정도로 전선을 확장했으나, 만슈타인의 반격으로 하르코프와 수천 대의 전차, 수만 명의 병력을 잃고 후퇴했다.

만슈타인은 이전의 돈집단군인 남부집단군을 독일 국방군에서 가장 효과적인 집단군 중 하나로 만들었다. 1943년 12월부터 1944년 3월까지의 소련 남부와 우크라이나 전투에서 거의 전설적인 위상을 달성했다. 여러 어려움을 겪은 뒤, 폰 만슈타인과 그의 참모들은 동부 전선의 남쪽을 위험으로부터 구해냈다.

히틀러는 1944년 여름까지 집단군 사령관들을 강력하게 통제했다. 예를 들어 1944년 6월 노르망디 상륙작전이 개시된 이후, 롬멜은 노르망

●●● 1944년 12월 룬트슈테트(우측 첫 번째)와 아르덴 공세에 대해 토의하는 발터 모델(중앙). 그는 유능한 지휘관이었지만, 히틀러의 개입으로 고통을 받았다. 1944년 12월 아르덴 공세에서 그는 B집단군을 지휘했지만, 공격계획의 세부적인 사항에 관여하지 못했다. 히틀러와 최고사령부는 그에게 계획을 하달하고 수행할 것만을 요구했다. 게다가 히틀러는 현장상황에 대한 아무런 정보 없이 지도만을 사용해 기갑사단의 접근로를 확정했다. 모델과 몇몇 부하들은 공격작전이 지나친 과욕이라고 생각하면서, 공격의 범위에 대해 강력하게 반대했다. 히틀러는 이를 무시했다. 공격이 진행된 후 모델은 현장 지휘권을 다시 획득했으나 그 권한은 오래가지 않았다. 히틀러는 일단 공격의 실패가 분명해지더라도 라인 강 철수는 절대로 없다고 고집했다. 〈사진 출처: WIKIMEDIA COMMONS | CC BY-SA 3.0 DE〉

디 전투에서 행동의 자유가 거의 없었다. 롬멜은 B집단군 사령관으로서 이론상으로는 제7군과 제15군을 지휘할 수 있었다. 그러나 히틀러는 연합군이 도버 해협을 횡단해 파드 칼레로 기습할 것으로 확신했기 때문에, 노르망디로 제15군을 투입하겠다는 롬멜의 건의를 거부했다. 히틀러는 프랑스 전역에서 자신의 승인 없이 어떠한 기갑사단도 움직이지 말라는 엄명을 내렸다. 사막의 여우 롬멜이 자신은 팔 하나가 등 뒤에 묶여버린 상태에서 전투에 임하고 있다는 생각한 것도 결코 무리가 아니었다. 개개의 독일군 사단들은 각각의 작전 지역에서 치열하게 저항했으나, 롬멜의 집단군은 대규모 작전을 효과적으로 수행할 수 없었다. 게다

●●● 대서양 방벽의 제21기갑사단을 사열하고 있는 롬멜. 롬멜은 1944년 6월 전선 방문을 마치고 복귀하는 도중에 그의 차량이 영국군 폭격기의 폭격을 받아 중상을 입기전까지, 노르망디 교두보에서 연합군을 저지하기 위한 전투를 수행했다. 그가 집단군 사령관으로 그렇게 많은 시간을 전선에서 보내야만 했던 것은 노르망디 상륙작전을 담당했던 참모들이 취약했기 때문이었다. 롬멜 예하의 군과 군단 그리고 사단장들은 너무 늙거나 병들었고, 기동전을 수행한 경험이 없었다. 노르망디 상륙작전을 개시한 날, 독일군의 지휘 혼란을 초래한 근본 원인은 롬멜 예하 참모들과 지휘관들의 전투 지휘 능력이 부족했고, 히틀러가 기갑사단을 운용하지 못하도록 제한했기 때문이었다. 이것이 연합군 상륙작전 초기에 독일군이 조직화된 대응을 하지 못한 핵심적인 요인이었다. 〈사진 출처: WIKIMEDIA COMMONS | Public Domain〉

가 연합군의 제공권은 기동의 자유를 제한해 롬멜의 B집단군이 효과적인 기동을 할 수 없었다는 것은 자명했다. 뿐만 아니라, 연합군은 울트라 통신 정보를 이용해 롬멜군 예하 제대들의 위치를 이미 대부분 파악하고 있었다.

전방의 중요한 야전군 사령부는 군, 군단 및 사단들이었다. 이 제대들은 대부분 오직 육군으로만 구성되었으며 여기에는 독일군 장군참모의 마지막 흔적이 남아 있었다. 군과 군단은 기갑사단, 보병 또는 기계화보병사단 및 포병, 로켓 혹은 돌격포 부대와 같은 다양한 병과 부대들을 배

●●● 1940년 프랑스 전선에서 장갑차를 타고 있는 구데리안이 제8기갑사단장 이돌프 쿠첸(Adolf Kuntzen)과 대화를 나누고 있다. 최전선에서 현장을 지휘하는 리더십은 독일군 장군들의 규범이었다. 적절한 시기에 반격을 명령하거나 공격을 추진하기 위해 적절한 위치에 있던 독일 사단 또는 군단장들의 신속한 개입으로 성공한 경우가 여러 차례 있었다. 이것은 운이 좋아서가 아니라, 이미 예상됐던 것이었다. 지휘관은 방어작전이나 공격작전 등 모든 작전에서 현장에 위치하거나, 작전 중심의 가까이, 혹은 주노력을 지향하는 방향에 위치해야 한다. 참모들은 업무를 아주 잘 수행했고, 지휘관은 필요한 상황에 따라 전방 지휘를 통하여 돈과 명예를 얻었다. 유명한 기갑 지휘관인 롬멜과 구데리안은 모두 대부대 공격 시 직접 전차 제1제대를 바로 후속하기 위해 반궤도화된 전투지휘차량을 이용했다. 그들은 긴급한 화력과 공중 공격을 요청할 수 있도록 항상 공군의 연락장교와 포병사령관을 대동했다. 〈사진 출처: WIKIMEDIA COMMONS | CC BY-SA 3.0 DE〉

속받았다. 이 부대들은 각 집단군의 주 지휘소에 배속되어 부여된 특정한 임무를 수행했으며, 일단 임무를 완료하면 배속을 해제했다.

　　독일군의 참모 체계는 사령관 자신이 개념을 결정하고 매우 상세한 명령을 하달하는 것을 강조하는 연합군이나 소련의 참모 체계와는 완전히 달랐다.

독일군의 육군과 군단 혹은 사단 사령부 참모부는 수송부대, 통신부대, 행정 및 보급 부대와 경계 부대를 자체 내 권한에 둔 특수한 제병 협동부대이었다. 사령부의 원활한 업무수행은 충분한 지원 부대, 특히 참모들이 항상 상급 사령부 참모와 예하 부대 참모들 간의 접촉을 유지할 수 있도록 보장하는 통신 요원의 효율성에 달려 있었다.

참모들은 특정한 직무 수행을 위해 본부로 배치되었으며 그들은 소정의 장군참모장교 시험에 합격해야만 중요한 보직을 받을 수 있었다. 장군참모단의 마지막 시험에 합격한 장교들만이 사단 및 군단급 사령부에서 최고의 참모 부서를 이끌 수 있었다. 전쟁 기간 내내 육군은 장군참모단의 보직과 진급 구조를 그대로 유지했다. 장군참모장교들은 참모 보직을 마치면 다음 단계로 승진하고, 그 기간에 전방 연대장으로 보직되거나 보충부대나 참모학교에서 교관으로 근무해야 했다. 독일군은 육체적으로 허약한 장교나 정신적으로 나약한 장교들은 전방의 군사령부나 군단 혹은 사단 사령부의 참모가 될 수 없었다. 전방 부대 사령부의 참모로 보직되는 것은 승진을 원하는 독일군 장교들의 선망의 대상이었고 사령부 근무를 위한 전제조건이었으며, 또한 장군으로 진급하기 위한 조건이었다.

독일군의 참모장교는 육체적으로 건강하고 정신적으로 민첩해야 했다. 그들은 무엇이 발생했는가를 확인하고, 솔선수범함으로써 부하들을 독려하기 위해 전방 현장 지도할 수 있는 대담성이 있어야 했다. 장교가 안전한 후방 지역의 사령부에 숨어있는 것은 결코 바람직한 태도가 아니었다. 사령부는 24시간 임무수행이 가능해야 했다. 잠을 자지 않고 오랫동안 근무를 할 수 있는 체력은 성공적인 독일군 참모장교의 전제조건이었다.

독일군 사령부는 작전참모부, 포병 및 화력계획부, 정보참모부, 전투공병반, 의무반, 보급반, 행정반, 법무반, 지형정보반 및 통신반 등 여러 개의 참모부를 운용했다. 작전참모부와 포병참모부의 참모장교들이 가장 중요했다. 작전참모부 참모장교들은 작전계획을 발전시켜 지휘관과 참모장에게 건의하는 업무를 담당했으며 지휘관이 방책을 결정하면 참모 장교들은 구체적 명령서를 작성했다.

포병 사령관은 지원하는 군사령부와 군단 및 사단의 사령부와 함께 위치하며 포병 자체의 독립된 지휘소를 편성했다. 사단급 제대에는 포병 지휘소가 상설 배치되었으나, 사단급 이상 상급 사령부에서는 대규모 화력 부대의 화력을 조직하기 위해 전술적인 상황에 따라 포병 지휘소가 예속됐다. 포병 지휘소는 개별 포대의 화력을 유도하고 조정하는 임무가 아니라 작전을 수행하기 위한 화력지원 계획을 통합하여 발전시키는 임무를 수행했다. 계획 수립을 통합하고, 분산 실행하는 것이 독일군이 포병을 운용하는 방식이었다. 포병 지휘관은 전방 부대에 관측소를 배정한 후, 다음에 각 부대에게 지원화력 포대를 할당했다. 지상 작전의 상황에 따라 화력을 요청하고 명령하는 것은 관측반의 임무였다. 포병 지휘관의 참모는 포병계획이 지휘관의 기본 작전계획의 요구에 부합하도록 전술지휘 본부의 작전반과 긴밀히 협조해야만 했다. 포병 지휘소는 화력의 요구에 즉각적으로 대응하기 위하여 각각의 무선망이나 야전 전화를 이용해 관측반과 포대를 통제했다.

참모장

지휘관과 참모장의 관계는 독일군 사령부를 효과적으로 운용하는 핵심이었다. 영국, 소련, 미국군 사령부의 참모장은 사령부의 원활한 운용 정도에만 관심을 갖고 있었다. 독일군 참모장은 여러모로 지휘관과 거의 동등한 권한을 가졌다. 참모장은 지휘관이 휴가나 전방 현장 지도로 연락이 되지 않을 경우 지휘의 모든 권한을 행사했다.

지휘관은 계획을 수립하고 이를 시행하기 위해 참모장과 긴밀하게 협조해 업무를 수행해야 했다. 지휘관은 의 시간을 전선에서 보내며, 예하 부대의 전투 의지를 고취시키거나 예하 부대의 전술 지휘소에서 특정 작전을 지휘하는 반면, 참모장은 주 지휘소에 위치해 모든 작전이 계획대로 이루어지는지 작전의 전반적인 과정을 감독하고 점검했다. 위기상황에서는 참모장이 특수임무 전투부대를 지휘하거나 동요하는 예하부대를 독려하기 위해 야전 부대로 파견되기도 했다.

적들조차도 독일군의 지휘 및 명령체계에 경외심을 갖고 있었다. 전격전의 성공은 전쟁이 끝날 때까지 지속된 독일의 불패의 신화를 만들어냈다. 히틀러의 장군들, 특히 연합군에게 큰 패배를 안겨주었던 1940년 프랑스에서의 만슈타인과 아프리카에서의 롬멜과 같은 장군들은 군사적인 초인으로 존경을 받았다.

그러나 실제로 독일 육군의 지휘 체계는 생각한 것만큼 인상적이지 않았고, 질적 수준이 고르지 않았다. 1941년부터 전쟁의 전반적인 전략적 향방은 히틀러의 손에 있었다. 그는 자신의 전쟁 수행에 간여하는 고위층 장군들을 배제하거나 해임시켰다. 히틀러는 그의 명령 전달자의 역할을 기꺼이 수행하는 카이텔과 요들과 같은 장군들에게 둘러싸여 있었다. 1944년 3월 탈출한 영국군 죄수 50명을 총살하라는 명령을 하달했을 때, 카이텔이 이를 정당화한 것은 그가 얼마나 도덕적으로 타락했는지를 보여 주는 행동이었다. 카이텔은 "이 탈영자들은 총살시켜야 한다. 우리는 본보기를 보여주어야 한다. 우리는 총통이 참석한 가운데 이들을 총살시키기로 논의했고. 다른 대안은 있을 수 없다"라고 말하며 주저하는 부하들을 독려했다.

독일군 최고사령부의 조직은 결코 진정한 합동사령부로 운영될 수 없었다. 그의 참모들은 히틀러의 일일 상황회의에서 전방 상황을 보고하는 회의 준비에 급급하여 대부분 시간을 허비했다. 특정 작전을 위한 계획을 준비하라는 요청을 받으면 히틀러의 아이디어를 군사적으로 미화하는 것 이상을 수행하지 못했다.

이러한 아마추어 수준의 명령이 전방 사령부에 도착하면, 종종 전투 경험이 많은 유능한 참모장교들은 큰 실소를 금치 못했다. 베테랑 기갑 장군인 프리도 폰 젱어 운트 에터린Frido von Senger und Etterlin은 "1944년 5월 카이텔이 최전선 장교들에게 행한 격려 연설 중 하나가 열광적인 환영을 받지 못했다고 회상했다." "나는 거의 패망과 다름없는 상황에서 그런 터무니없는 홍보용 훈시를 듣고 일부 장교들이 전혀 열광하지 않는 것을 목격했다. 하지만 그들은 자신들의 감정을 숨기는 것이 최선이라고 생각했다." 쿠데타에 대한 두려움으로 인해 히틀러의 무조건적인 추종자들은 신뢰할 수 없는 장군들을 감시했다.

전선에서의 리더십

야전군의 전문성은 독일군 장교단이 작전을 수행하는 방식의 핵심이었다. 히틀러 군대를 지휘했던 장교들은 전장에서 어떻게 부하들을 이끌 것인가를 훈련하는 데 전 생애를 바친 직업적 전문가들이었다. 그들은 직업적인 자긍심으로 최선을 다했고, 소속된 부대와 참모들은 군인으로서 자신들의 명예를 고양시키려고 의무를 다했다. 독일군 장교들은 동료들의 존중심을 매우 중요하게 생각했다.

독일 육군은 수적으로 적보다 열세였을지 모르지만 야전에서 거의 패배하지 않았다. 히틀러의 간섭에서 자유로운 지휘관들은 효율적이고 당당하게 업무를 수행했다. 효율적인 참모 업무는 그 자체가 목적이 아니었다. 독일 육군 참모들은 참모 운용의 목적이 지휘관들에게 전투의 흐름을 정확하게 판단하게 하고, 합리적인 결정을 내리고, 필요한 모든 조치를 실행할 수 있는 능력을 제공하는 것이라고 믿었다. 독일군 사령부는 일반적으로 매우 효율적으로 운영되었다. 지휘관은 최신 전장 정보를 제공받았으며 작전 개념을 실행 가능한 명령으로 효율적으로 변환해 하위 제대에 효과적으로 전달할 수 있었다.

집단군 이하 제대의 육군 지휘체계는 견고하여 다른 군대라면 와해될 수도 있는 전투 상황에서 몇 번이고 존재 가치를 입증했다. 모든 지휘관과 참모가 자신의 임무와 책임을 알고 있는 가운데 지휘 및 통제 절차가 시도되고 테스트되었다. 이는 단순히 세부적인 명령을 내리는 것이 아니라, 부하들이 더 큰 그림을 명확히 인지하고 상급 부대와 연락이 두절될 경우 스스로 주도적으로 행동할 수 있도록 하기 위한 것이었다. 예를 들어 동부 전선의 제11기갑사단장인 헤르만 발크Hermann Balck 장군은 역습 상황에서 적과 교전할 때 예하 부대가 주어진 호기를 최대로 활용할 수 있도록 항상 현장에 위치하기를 좋아했다.

전쟁이 지속되면서 장군들에 대한 히틀러의 통제는 점점 더 강화됐다. 그는 독일 육군이 점점 더 많은 패배를 겪는 것에 대해 장군들을 비난했고, 전쟁이 자신의 원하는 방법대로 반드시 이루어지기를 원했다. 러시아의 얼어붙은 황무지나 아프리카 사막에서는 미친 보헤미아 상병[22]의 명령을 거부하기가 수월했을 것이다. 하지만 1942년부터 1944년까지 해고되고 치욕을 당하는 장군들이 점점 많아지면서 히틀러의 명령을 무시하는 것이 더 위험해졌다. 경력, 급료와 가족이 위험해졌다. 만슈타인은 전쟁 기간 중 야전군 원수 17명 중 카이텔 단 1명, 대장 36명 중 3명만이 전쟁 중 해임되지 않았다고 추정했다. 1944년 7월 히틀러를 제거하려는 폭탄 테러 계획이 실패한 후 장군 35명과 예하 육군 장교 수백 명이 처형됐다. 그들은 히틀러의 노여움을 무릅쓴 매우 용감한 사람들이었다.

최후까지 히틀러에 대한 충성보다 끝까지 부하들의 생명을 더 중시한 독일 장군들이 있었다. 아프리카군단의 노련한 장군이었던 프리츠 바이어라인Fritz Bayerlein 소장은 1944년 1월 47기갑군단과 함께 키로보그라드

---

22 제1차 세계대전에 상병으로 참전했던 히틀러를 비하하는 표현

●●● 히틀러와 악수하고 있는 만슈타인(오른쪽). 만슈타인은 남부집단군 사령관으로 복무 하면서 다른 부대라면 패배했을지도 모르는 연속적인 위기들을 극복했다. 그의 승리는 어느 정도 히틀러와 관계가 있었다. 그가 승리했을 때 히틀러는 그에게 지휘의 재량권을 부여했지만, 1943년 겨울과 1944년 초, 우크라이나로 진격하는 동안 히틀러가 그를 불신하기 시작하면서 행동의 자유를 엄격하게 제한했다. 1944년 3월 히틀러는 마침내 만슈타인을 해임했다. 〈사진 출처: WIKIMEDIA COMMONS | CC BY-SA 3.0 DE〉

Kirovograd에서 포위되었을 때 사령부의 무전기를 꺼버렸다. 그는 히틀러가 "현진지 고수"를 명령할 것을 알았다. 하지만 그는 예하 부대들에게 서쪽으로 포위망을 돌파하라고 명령했다. 명백한 패배 앞에서 사령부를 구출했던 그는 "키로보그라드의 상황이 스탈린그라드의 상황과 비슷하다고 직감적으로 판단했다"고 말했다. 이와 유사하게 남부집단군 만슈타인 사령관의 오랜 참모장이었던 테오도르 부세Theodor Busse 장군은 최후의 1인까지 현진지를 고수하라는 명령을 무시했고, 전쟁의 말기에 부상자가 많고 열악한 장비를 편제한 제9군의 부하들 4만 명과 함께 베를린 남쪽 포위망을 돌파했다. 이 단계에서 탁월한 참모의 업무수행도 히틀러의 천년 제국을 구하기에는 충분하지 않았다.

●●● 스탈린그라드 전투에서 제305보병사단의 지휘관이 공격군에게 명령을 내리고 있다: 1943년 부터 45년까지 유럽의 전장에서 독일 야전군 사령관들은 극복할 수 없을 것 같은 역경에 직면했다. 휘하 부대의 생존을 유지하고 전투를 계속하기 위해 지휘관은 신체적으로 건강하고, 동기가 매우 강하며, 성공하겠다는 결단력이 있어야 했다. 지휘관의 리더십은 끊임없는 적과 극한의 기후에 직면하여 한계점에 이르기까지 테스트를 받았다. 〈사진 출처: WIKIMEDIA COMMONS | Public Domain〉

제3장
독일군 초급 지휘관

독일군 초급 장교들은 결코 명령에 따라 움직이는 단순한 자동인형이 아니라, 싸워야 할 적과 그들이 작전을 수행할 수 있는 지형에 효과적으로 대처할 수 있도록 훈련됐다. 그들은 독일 육군을 단결시키고 계속 싸우게 하는 시멘트와 같은 존재였다.

전쟁의 마지막 순간 제3제국의 외곽 성벽에서, 무너진 군대의 패잔병들을 하나로 묶어야 하는 부담은 소수의 베테랑 대령과 소령들의 어깨에 지워졌다. 연합군의 대규모 화력에 의해 사단들이 계속해서 궤멸당하거나 소련군 기갑부대에 의해 유린되었을 때, 단호한 지휘관들이 이끄는 소규모 독일군 부대들이 전선의 균열을 막기 위해 임시 전투단을 편성했다.

대령으로부터 소위에 이르는 독일군의 초급 장교단은 히틀러 군조직의 중추였고, 국방군 최고 사령관인 히틀러와 병사들 사이의 중요한 연결 고리였다. 그들은 독일 육군이 직면한 엄청난 역경에 맞서 계속 싸우는 데 크게 기여했다.

전쟁 내내 독일군은 극한 상황에서 현장 진급이 이루어졌음에도 불구하고 부사관^{NCO}을 직접 승진시켜 장교단을 약화시키지 않으려고 노력했다. 선발된 모든 장교 후보생들은 장교 후보생이 되기 전, 장교 훈련에 앞서 장교가 되기 전의 계급으로 복무했다. 장교의 자격 기준이 높아 대부분의 부사관들은 장교가 될 수 없었다. 신병 훈련 중 장교 후보생으로 선발된 예비장교들은 대학 입학 시험에 합격해야 했다. 그러나 고위직 장교로 예정된 장교후보생은 이 요건에서 면제되었다. 장교 후보생들은 지정된 부대에서 몇 달 동안 지휘관의 감독하에 복무한 후에 베를린 근처 되버리츠^{Döberitz}에 있는 장교 훈련학교에 입교해 6개월간의 기본 장교훈련 과정을 이수했다. 전쟁이 시작되기 전에 임관한 장교의 대부분은 징집병이었는데, 이들은 2년간의 국가 복무를 마치고 민간인 생활로 복귀했다.

전쟁 초기, 대부분의 대령과 소령들은 과거 독일 국가방위군^{Reichswehr} 소속의 직업군인들이었다. 그들은 옛날 근위부대의 마지막 군인들이었다. 많은 장교들이 귀족과 군대 가문의 자제들이었다. 육군이 급속하게 확장되고 1941-1942년에 소련 및 아프리카 전역에서 첫 번째 대규모 사상자가 발생하면서 독일이 1943년 스탈린그라드 전투와 쿠르스크 전투 이후 수세에 몰렸을 때 이들은 사단을 이끌거나 고위급 참모 장교로 복무했다. 그들이 지휘권을 장악하면서 이제 최전방 대대와 연대를 이끌기 위해 진급한 장교들이 그들의 자리를 차지했다.

따라서 리더십의 부담은 히틀러 집권 초기에 소위로 임관해 1930년대에 장교 훈련을 통해 육성된 장교들에게 지워졌다. 1943년 이후에 예비역 장교 제도의 도입으로 독일 육군 장교단은 평시 직업적인 군대에서 전체 독일 사회 계층을 반영하는 직업적인 군대로 발전됐다. 예비역 장교들은 거의 모두가 중하위 계층 출신이거나 대학교육을 받은 전문직 출신이었다. 나치당이 1930년대 군대의 교육 체계를 장악하면서 장교들은 히틀러의 인종차별 이데올로기로 거의 완전히 세뇌됐다. 이는 일부 사단에서 예하 전체 장교의 1/4 이상이 나치당원이었다는 의미였다.

임무형 지휘

전장에서 독일군의 성공에 기여한 주요 요인은 장교단이 현재 임무형 지휘^{Auftragstaktik}로 알려진 훈련을 받았다는 사실이었다. 모든 계급을 막론하고 독일군 장교들은 구체적인 명령 없이 지휘관의 간명한 의도만으로 전투를 수행할 수 있도록 훈련됐다. 지휘관들은 부하들에게 어떻게 해야 할 것인가가 아니라 무엇을 달성하고 싶은 것인가를 말했다. 지휘관들은 예하 부대 장교들이 스스로 생각하고 상황에 상응하는 필요한 조치들을 간단한 명령으로 내릴 수 있기를 기대했다.

임무형 지휘의 기술은 연합군의 경직된 지휘 방법과는 근본적으로 달랐다. 연합군은 독일군이 명령형 지휘^{Befehlstaktik}라고 부르는 방식, 즉 모든 예하 부대에 상세하게 지시하는 방법을 더 신뢰했다. 지휘 방법의 차이가 독일군이 계속 반복되는 재앙의 벼랑 끝에서 다시 회복할 수 있었던 요인이 됐다.

1943년 이후 연합군은 포병화력의 집중과 항공지원이 포함된 대규모의 세트피스 공격으로 정기적으로 독일의 방어선을 돌파했다. 이 계획은 엄격하게 짜여진 작전이었으며 예하 부대 장교에게는 행동의 자유가 거의 허용되지 않았다. 이런 공격은 항상 교착상태에 빠지거나 빗나갔다. 연합군 지휘관들은 자신의 주도권을 거의 발휘하지 못했다. 그들은 단순히 추가적인 명령, 증원, 혹은 새로운 보급을 기다려야 했기 때문에 약해진 공격 부대는 적의 역습에 항상 취약했다.

이것이 독일의 지휘 교리가 신뢰를 얻게 된 핵심이었다. 독일군 지휘 교리는 상급 지휘관의 명령에 관계없이 현장 지휘관에게 공격을 중지하는 데 필요한 조치를 취할 수 있는 자유를 부여했다. 포병사격과 공중공격으로 인해 사령부와 통신이 두절되었기 때문에, 대부분의 경우 지휘관의 의견을 묻는 것은 거의 불가능했다.

임무형 지휘를 적용하는 지휘 절차는 고도로 훈련되고, 전투 경험이 풍부하고 신뢰할 수 있는 지휘관을 요구했다. 그 당시 독일군 장교 교육의 핵심은 차 상급자의 임무를 수행할 수 있는 능력을 갖추게 하는 데 있었다. 그러므로 중대장은 대대장 유고 시 대대를 지휘할 수 있는 능력을 갖추어야만 했다. 마찬가지로 소대장들도 중대장이 사망하거나 부상을 당할 경우 이를 대신할 준비가 되어 있어야 했다.

참모 직위에서 근무하는 기간에 장교들은 제병협동 부대 혹은 전투단을 지휘할 수 있는 능력을 갖췄다. 보병, 전차, 대전차기, 포병, 박격포, 전투 공병 및 공군이 어떻게 협력할 수 있는지에 대한 실질적인 이해가 참모 훈련과 기동훈련을 통해 개발되었다. 훈련 과정은 독일군이 보유한 다양한 무기와 장비의 성능에 대한 교육으로 시작해, 기동부대가 직접 기동하지 않는 전술 도상연습으로 전술적 문제를 해결하도록 제시하고 교관과 함께 현장을 답사하며 최선의 해결 방안을 토의하는 방식으로 진행됐다. 이어서 교도연대와 함께 정확한 실제 기동연습을 실시했다. 이때 장교 후보생들은 상이한 병과와 장비들을 경험하기 위하여 사령부의 다양한 직책을 경험하도록 편성해 실습했다.

전투단^{Kampfgruppe}의 개념은 지휘 통일이라는 개념에 중심을 둔 모든 병과의 전투 교리에서 발전했기 때문에 독일군에게 매우 성공적이었다. 독일 육군은 이미 오래 전 단일 병과로 부대를 편성한다는 사고를 버렸다. 모든 군단, 사단, 연대 및 대대는 다양한 형태의 화기와 예하 부대로 편성됐다. 전투단이 특수한 목적으로 설치됐다가 임무가 수행되면 해체되었기 때문에, 전장에서 무기와 부대의 형태를 계속적으로 혼합 편성하는 일은 일상적인 모습이었다. 연합군과 소련군에서는 기갑 지휘관들이 보병의 지휘를 받지 않으려고 하기 때문에, 제병협동 부대의 구성은 지휘구조에 대한 논쟁으로 항상 좌절됐다. 독일군 전투단 지휘관의 역할은 명확했다. 그는 보스, 즉 가장 탁월한 지휘관이었다.

전투단을 편성하고 예하 부대의 지휘권을 전투단에게 전환하는 절차가 잘 실행되었다. 통상 모든 전투단은 전투단의 지휘관이 계획을 수립하는 데 필요한 모든 요원과 통신 부대를 손쉽게 운용할 수 있도록 기존의 대대와 연대 본부를 중심으로 구성됐다. 특정 전투단은 그 임무를 수행

●●● 1944년 12월 아르덴 공세에서 미군이 점령한 고지를 탈환하기 위해 전투단 장교들이 전장에서 작전을 검토하고 있다. 모든 독일군 장교들은 장기 직업군인이 아니었다. 1930년대 독일 육군 장교단의 80% 이상이 복무 후 민간인으로 복귀하는 예비역들이었고, 6개월 과정의 장교 훈련과정을 수료했다. 1939년까지만 해도 장교단은 78%가 직업군인이었다. 〈사진 출처: WIKIMEDIA COMMONS | CC BY-SA 3.0 DE〉

하기에 적합한 특정한 대대 혹은 연대를 중심으로 구성되는 반면에, 충분한 전투력을 보장하기 위해 다양한 지원 부대들을 추가로 배속했다. 추가된 부대들은 통상 전투 공병, 통신 부대, 대전차포, 돌격포, 의무 부대 그리고 추가적인 탄약과 장비를 지원하는 보급 부대, 수색 부대와 교통 통제를 위한 야전 헌병대, 정보 부대, 중 박격포, 연막탄 발사기, 포병 참모부와 관측반 등이 있었다. 특히, 포병 계획을 수립하는 포병 참모와 관측반은 특정 작전을 위한 가능한 화력지원의 수준을 확정해야 하기 때문에 중요했다.

가장 성공적인 대대장과 중대장은 대부분 20대 후반이나 30대 초반이었다. 그들은 최전방 현장 지휘로 부하들과 함께 생사고락을 함께 나누며 부하들을 훌륭하게 통솔했다. 이러한 초급 지휘관의 솔선수범 사례는 프란츠 바케Franz Bake 박사였다. 그는 1944년 2월 코르손-체르카시Korsun-Cherkassy의 포위망을 돌파하는 판터 기갑전투단의 지휘관으로 명성을 떨쳤다. 대대장과 중대장들은 부하들과 동거동락하면서 귀중한 생명을 어리석고 불필요한 작전에 희생시키지 않는다는 것을 부하들에게 확신시켰다. 그러나 동부 전선의 극한 상황에서 지휘관들은 엄정한 군기를 유지해야만 했다. 특히 적의 압력으로 부대가 와해되는 지점을 판단하기 어려웠으나, 만일 공황을 미연에 방지하기 위해서는 주저하거나 망설이는 부하들을 엄격하게 통제해야만 했다. 특히 부대가 포위될 위험에 처했을 때 더욱 그랬다. 1943년 스탈린그라드 전투 이후 독일군 병사들은 포위되는 것을 두려워했고 소련군이 그들의 후방에 나타났을 때 부대들이 종종 와해됐다. 이러한 증후군은 포위 스트레스Kessel stress로 알려졌는데, 만일 지휘관들이 돌파할 호기를 마련하거나, 혹은 적에 대한 역습을 개시하기하고자 할 때, 독일군은 그 포위 스트레스를 아주 주의 깊게 처리해야 한다고 생각했다.

지역 주민들이 곧 적이었던 소련 지역에서는 탈영병이 드물었지만 장교들은 군기 위반 사항에 대하여 정기적으로 엄격하게 처벌했다. 전쟁이 진행될수록 약식 군사 재판은 더 일반화되었다. 예하 부대 지휘관들은 적 앞에서 주저하거나 적의 방어선을 넘어가다가 발견된 부하들을 총살시킬 권한이 있었다. 하지만 전쟁 말기에는 히틀러에 대한 일반 병사들의 충성심이 흔들리기 시작하면서 결국 부대들을 계속 싸우도록 하는 것이 점점 더 어려운 과업이 됐다.

●●● 독일군들이 소련 작전에서 버려진 소련의 KV-2 전차를 점검하고 있다. 아프리카에서의 작전이 끝날 무렵 영국의 한 장교는 "모든 계급을 막론하고 독일군이 영국군보다 더 전문적이었다는 것은 의심의 여지가 없었다. 그들의 군사 지식과 실제 전투에서 화기를 운용하는 능력이 항상 영국보다 우위에 있었다. 그들은 강인하고 노련했으며, 단호하고 사기와 군기가 높은 강한 군인들이었다. 일부 영국군은 독일군의 표준에 도달했으며 더 뛰어난 경우도 있었다. 그러나 제8군 병력의 대부분은 독일군의 수준에 거의 도달하지 못했다"라고 회고했다. 〈사진 출처: WIKIMEDIA COMMONS | Public Domain〉

제4장
독일군 부사관과 병사

독일군은 2차 세계대전이 거의 종료될 때까지 그들을 공격하는 연합군 병사들보다 훨씬 더 우수한 병사들을 징집하고 훈련시켰다. 그들은 나치 광신도가 아니라 최고로 훈련된 육체적으로 강하고 의욕적인 병사들이었다.

제2차 세계대전 당시 독일 육군은 기본적으로 보병 부대였다. 독일은 전쟁 기간 동안 700개 이상의 보병사단을 창설했다. 하지만 전쟁이 끝날 무렵에는 많은 사단들이 편제에 비해 병력이 부족했다. 그럼에도 불구하고 전체 기갑사단의 수(30개+무장친위대 7개)와 보병사단의 수를 비교해보면, 1939년부터 1943년 사이의 독일군의 전역에서 보병 병사들의 역할이 중요했다는 것을 명확히 알 수 있다. 이 장에서는 독일 육군이 전쟁사에서 가장 막강한 전투 부대로 성장하는 데 기여한 일반 병사들 즉 이등병부터 상사까지의 역할을 분석했다.

　1939부터 41년까지 독일군에게 승리를 안겨주고, 그 후 몇 년 동안 필사적으로 패배를 막으려 노력하면서 뛰어난 방어를 수행한 것은 누구보다도 독일군 보병이었다. 미국의 전쟁사학자 트레버 듀퓨이 대령의 연구에 의하면 "역사상 위대한 소수의 명장을 제외하고 (심지어 제1차 세계대전에서 독일 육군의 예외적인 성과조차도) 독일군 초기 승리의 규모, 크기, 완벽함, 탁월함, 다재다능한 전투 능력, 유연한 방어 작전 및 끈질긴 저항력과 견줄 수 있는 것은 아무것도 없다." 듀퓨이 대령은 또한 "한 사람 한

사람을 비교하면 독일 육군은 모든 상황에서 적국인 영국군과 미국군으로부터 받은 손실보다 약 50% 더 큰 손실을 안겨주었다"고 말했다. 윈스턴 처칠은 1940년 노르웨이 전역에 대해 "이번 노르웨이 전역에서 영국

군의 최정예 부대인 스코틀랜드와 아일랜드의 근위부대가 강인한 체력
과 정신력을 갖춘 히틀러의 병사들로 인해 고전을 면치 못했다"라고 말
했다. 아이젠하워 사령부의 심리전 수행부서에서 근무한 미국의 심리학

자인 에드워드 실즈Edward Shils와 모리스 야노비츠Morris Janowitz는 "비록 독일 육군은 수적, 장비 및 전략적인 면에서도 훨씬 열세했음에도 모든 전선에서 수년 동안 많은 연속적인 철수작전에서도 조직적인 통합과 전투의 효율성 면에서 높은 수준을 유지했다"라고 앞서 논평한 두 명의 견해를 뒷받침했다. 전쟁의 최종 단계에서 독일군은 중요한 지휘 및 통신 라인이 와해되면서 서로 연결되지 않은 부분으로 각개 격파 되었고 남은 병력도 유린당했다. 그럼에도 불구하고 통신선이 끊어져 개별 대대와 중대가 일관된 방식의 작전을 펼칠 수 없어 제압당하거나 압도당할 때까지 대부분의 사단에서는 형식적이지 않은 실질적 저항을 계속했다. 탈영병으로 인한 와해는 미미한 반면, 서부 지역의 전체 작전에서 개인 혹은 집단의 자발적인 항복은 거의 발생하지 않았다.

독일군이 병력과 장비 면에서 압도적으로 우세한 적과 싸워 끝까지 저항할 수 있었던 이유는 다양했다. 연합군의 무조건 항복 요구에 맞서 훌륭한 리더십과 조국의 방어가 최우선 과제였지만 가장 중요한 것은 일반 독일군 병사의 전투 기술, 사기와 규율이었다. 우리가 나치 인종 이론에 따라 독일인이 다른 인종보다 유전적으로 우월하다는 생각이나 그들이 본질적으로 군대 생활과 전쟁 수행에 적합하다는 생각을 인정하지 않는다면, 우리는 처칠이 언급한 "독일 젊은 병사들의 활력, 진취성, 훈련"을 면밀히 조사해야 한다. 사실상 독일 10대 청소년과 청년 남성들은 적군인 연합군과 동맹인 추축군보다 육체적으로나 정신적으로 우수한 신병 기초 군사 훈련을 받았다.

히틀러가 정권을 장악하면서부터, 나치는 독일 청소년들을 히틀러의 통치 이념에 맞도록 가르치기로 결심했다. 히틀러 자신도 적절한 교육을 받은 청소년들이 천년 제국의 생존을 위해 중요하다고 믿었다. 히틀러는 다음과 같이 말했다. "폭력적이고 활동적이며 지배적이고 잔인한 청년, 그것이 바로 내가 추구하는 것이다. 청소년은 고통에 무관심해야 한

●●● 동부 전선에서 편지를 쓰고 있는 독일군 조종사: 효과적인 군사 우편 서비스가 사기 진작에 더 중요했고, 우편 요금은 무료였으며 유럽의 한쪽 끝에서 다른 쪽 끝으로 보내는 편지는 일주일 이상 걸리는 경우가 거의 없었다. 일일 우편물 배포는 항상 가장 즐거운 시간이었다. 추가적으로 군인들은 정기적으로 급식과 탄약을 지급 받았는데 그것 역시 사기에 도움을 주었다. 또한, 환자를 치료하기 위해 모든 수단을 제공받았다: 아직 도보 이동이 가능한 환자는 치료소까지 걸어갔고, 중상자는 들것으로 후방에 있는 야전병원으로 후송되었다. 장기간의 치료가 요구되는 중상자는 병원 열차로 독일로 이송되었다. 그뿐만 아니라 전투 현장에서 사망한 동료들의 시신을 최선을 다해 수습했다. 〈사진 출처: WIKIMEDIA COMMONS | Public Domain〉

다." 1933년에 히틀러는 국가가 통제하는 히틀러청년단과 독일여성청년단Bund Deutscher Mädel, BDM 등 2개 조직을 운용했다. 히틀러청년단은 독일 청소년들에게 군사 교육을 실시함으로써 1940년대에 독일 제국의 군사력에 결정적인 영향을 미쳤다. 1935년까지 독일 청소년의 약 60%가 히틀러청년단의 회원이었다. 독일 청소년을 "사냥개처럼 빠르고 가죽처럼 질기고 크루프의 강철같이 단단하게 변화시키는" 교육 과정은 6살에 시작되었다. 청소년들은 10살에 독일 청소년단에 가입했고 14살에 히틀러 청소년단의 정식 회원이 됐다. 히틀러 청소년단의 활동에는 스포츠, 야영, 나치 이데올로기, 군사 훈련이 포함됐으며 1938년 히틀러 청소년단의 회원은 772만 8,529명에 달했다.

청소년 단원 교육은 엄격하고 무자비한 세뇌의 시간이 아니라 가장 즐거운 시간이었다. 물론 나치즘을 의식화시키는 세뇌 교육도 있었지만, 매력적인 제복, 훈련, 무기 사용 교육과 다양한 야외 활동도 있었다. 미국의 작가 윌리엄 샤이러William Shirer는 1930년대 독일에서 살았으며, 히틀러청년단의 활동을 직접 목격했다. "그들의 정신이 의도적으로 오염되었고 정규 학교 교육이 중단되었으며 교육이 진행되는 동안 가정에서 떨어져 있었음에도 불구하고 소년 소녀들은 히틀러청년단의 삶에 대한 열정으로 가득 차서 엄청나게 행복해 보였다. 당시 독일의 여러 지역을 여행하고, 야영지에서 토론하고 훈련하며 즐겁게 놀고 노래하는 모습을 지켜본 사람이라면 그 교육이 해롭기는 하지만, 역동적인 청소년 운동이었다고 생각할 수밖에 없었다." 그리고 청소년들은 기초적인 군사교육을 받았다. 청소년들은 소화기小火器에 익숙해졌고, 군대에 입대할 경우 즉시 적응할 수 있는 기술인 개인화기 사격과 유지 방법을 배웠다. 또한 청소년들은 추가적인 훈련을 받고 하이킹, 크로스컨트리 경주와 수영으로 높은 수준의 체력을 유지했다. 돌이켜보면 우스꽝스럽게 보일지 수도 있지만 1930년대에 지도와 나침반을 움켜쥔 인솔자와 함께 시골을 가로질러 언덕을 넘어 분주히 뛰어다니던 독일 젊은이들은 보병이 되었을 때 자신들이 도움을 받을 기술을 배우고 있었던 것이다.

히틀러 청소년단의 교육은 두 개 범주로 이루어졌다. 첫째는 이념 교육Weltanschauung이었다. 최소한 매주 하루 저녁은 교재와 팸플릿을 이용해 나치의 메시지를 전달하기 위해 특별히 훈련된 간부들의 강의를 집중해 들어야 했다. 둘째로 국가사회주의 체육연맹National Socialist League for Physical Training이 감독하는 체력단련이었다. 3주마다 실시하는 체력단련 중 두 번은 수류탄 던지기 및 소화기 훈련 등 일반적인 군대의 체력단련에 전념했다. 하계 캠프와 예비 군사 훈련 캠프Premilitary Training Camp는 한층 더 군사적인 전투 기술을 발전시켰다.

히틀러 청소년단 과정을 수료한 19세와 25세 사이의 남성들은 제국 노동 봉사단Reich Labor Service에서 6개월 동안 근무해야 했다. 노동 봉사단은 1930년대 만성적인 실업율을 감소하기 위한 수단이었지만, 단원들은 엄격한 규정에 따라야 했다. 히틀러가 노동 봉사대를 재무장을 위한 필수 단계로 간주했기 때문에 징집병들의 생활은 고도로 군사화 됐다. 지크프리트 크나페Siegfried Knappe는 1936년 4월 노동 봉사단에 들어갔다. "노동 봉사대의 중요한 기능은 군에 입대해 가장 기본적인 군사 훈련을 받지 않도록 하는 것이었다. 노동 봉사단의 남성대원들은 이미 군사 훈련의 일부를 수료한 상태로 입대하게 된다. 첫 4주 동안 우리는 숙소 밖으로 외출할 수 없었다. 4주 간의 군사 훈련은 반복 숙달, 체조와 강의 등으로 빠르게 지나갔다. 우리는 군대생활에 대해 전반적으로 익숙해지고 있었다."

노동 봉사단의 생활은 스파르타식이었다. 5시 30분에 기상해 아침 식사를 하고 점심 식사 전까지 훈련했다. 30분 휴식 후 단원들은 제3제국의 장점과 나치주의가 자신들과 독일을 위해 얼마나 훌륭한 이념인가에 대해 교육받았다. 이어서 저녁 식사를 할 때까지 추가적인 훈련(노동 봉사단은 개인화기 대신 삽을 어깨에 짊어졌다)을 받았다. 개인들은 자유 시간에 삽과 제복을 손질하고 22시에 소등할 때까지 휴식을 취할 시간이 거의 없었다.

작업반들은 노동 봉사단 캠프로부터 파견되어 산업과 농업을 지원했다. 노동은 항상 고됐다. 지그프리트 크나페는 그가 소속된 노천 탄광의 작업반에 대하여 다음과 같이 기술했다. "우리가 작업장에서 일을 시작한 첫날은 날씨가 매우 덥고 건조했기 때문에 매우 피곤했다. 나는 삽질로 인해 손에 물집이 잡혔고 몸에서는 땀이 흘러내려서 각다귀, 파리, 모기가 모여들었다." 그러나 급식은 좋은 편이었고 비록 대부분 교관들이 가학적이었지만, 신병대원들 대부분은 자신들이 소속된 통치 체제에 적극적으로 순응했다. 엄격한 군기와 육체적 노동은 남성들을 육체적이고 정신적으로 강하게 단련시켰다.

독일 청소년들은 노동 봉사단에서 근무한 후 국방군(독일군)에서 2년간 복무했다. 따라서 19세나 20세가 되면 각 징집병은 약 10년 동안 군사 훈련, 규율, 소화기 숙달, 체력 단련, 소규모 분대의 일원으로 활동한 경험을 갖게 되었다. 이 같은 기초적인 군사 능력을 갖추고 징집된 독일군 신병들은 프랑스, 영국 및 미국군에 입대한 병사들보다 현저하게 높은 전투력 수준을 유지했다. 그들은 체력이 강했는데, 이는 장거리 행군을 할 수 있는 능력이 있다는 것을 의미했고, 화기 손질과 사격술에 대한 기초가 잘 갖춰져 있었으며, 분대의 일원으로 어떻게 싸워야만 하는 지, 전장에서 승리하기 위해 무엇을 해야 하는지를 알고 있었는데, 이는 전장에서 승리하는 데 필수적이었다. 미군이나 다른 서부 유럽 군대들은 소집된 인원을 군인으로 만드는 반면, 독일군은 좋은 신병들을 탁월한 전투원으로 만드는 데 집중할 수 있었다.

신병훈련(기초 군사 훈련)

어떤 병과를 선택하든 관계없이 모든 신병들은 독일군에 입대할 때 6주간의 집중적인 보병 훈련을 받았다. 훈련 기간은 길었고 육체적으로 힘들었다. 05:00에 일어나서 22:00에 소등될 때까지 거의 계속해서 훈련과 임무를 수행했다.

최초 신병훈련 6주 후에 신병들은 그들이 선택한 포병, 보병, 혹은 전차 등 분류된 병과에서 전문적인 주특기 훈련을 받았다. 그럼에도 불구하고, 정신적, 육체적으로 엄격한 통제가 계속되었다. 1930년대의 독일 육군의 전통과 가치는 17세기와 18세기의 프로이센 군대, 특히 프리드리히 대제(1713-1786)의 시대까지 거슬러 올라간다. 프리드리히 대제는 "병사들은 대부분 게으르고 소극적인 사내들이다. 만일 장군들이 병사들을 지속적으로 감시하지 않으면 반드시 와해될 것이다. 병사들은 자신이 당면한 위험보다 장교들을 더욱 두려워해야만 한다"라고 말했다. 프리드리히 대제의 병사들은 다음 세기까지 대를 이어 갈 강한 군기와 지속적인 훈련을 받았다. 예를 들어 신병들은 실제 전투사격을 실시하는 야외전술훈련을 매달 1회 이상 실시했다. 따라서 사망자가 수시로 발생했다.

하지만, 프리드리히 대제의 전통에서 근본적으로 벗어난 한 가지는 부사관과 일반 병사들에게 권한을 위임한 것이었다. 예를 들어, 1920년대 젝트가 재임하던 기간 동안, 국가방위군이 발행한 중요한 훈련 매뉴얼은 1921년 12월에 발행된 "분대 훈련"이었다. 분대장 1명과 7명의 병사로 편성된 소총분대는 주도적이고 공세적으로 임무를 수행했다. 특히 분대장이 그랬다. 몇 개의 분대를 모아 하나의 전투단으로 구성할 경우, 분대장이 지휘·통솔·하도록 준비해야만 했다.

8명으로 구성된 3-4개의 분대가 소대를 구성하고, 3개의 소대가 중대를 구성했다. 독일군 보병사단에서는 중대에 기관총소대를 소속시키는

●●● 동부 전선의 참호 속에 있는 2명의 독일군 병사. 평범한 독일군 병사 모두 조국 독일을 위해 싸웠다. 그들은 히틀러를 지도자로 받아들이는 것 외에 다른 어떤 선택의 여지도 없었다. 패배하더라도 독일군은 최소한 어느 정도의 긍지와 자부심을 가졌다. 비록 모두가 포로가 되고 모든 도시가 파괴되었으며, 주민들의 1/4이 피난민이 되었고 독일은 점령되었지만, 그는 자신이 한때 세계 최고의 군대로 여겨졌던 군대에 소속되어 있다는 것을 알고 있었다. 그는 개인적으로 자신의 의무를 다했다. 그는 용맹하게 싸우다 죽었다. 〈사진 출처: WIKIMEDIA COMMONS | CC BY-SA 3.0 DE〉

것이 일반적인 관행이었으며, 이로써 총 중대 병력은 약 120명에 달했지만 이는 전쟁 기간 동안 변화가 심했다. 독일군 중대의 가장 큰 장점은 각각의 중대가 소총, 기관총, 박격포를 혼합해 보유하고 있어 화력의 균형을 유지하면서 임시적으로 중대를 결합할 수 있다는 것이었다. 중대는 독립적 제대로 전투할 수도 있었다. 게다가 독일군은 어떤 장교의 지휘하에서든 싸울 수 있도록 훈련을 받았는데 이는 자신들의 지휘관의 통제하에서 싸우는 것을 선호했던 영국군과는 극명한 대조를 이루었다.

특히 최전선의 근무를 준비시키는 초급 부사관 훈련이 중시됐다. 리더십의 자질이 있다고 인정된 병사들은 분대장이나 소대 선임 부사관의 지휘자로 준비시키기 위해 6개월 과정의 교육을 받았다. 이런 교육 과정은 방향 설정, 명령 준비 및 하달, 전투 기술과 같은 일상적이지만 중요한 전투 기술을 강조하는 강도 높은 전술 훈련이었다. 소련 침공 전까지 이 교육과정은 부사관학교에서 실시되었으나, 독일 육군의 절반 이상이 동부 전선에서 복무하고 있던 1942년에 이 훈련 과정은 통상 후방의 연대나 사단에서 운영되었다.

　최종적인 분석으로, 독일 병사들은 탁월한 전투원이었다. 우리가 이미 이 장에서 언급한 지그프리트 크나페는 전쟁이 끝날 무렵 제56 기갑군단의 작전 장교가 되었다. 그는 1945년 4월 22일 무너져가는 동부 전선에서 복무하고 있었다. "소련군은 구벤Guben과 포르스트Forst 근처에서 슈드르너집단군Army Group Schdrner의 제4기갑군 전방을 돌파해 우리의 후방으로 진격하고 있었다. 우리 제9군과 제3군은 돌파를 당해 양분되었고 소련의 차량화보병은 독일군의 저항 없이 서쪽으로 진격했다"고 그는 회고했다. 그는 한 친구와 함께 도주할 수 있는 효과적인 방법을 찾으려고 논의했지만, 이것이 여전히 필사적으로 싸우고 있는 사람들을 버리는 것을 의미한다는 것을 깨닫고 둘 다 최전선에 남았다. 수만 명의 일반 독일 보병처럼 크나페와 그의 동료도 최후의 순간까지 계속해서 싸웠다.

●●● 1944년 룬트슈테트(왼쪽 첫 번째)가 전선을 시찰하고 있다. 게르크 폰 룬트슈테트 원수는 나치의 승리로 엄청난 개인적인 혜택을 누렸다. 전격전으로 승리를 거두면서 그는 백만장자가 됐다. 그는 히틀러를 제거하려는 음모 사건에 휘말리지 않았고, 전술적인 면에서 히틀러를 지원했다. 그가 돈과 특권을 받았다는 것이 이를 증명하고 있다. 〈사진 출처: WIKIMEDIA COMMONS | Public Domain〉

제5장
독일 육군과 나치즘

제2차 세계대전 종료 후, 독일 육군은 자신들이 나치의 만행과 아무 상관이 없었다고 주장했지만, 사실 그들은 심하게 말하면 히틀러의 민족 말살 프로그램의 공범자였고, 아무리 좋게 평가한다 해도 나치의 집단학살에 비겁하게 침묵한 자들이었다.

히틀러의 나치당과 독일군과의 관계는 복잡하게 발전됐다. 군의 최고위 층에는 1930년대에 히틀러가 집권하는 데 도움을 준 전문 장교들로 구성된 노련한 근위대가 있었다. 많은 장교들은 바이에른 출신의 상병과 그의 전쟁관을 경멸했지만 그를 통제할 수 있을 것으로 생각했다. 장교들은 히틀러가 독일군 전체에 대한 통수권을 장악하고 최고사령부가 그의 추종자들로 채워졌을 때에야 비로소 히틀러를 권력에서 몰아내기 위해 폭력을 사용하는 쪽으로 기울기 시작했다.

히틀러와 그의 나치 정권에 대한 독일군 고위 지도부의 태도는 1930년대 초에 형성되었다 제1차 세계대전 당시 야전군 사령관이자 독일 국방군의 아버지였던 파울 폰 힌덴부르크Paul von Hindenburg 대통령은 좌익 단체를 희생시키면서 보수 정권을 확립하기로 결심했다. 힌덴부르크는 우파 정치인, 주요 기업인 및 군 고위층 지휘관들과 협조하면서, 히틀러와 우익 국가사회당이 다른 좌익 정당보다 더 나을 것으로 생각했다. 우파 세력들은 나치의 인종 이론과 거리 투쟁의 정치를 경멸했을지 모르지만, 군사력을 강화시키는 히틀러의 계획을 전반적으로 환영했다. 전쟁사학자 매슈 쿠퍼Matthew Cooper는 "결국 군대의 사회적 구성은 전통적으로 정치적으로 우파로 기울어져 있었다. 독일 나치당의 국가사회주의는 많은 사람들이 귀환을 간절히 기다려온 독재적 게르만 정신의 예시이자, 국가와 군대의 운명의 쇠퇴에 대한 대안을 제시하는 것처럼 보였다. 히틀러는 베르사유 조약의 조건들을 반대했고, 전반적인 재무장에는 찬성을 했으며, 마르크시즘, 사회주의 및 평화주의에 반대하고, 독일 제국과 군대의 명예와 영광을 찬성했다"라고 회고했다

히틀러의 나치당은 연방 의회에서 다수 의석을 차지하지는 못했지만, 힌덴부르크 대통령은 연방 정부의 체제로 인해 1933년 1월 히틀러를 독일 제국의 총리로 임명할 수밖에 없었다. 그러나 히틀러는 정치지도체제에 순응하는 꼭두각시가 아니라 오히려 정치체제를 역전시켰다. 그는 치밀하게 계산된 일련의 행보로 처음에는 군대에 비위를 맞추고, 이어서 범죄적인 통치기구인 나치와 군대를 결합시켰으며, 충성 맹세로 군대를 자신에게 복종하도록 만들었다. 그런 다음 그는 자신의 지도 이념에 도전할 가능성이 있는 모든 장군들을 제거했다. 히틀러는 대규모의 재무장과 군대 확장 계획에 착수해 장군들을 안심시켰고, 독일을 나치 국가로 전환하는 계획으로부터 그들의 주의를 분산시켰다.

1934년 6월, 히틀러에게만 충성하는 친위대에 의해 나치돌격대Sturmabteilung, SA[23] 준군사 조직의 고위 간부를 포함해 히틀러의 정치적 반대자 수십 명이 살해된 소위 "장검의 밤Night of the Long Knives"으로 사건이 더욱 탄력을 받게 되었다. 이것은 분명히 불법적이었지만 힌덴부르크와 군의 고위층 지휘관들은 나치돌격대의 콧대가 꺾이는 것이 그들의 목적과 일치하기 때문에 방관했다. 장교들은 이제 살인의 공범자가 됐다.

---

23 나치돌격대: 1921년 설립된 이 단체는 에른스트 룀이 지휘를 맡은 이후 1933년에는 정규군의 20배가 넘는 200만의 대원으로 불어나 나치즘을 전파하고 반대 세력을 파괴해 히틀러의 친위부대로 성장했으나 1934년 6월 30일 밤 친위대에 의해 숙청당했다.

●●● ❶ 빌헬름 카이텔 원수. 제2차 세계대전 당시, 그는 히틀러의 핵심 군사 자문위원이었다. 그는 "마음속 깊이 나는 아돌프 히틀러의 방패를 든 충성스러운 기수"라고 말했다. 그는 1946년 전쟁 범죄 자로 사형을 당했다. 〈사진 출처: WIKIMEDIA COMMONS | CC BY-SA 3.0 DE〉

●●● ❷ 리터 폰 레프 원수. 그는 1941년 소련을 최초 기습 침공 당시 집단군을 지휘했다. 1940년 그는 히틀러로부터 감사의 표시로 거액의 돈을 받았다. 그는 바르바로사 작전 실패 후 소련에서 철수 를 주장했다는 이유로 해임당했다. 〈사진 출처: WIKIMEDIA COMMONS | CC BY-SA 3.0 DE〉

●●● ❸ 은퇴한 육군 참모총장 루트비히 베크 대장. 베크 대장과 육군에서 히틀러 반대파의 수장 인 헤닝 폰 트레스코브(Henning von Tresckow) 소장은 히틀러 전쟁의 결과로 초래되는 독일의 멸망 을 피할 수 있는 방법은 권력으로부터 히틀러를 제거하는 것뿐이라고 확신했던 장군이었다. 루트비히 베크 대장은 1944년 히틀러 암살 사건의 실패로 총살당했다. 〈사진 출처: WIKIMEDIA COMMONS | CC BY-SA 3.0 DE〉

2개월 후에 힌덴부르크가 사망하자 히틀러는 자신을 최고 지도자 및 독일 총리로 임명했다. 그는 독일의 최고 권력자로 군을 장악하면서 자신에게 개인적으로 충성하도록 모든 군인에게 "나는 독일 제국과 국민의 최고 지도자이며 독일군의 통수권자인 아돌프 히틀러에게 무조건 복종하고, 용감한 병사로서 나의 생명을 바칠 것을 하나님 앞에 성스럽게 맹세한다"라는 충성 맹세를 강요했다. 결국, 독일군은 히틀러의 운명과 끊을 수 없도록 연결됐다.

히틀러가 독일을 거침없이 전쟁으로 몰아가던 1936년부터 1938년에, 조직적으로 자신에게 대항해 독일군을 동원할지도 모르는 마지막 고위층 장군들의 기반을 약화시키거나 제거했다. 그는 육군과 해군 및 새로 창설된 공군을 감독하는 국방군 최고사령부를 창설했다. 히틀러는 국방군 최고사령부를 새로 창설해 독일의 전통적인 군사 기관이며 중심부였던 육군 최고사령부의 장군참모들의 막강한 권한과 영향력을 단번에 약화시켰다. 육군 총사령관이었던 베르너 폰 프리치Werner von Fritsch 대장과 국방부 장관이었던 베르너 폰 블롬베르크Werner von Blomberg 원수는 모두 날조된 성추문에 휩싸인 후 사임해야 했다. 그 자리에는 히틀러 충성파들이 임명되었다. 블롬베르크 원수는 처음에 히틀러의 열렬한 지지자였으며, 1934년에 모든 장교들이 히틀러에 대한 개인적인 충성 맹세를 할 것을 요구했다. 그러나 1937년 11월 5일 제국 총리실에서 열린 회의에서 히틀러가 동부에서 생활 공간을 확보하기 위한 전쟁 계획을 설명한 이후 (그 메모는 나중에 호스바흐 각서Hossbach Memorandum로 알려짐) 그는 나치즘에 환멸을 느끼게 되었다. 회의에 참석한 프리치 또한 히틀러의 전쟁 계획에 똑같이 경악했다. 두 사람 모두 그렇게 말했고 사실상 군 생활을 마쳤다.

히틀러가 선발한 사람들이 군대를 통제하게 되면서, 히틀러는 침공작전을 거침없이 개시할 수 있었다. 1936년 라인 지방을 재점령했고, 1938

년 3월에 오스트리아를 확보했다. 그의 다음 목표는 체코슬로바키아의 주데텐란트였다. 히틀러가 동부 지역의 국가들에게 주데텐란트와 그곳에 거주하고 있는 독일인들을 독일로 양도하라고 엄포를 놓고 협박했기 때문에, 육군 대장 루트비히 베크가 이끄는 소수의 고위층 장교 그룹은 독일이 영국 및 프랑스와 전쟁에 휘말리게 될 위기가 고조될 경우를 대비해 쿠데타를 준비했다. 1938년 9월 영국과 프랑스가 히틀러에게 굴복해 주데텐란트를 독일로 양도하도록 체코에게 강요하는 뮌헨 협정이 체결됐다. 루트비히 베크 장군의 음모는 실패했다.

그 후 4년 동안 히틀러와 히틀러의 독일군은 승리의 가도를 달렸다. 히틀러와 나치 통치 집단에 대한 반대는 가망이 없어 보였다. 1942년까지 폴란드, 덴마크, 노르웨이, 네덜란드, 벨기에, 프랑스, 그리스 및 소련에서 히틀러가 거둔 승리는 그에게 완전한 승리의 영광을 안겨주었다. 장군들은 히틀러가 독일을 파멸로 이끌고 있다고 항상 경고했지만, 그는 계속 승리했다. 그는 많은 역경에도 불구하고 절대 우위의 전투력을 보유한 군대들과 싸워 승리함으로써 독일인들과 일반 병사들에게 엄청난 인기를 누리는 마술사가 됐다.

훈장 그리고 보수

1939년부터 1943년까지 히틀러는 장군들의 충성심을 확고히 하는 정치 활동을 지속했다. 히틀러의 보좌관 중 한 사람은 그의 용인술에 대하여 다음과 같이 요약했다. "그는 자신을 추종하는 장군들과 장교들에게 국가에 복종하고 명령을 이의 없이 수행할 것을 요구하고 있다. 만일 그들이 국가 원수로부터 적절한 명예를 얻고 그것으로 국가에 의무감을 갖는다면, 오히려 그 사람은 내적으로 자신의 신념에는 반하더라도 마음은 가벼웠을 것이다."

히틀러 총통은 승리에 관대했다. 훈장을 종이 조각처럼 수여했으나 진급과 보수가 히틀러 장군들의 본질적인 약점이었다. 프랑스와의 전쟁에서 승리한 후 몇 주가 지난 1940년 7월 19일 히틀러는 독일군에서 가장 높은 계급인 원수로 임명하려던 23명 중 최초로 12명을 진급시켰다. 계급과 함께 명예, 특권 및 부가 함께 따라왔다. 원수의 연봉은 2000년도 기준으로 약 20만 달러에 달했다. 이 외에도 새로 진급한 원수는 부동산을 구입할 수 있는, 세금이 면제된 현금을 받았다. 게르트 폰 룬트슈테트와 빌헬름 카이텔 원수는 현재 가치로 100만 달러 상당의 첫 수당을 받았고, 리터 폰 레프 원수는 50만 달러 상당의 첫 수당을 받았다. 카이텔은 후에 추가 수당으로 300만 달러 이상을 받았다. 바이마르 공화국 시절 보잘것없는 월급을 견뎌야 했던 장교들에게는 엄청난 액수였다. 그 당시 독일의 산업 근로자들의 1개월 평균 봉급은 140 달러였다.

1944년 150명의 공군 장군과 친위대 장군을 제외한 육군의 장군 숫자는 2,240명이었다. 육군 40명과 공군 10명이 대장인 4성 장군으로 진급했다. 국방군에서 높은 계급은 좋은 보수를 의미했다: 소장은 일십만 달러에 해당하는 봉급을 받았다. 총통의 총애를 받는 장군은 좋은 주택과 부동산을 하사받았다. 기갑군의 아버지로 유명한 하인츠 구데리안 장군은 히틀러로부터 독일 제국에 기여한 공로로 영지를 약속받았다. 그가 모스크바에서 철수하는 동안 해임되었음에도 불구하고 히틀러는 약속을 지켰고 1943년 1월에 독일의 동부 지역(현재 폴란드 서부)에 947헥타르의 큰 토지를 받았다. 총통은 주택과 농기계도 하사했다. 구데리안이 1943년 기꺼이 기갑부대의 최고 지휘관으로 다시 돌아오고 싶어 한 것도 이상할 것이 없었다. 그는 1944년 암살 음모 이후에 육군 참모총장이 됐다. 이때 그는 그를 따르는 장군들에게 히틀러에게 충성할 것을 요구했다.

서부 유럽을 점령하는 임무를 수행하는 부대에게는 또 다른 특권이 부여됐다. 가장 멋진 프랑스 성들은 독일군의 지휘소로 사용됐다. 룬트슈테트 원수는 1942년 3월 서부 지역 최고 사령관으로 부임한 후 독일군의 프랑스 점령을 감독하면서 2년 이상 파리 근교에 있는 성 제르맹 앙 레St-Germain-en-Laye의 거대한 저택에서 살았다. 냉소적인 늙은 원수는 삶을 매우 쉽게 살았고, 중요한 명령을 내려야 하는 스트레스조차 받지 않았다. 중요한 결심은 모두 히틀러의 본부에서 이루어졌다. 룬트슈테트 장군은 보헤미아 출신의 상병의 허락 없이 그의 성을 지키는 보초조차 바꿀 수 없다는 농담을 했다. 그가 히틀러의 전쟁 지휘에 반대했음에도 불구하고, 그를 제거하려는 저항 세력에 참여하지 않았다.

히틀러는 또한 유대인과 슬라브족을 말살하기 위해 동부에서 벌어지는 범죄 전쟁에 자신의 장군들을 완전히 연루시키기 위해 많은 노력을 기울였다. 포로가 된 소련 병사들에게 제네바 협약의 보호를 거부하라는 위원회의 명령, 이른바 초토화 정책, 1941년 말까지 유대인 30만 명을 살해한 SS 아인자츠그루펜Einsatzgruppen 총살부대와의 협력은 모두 독일군 최고사령부 및 독일 육군의 최고사령부의 지휘 체계를 통해 전달되었다. 수백 명의 장군과 참모장교들은 이 명령을 예하 부대에게 시행하도록 하달하기 전에 확인하고 서명했다. 동부 전선에서 독일군 장군들은 굶어 죽어가는 소련군 포로들로 가득 찬 벌판과 대량 학살된 유대인들의 집단 매장지를 목격했다. 그들은 거의 모두가 히틀러 제국의 불편한 진실들을 애써 외면했다. 정치에 개입하거나 지방 행정에 간섭하는 것은 그들의 업무가 아니었다.

히틀러에게 충성한다고 해도 위험에서 자유로울 수는 없었다. 1944년까지 500명 이상의 독일군 장군들이 전투에서 전사하거나 적에게 포획됐다. 히틀러를 불쾌하게 만든 모든 장군들을 자의적으로 해임한 것은 일반적인 일이었다. 1941년 모스크바에서 철수한 후 군단장 및 사단장 약 33명이 해임당했고, 그 후 독일 장군들이 총통의 명령에 따라 지휘권을 박탈당하는 수모를 겪는 일이 거의 매주 발생했다. 운이 좋은 장군들은 짐을 싸 귀향해 무명인으로서 전쟁을 지켜보았다. 히틀러를 정말로 화나게 한 장군들은 체포되거나 더 비참한 대우를 받았다. 히틀러는 1944년 폭탄 암살 음모 이후까지 해임된 장군들의 처형을 집행하지 않았지만, 피해자 동료들을 회유하거나 화해하려는 노력을 더 이상 기울이지 않았다. 그는 복수를 원했다.

바르바로사 작전의 여파로, 히틀러가 러시아 침공을 시작해 저지른 엄청난 일들이 주로 귀족적이고 전문적인 독일 장교들에게 서서히 드러나기 시작했다. 성직자와 시장을 포함해 같은 생각을 가진 다수의 민간인들이 쿠데타로 히틀러를 전복시키고 연합군과 평화 협상을 할 가능성에 대해 논의하기 시작했다.

1941년 공모자들이 군 고위층에게 접근해 그들의 태도를 탐색하려고 했다. 지지의 징후는 거의 없었지만, 공모자들 중 누구도 히틀러를 추종하는 비밀경찰인 게슈타포Gestapo의 감시를 피할 수 없었다. 이것이 무엇인가 곧 다가올 징조였다. 장군들은 악명 높게 변덕스러웠다. 한편으로 장군들은 히틀러의 군사적 무능에 대해 불평하기를 좋아했지만, 그들은 그것에 대해 어떤 것도 할 수 없었다. 다른 누군가가 히틀러 문제를 제거하면 그들은 매우 기뻐할 것이지만, 먼저 조치를 취할 준비가 된 장군은 거의 없었다. 이들의 일반적인 변명은 자신들이 히틀러에게 충성을 맹세했기 때문에 어쩔 수 없었다는 것이었다. 독일이 생존을 위해 싸우는 동안, 장군들은 국가와 군대가 분열되는 것을 걱정해야 했다. 멜렌틴Mellenthin 소장의 다음과 같은 견해가 공통된 견해였다. "전방의 군인들과 육군의 장군참모단 장교들은 히틀러의 암살 시도를 듣고 역겨워했으며 분개해 승인을 거부했다. 전쟁에 참가했던 군인들은 죽기를 각오하고 자신의 의무를 다했다."

폭탄 암살

몇몇 장군들은 또한 헌법에 위배되는 쿠데타를 일으킨다는 생각이 군부의 정치적인 중립성을 해치게 될까 우려했다. 문제의 핵심은 많은 독일군 장군들이 히틀러의 배려로 부를 누리고 권력을 잡았으므로 충성을 바쳐야 할 빚을 지고 있다고 생각했다는 것이었다. 1943년 1월 스탈린그라드 전투에서 패배한 후 암살 공모자들은 구데리안에게 접근해 그의 지지를 요청했으나 빈손으로 돌아왔다. 그 당시 구데리안 장군은 부동산 구입에 필요한 수십만 달러에 해당하는 선물을 히틀러와 협상하는 중이었다.

1943년 초, 히틀러가 소련에서 열린 고위 장성들과의 회의에 참석하기 위해 비행기를 타고 가던 때 최초의 암살 모의가 있었다. 헤닝 폰 트레스코브Henning von Tresckow 장군의 부관인 파비안 폰 슐라브렌도르프Fabian von Schlabrendorf 박사는 브랜디 병으로 위장한 폭탄을 히틀러의 비행기 안에 숨겼지만 뇌관이 작동되지 않아 불발됐다. 다행히도 폭탄은 발견되지 않았고, 그 음모는 민간 사회의 반나치 단체들을 체포하고 고문하던 게슈타포와 독일 군사 정보국, 방첩대Abwehr의 수장인 빌헬름 카나리스Wilhelm Canaris 제독에게 발각되지 않았다.

그리고 나서 히틀러에게 가까이 다가가 그들의 제복에 숨겨진 폭탄을 터뜨려 히틀러를 살해하려는 음모를 꾸민 자살 폭탄 음모가 뒤따랐다. 여러 번의 시도가 있었으나 모두 실패했다.

트레스코브는 이제 클라우스 폰 슈타우펜베르크Claus von Stauffenberg 대령과 함께 보다 광범위한 쿠데타를 조직하기 위한 노력에 동참했다. 대령은 베를린을 방위하는 모든 육군 부대들을 통제하는 육군 보충군사령관의 참모장이었다. 프랑스 주둔 사령관인 하인리히 폰 슈튀프나겔Heinrich von Stülpnagel 장군은 이 공모에 동참해 파리를 장악하는 데 동의했다. 서부 지역 최고 사령관인 한스 폰 클루게^{Hans von Kluge} 원수는 미온적이나마 지원을 약속했다.

1944년 7월 20일 슈타우펜베르크 대령은 최고사령부 회의를 위해 동 프로이센에 위치한 전쟁지휘소인 늑대굴^{Wolf's Lair}로 가라는 명령을 받았을 때 대령은 포획한 영국 폭발물이 담긴 여행 가방을 포장했다. 그는 극도로 침착하게 이 가방을 회의실로 몰래 들여와 히틀러로부터 몇 피트 떨어진 곳에 놓았다. 그러나 운명의 신은 이를 외면해 큰 책상의 다리가 폭발물 파편의 대부분을 흡수해 버렸다. 장교 4명이 죽었지만, 히틀러는 경미한 부상만 입었다. 히틀러의 친위부대가 곧바로 베를린 지역의 통제권을 인수했다. 많은 공모자들이 즉각 처형되었고, 일부 운이 좋은 사람들은 스스로 자살을 택했다

현재 베를린 남부 초센^{Zossen}의 육군 최고사령부 벙커를 책임지고 있는 구데리안은 총통에 대한 육군의 충성심을 입증해야 하는 달갑지 않은 임무를 맡았다. 나치의 경례는 육군에 의해 채택되었다. 시민군^{Volkssturm}[24] 경비대의 구성은 마르틴 보르만^{Martin Bormann}과 나치당에게 위임됐다. 나치 이데올로기를 주입하려는 부대의 세뇌 교육이 강화됐다. 폭탄 음모 이후 히틀러의 복수에 대한 갈증을 감안할 때, 구데리안과 명예의 전당 ^{Ehrenhof}(히틀러의 집무실 앞 건물 이름)을 관장해야 했던 룬트슈테트와 같은 다른 장군들은 히틀러의 명령을 따를 수밖에 없었다. 그 사건 전체가 관련자들의 평판에 검은 오점을 남겼다. 하지만 그들은 결국 독일 육군이 비정치적인 조직이라는 환상을 단번에 훼손시켜 버렸다. 그들은 말단 병사로부터 최고위층까지 철저한 히틀러의 육군이었다. 히틀러 암살 음모에 대한 여러 가지 시도가 소수의 독일군 장교들에 의해 실행됐다는 것

---

24 시민군: 제2차 세계대전후반에 독일에서 정규군대의 기준에 미달되는 성년 혹은 소년으로 조직된 향토방위군.

●●● 1944년 7월 20일 암살 시도 실패 직후 히틀러와 무솔리니가 파괴된 장소를 보고 있다: 7월 폭탄 음모의 결과로 직접 참여했던 장교들과 미약하게나마 계획에 연루되었던 많은 사람들은 참혹한 대가를 치렀다. 다음 날 게슈타포는 수백 명의 육군 장교를 포함해 수천 명의 혐의자를 체포했다. 히틀러는 육군 최고사령부의 신임 참모총장인 구데리안 장군에게 공모자들을 군대에서 해임하기 위해 소위 명예 법원을 열도록 명령했다. 피해자들은 악명 높은 선동가인 롤란트 프라이슬러(Roland Freisler) 판사가 이끄는 나치당 법원으로 넘겨졌다. 이 재판은 전형적인 공개 재판으로 구경거리가 됐다. 피고(그중에는 몇 명의 원수도 있음)들은 허리띠와 멜빵을 제거했기 때문에 바지를 붙잡고 재판장에 섰다. 추가적으로 모욕감을 주기 위해 틀니를 제거했다. 모든 피고들은 유죄 판결을 받았다. 35명의 육군 장군을 포함한 대부분의 사람들이 1944년 8월 참혹하게 공개 처형을 당했다. 발가벗겨진 그들은 나중에 히틀러가 볼 수 있도록 광경을 녹화한 영화 카메라 앞의 피아노 케이블에 매달렸다. 〈사진 출처: WIKIMEDIA COMMONS | CC BY-SA 3.0 DE〉

을 우리는 기억해야 한다. 대다수의 독일군은 히틀러에게 충성했고, 그의 잔악한 행동을 외면했고 그러면서도 계속해서 미치광이 총통을 위해 일했다.

제4부
독일 국방군의 방어

●●● 독일 공군 병사들이 88mm 이중목적포를 옮기고 있다. 일반적으로 독일군 부대와 지휘관들은 연합군들보다 상황의 변화에 훨씬 빠르게 대응했다. 이런 방식으로 북쪽으로 전진하는 연합군을 지연시키는 데 성공했다. 〈사진 출처: WIKIMEDIA COMMONS | CC BY-SA 4.0〉

제1장
임기응변의 승리

이탈리아에서 알베르트 케셀링 원수의 작전은 전략적·작전적·전술적인 수준에서 뛰어난 방어 연습이었다. 그는 가혹한 소모전에서 제한된 장비와 병력으로 수십만의 연합군 부대들의 발목을 잡았다.

이탈리아 전투는 독일 육군의 가장 성공적인 장기간의 방어 작전이었다. 1943년 7월 영국과 미국이 처음으로 시칠리아에 상륙한 날부터 1943년 5월 최종 항복 직전까지, 막강한 야전사령관 알베르트 케셀링이 이끄는, 수적으로 열세인 독일 부대들은 항상 전열을 유지하며 연합군의 결정적인 돌파를 저지했다.

27만 5,000명의 독일과 이탈리아 부대들이 1943년 5월 튀니지에서 항복한 후 연합군의 다음 목표는 이탈리아였다. 1943년 1월 카사블랑카 회담에서 연합군 지휘관들은 독일을 비롯한 추축국들을 전쟁에서 몰아낼 목적으로 이탈리아에 군대를 상륙시키기 위한 상륙작전 준비를 시작하기로 결정했다. 이는 연합군 수송을 위해 지중해를 개방하고 독일 부대들을 동부 전선에서 몰아내려는 것이었다. 또한, 이탈리아를 공격함으로써 서부에 제2전선을 형성해 달라는 소련의 요청에 부응할 수 있을 것으로 기대했다. 허스키 작전Operation Husky은 7월 10일 18만 명의 영국군과 미군이 시칠리아 섬에 대규모 공중 강습과 상륙작전을 펼치면서 시작되었다. 13만 명의 이탈리아군과 3만 명의 독일군은 연합군의 상륙작전에 대비하고 있었다. 당시 독일군은 정예 부대인 제15기계화보병사단과 괴링의 기갑사단이었다. 이탈리아군은 전의를 상실한 채 소극적으로 저항했지만, 프리도 폰 젱어 운트 에터린 장군이 지휘하는 독일군은 연합군에게 코피를 흘리게 했다. 독일 공정부대들은 한스 후베^{Hans Hube} 장군의 제14기갑군단과 함께 전투에 참여했다. 이탈리아 부대들은 집단으로 항복했고, 곧 파시스트 독재자 베니토 무솔리니를 전복시키는 쿠데타가 일어났다. 미국 조지 패튼^{George Patton} 중장의 부대들이 독일군의 측방을 공격하자, 남부 이탈리아의 독일군 사령관인 케셀링 원수는 8월 초에 이탈리아의 본토로 철수할 것을 명령했다. 노련한 철수로 6만 명의 대규모 독일군 부대가 모든 편제 장비를 휴대하고 탈출할 수 있었다. 케셀링의 부대는 연합군에게 약 2만명의 손실을 안겨주었으나, 13만 4,000명의 이탈리아군이 항복했다.

추축국에 대한 이탈리아 국민의 불만은 1943년 7월 25일 무솔리니의 전복으로 최고조에 이르렀다 이후 마샬 피에트로 바돌리오^{Pierto Badoglio}는 표면상으로 과도기적인 친추축국 정권을 수립했으나, 이 정권은 9월 8일 연합국에게 항복했다. 히틀러와 케셀링 원수는 이탈리아인들의 지원이 흔들린다는 것을 알았고, 이탈리아의 이탈을 방지하기 위해 계속 부대들을 이탈리아로 투입했다. 영국군 부대들은 시칠리아에서 메시나^{Messina} 해협을 건너 이탈리아 남쪽 "장화 끝" 부분에서 북상했다. 9월 첫 주에 독일군은 로마와 이탈리아 전국의 주요 거점을 점령했고, 연합군은 9일 나폴리 남쪽 살레르노^{Salerno}에 제5군을 상륙시켜 북쪽으로 로마로 향하는 케셀링 군대의 퇴로를 차단하려고 했다.

독일군은 신속하게 대응해 기갑군으로 연합군 교두보를 봉쇄한 다음 영국군과 미군을 바다로 거의 밀어 넣었다. 연합군은 해안 전방에 있는 구축함의 화력 지원을 받은 최후의 방어로 케셀링의 공격을 저지시켰다. 연합군은 간신히 버텨냈지만, 독일군은 로마 남쪽의 구스타프^{Gustav Line}

방어선까지 질서정연하게 병력 대부분을 철수할 수 있는 귀중한 시간을 얻었다.

전선 유지

케셀링 장군이 지휘하는 부대들은 1944년 5월 하순까지 연합군의 집요한 공격을 구스타프 방어선에서 저지했다. 연합군은 여러 차례 반복적으로 격퇴당하면서 막대한 손실을 입었다. 몬테 카시노Monte Cassino는 독일 방어의 핵심이었고 특히 연합군이 돌파하기에 어려운 지역으로 확인됐다. 교착 상태를 타개하기 위해 연합군은 1944년 1월 안치오Anzio에 또 다른 상륙작전을 실시해 구스타프 방어선을 우회하려고 노력했다. 이미 계획된 노르망디 상륙작전을 위해 이에 필요한 대부분의 전문적인 기술과 수송선들을 영국으로 이동할 필요가 있었기 때문에, 이 작전은 시칠리아의 마지막 중요한 상륙작전이었다.

케셀링 장군은 또 다시 상륙작전에 필요한 부대를 소집해 연합군의 새로운 교두보를 봉쇄하고 공격할 수 있었다. 연합군은 처음 상륙한 후 결코 수일 내에 로마를 점령할 수 없었다. 이탈리아의 수도 로마의 해방은 구스타프 방어선이 정리될 때까지 아직 5개월을 더 기다려야만 했다.

케셀링은 항상 그렇듯 연합군보다 한발 앞섰고 북쪽에 일련의 철수 진지를 준비하기 시작했다. 연합군은 9월 고딕 방어선Gothic Line을 돌파하기 위해 엄청나게 노력했지만, 그 결과 겨울 날씨로 전투가 중지될 때까지 또 다른 피비린내 나는 교착 상태가 발생했다. 연합군은 겨울에 북서부 유럽으로 전투력을 집중해야 했기 때문에, 이탈리아 전선은 1945년 봄까지 또 다른 공격을 고려할 수 없었다.

4월 9일 연합군이 공격했을 때 독일군은 완강히 저항했으나 마침내 영국의 전차들은 포Po 강 남쪽에 위치한 그들의 방어선을 돌파했다. 영국군

●●● 알베르트 케셀링 원수(왼쪽 첫 번째)와 리하르트 하이드리히(Richard Heidrich)(왼쪽 두 번째) 장군과 전략을 논의하고 있다. 케셀링이 명성을 얻은 것은 1943년 7월 시칠리아 방어전 때부터였다. 그는 연합군의 침공 해변에 맹렬한 반격을 가해 처음에는 영국군과 미군을 제압했다. 이어서 그는 현지의 나룻배로 메시나의 해협을 도하했고, 기갑부대에 전차를 증강해 방어를 강화했다. 그는 계속 이탈리아 본토에서 엄청난 적들에 맞서 효과적으로 방어했다. 〈사진 출처: WIKIMEDIA COMMONS | Public Domain〉

제6기갑사단은 가능한 한 빨리 북쪽으로 후퇴하고 있던, 사기가 저하된 독일군을 추격했다. 이때 더 이상 후방으로 철수할 방어 진지가 없었다. 오스트리아로 향하는 통로가 개방되었고, 이탈리아의 유격대원들은 반란을 일으켜 밀라노와 베네치아를 점령했다.

그 사이에 케셀링은 라인 지역으로 전보되었고, 그의 후임자인 하인리히 폰 비팅호프Heinrich von Vietinghoff 대장은 연합군과 항복 회담을 시작했다. 히틀러가 베를린에서 자살하기 하루 전인 4월 29일에 항복 회담이 체결되었고, 이탈리아, 발칸 지역 그리고 오스트리아에 있는 100만의 독일 병사들은 5월 2일에 항복했다.

이탈리아에서 신속한 승리를 거두려는 연합군의 계획을 좌절시킨 핵심적인 요인은 독일 장군들의 탁월한 리더십이었다. 케셀링의 전반적인 리더십 아래 매우 유능한 많은 장군들이 독일군을 지휘했다.

케셀링은 가장 성공적인 지상군 사령관 중 한 명으로 알려진 보기 드문 인물이었다. 타고난 낙천주의와 미소 때문에 부하들에게 "미소 짓는 알베르트"로 알려진 그는 제1차 세계대전 동안 포병 장교로 근무했고, 1930년 초에 사단장으로 승진했다. 그의 경력은 화려하지 않아서 1933년 새로 창설된 공군으로 옮겼다. 그는 프랑스 공격 당시 공군 제2비행대를 성공적으로 지휘해 1940년 7월 원수로 진급했다. 1941년 소련에서의 계속적인 승리로 케셀링은 히틀러와 국방군 최고사령부의 작전 참모장인 알프레드 요들 장군을 포함해 히틀러와 가까운 여러 고위 장교들의 주목을 받게 되었다. 고위층의 친구들이 케셀링의 출세를 도왔고, 그해 12월 그는 북아프리카와 지중해 전역을 지휘하는 남부 지역 최고사령관으로 임명됐다. 아프리카군단의 사령관인 유명한 롬멜과 호의적인 관계였지만, 영국 제8군과의 전투는 히틀러의 간섭으로 지속적으로 어렵게 진행되었는데, 특히 1943년 초, 튀니지를 강화하기로 한 히틀러의 결정으로 정점에 달했는데 이는 20만 명 이상의 병력을 잃는 결과를 초래했다.

연합군의 물자와 병력의 우위가 독일의 시칠리아 방어 능력을 약화시키기 시작하면서, 케셀링은 일련의 준비된 진지를 이용한 계획적인 철수 작전을 실시했다. 연합군은 상륙작전을 실시해 독일의 방어선을 우회하려고 시도했으나 케셀링은 항상 연합군보다 한 발 앞서 결심하고 행동했다. 그는 "최후 한 사람이 남을 때까지 싸우라"는 히틀러의 고집에도 불구하고 시칠리아에서 그의 부대들을 철수시켰다. 케셀링은 히틀러의 두 터운 신임으로 수적으로 열세인 독일군을 시칠리아에서 철수시켜야 하는 당위성을 건의해 히틀러를 납득시킬 수 있었다. 6개월 전에 스탈린그라드가 포위되었을 때, 마지막 비행기로 탈출한 사람 중 한 명인 후베^{Hube} 장군이 철수작전을 지휘해 독일군 4만 명, 차량 9,905대, 전차 47대, 화포 94문 그리고 탄약 1만 7,272톤의 탄약을 이탈리아 본토로 안전하게 철수시켰다.

그다음 달 지지 장당을 바꾸기 바로 직전에 있었던 이탈리아인과의 정치적인 모의가 케셀링을 사로잡았다. 그는 이즈음 중부 및 남부 이탈리아의 C집단군 사령관으로 임명됐다. 그는 당시 오스트리아 알프스를 중심으로 한 육군 예비집단군 사령관인 롬멜과 협조해 연합군에 앞서 이탈리아의 통제권을 장악하기 위해 일련의 쿠데타를 계획했다. 그의 계획은 철저했고 이탈리아인들을 아연실색하게 했으며 이탈리아 정부가 연합군과 회담하는 동안 독일 공수부대는 로마 주변에 있는 비행장들을 점령했다.

9월 9일 연합군의 살레르노^{Salerno} 상륙은 케셀링의 신속한 대응을 촉발시켰다. 그는 독일군이 이탈리아 남부에서 차단당하지 않으려면, 먼저 연합군을 봉쇄해야만 한다는 것을 재빨리 인식했다. 몇 시간 만에 케셀링은 침공 해변을 포위하는 독일 부대들을 지원하기 위해 기갑군단을 파견하라는 명령을 내렸다. 3일 이내에 6개의 기갑사단과 기계화보병사단을 교두보 주변의 방어선에 배치했다. 즉각적인 대응 조치는 연합군 전체를 혼란에 빠트렸다. 연합군 부대들은 생명을 걸고 싸웠다. 교두보를 확보하라는 임무를 받은 미군 사령관 마크 클라크Mark Clark 중장은 철수 준비를 명령했다. 독일군은 최초 2일 이내에 연합군을 바다로 몰아넣을 수 있는 데 성공할 것처럼 보였다. 그러나 역습이 불가능하다는 것이 명확해지면서, 케셀링은 그의 유명한 의도적인 철수를 다시 명령했다.

로마 지역 전투

케셀링의 부대들은 다시 철수할 수 있었고, 몇 주 만에 연합군 공격은 1943년 12월 구스타프 방어선에서 완전히 정지됐다. 로마 방어를 위한 전투는 아마도 케셀링에게는 최고의 전성기에 해당할 것이다. 연합군의 안치오 교두보를 신속히 봉쇄한 덕분에, 이탈리아의 수도 로마를 6개월 이상 확보할 수 있었다. 살레르노 전투를 반복하면서 케셀링은 1944년 1월 24일 연합군의 상륙 후 4일 이내에 교두보를 파괴하기 위해 8개 보병사단과 5개 기갑사단으로 구성된 독일 제14군을 동원했다. 연합군이 교두보로부터 계속 전진을 했을 때, 그들은 우박같이 쏟아지는 포격과 기관총 사격을 받았다. 1주 만에 케셀링은 12만 5,000명의 부대로 역습을 실시했다. 페르디난트 중돌격포Ferdinand super-heavy assault gun 1개 포대(돌격포 11문), 판터 전차 1개 연대(판터 전차 76대), 티거 전차 1개 대대(티거 전차 45대) 그리고 돌격포(85문 이상)를 포함한 많은 기갑부대들이 공격을 주도했다.

수일 내에 로마로 진출하려고 했던 연합군의 예상은 완전히 빗나갔다. 나치는 "교두보는 이제 해골이 됐다"고 세계에 알리며 기뻐했다. 독일의 공격으로 교두보를 완전히 제거할 수는 없었으나 피비린내 나는 교착상태는 여러 달 지속됐다. 전략적인 상황을 고려하면 이것은 시칠리아에서 병력이나 화력이 열세인 독일군에게는 대성공이었다. 연합군의 손실은 엄청나게 컸다. 미국 제5군은 3만 명을, 영국군은 1만 2,000명을 잃은 반면에 독일군은 2만 5,000명의 사망자를 냈다.

결국 연합군은 몬테 카시노의 구스타프 선에 전투력을 계속 증강해 마침내 독일의 방어선을 돌파했다. 몬테 카시노 주변에서 독일군 부대들이 차단될 위험에 처하자, 케셀링은 또 다시 철수를 명령했다. 이번에 그는 8월 중순에 자신의 부대가 볼로냐Bologna 남쪽의 고딕 전선에서 안전할

●●● 1944년 1월 영국 공군의 슈퍼마린 스핏파이어(Supermarine Spitfire) Mk IX가 안치오 교두보 상공의 기상 정찰을 마친 후 이탈리아 캄포마리노(Campomarino) 남동쪽 마드나(Madna) 기지로 귀환하고 있다. 사람이 살기 힘든 지형과 장기간의 진지전으로 인해 연합군은 이탈리아에서 제공권의 우위를 충분히 발휘하지 못했다. 〈사진 출처: WIKIMEDIA COMMONS | Public Domain〉

때까지 로마 남쪽과 북쪽의 일련의 지연 진지에서 멈췄다. 연합군은 독일군의 뒤를 바짝 따라붙었지만, 포획할 수는 없었다. 케셀링은 자신의 부대를 포위하려는 모든 시도를 피할 수 있었다.

지연전술으로 케셀링은 고딕 전선을 연합군에게 죽음의 함정으로 만들 시간을 벌었다. 고딕 방어선에는 16km의 종심 깊은 지뢰밭과 장애물 지대에 설치된 30개의 전차 포탑, 100개의 강철 대피소, 2만 3,786개의 기관총 진지, 479개의 대전차포, 120km의 철조망이 설치되었다. 연합군은 8월 26일 고딕 방어선에 대한 공격을 개시했다. 영국 제8군은 이 8월 중순까지 이 방어선을 곧 돌파할 것 같았지만 케셀링은 이 방어선의 돌파를 봉쇄하기 위해 다른 축선에서 3개 사단을 전개시켰다. 3주 후에 이 공격은 또다시 교착상태에 빠졌다. 영국군은 1만 4,000명이 전사, 부상 혹은 실종되었고 전차 200대가 파괴됐다. 이 전투는 연합군이 겨울이 오기 전에 포 계곡에 침투해 오스트리아 국경을 위협할 수 없다는 것을 확인시켜 주었다. 케셀링 부대가 최종적으로 격퇴되기까지는 아직 8개월이 더 걸렸다.

케셀링에게는 다행스럽게도 히틀러는 이탈리아 작전에 거의 관심을 갖지 않았으며 부하들에게 자신이 최선이라고 느끼도록 일을 하라고 했다. 그러나 히틀러는 안치오 전투에서 작전에 간여한 가장 유명한 사례를 남겼다. 한 번의 공격에서 소소한 것까지 간섭한 결과 피로 얼룩진 패배를 초래했다. 히틀러는 1945년 4월 포 계곡 전투에서 최후의 1인까지 싸우라고 명령했지만, 이 시점에서 그런 명령은 전투 현장의 상황을 전혀 고려하지 않은 것이었다.

케셀링 원수는 가장 훌륭한 독일 육군의 야전 사령관과 참모 장교들을 수하에 두는 행운을 누렸다. 1943년 중반부터 1944년 봄까지 참모장으로 근무한 지크프리트 베스트팔Siegfried Westphal 장군이 케셀링 원수를 탁월하게 보좌했다. 이 뛰어난 참모장은 케셀링 원수가 전장에서 '마술 같은 묘기'를 부려 많은 성과를 달성하는 데 크게 기여했다.

제10군 사령관인 하인리히 폰 비팅호프 장군은 가식적이지 않으며 확고한 프로이센의 근위부대 출신이었다. 그는 연합군을 거의 바다로 몰아넣을 뻔한 살레르노 교두보에 대한 공격을 이끌었고 나중에는 1944년 9월 영국의 공격에 맞서 고딕 방어선의 방어를 지휘했다. 그는 무자비할 정도로 원칙적인 장교였다. 그의 공격과 방어 전술은 체계적이었는데, 이는 독일이 이탈리아 반도에서 후퇴하는 동안 필요했던 것이었다.

케셀링 원수의 가장 유능한 부하 중 한 사람은 외팔이 한스 후베 장군이었다. 그의 시칠리아 철수작전은 성공적인 걸작이었고 나중에 영국군이 메시나 해협을 건넌 후 이탈리아 남부에서 연습을 반복했다. 그는 연합군을 몇 주간 지속적으로 고착시킴으로써, 비팅 호프가 살레르노 교두보를 공격할 시간을 확보할 수 있었다.

후베는 몬테 카시노 전투가 치열해지기 시작한 1943년 10월에 젱어에 의해 14기갑군단장으로 교체되었다. 젱어 장군은 동부 전선에서 명성을 날렸던 용감한 기갑지휘관으로, 카시노 주변의 구스타프 진지를 실제적인 요새로 구축했다. 구스타프 방어선은 윈터^{Winter} 방어선과 베른하르트^{Bernhard} 방어선과 같이 많은 보조 진지들을 갖추고 있는 철저하고 면밀하게 구축된 방어 진지였다. 젱어 장군은 연합군에게 귀중한 시간을 낭비하게 하고, 주진지에 도달하기 전에 부수적인 보조 진지들을 돌격하게 하여 많은 사상자를 내게 한 방어의 명장이었다. 1944년 1월 20일 미국군이 실시한 라피도 정면공격은 제36사단(텍사스 사단) 400명의 전사자와 500명이 포로로 되는 손실을 입고 격퇴 당했다.

시칠리아에서 독일의 고위급 장교들은 질적으로 우수했을 뿐만 아니라 사단장들은 독일군에서 가장 탁월한 장군에 속했다. 제90기계화보병사단은 1943년부터 1944년까지 기인인 에른스트 바데$^{Ernst\ Baade}$ 장군이 지휘했다. 그는 최초단계 전투에서 대단한 전투기술로 카시노 전선을 방어했다. 그는 스코틀랜드 격자무늬 킬트를 입고 전투에 나가거나 전선 건너편에 있는 미국군 병사들에게 무전으로 "새해 복 많이 받으라"는 메시지를 보내는 등 괴팍한 행동으로 자신의 부대원들로부터 사랑을 받았다.

바데 장군의 후임자는 공군의 제1공수사단장인 리하르트 하이드리히였다. 그의 카시노 방어는 전설적이었고, 이 작전의 승리는 상당 부분 하이드리히의 리더십과 전투기술 덕분이었다.

베테랑 전투부대

케셀링은 탁월한 사령관이었을 뿐만 아니라 연합군보다 훈련과 장비가 양호하며 우수한 많은 정예 사단들을 보유함으로써 이익을 보았다. 케셀링 원수는 그의 부대들과 사단들이 프랑스와 동부 전선에서와 같이 포위 당해 격멸당하지 않도록 많은 노력을 기울였다. 고딕 방어선의 결정적인 전투가 이루어질 때까지 예하 사단의 손실 보충은 비교적 잘 이루어졌다. 하지만 1944년 말과 1945년 봄에 이탈리아 전선에서 몇 개의 핵심 부대들을 잃었고 가을에 발생한 손실은 더이상 보충되지 않았다.

이탈리아에 배치된 가장 막강한 사단은 공군의 헤르만괴링기갑사단이 었다. 이 기갑사단은 현란한 공군 수장 괴링의 이름을 따서 명명된 사단 이었다. 이 사단이 시칠리아에 참전하게 된 것은 유일한 공군 장교로 중 요한 전역을 지휘하는 케셀링 원수를 지원하려는 정치적인 후원과 많은 관계가 있었다. 공군의 명예가 지중해에 달려 있었기 때문애 괴링은 케셀링 부대의 병력이나 장비가 부족하지 않도록 열심히 지원했다.

원래의 헤르만괴링연대는 동부 전선의 손실로 인한 독일 육군의 인력 부족을 해결한 괴링의 공헌의 일환으로 1943년 1월 사단 규모로 확장되 었다. 이 개편은 공군에 야전 사단들을 창설하라고 괴링의 명령과 동시에 이루어졌다. 다른 사단들은 전투 능력이 미흡한 것으로 판명되었으나, 헤르만괴링사단은 이런 부대와는 매우 달랐다. 괴링사단은 항공기의 기술 자들처럼 강제로 소집된 인원들이 아니라 지원병으로만 구성된 부대였으며 대단한 전투 명성을 날렸다. 사단의 일부 병력은 튀니지로 보내졌고 1943년 상반기 동안 손실을 입었다. 시칠리아 침공 당시 아프리카로 파견되지 않은 부대들은 막강한 2개 전투단으로 증강되었으며 야전에 투입되어 허스키 작전에 대응했다. 그 중 1개 전투단은 괴링기갑연대를 중심으로 개편되었으며 이 기갑연대는 돌격포 29문, 3호 전차 46대, 4호 전차 32대를 포함한 3개 대대로 편성됐다. 그중 육군의 508중기갑대대의 1개 중대에 티거 전차 17대가 배속됐다. 또 다른 전투단은 치사율이 높은 88mm 대공포를 보유해 연합군의 경장갑전차를 파괴시키는 대전차방어 기능을 수행했다.

사단의 신병들은 전투 경험이 없었다. 최초 미국군과 교전에서 많은 신병이 당황했지만 사령관인 파울 콘라트$^{Paul\ Conrath}$ 중장의 신속한 조치로 상황을 안정시켰다. 사단은 남은 기간 시칠리아 전투를 성공적으로 수행했고 몇 차례 전공을 세웠다. 괴링사단의 공격 중 하나는 미 제1사단에게 큰 손실을 안겨 주었고, 티거 전차는 바다 쪽으로 돌파해 미국의 구축함과 화력전을 수행했다. 항상 수적으로 열세였던 사단은 연합군의 셔먼 전차와의 교전에서 막대한 전차의 손실을 입었고, 이탈리아 내륙으로 후퇴할 때에는 사단이 보유한 전차와 돌격포의 50%를 잃었다. 티거 전차는 단 1대만이 이탈리아로 철수할 수 있었다. 사단은 살레르노의 역습에서 주도적인 역할을 수행하기 위해 제 때 거의 완전하게 복원되었다.

구스타프 방어 전투 동안 케셀링 장군은 방어 진지를 우회하려는 해병대의 상륙작전에 대응하기 위해 헤르만괴링사단을 로마와 인접한 지역에 예비로 보유했다. 연합군이 안치오에 상륙한 후, 괴링사단은 교두보를 포위하고 이를 격멸하기 위한 역습을 실시했다. 3호 전차 35대, 4호 전차 27대, 돌격포 14문은 1944년 2월 연합군의 교두보를 역습할 때 최선두에서 공격했다. 하지만 독일의 전차들은 험준한 지형으로 인해 제대로 기동할 수 없었고, 전투진지를 구축한 셔먼 전차와의 전투에서 많은 손실을 입었다.

안치오 교두보가 교착상태에 빠지자, 케셀링 원수는 연합군의 추가적인 상륙작전에 대비해 괴링사단을 현 방어선에서 후방으로 철수시켜 로마 부근에 예비대로 집결시켜 재정비하고 작전을 수행할 수 있도록 했다. 이 사단은 5월 말에 제10군이 카시노에서 로마를 지나 북쪽으로 탈

안치오 전투에서 사용된 특수무기들

1944년 1월 안치오의 위태로운 교두보에서 돈좌된 연합군 부대들은 크루프 K 5 280mm 구경 열차포Krupp K-5 280mm-caliber railway gun를 "안치오 애니Anzio Annie"라고 불렀으며 이탈리아 해안에서 연합군 공격 발판을 제거하려고 압력을 가하는 독일군은 "날씬한 베르타Slim Berthe"라는 애칭으로 불렀다.

이탈리아의 독일 사령관 케셀링 원수는 연합군을 바다로 몰아넣겠다고 결심하고 일련의 지상 공격을 지원하기 위해 막강한 화력으로 안치오 주변을 포위했다. 이때 안치오 애니포는 케셀링의 화력 계획에 중요한 역할을 수행했다. 이 포는 로마 남쪽의 알반Alban 고개의 터널에서 작전을 수행했다. 이 포는 야간에 터널에서 나와 교두보에 치명적인 일제 사격을 실시하고 낮에는 연합군의 항공 정찰에 발견돼 폭격을 당하지 않도록 터널로 들어갔다.

이 무기의 제원은 믿을 수 없을 만큼 놀라웠다. 포와 포차의 무게는 221톤이었다. 각 탄약의 무게는 255kg이었고 최대 사거리는 61km에 달했다.

안치오 애니포는 독일의 중요한 차단 작전에 참가해, 연합군 교두보 전 지역에 화력을 퍼부었고, 사면초가에 빠진 연합군에게 연속적으로 사격을 실시했다. 이 화력 전술은 이미 세바스토폴(1941-1942년)과 레닌그라드(1941-1944년) 포위전에서 큰 효과를 발휘했다.

1944년 1월과 2월 교두보를 확보하기 위한 전투가 절정에 이르렀을 때, 연합군 부대들은 이탈리아 해안에 폭 19.2km, 종심 9.6km의 지역에 위태롭게 매달려 있었다. 일부 연합군 부대에서 50% 이상 전·사상자가 발생했고, 사기와 군기가 와해되기 시작했다. 안치오 애니포는 교두보의 유일한 생명줄인 해안의 상륙지역에 주기적인 일제 사격을 실시했고 이로 인해 연합군의 사기는 더욱 저하됐다.

독일군은 연합군의 안치오의 지상 목표물을 타격하는 것만으로는 만족하지 않았기 때문에 독일 공군은 상륙부대를 지원하는 연합군 함대를 격멸하기 위해 새로운 원거리 유도미사일인 1,500kg Fx-1400 혹은 Fritz-X 그리고 500kg 헨셀 Hs 293 활공포로 폭격을 했다. 조종사가 도르니어 217 폭격기Dornier Do 217로부터 무선 명령 신호로 포탄을 목표물로 유도했다. 1월 23일 첫 공격으로 영국의 구축함 1척과 병원선 1척이 침몰했다. 일명 골리앗으로 불리는 로봇 폭탄이 전선에 있는 연합군의 진지를 공격했다. 원격 제어 추적 로켓은 독일 진지에서 60cm 크기의 '골리앗' 탄의 후미에서 유도하는 2km가 넘는 케이블을 통해 보내는 통제 신호로 사격했다. 위치에 도달하면 조작자는 로켓의 탄두(91kg)를 폭발시켰다. 골리앗을 보고 놀란 후 연합군 부대는 이러한 포를 경대전차화기 혹은 중기관총의 집중 사격으로 대응하는 방법을 곧 알게 됐다.

출할 수 있도록, 남쪽에서 후위의 임무를 수행하라는 명령을 받았다. 이
사단은 대낮에 남쪽으로 이동하던 중, 연합군 폭격기의 무자비한 사격을
받아 이탈리아 수도 남쪽의 이른바 카이사르 방어선에서 심각한 손실을
입었다. 로마가 함락된 이후, 이 사단은 북쪽으로 철수해 합류했다. 6월

●●● 1944년 2월 안치오 교두보로 이동하고 있는 독일 공수부대원. 케셀링은 이탈리아에서 전투력이 양호한 부대, 우수한 지휘관, 방어에 유리한 지형과 기후 등의 장점을 방어에 효과적으로 이용했다. 케셀링은 압도적으로 우세한 연합군 부대와 대치하지 않은 것 역시 행운이었다. 이탈리아에 전개한 연합군의 전투력 수준은 천차만별이었다. 1944년에 독일군과 대치한 연합군 부대의 일부만이 최상급 부대였다. 1944년 초 구스타프 방어선에서 전투할 때, 시칠리아 공격과 이탈리아 남부 공격에서 선두 부대였던 유명한 영국의 '사막의 쥐들(Desert Rats)'이라는 별명의 제7기갑사단과 같은 베테랑 사단은 북서 유럽의 D-Day 침공을 준비하기 위해 영국으로 철수했다. 〈사진 출처: WIKIMEDIA COMMONS | Public Domain〉

러시아 전선의 중부 지역에서 소련군의 공격이 성공하자, 히틀러는 케셀링의 증원 명령을 취소시켰고, 괴링기갑사단은 기차로 동프로이센으로 전환했다. 그로 인해 케셀링의 사령부는 전투력이 심각하게 약해졌다.

케셀링의 지휘하에 있는 제1공수사단과 제4공수사단은 전투력이 강한 또 다른 부대였다. 제1공수사단은 공군의 정예 부대로 많은 부대원이 2년 전 크레타 섬을 공격했을 당시 선두 부대로 참가했다. 그들은 프랑스 남부에서 독일 최고사령부의 전략예비대로 창설되었고 지중해 전역에 투입할 준비를 했다. 항상 낙하 훈련을 실시했고, 실제로 시칠리아 전투 당시 1개 연대가 공중 강하했다. 유명한 하인리히 장군의 지휘 아래 구스타프 방어선으로 철수하는 동안 계속 작전에 투입돼 훌륭하게 임무를 수행했다. 1개 대대는 살레르노 전투에 파견되어, 하루 만에 전선에 도착해 2,000명 이상의 영국군을 포로로 잡았다.

제1공수사단에 소속된 부대들은 1944년 2월 처음으로 제90기계화보병사단과 함께 몬테 카시노 방어에 투입되었다. 3월 하인리히 장군의 정예 부대들은 3월 내내 구스타프 방어선의 가장 중요한 지역을 방어했다. 공수부대는 2개월간 압도적인 연합군의 병력을 저지해 수만 명의 사상자를 발생시켰다. 카시노는 대단한 전투였다. 독일의 방어부대는 매일 수 천 문의 대포와 폭격기의 제파식 폭격을 견뎌냈으며 공수부대원들은 낮에는 동굴과 깊은 벙커에 엄폐했고, 야간에 진지를 보강하거나 역습을 가했다.

제4공수사단은 강하 훈련을 제대로 받지 못했으나 1943년 말, 제2공수사단의 간부들과 한꺼번에 보충된 신병들로 창설했다. 그들은 안치오에서 잘 싸웠으며 교두보에 대한 많은 공격을 주도했다. 이 2개 사단은 전쟁이 종료될 때까지 이탈리아에 주둔했고, 그들은 고딕 방어선에서 새로 전속된 수 천명의 신병들을 강하게 교육시키는 믿음직한 베테랑 간부들 덕분에 마지막까지 강력하게 저항할 수 있었다.

육군 제16사단과 제26사단이 이탈리아로 이동했다. 제16기갑사단은 1943년 가을 동안 이탈리아 전역에서 짧은 기간 동안 기여를 했을 뿐이지만 케셀링의 주 반격 부대가 도착하기 전에 살레르노를 강력하게 방어한 덕분에 연합군의 교두보를 봉쇄할 수 있었다. 그 당시 제16기갑사단은 이 작전으로 전차의 2/3를 상실했다. 제26기갑사단은 계속 케셀링의 지휘 아래 있었다. 그들은 살레르노, 안치오 및 고딕 방어선에 투입됐다. 제26기갑사단은 1944년 1월 4호 전차 80대, 3호 전차 23대, 3호 돌격포 14문을 편제한 매우 강한 전차연대를 보유했다.

케셀링의 나머지 기갑부대들은 전차나 돌격포 1개 대대를 편제한 기계화보병사단들이었다. 하지만 기계화보병사단들은 항상 작전 가능한 40대 이상의 전차나 돌격포를 편제한 기갑대대를 거의 보유하지 못했다. 제3 · 15 · 29 · 90기계화보병사단은 제16 SS 기계화보병사단과 함께 케셀링이 요청할 때마다 임무를 완벽하게 수행한 막강한 사단들이었다. 제 13, 90기계화보병사단이 몬테 카시노 방어에서 핵심적인 역할을 수행하는 동안, 케셀링 예하 다른 기계화보병사단들은 안치오 전투에 투입됐다. 1944년 여름과 가을에 제3 · 15기계화보병사단과 제16 SS 기계화보병사단은 서부 전선과 동부 전선으로 전환하라는 명령으로 케셀링의 기갑부대 전투력은 약 50%이상 감소됐다. 전쟁 종료 당시 단지 제26기갑사단, 제29 · 90기계화보병사단만이 이탈리아에 주둔했고 이 부대들로는 1945년 4월 포 계곡에서 영국군 전차의 돌파를 저지하기에는 전투력이 너무 미약했다.

케셀링은 작전 기간 내내 12-14개의 보병 및 산악 사단을 강력한 예비로 보유할 수 있는 행운을 얻었다. 이 보병사단들은 베테랑 부대들이었고, 그중에 3개 사단은 전쟁의 마지막 해에 국민척탄병사단Volksgrenadier Division[25]을 창설하기 위해 차출됐다. 다른 전역과는 달리, 이탈리아에서 케셀링은 항상 포위될 마지막 순간에 미리 부대를 철수시켰기 때문에 포위당하지 않았다. 이것은 이탈리아에서 독일군 사단들이 심각한 손실을 입었음에도 불구하고 중요한 지휘관과 군사 전문가, 특히 포병 요원을 온전

---

25 1944년 말 독일군은 동원병력이 부족하여 민방위 요원도 향토예비군으로 이미 동원된 상태이므로 60세 이하, 신체등급 6급 이하, 중 고등학생들까지 동원하여 편성한 사단을 말함.

히 유지할 수 있었고, 그로 인해 각 제대들은 신병훈련소에서 배출한 신병을 보충해 재편성될 수 있었다는 것을 의미했다. 이것이 보병사단들이 전투력을 유지할 수 있었던 결정적인 요인이 됐다.

이탈리아 작전 기간 동안 케셀링의 가장 중요한 동맹은 이탈리아의 험난한 지형과 기후였다. 2년 간의 작전 기간 동안 독일군은 이탈리아의 산맥, 계곡의 강, 물에 잠긴 저지대를 능숙하게 활용해 결정적인 돌파구를 마련하려는 연합군의 시도를 지연시키고 좌절시킬 수 있었다. 이탈리아의 기후는 독일군이 결정적인 장소에서 연합군의 공격을 봉쇄시키는 데 큰 도움을 주었다.

1943년 여름, 이탈리아를 침공한 연합군은 이탈리아 지형을 보고 크게 놀라고 당황했다. 지금까지 그들은 전차들의 원거리 우회기동이 가능한 북아프리카 사막에서 싸웠다. 연합군은 이탈리아 지형에 적응하는 데 여러 달이 걸렸고, 이 기간 동안에 독일군은 연합군에게 큰 손실을 안겨주었으며 많은 경우 전투의 방향을 결정할 수 있었다. 그러나 이탈리아는 지리적으로 매우 다양한 국가이며, 연합군은 시칠리아에서 효과가 있었던 전술이 로마 남쪽 산에서는 효과가 없다는 사실을 곧 알게 되었고, 이로 인해 전투 계획을 지속적으로 재평가해야 했다. 이 같은 지속적인 학습 과정은 익숙하지 않은 새로운 지형으로 공격하는 연합군보다 항상 자신들이 사전에 선정한 지역의 진지로 철수해 방어하는 독일군에 훨씬 더 유리했다.

살레르노에 상륙한 연합군은 상륙 해변을 한 눈에 볼 수 있는 감제고지를 점령한 독일 제16기갑사단을 향해 돌진했다. 연합군은 적의 해안으로 상륙 하면서 최초로 전투력이 강한 부대와 마주쳤고, 이것은 이듬해 노르망디 상륙에 적용할 많은 교훈을 가르쳐 주었다. 독일군은 영국군과 미군의 침공 해변을 감제하는 고지에 원형 방어진지를 확보하고, 포병 관측병들을 관측이 양호한 진지에 배치했다. 연합군 부대가 내륙을 향해 공격하고, 이어서 구불구불한 수로를 따라 연합군 포병의 관측과 사격으로

공정작전

1943년 이탈리아와 그리스의 방어 작전에서 독일군은 전략적인 개입을 위해 여러 차례 공정작전을 실시했다. 1943년 봄, 공군은 지중해 일대에서 예상되는 연합군의 상륙작전에 대비해 전개해 있던 전략예비대인 공정부대를 프랑스 남부에 집결시켰다.

1943년 7월 이 공정부대들은 연합군의 시칠리아 상륙작전에서 최초로 전략적인 가치를 입증했다. 제3공수연대는 영국군 기갑부대의 위협을 받고 있는 카타니아^{Catania}를 점령하기 위해 시칠리아에 강하했다. 이틀 후 영국군 공수부대가 독일군 진지 후방에 낙하했고 두 정예부대 간의 치열한 전투가 벌어졌다.

불과 한 달 후 쿠데타로 이탈리아 독재자인 베니토 무솔리니가 실각하면서 독일은 로마와 다른 중요한 도시들을 점령하기 위해 즉각 개입했다. 독일 공정작전의 아버지인 쿠르트 슈투덴트 장군의 지휘하에, 전략예비대인 공정부대가 로마 주변의 비행장을 점령할 목적으로 투입됐다. 기습적인 낙하산부대 투입은 최소의 손실로 수도에 근접해있는 이탈리아군의 전쟁 지휘소를 점령했다. 독일 공수대대는 계속하여 엘바^{Elba} 섬을 기습 점령했고, 공황에 빠진 이탈리아군 1만 명을 포획했다. 이 작전들의 하이라이트는 나치 중대장 오토 슈코르체니^{Otto Skorzeny}가 지휘하는 공수요원들이 그란 사소^{Gran Sasso}의 산 정상에 있는 감옥에서 무솔리니를 구출한 사건이었다.

이탈리아의 항복으로 야기된 혼란을 이용해 영국의 윈스턴 처칠 총리는 명목상으로 연합군을 지지하는 이탈리아 수비대로부터 에게 해의 동쪽 가장자리에 위치한 도네카네스^{Dodecanese} 제도를 점령하라고 영국군에게 명령했다. 미국군은 지중해 지역의 막강한 공군력으로 영국군의 기동을 지원하지 않았기 때문에 바로 점령된 섬들은 독일군의 역습에 취약했다. 독일 공수요원들은 대규모의 상륙부대에 앞서 대규모로 먼저 코스^{Kos}에, 다음으로 레로스^{Leros}에 강하했다. 1941년 크레타 전투에서와 같은 상황이 반복되어 독일 공수요원들은 최초 착륙에서 60% 이상의 큰 손실을 입었다. 그러나 곧 고립된 영국군과의 전투에서 상황을 역전시킬 수 있었다.

지중해는 그리스로 향하는 병참선이었기 때문에 유고슬라비아의 대게릴라 작전은 지중해에 있는 독일 지휘관들에게 중요한 작전이었다. 공산주의자 티토^{Tito}와의 전투에 투입되는 추축국 부대들의 병력들이 계속 증가했다. 1944년 5월 독일군 최고사령부는 SS 공수요원 900명의 공중 강습으로 드르바르^{Drvar}에 있는 티토 사령부를 제거하려고 했다. 게릴라들은 심각한 피해를 입었다. 하지만 티토는 전투 중 혼란한 틈을 이용해 도주했다. 그럼에도 불구하고 이 전투는 공정부대를 활용한 대담한 작전의 한 전례였다.

부터 은폐 및 엄폐된 곳에 숨어있는 역습 부대를 향해 돌진할 때 우박 같은 포병 화력의 세례를 받았다. 독일군은 상륙 해안에 도달했을 때에야 비로소 연합군 해군의 함포에 노출되어 공격을 멈췄다.

몬테 카시노는 해발 600m 고지로 리리^{Liri} 계곡 위로 우뚝 솟아 있었다. 몬테 카시노는 나폴리에서 로마로 향하는 도로의 통제가 가능해 로마로 향하는 연합군의 접근로를 효과적으로 봉쇄할 수 있었다. 케셀링은 몬테 카시노의 정상 부근에 있는 베네딕토회 수도원이 자리잡고 있는 산을 구스타프 선의 중심으로 바꾸었다. 산 앞에는 가리글리아노^{Garigliano} 계곡에 위치한 카시노 마을이 있었다. 이 넓은 강은 라피도^{Rapido} 강의 하류로 그의 이름에서 알 수 있듯이, 겨울의 몇 달 동안은 유속이 매우 빨랐다. 카시노 전투가 절정에 이르렀던 1944년 첫 달, 가리글리아노와 라피도 강이 범람해 구스타프 방어선으로 공격하려는 연합군에게 거의 도하가 불가능한 장애물이 됐다. 연합군의 상륙용 고무보트들이 급류로 인해 강 하류로 떠내려가 공병들은 전차와 포병들을 도하시키는 부교를 설치할 수 없었다. 교량 설치가 가능한 장소는 드물어서 독일의 포병 관측병에 의해 쉽게 포착됐는데 이는 겨울의 혹한기에 매우 유속이 빠른 강을 도하하려고 시도하는 연합군의 어려움을 더욱 가중시켰다.

연합군이 일단 강을 건넌 후에, 그들은 일련의 탁트인 능선의 정상에 구축된 참호에 있는 케셀링 부대를 발견했는데 그곳에서 기관총, 박격포 및 포병의 무자비한 집중 사격을 받았다. 연합군 전차들은 가파른 비탈로 돌격하는 보병과 보조를 맞출 수 없었고, 더 이상의 전진을 할 수 없어서 진격 속도가 더욱 느려졌다. 카시노의 독일군 주 진지 몇 마일 뒤에는 몬테 카이로^{Monte Cairo}가 있었는데, 이곳은 리리 계곡에서 1,000m 이상 솟아올랐고 독일의 포병관측자들에게 연합군 진지에 대한 양호한 시계를 제공해 주고, 방어하는 부대가 기습을 당하지 않도록 보장해 주고 있었다.

연합군은 압도적인 포병화력으로 반격을 시도했으나 산비탈은 깊숙

●●● 폐허가 된 카시노의 수도원 앞에서 MG 42 기관총을 들고 있는 독일군 병사: 카시노 마을과 그 뒤 언덕에 있는 수도원은 독일군에게 더 많은 엄폐물을 제공하는 폐허로 전락했다. 〈사진 출처: WIKIMEDIA COMMONS | Public Domain〉

한 동굴과 배수로로 덮여 있었기 때문에 방어하는 독일의 방어부대들에게 연합군의 가장 강력한 포병의 일제 사격과 공중 폭격으로부터 엄폐물을 제공했다. 몇 주 후에 연합군의 화력 의존은 점점 줄어들기 시작했다. 카시노 마을과 그 뒤 언덕에 있는 수도원의 폐허된 잔해들은 독일군에게 더 많은 엄폐물이 되었고, 독일 기관총 진지와 저격병이 위치한 모든 폐허된 건물을 제거해야 했던 연합군 보병에게 문제를 가중시켰다. 잔해는 방어하는 부대에게 전방 진지의 보급을 유지하고 쉽게 탈출할 수 있는 충분한 엄폐물을 제공했다.

독일의 전술

연합군의 전차가 로마를 향해 북쪽으로 기동할 수 있도록 개활지를 확보할 수 있을 것으로 생각했던 안치오에서도 지형은 방어부대에게 더 유리한 것으로 판명되었다. 저지대에 있는 교두보는 침수되기 쉬웠으며, 전방의 크고 긴 돌출부는 연합군 전차의 통과를 불가능하게 했으며 연합군 전차를 독일군 대전차 화기의 격멸 구역으로 유인하는데 유리했다. 게다가 작전 지역을 가로지르는 철도와 고지대의 도로는 전차 기동을 방해했다. 물에 잠긴 지형은 최전선 진지를 진흙투성이의 지옥 구덩이로 만들었는데, 전투원들은 이를 제1차 세계대전 당시 플랑드르에서 견뎌야 했던 상황보다 더 끔찍하게 생각했다.

로마 함락 후 토스카나Tuscany와 움브리아Umbria 평야는 연합군의 추격을 저지시키는 많은 수단들을 제공해 주었다. 계단식 논과 관개수로를 갖춘 이 지역의 광범위한 농업 경작으로 인해 전차를 이용한 야지 기동이 어려워졌고, 이로 인해 연합군은 도로를 고수할 수밖에 없었다. 로마에서 고딕 선까지 북쪽으로 192km 이상 떨어진 곳에 약 60개의 주요 도로 교량이 있었는데, 여기에는 도로가 절벽 아래를 지나가는 수백 개의 지하

배수로와 측설 운하는[26] 포함되지 않았다. 독일의 공병들은 거의 모든 교량에 폭발물을 설치해 연합군 부대들의 기동을 방해했다. 연합군은 부비트랩과 저격수에 대한 두려움 때문에 모든 교량에 조심스럽게 접근해야 했다. 예를 들어, 영국 제6기갑사단은 107일간 고딕 전선을 추적하는 동안 총 길이가 2,000m에 달하는 50개의 교량을 건설해야 했다.

연합군이 고딕 방어선에 도달하자 그들은 이 지역이 더 까다롭다는 것을 알게 되었다. 건너야 할 강이 아직 더 많았지만 공격 방향은 가파르고 탁 트인 협곡으로 바뀌었는데 이곳은 독일의 대전차포와 기관총 팀의 살상 구역이 되었다. 아드리아를 따라 개활한 해안 평야를 경유해 고딕 방어선의 산악 방어선을 우회할 수 있으리라는 연합군의 희망 역시 사라졌다. 장거리 행군으로 기갑연대 전체가 정체됐다. 가을이 끝날 때까지 어느 한 지역도 돌파하지 못했기 때문에 연합군은 북부 아펜니노Appennino 산맥의 혹독한 겨울 추위를 견뎌야 했다. 그곳의 험준한 지형과 혹독한 기후로 인해 연합군은 다른 중요한 공격을 위한 보급을 확충하기는커녕 전방 진지에 있는 부대들의 생존을 유지하는 데 급급할 수밖에 없었다. 연합군이 최후 공격을 개시하기까지는 아직도 6개월 이상이 걸렸다.

이탈리아 지형은 방어하는 지휘관들에게 매우 유리한 지역이었고, 케셀링 장군은 몇 안 되는 장점 중 하나를 이용할 기회를 놓치지 않았다. 독일군은 연합군이 시칠리아에 상륙하기 전에 이미 구스타프 방어선과 고딕 방어선을 준비하기 시작했다. 지형 분석팀은 지형을 연구해 방어계획을 발전시키고, 가장 효과적인 위치에 거점 방어를 계획했다. 구스타프와 고딕 방어선의 모든 진지는 종심 깊게 편성됐다. 각 전방 사단은 전선을 따라 인원을 배치하고 다른 사단은 전선 후방에 예비진지를 구축하고 역습에 대비하도록 배치했다.

---

26 측설 운하: 하천 등에서 배의 운항이 어려운 구간을 피해 측면에 별도로 설치한 우회 수로.

독일군은 항상 최전선 보병이 매우 부족했으며 대부분의 대대는 400명 이하였으며 주요 전투 중에 최전선 병력이 200명 미만으로 떨어지는 것이 일반적이었다. 그들은 연속적인 참호선들을 관리하기에 충분한 병력이 없었다. 따라서 보병들은 전투지역 내에 양호한 시계를 제공하는 일련의 핵심적인 위치에 거점을 구축해 전선을 유지했다. 보병들은 주간에 기관총과 박격포의 화력을 이용해 책임 지역을 방어할 수 있었다. 가능한 경우, 독일군은 전 전선에서 기관총의 중복 사격이 가능하도록 하천을 따라 방어선을 설치했다. 연합군은 독일 화력 장벽의 간격을 이용해 반대편 제방에 안전한 교두보를 설치할 기회를 찾지 못했다. 특히, 독일군은 기관총을 전선의 협소한 지역에 배치하기 보다는 하천의 전체 길이를 소탕할 수 있도록 종사가 가능한 장소에 배치했다.

야간에는 전투 정찰대가 매복진지로 투입되어 연합군이 거점 뒤로 침투하는 것을 방지했다. 독일 지휘관들은 연합군의 포병 사격으로 동시에 많은 피해를 입지 않도록 적은 병력을 가능한 한 많은 방어 거점에 소산, 배치했다. 각 방어 거점은 평균 40명을 배치했고, 도랑이나 동굴 등 자연적인 엄호 진지를 점령했다. 화력 진지는 폭발물, 쇠 지렛대로 암벽을 폭파시켜 만들었다. 이 지역에서 삽의 사용은 불가능했다.

초기 이탈리아의 산악 전투에서 체험한 경험을 기초로 대다수 독일 지휘관들은 능선을 따라 방어 거점을 구축하지 않았다. 고지 능선은 적 포병화력이 과도하게 집중되기 때문이었다. 하지만, 그들은 능선 진지가 자연적인 이점을 제공해 준다는 사실을 알고 있었다. 연합군 포병은 계곡 진지에서와 마찬가지로 능선 진지에서도 화력을 효과적으로 운용하지 못했다. 포병들은 고지의 상향으로 사격을 해야 하기 때문에 총탄이 능선을 넘거나 넘지 못하는 경우가 많았다. 능선 진지 역시 능선의 후사면이 적의 시계에서 벗어나 있고 그로 인해 적이 조준 사격을 할 수 없기 때문에 보급지원과 부상자의 후송에 보다 용이했다.

역습

이탈리아 전선에서도 독일군은 신속한 역습을 실시했다. 젱어 등 독일의 군단장과 사단장은 방어 진지에 대한 적의 침투를 결정적으로 물리치기 위해 압도적인 힘으로 역습하는데 주력했다. 일반적으로 이런 임무를 수행하기 위해서 통상 방어 거점에서 병력을 철수시키기보다는 대대 병력 이상의 특별히 투입된 예비를 전선의 바로 뒤에 배치하려고 했다. 거점 방어부대는 적의 주요 침입에 대해 결정적인 영향을 미칠 만큼 많지 않았다. 카시노 전선에서 독일군은 강 제방에 설치한 적의 교두보를 제거할 목적으로 통상 연대급 규모의 역습을 실시했다. 이러한 역습은 특히 사기가 저하된 미국군에게 여러 차례 성공했다.

이탈리아는 역습 시 독일군이 전차를 집중 운용하지 않은 몇 안 되는 전역 중 하나였다. 이탈리아의 지형은 대규모 기갑부대의 기동이 제한됐기 때문에 독일군 지휘관들은 전차, 돌격포 그리고 대전차포를 소규모 단위(대부분 2대씩)로 분산해 전방의 추진 거점이나 역습 부대에 할당했다. 이탈리아 지형에서 소수의 중화기는 적은 숫자에 비해 훨씬 강한 화력을 제공할 수 있었다. 카시노 전투에서 소수의 3호 돌격포와 마르더 3호의 73mm 자주 대전차포는 전방에 추진된 공수부대의 거점과 함께 운용되어 연합군에게 전차를 동반한 돌격 보병이 선두에서 공격을 시도하지 못하게 했다. 후위 작전 중 소규모의 전차반 역시 연합군 부대가 돌격을 개시하기 위해 전개하도록 강요하는데 매우 효과적이었음이 입증되었다. 독일군들은 일단 작전의 목적을 달성하면, 지연선이 위협을 받기 전에 신속히 철수했다.

이탈리아 전역은 공군 원수인 케셀링이 육군 지휘관들이 결코 할 수 없는 방식으로 대규모의 합동군 자산들을 활용할 수 있다는 사실에서 큰 이익을 얻었다. 공군은 이탈리아의 제공권을 장악하지 못했지만, 전략적

몬테 카시노

⟨사진 출처: WIKIMEDIA COMMONS | Public Domain⟩

베네딕토회 수도원을 장악하기 위해 연합군이 실시한 4개월 동안의 전투는 그 당시 이탈리아 작전의 스탈린그라드로 불렸다. 세계 각 대륙의 군인들이 연합군의 일부로 이 전투에 참가해 연합군은 전사자, 부상자 및 실종자를 포함해 총 11만 5,000명이 희생됐다. 독일 방어부대의 손실은 전사자 2만 명 이상으로 집계됐다.

1944년 1월 연합군은 로마 북쪽으로 발달된 도로를 감시할 수 있는 몬테 카시노의 주변에 강력하게 구축한 독일의 방어진지에 일련의 정면 공격을 실시했다. 최초 단계는 라피도Rapido와 가리글리아노Garigliano 강 유역의 방어선에 대한 피비린내 나는 연속적인 공격이었다. 강하게 잘 구축된 독일의 방어진지를 공격한 미국군 수만 명이 혼란스럽고 무질서한 도하 중에 사망하거나 부상을 당했다.

2월 연합군 최고사령부는 가장 논란이 되었던 결정 중 하나인 수도원에 대한 융단 폭격을 명령했다. 연합군 사령관들은 독일군이 이 역사적인 건물을 포병의 관측 진지로 사용하고 있을 것으로 생각했다. 무엇이 진실이든, 독일 제1공수사단 부대원들은 그 후 폐허가 된 수도원과 가까이 있는 카시노 인근 마을을 요새로 만들었다. 4개월 동안 독일군 제1공수사단은 미국, 영국, 폴란드, 캐나다, 뉴질랜드, 프랑스, 알제리, 인디아 및 네팔인으로 구성된 강력한 연합군을 저지했다.

결국, 연합군의 사단들은 난공불락으로 보이는 카시노 진지를 공격했다. 연합군은 보병의 정면 공격에 앞서 독일군 진지에 대한 압도적인 공군의 폭격과 포병사격을 반복적으로 퍼부었다. 하지만 매번 공수부대 요원들은 벙커와 참호에서 다시 나와 연합군의 공격을 격퇴시켰다. 소수의 독일의 방어부대가 가파른 협곡과 수도원으로 가는 산비탈 정상의 도로 상에 있는 폭파된 마을 거리에서 연합군 부대들을 저지했다(포병 사격과 폭탄이 땅을 뒤흔들었다). 연합군이 지역을 확보하면, 소규모의 독일 공수요원들은 확보한 지형을 강화하기 전에 공격했다.

5월 초 연합군의 "고기 분쇄기meat-grinder 작전"은 프랑스와 영국군 부대가 공수부대의 동쪽 및 서쪽 측익을 돌파하면서 성공을 거두기 시작했다. 안치오 교두보가 붕괴되는 징후가 보이자, 케셀링 원수는 5월 17일 카시노 전선에서 공수부대의 철수를 명령했다. 하루 후 폴란드군은 몬테 카시노의 폐허 지역을 점령함으로써 많은 희생을 치르고 얻은 승리라는 꺼림칙한 명예를 얻었다.

으로 결정적 순간, 예를 들어 안치오와 살레르노의 상륙 직전과 상륙 도중 항공 정찰을 통해 케셀링 원수를 지원할 수 있었다. 연합군 함선들이 진입한다는 정보를 입수하면 케셀링은 부족한 예비대를 투입할 정확한 시점을 판단할 수 있었다. 연합군이 이용할 수 있는 항구가 몇 개 되지 않으므로, 중요한 상륙작전이 임박했을 때 작전을 구상하기가 어렵지 않았고, 일단 연합군 함대가 바다 위에 출현하면 유력한 표적을 선정하기가 상대적으로 용이했다.

공군의 대공포 350문이 시칠리아에서 철수하는 독일군 부대들을 엄호하기 위해 동원되었는데 이 대공포는 독일의 루르^{Ruhr} 지방보다 더 조밀하게 배치됐다. Ju-52 수송기 수백 대가 이탈리아가 연합국으로 전향하는 것을 방지하기 위해 투입되는 증원군과 함께 배에 선적되어 케셀링이 1944년 중반까지 구스타프 선의 방어를 고려할 수 있게 했다. 독일 공군의 전투기들은 안치오와 살레르노에서 철수하는 함선을 공격해 몇 차례 큰 성공을 거뒀고, 이를 통해 영국 및 미국군 증원부대의 증원을 방해했다. 게다가 슈투카 급강하 폭격기는 1944년 2월 안치오에서 독일군 부대의 역습을 근접항공으로 지원하기 위해 전장에 다시 투입됐다. 전쟁이 전반적으로 소강상태로 접어들면서 연합군이 공격할 독일군의 차량 대열 특히 전차의 대열이 거의 없었기 때문에 연합군의 항공 우세는 효과를 보지 못했다. 연합군들의 작전 속도가 느려 독일군의 증원부대들은 야음 속에서 이동할 수 있었다. 케셀링 원수는 전쟁 종료 마지막 몇 주까지 제한된 전투력으로 핵심 전역에서 연합군 전략을 무력화시키고 전략적인 방어를 어떻게 실시해야 하는지를 보여주었다.

●●● 1943년 8월 벨고로드(Belgorod) 인근 마을에서 휴식을 취하고 있는 독일군. 독일 육군은 소련의 보복이 두려웠다. 이는 탈영과 항복이 거의 없었다는 것을 의미했다. 더욱이 광대한 소련 땅에서 탈영할 수 있는 곳은 없었다. 게릴라들이 방어선 후방에서 배회하며 길 잃은 독일군을 사살했기 때문이었다. 〈사진 출처: WIKIMEDIA COMMONS | Public Domain〉

제2장
동부 전선 방어(1943-1945년)

독일군은 스탈린그라드 전투에서 참패한 후에 동부 전선을 안정시켰지만 쿠르스크에서의 패배로 인해 동부 전선에서 승리할 수 있는 마지막 기회를 상실했다. 그 이후 독일군은 지연전을 실시하면서 국경까지 철수했다.

소련과 독일의 전쟁은 제2차 세계대전의 결정적 전장이었다. 이 전쟁은 무자비한 전쟁광들이 이끄는 두 전체주의 정권 사이의 거대한 충돌이었다. 히틀러와 스탈린은 이러한 충돌을 정치 조직의 상호 간 사활이 걸린 전쟁으로 간주했다. 1943년 여름, 이 갈등은 쿠르스크 전투에서 최고조에 이르렀다. 이곳에서 양국의 정예 기갑부대들이 대치했다. 독일의 전격전은 무뎌졌고 소련군은 21개월 후에 베를린의 문턱까지 도달하게 될 공격을 개시했다.

동부 전선의 전쟁은 전례 없는 큰 규모였다. 1943년 소련은 독일의 120개 사단과 싸우기 위해 히틀러 군대의 3배가 넘는 400개 사단을 투입했다. 스탈린의 공격 선두부대는 전차 8,000대, 화포 60,000문, 공군 전투기 5,000대로 편성되었다. 소련군의 공세를 저지하기 위해 히틀러는 1943년 전차 3,000대, 화포 3만 7,000문 그리고 전투기 2,000대를 동부 전선에 투입했다. 1944년 스탈린은 투입 가능한 병력 600만 명 이상을 유지한 반면 추축군은 연초 330만 명에서 연말에는 250만 명으로 줄어들었다.

동부 전선에서 발생한 누적 손실은 정신을 번쩍 들게 만들었다. 1941

년부터 1945년 사이에 소련군은 1,370만 명, 독일군은 200만 명의 사망자를 기록했다. 소련은 민간인 1,100만 명, 독일 민간인은 200만 명이 사망했다. 파괴의 규모도 엄청났다. 베를린과 모스크바 사이의 모든 마을과 도시는 전쟁으로 폐허가 됐다. 거의 모든 도로, 철도, 교량, 터널, 공장 그리고 발전소 역시 파괴의 구렁텅이에서 벗어날 수 없었다. 전쟁이 동유럽과 중부 유럽을 가로질러 조수처럼 밀려왔다 갔다 하면서 수백만 채의 가옥이 황폐화되었고 수천만 명의 사람들이 독일군이나 소련군으로부터 목숨을 걸고 도망쳐야 했다.

1943년 초 소련군은 독일 남부집단군을 궤멸시킬 것처럼 보였다. 스탈린그라드의 참사에 이어, 스탈린은 독일이 점령한 소련의 남부 지역을 위협하는 공격을 명령했다. 위성 국가인 헝가리와 이탈리아의 군대들은 해체되었고 소련군은 로스토프를 공격해 철수하는 독일군 제1기갑군의 후방 차단을 위협했다. 2월 2일부터 20일까지 소련군의 공격 선두부대는 하르코프를 위협하고 드네프르 강으로 접근했다. 또 다른 스탈린그라드가 어렴풋이 보였으나, 집단군사령관 만슈타인은 도시를 버리고 소련 기갑부대를 상대로 파괴적인 반격을 가했다. 그는 3월 14일에 하르코프를 다시 점령하고 전선을 안정시켰다.

군사적 천재 만슈타인

에리히 폰 만슈타인 원수는 제2차 세계대전 당시 독일 육군 최고 전략가로 불릴만했다. 그는 1940년 봄, 프랑스를 패배시킨 아르덴 숲을 통해 기갑부대를 밀어붙이는 대담한 "낫질" 작전을 고안했다. 이 작전으로 만슈타인이 승리를 위해 큰 모험을 감수할 준비가 되어 있는 파격적인 장군으로서 히틀러의 신임을 얻는 계기가 되었다. 1942년 7월 포위된 세바스토폴을 점령하는 전형적인 공격으로 히틀러의 총애를 받았다. 하지만 독일 제6군이 스탈린그라드 전투에서 패배한 후에 만슈타인의 명예는 실추되었고, 가장 큰 위기를 맞게 됐다. 기동전에 대한 감각을 잃지 않았다는 것을 보여준 돈집단군 사령관은 전투력이 약해진 채 산개해 있는 병력을 노련하게 집중시켜 하르코프를 탈환하고(비록 독일군 1만 1,300명이 사망했지만), 동부 전선의 남부 지역을 어느 정도 안정시켰다.

불운한 쿠르스크 공세에서 만슈타인의 역할은 여전히 논란의 여지가 있다. 그는 회고록 '잃어버린 승리Lost Victories'에서 히틀러의 지나친 작전 개입으로 이 공세가 좌절됐다고 주장하고 있다. 첫째로 히틀러는 새로 개발한 신형 판터 전차와 엘레판트Elephant 전차를 이 작전에 투입시키기 위해 공세를 지연시켜 소련이 결정적인 시기에 중요한 방어선을 구축할 수 있도록 했다고 주장했다. 히틀러는 제2 SS 기갑군단이 소련군의 전선을 돌파하려는 것처럼 보이자 공세를 중단시켰다. 하지만 독일과 소련군의 보고서를 기초로 한 최근의 연구는 만슈타인 리더십에 대한 다른 사실을 조명하고 있다. 소련군은 몇 차례의 효과적인 기만전술로 만슈타인과 히틀러를 혼란에 빠뜨렸다. 소련군은 쿠르스크에서 방어 진지들을 확장해 독일의 전차 공격전술을 무력화시키고 결정적인 돌파를 막았고 이어지는 소련군의 하르코프 공격은 만슈타인의 방어를 무너뜨렸고, 그는 그 상황을 극복할 수 없었다.

드네프르 강을 따라 실시한 동계 전투에서 만슈타인은 또 다시 즉응적인 전투 지휘의 거장임을 증명했다. 1944년 그는 키로보그라드Kirovograd, 체르카시-코르순Cherkassy-Korsun, 카메네츠 포돌스크Kamenets Podolsk 포위망에 갇혀있던 그의 부대들을 성공적으로 철수시켰다. 카메네츠 포돌스크의 철수는 독일군 약 20만 명을 포로가 될 위험으로부터 구출한 크게 성공한 작전이었다. 히틀러는 남부집단군 사령관의 전투 지휘를 못마땅하게 여겼다. 만슈타인은 여러 개의 훈장을 받았으나 해임됐다. 무자비한 히틀러는 "전략적 기동의 시대는 지나갔다. 내가 지금 필요한 것은 진지를 고수할 병력이다"라고 강조했다. 만슈타인 원수는 은퇴한 상태로 남은 전쟁 기간을 보냈으며 전쟁 종료 후 폴란드와 소련 전역을 지휘한 책임으로 3년간 영국 감옥에 수감됐다.

1943년 7월까지 독일군과 소련군은 지난해 겨울, 치열한 전투 후에 부대의 재편성이 요구되었기 때문인지 동부 전선은 3개월의 짧은 기간에 이상하리만큼 고요했다. 전선 중앙의 쿠르스크 돌출부는 히틀러와 스탈린의 관심을 집중시켰다. 소련이 점령한 큰 돌출부는 지금까지 알려지지 않았던 작은 마을인 쿠르스크에서 동쪽으로 80km 이상 독일군 전선으로 돌출되어 있었다. 이 돌출부는 1943년 3월 하르코프를 탈환한 독일의 역습 후에 러시아의 봄 진흙 바다에 정지되어 노출된 채 방치되어 있었다.

히틀러의 장군들은 동부 전선에서 쿠르스크 돌출부를 제거하고, 다시 주도권을 확보할 수 있는 유일한 방책으로 "성채 작전Operation Citadel"을 제안했다. 어떻든지 간에 독일군 지휘관들은 소련군이 전략적인 전차예비대를 투입할 경우 포위전투에서 기갑부대로 격멸할 수 있기 때문에 성채 작전이 더욱 절실하다고 판단했다. 소련군이 패배할 경우, 소련 국민은 1917년처럼 스탈린을 전복시키기 위한 혁명을 일으킬 것이고, 이로 인해 독일은 서부 전선의 연합군에 대항할 수 있는 자유를 얻을 수 있다고 생각했다.

독일군은 동부 전선에서 성채 작전을 실시하기 위한 재편성에 전 역량을 집중했다. 90만 명 이상의 병력을 돌출부의 북쪽과 남쪽 견부에 집결시켰다. 약 2,400대의 전차와 돌격포가 공격을 주도했다. 신형 판터 전차와 페르디난트 중돌격포Ferdinand heavy assault gun가 전장에 첫선을 보였다.

영국 정보부와 독일군 내부 스파이들의 경고를 받은 소련군은 히틀러의 정예부대를 기다렸다(비록 쿠르스크 돌출부가 독일군의 매혹적인 목표임이 분명했지만). 눈에 띄는 것은 54개 보병사단과 12개 기갑군단 및 16개

●●● 쿠르스크 전투에서 투입된 티거 1 전차. 소련군이 조밀하게 설치한 지뢰 지대와 대전차화기 진지는 독일군 기갑사단의 장점을 무력화시켰다. 〈사진 출처: WIKIMEDIA COMMONS | CC BY-SA 3.0 DE〉

기계화보병여단이었다. 공격이 시작되기까지 몇 달 동안 1백만 명 이상이 벙커 구축, 지뢰 지대 설치, 수천 개의 대전차포를 배치하는 작업에 투입됐다. 5개 방어선의 후방에는 약 3,000대가 넘는 전차 예비대를 보유했다. 야전포병 화포 약 2만문이 북쪽으로 전진하는 독일군에게 화력을 집중하기 위한 사격을 준비했다. 시간이 지남에 따라 소련군의 방어력은 점점 강해졌지만 히틀러는 동부 전선에서 큰 전략적 승리를 거두기로 결심했다.

승산 없는 작전?

소련과의 전쟁의 마지막 2년간 히틀러의 영향은 절대적이었다. 최후 1인, 최후의 1발이 남을 때까지 싸우라는 히틀러 명령은 포위된 독일군 병사들을 무의미한 죽음으로 몰아갔다. 그렇다고 히틀러가 기동방어를 원하는 예하 장군들의 요청에 주의를 기울였을지라도 상황이 독일에 유리하게 전개되었으리라는 보장도 없었다.

히틀러를 비판하는 사람들은 성채 작전의 실패에 대한 책임을 히틀러에게 돌리고 있다. 왜냐하면, 히틀러가 만슈타인의 남부 축선 공격이 절정에 도달했을 때 이를 중지시켰기 때문이었다. 그 이후 8개월 동안 히틀러는 각 부대에게 우크라이나에서 계속 싸우라는 명령을 내렸고 그 결과 수십만 명이 포위망에 갇혔다. 1944년 4월까지 만슈타인은 자신의 부하들을 포위망에서 끌어낼 수 있었다. 히틀러는 만슈타인 원수를 해임시킨 후, 예상했던 바와 같이 자신의 마음대로 부대를 지휘했다. 히틀러가 차단된 부대에게 요새진지를 준비하고 최후의 1인까지 싸우라고 명령한 결과 5월에 크림 반도의 함락으로 7만 5,000명을 잃었고, 6월과 7월 중부집단군이 와해되면서 수십만 명의 손실을 초래했다.

하지만 스탈린그라드 전투에서 독일 제6군이 패배한 후, 재무장한, 강한 소련군과 어떻게 싸워야 할지 혼란스러웠던 것은 히틀러만이 아니었다. 쿠르스크 공격 계획은 히틀러가 처음 제안한 것이 아니었다. 쿠르스크 공격 계획은 육군 참모총장인 쿠르트 차이츨러Kurt Zeitzler 대장이 처음 제안했다. 구데리안을 포함한 일부 장군들이 반대했지만 만슈타인과 모델 장군은 이 작전의 타당성을 적극적으로 지지했다. 1943년 5월 히틀러는 구데리안 장군에게 "내가 이 공격만 생각하면 속이 뒤집힌다"라고 말했다.

동부 전선에서 독일의 총공격은 소련군의 방어선을 돌파해 궤멸시키는 데 성공했다. 아무도 그 당시 성채 작전이 실패할 것이라고 생각하지 않았다. 독일군은 전선 돌출부에 배치된 소련군의 진지를 정확히 파악했으나 아랑곳하지 않고 공격을 감행했다. 이것은 극도로 교만한 전투행위였다.

이러한 교만은 소련에서 전쟁 기간 내내 적에 대한 독일의 태도를 보여주는 것이었다. 독일군은 소련을 열등한 슬라브 민족으로 간주했다.

1941년부터 지속적으로 독일의 전쟁 노력을 지원하기 위해 점령지역을 조직적으로 약탈했고, 유대인과 소련인을 똑같이 대량으로 학살했으며, 3백만 명 이상의 러시아 전쟁 포로들이 굶어 죽거나 방치되어 사망했다. 소련 국민들이 이러한 적 앞에서 대동단결했다는 것은 놀라운 일이 아니었고, 소련군의 사기를 저하시키려는 독일의 시도는 수포로 돌아갔다.

1941년 바르바로사 작전을 개시했을 때 히틀러와 그의 장군들은 그런 규모와 강도의 충돌에 대해 전혀 준비가 되어있지 않았다. 히틀러는 "우리가 문만 차면, 전체적으로 부실한 건물은 붕괴될 것이다"라고 예상해 소련군의 저항 수준을 과소평가했다.

서부 전선에서 전격전으로 승리한 것에 도취된 독일은 총력전에 대비하지 않았다. 이는 독일군 병참장교들이 충분한 겨울옷을 주문하지 않은 것과는 다른 문제였다. 1943년까지 독일 경제는 여전히 대체로 평시 경제체제를 유지하고 있었다. 소련에 비해 전쟁 생산은 미미했고, 독일 국민은 희생할 준비가 되어 있지 않았다.

스탈린은 1941년 여름부터 전 국가를 전시체제로 전환했다. 모든 소련 국민과 천연자원 및 산업자원들이 총동원되었다. 소련의 산업 기반을 다시 세우기 위해 도시 전체와 공장들을 독일군 폭격기의 사정거리부터 이격된 우랄 산맥의 동쪽으로 이주시켰다. 1942년 소련의 연간 전차 생산량은 2만 4,000대였고 이에 비해 독일은 4,000대였다. 산업 생산량은 초기부터 빠른 생산 속도로 가동되었고 독일은 도저히 따라잡을 수 없었다. 1943년 이후의 패배의 씨앗은 성채 작전이 시작되기도 전에 이미 뿌려졌다.

쿠르스크 전투는 1943년 7월 5일 개시되어 제2 SS 기갑군단이 소련의 전략예비대인 제5근위대기갑군과 전투를 개시했던 7월 12일에 절정에 이르렀다. 전쟁 역사상 가장 대규모의 전투 후에 SS 기갑군단은 저지되었고, 히틀러는 성채 작전을 중지하기로 결정했다. 연합군은 시칠리아

●●● 에리히 폰 만슈타인 원수가 동부 전선에서 독일군 병사들과 악수를 하고 있다. 그는 전차전의 거장으로 1943년 초 남부집단군을 확실한 패망에서 구출했다. 〈사진 출처: WIKIMEDIA COMMONS | Public Domain〉

를 침공했고, 소련군은 쿠르스크 돌출부의 북쪽을 공격해 독일 방어선을 후퇴시켰으며 훨씬 남쪽에서 추가적인 공세를 실시해 동부 전선을 돌파했다. 간격을 메우기 위해 기갑사단들이 투입되었으나, 8월 초 2,000대 이상의 소련군 전차가 하르코프 중앙의 전투력이 급감된 독일군의 방어선을 돌파했다. 히틀러가 9월에 드네프르 강 전선으로 전략적 철수에 동의하기 전에, 독일 남부집단군은 이미 운이 좋게도 전멸을 면했다. 퇴각후 독일군은 10월 말과 11월에 서부 전선에서 온 기갑예비대로 제한된 반격을 가하며 추격부대들을 상대했다.

1943년 12월 대규모의 소련 기갑군은 남부집단군의 부대들을 각개 격파했다. 독일군이 소련군을 저지하려고 시도하면서 치열한 전차전이 전개됐다. 1944년 1월 1개 기갑군단이 키로보그라드에서 탈출하기 전에 잠시 포위되었고, 2월 소련군은 키예프 남쪽 체르카시-코르순에서 독일의 2개 군단을 포위했다. 포위된 6만 명의 병력 중 거의 절반이 탈출했지만 중전투장비는 대부분 남겨 두어야만 했다. 불과 한 달 후에 독일 제1기갑군은 소련군의 또 다른 포위작전으로 포위당했으나 다행히도 탈출할 수 있었다.

1943년 가을과 겨울, 동부 전선을 우크라이나의 유동적인 전선과 일치시키기 위해 독일 중앙집단군과 북부집단군의 대규모 철수가 이루어졌다. 1944년 1월 소련의 대규모 공세로 레닌그라드 주변의 독일군의 포위망이 무너졌고, 소련의 두 번째 도시인 레닌그라드에 대한 2년간의 포위 공격이 끝났다. 소련군은 크림 반도로 상륙해 독일군 제17군을 격멸했다. 중앙집단군이 점령한 벨라루스의 거대한 돌출부를 제외하고, 대부분 독일군은 1941년 최초 출발진지 후방으로 퇴각했다. 1944년 4월과 5월에 서부 우크라이나 전선과 루마니아 국경선을 따라 전선이 안정되었을 때, 독일군의 예비 기갑사단들은 소련군의 전선 돌출부를 절단하는 강력한 몇 차례의 전투를 실시했다.

1943년 8월부터 1944년 4월까지 남부집단군이 단결할 수 있었던 것은 도시나 특정 지형을 확보하기보다는 기동방어를 믿었던 사령관 만슈타인의 노력 덕분이었다. 만슈타인은 소수 사단의 행동의 자유와 전투력을 유지하기 위해 많은 노력을 기울였다. 예를 들어, 기갑사단을 강력한 예비대를 활용해 소련군의 공세를 선제적으로 차단하거나 독일군의 방어선에 침투한 소련군의 공격을 차단하는 것이 이에 해당했다. 일단 기갑예비대가 소련군 대부분의 기갑부대들을 격멸하는 임무를 완수하면, 만슈타인은 즉시 그들을 예비대로 복귀시켜 특정 도시나 강을 지키기 위한 쓸데없는 방어작전으로 귀중한 전차를 낭비하지 않도록 했다.

이 전술은 작전적인 측면에서 매우 합리적이었고 부대의 사기를 위해서도 매우 유익한 전술이었다. 그들은 자신들의 노력으로 무언가를 달성할 수 있고, 자신들의 생명이 불필요한 위험에 희생되지 않을 것이라는 확신을 가졌다. 포위망에 갇혀 소련군의 포로가 된다는 공포가 동부 전선에 있는 모든 독일군 병사들의 최우선적인 생각이었다. 그래서 그들이 포위망에 갇히지 않도록 하고, 포위되었을 때 즉시 구출하려는 만슈타인의 노력으로 군기를 유지했다. 당연히 그는 고위 장교와 최전선 부대 모두로부터 높은 평가를 받았다.

1943년 여름 방어전투에서 만슈타인의 첫 번째 성공은 8월 하르코프 북쪽에서 소련군에게 돌파된 대규모 돌파구를 회복할 때였다. 65만 명의 소련군에 의해 3대 1로 압도된 독일의 방어선은 순식간에 균열을 일으켜 와해됐다. 소련군 전차 2,300대는 좁은 통로에 배치되어 있는 300대의 전차를 제거하고 남쪽으로 물밀듯이 공격했다. 만슈타인은 소련군의 급습을 저지하고 공격하기 위해 6개의 무장친위대와 기갑사단으로 구성된 강력한 병력을 투입했다. 일단 위기가 지나가자 그는 하르코프를 방어하기 위해 기갑부대를 집중하고 드니프르 강으로 질서 있게 철수했다.

1943년 11월 소련군 부대들은 드네프르 방어선을 돌파했고, 키예프를 점령한 다음 남부집단군의 북쪽 측익을 우회해 우크라이나에 있는 만슈타인 부대들의 대부분을 포위할 것처럼 위협하면서 남쪽으로 전개했다. 만슈타인 장군은 서부 전역으로부터 전환된 증강된 전차를 이용해 측방의 위협이 무력화될 때까지 소련군을 퇴각시키면서 소련군 전차 700대와 대전차포 668문을 노획했다.

12월 마지막 주에 1,000대 이상의 T-34 전차가 현재 병력이 부족한 만슈타인의 기갑예비대 중심부에 투입되면서 대규모의 소용돌이치는 전차전이 전개되었다. 이것은 우크라이나에 대한 만슈타인의 장악력을 서서히 무너뜨린, 방어진지에 대한 일련의 공격 중 첫 번째였다.

체르카시 포위작전

한 달 후 소련은 코르순이나 체르카시 포위망에서 독일의 2개 군단을 차단할 수 있었다. 만슈타인은 이를 호기로 보았고 포위된 부대의 통로를 개방하기 위해 전차를 투입하는 동시에 소련군의 선두 기갑부대의 상황을 역전시키려고 했다. 하지만 갑작스러운 해빙으로 인해 우크라이나는 전차의 기동이 어려운 진흙 뻘로 변해 역습 계획은 모두 물거품이 됐다. 대신 작전은 포위된 많은 부대들을 최대한 구출하는데 중점을 두게 됐다.

1944년 3월 소련군은 두 차례의 거대한 양익 포위 공격을 실시해 동요하는 만슈타인의 집단군을 분리시켜, 20만 명의 제1기갑군을 포위했다. 만슈타인은 포위망 내에 있는 부하들을 구출하는 것에 만족하지 않았고, 돌파된 독일군 방어선의 넓은 간격을 최대한 이용해, 폴란드 방향으로 공격하려는 소련군의 기도를 봉쇄하기 위해 그의 부대를 서쪽으로 철수시켰다. 이 때문에 히틀러는 1944년 3월 만슈타인을 해임했다.

후임자인 발터 모델Walther Model 원수는 지성적이며 존경받는 만슈타인과는 전혀 다른 유형의 장군이었다. 열렬한 나치주의자 모델은 히틀러의 맹목적인 추종자였으며, 프로이센 장군들이 가지고 있던 품위와 자질을 갖추지 못했다. 그는 부하들을 윽박지르고 마지막 실탄 한 발이 남을 때까지 히틀러의 명령에 복종할 것을 기대했다. 그는 태생적으로 즉흥적이었으나 만슈타인이 가진 통찰력이 부족했다. 히틀러가 절망적인 상황을 극복하기 위해 그를 선발했기 때문에 그는 "히틀러의 소방수"라는 별명을 얻었다.

그의 최고의 순간은 아마도 중앙집단군이 격멸된 후 7월 22일에 개시된 하계 공세인 바그라티온 작전Operation Bagration으로 동부 전선을 구출한 것이었다. 소련군은 2,000대 이상의 전차로 아무런 저항 없이 서부 지역으로 공격했다. 모델 원수는 강력한 기갑예비대를 은밀히 집결시켰고, 일련의 효과적인 역습으로 소련군을 저지했다. 소련군은 8월 중순에 바르샤바 외곽에서 철수했다. 모델 원수의 역습으로 소련군 기갑군단과 수십 개의 보병사단이 궤멸되었고, 소련군은 그해 남은 기간 동안 폴란드 중부에서 방어로 전환할 수밖에 없었다.

그러나 모델 장군의 성공적인 역습으로 1944년 여름에 당한 패배의 규모를 만회할 수 없었다. 수천 대의 전차가 이끄는 200만 이상의 소련군이 40만 명의 중앙집단군을 격파했다. 공격의 규모만으로도 방어하는 독일군을 압도했다. 전체 독일 사단과 군단은 전투 지역 전체에 걸쳐 일련의 포위망에 갇혀 있었다. 항복하거나 포위망을 탈출하려는 협조된 방어나 노력은 없었다. 7월 28일까지 중앙집단군 37개 사단 중 28개 사단이 사라졌다. 200대 이상의 전차, 1,300문 이상의 화포가 파괴됐다. 최소한 28만 3,000명의 독일군이 전사했거나 포로가 됐다. 19명의 독일군 장군이 이끄는 3만 7,000명의 독일군 포로들이 모스크바 시내를 행진하는 최악의 굴욕을 당했다. 이것은 스탈린그라드보다 더 큰 수모였고, 제2차 세계대전 중 독일군이 겪은 가장 큰 패배의 아픔이었다.

소련군은 독일의 동부 전선에 320km가 넘는 거대한 돌파구를 형성했다. 모델 장군은 8월 중순에 바르샤바 동쪽에서 적절한 전선을 구축하기 위해 필사적인 노력을 기울였다. 그가 간신히 북부 지역의 전선을 거의 안정시키자마자 소련은 남부 지역에서 새로운 공격을 실시해 루마니아를 침공했다. 수일 내에 루마니아는 연합군 편으로 가담했고, 9월에 불가리아가 그 뒤를 이었다. 히틀러는 발칸에서 총퇴각을 명령했다. 크레타, 그리스와 알바니아를 포기했다. 독일군은 11월에 그리스 주둔군이 북쪽으로 탈출할 수 있을 정도로 오랫동안 유고슬라비아를 통과하는 통로를 열어두었다.

10월 소련군 공격 선두는 루마니아를 통과해 헝가리로 침투했으나, 데 브레칸^{Debrecan}에서 경전차에 의한 역습으로 일시적으로 뒤로 물러났다. 헝가리는 당시 동요하고 있었고, 독일은 친연합국 세력을 제거하기 위해 쿠데타를 일으켰다. 11월, 헝가리에서 소련군이 다시 공세의 고삐를 죄면서 부다페스트를 포위하자 7만 명의 독일군과 헝가리군이 그 안에 갇혔다. 발트 해에서의 소련군의 작전은 핀란드의 항복을 강요하는 데 성공했고, 독일군의 강력한 반격에도 불구하고 소련은 쿠를란트^{Courland} 반도의 북부집단군 22개 사단을 고립시킬 수 있었다.

1944년 마지막 며칠 동안 동부 전선을 장악한 독일군은 1943년 7월에 쿠르스크 돌출부를 차단하려고 시도했던 이들의 희미한 그림자에 불과했다. 독일 최전선 사단은 운이 좋게도 수천 명의 병력을 소집할 수 있었다. 전차와 포병이 부족했다. 1년 전 동부 전선의 독일 육군은 매달 150만 발의 전차와 포탄을 발사했지만, 1945년 1월에는 단지 36만 7,000발만이 전선에 도착했다. 이제 예비품과 연료는 귀중한 필수품이 되었다. 노병들과 환자 및 10대 청소년들이 전선에 보충됐다. 나치 요원과 게슈타포들은 최후의 한 명까지 싸우라는 히틀러의 명령에 복종하는지를 감독하기 위해 군사령부에 모습을 드러냈다. 부패와 패배의 냄새가 도처에 널려 있었다. 길게 신장된 동부 전선에 배치된 독일군 병사들은 얼어붙은 전투 진지에서 소련군의 최후공격을 기다리는 것 외에 할 수 있는 일이 없었다.

치열한 전투

히틀러는 러시아에서 일방적으로 패한 것이 아니었다. 독일군은 치열하게 저항했다. 소련군의 승리는 엄청난 피를 대가로 이루어졌다. 소련군은 1944년 한 해에 500만 명의 전쟁 사상자와 200만 명이 넘는 비전투 손실을 입었다. 1944년이 가장 큰 승리를 거둔 해로 여겨졌으나 러시아의 손실은 1941년의 손실과 동등했다. 1944년 독일군은 110만 명의 전투

사상자와 약 70만 명의 비전투 사상자를 냈다.

1943년부터 1944년 초까지 독일군은 재난으로부터 파괴된 전선을 복구하고 계속해서 싸울 수 있었다. 그들이 직면한 헤어나기 힘든 역경에도 불구하고 이것은 놀라운 성과였다. 이러한 성과는 독일 야전 사령관의 자질, 독일군 부대, 특히 기갑사단의 자질, 독일 장교와 병사들의 투지, 소련군의 전술적 기술과 역량의 부족 등 여러 가지 이유로 가능했다.

1943년과 1944년 동부 전선의 독일군 사령관과 참모 장교들은 거의 항상 뛰어난 전문성을 가지고 작전을 수행했으며 일부는 전격전 시대의 옛 모습을 보여주었다. 예를 들어 한스 후베 장군은 전쟁 최고의 기갑 지휘관으로 명성을 날렸다. 1941년 그는 기갑사단장으로, 그 다음해인 1942년 불행한 스탈린그라드공격 작전에는 군단장으로, 그리고 1945년 7월 시칠리아 침공과 나중에 이탈리아 남부에서는 방어 작전의 명장으로 명성을 날렸다. 그는 1943년 10월 만슈타인 예하 제1기갑군 사령관이 되었고, 우크라이나에서 드네프르의 만곡부 지역을 점령하려는 소련군에 막대한 손실을 입혔다. 몇 번이고 그는 열세한 소수 기갑사단으로 연말까지 소련군을 견제했다. 그는 1944년 1월 말에 체르카시-코르순 구출 작전의 임무를 맡아 포위된 부대로부터 약 4.8km까지 접근해 탈출할 수 있을 정도로 충분히 긴 좁은 통로를 개방했다.

한 달 후 후베 장군은 그의 제1기갑군이 소련군의 전선 후방에서 포위됐다는 것을 알았다. 스탈린그라드 포위망에서 히틀러의 명령으로 마지막 순간에 탈출한 그는 자신의 군대에게 파울루스 같은 불운한 지휘권을 행사하지 않겠다고 결심했다. 이 외팔이 기갑 장군은 예하 부대들을 기동에 의한 포위를 수행할 수 있도록 편성해 자유롭게 서쪽으로 계속 철수시켰다. 공군은 공중 보급로를 만들었고 특별히 육군의 철수로를 따라 활주로를 준비했다. 소련군의 주력 포위부대를 교묘하게 우회하면서, 후베 장군의 부하들은 소련군에게 결코 고립되지 않았다. 후베 장군의 부대들

초토화 작전

1943년 여름 동부 전선의 전세가 독일군에게 불리하게 전개되자, 히틀러는 점점 더 소련과의 "경제적 투쟁"에 몰두했다. 독일군이 전선을 따라 철수할 수밖에 없었을 때 히틀러는 소련군에게 경제 자원들을 남겨 놓지 않겠다고 결심했다. 1943년 9월에 그는 헤르만 괴링 공군 원수에게 소련 남부 지역에 대한 초토화 작전을 명령했다. 독일군 부대들은 드네프르 강으로 철수할 때 식료품, 산업 원자재, 가축, 공장, 농업 기계, 철도 차량, 자동차, 소련의 전쟁 노력에 도움이 될 수 있는 어떤 것도 남겨놓지 않았다. 이동할 수 없는 것들은 파괴했다.

독일의 후위 부대의 뒤를 따라 소 20만 마리, 말 15만 3,000 마리 그리고 양 27만 마리로 이루어진 거대한 행렬이 드네프르 강을 향해 몰려갔다. 3,000대 이상의 기차가 식량과 산업용품을 수송했다. 독일군의 공병사령부는 도네츠 분지를 돌아다니며 공장과 교량, 발전소, 그리고 정부 건물을 폭파시켰다.

군 지휘관들은 히틀러의 정책에 찬성하지 않았다. 그들은 중요한 본연의 과업들을 수행했고, 초토화 정책이 소련군이 공격하기 전에 남부집단군의 생존 병력을 구출하는 노력에 방해가 된다고 생각했다.

결국 초토화 작전은 만족할 만한 성과를 달성하지 못했다. 소련군이 드네프르 방어선의 수많은 독일군 진지들을 돌파해 독일군은 대규모의 노획품들을 남겨 놓고 철수해야 했다. 전쟁 후 에리히 폰 만슈타인 원수를 포함한 몇몇 육군 고위 장교들은 초토화 작전에 참여해 전쟁 규칙을 위반한 혐의로 재판에 회부돼 유죄 판결을 받았다.

은 군기와 사기를 유지했고, 소련군이 차단하거나 압도적으로 우세한 전투력을 집중하지 못하게 했다. 그들이 탈출에 성공하자 후베는 대장 진급을 위해 히틀러의 호출을 받았으나 항공기 추락으로 사망했다.

헤르만 발크Hermann Balck 장군은 1943년 11월과 12월 키예프 남부 전투에서 만슈타인 장군 예하의 가장 탁월한 기갑군단장 중 한 명이었다. 그는 제48기갑군단을 이끌고 지토미르Zhitomir를 재탈환하기 위한 반격을 성공시켰고, 그 후 마을 북쪽 숲에 있는 여러 소련 기갑군단과 사단을 파괴했다. 기갑부대들은 저항하는 대규모의 소련군 집단을 우회 및 포위하기 위해 삼림 속 깊숙이 배치됐다. 발크의 번개 같은 공격은 소련군을 혼란에 빠뜨렸고 그들은 어둠 속에서 숲에서 나타나 이동 중에 사격을 가하는 유령 같은 기갑부대에 의해 휘청거리고 방향 감각을 잃었다.

몇 주 후에 소련군이 재편성해 반격했을 때, 발크 장군은 그의 부대들을 대규모 T-34 기갑부대의 측면으로 기동시켜 기습적으로 공격해 다시 하루를 더 버텼다.

위기에서 침착성과 강한 담력은 종종 상황을 호전시켰다. 1944년 1월 페르디난트 셰르너Ferdinand Schörner 장군이 드네프르 방어선의 가장 동쪽 돌출부인 니코폴Nikopol 포위망에서 철수한 것은 위기 상황에서 뛰어난 리더십을 보여준 예였다. 소련군이 포위망 측방을 돌파해 셰르너 장군의 제40기갑군단을 포위하려고 위협할 때, 그는 마지막 철수로를 개방하기 위해 신속히 전투단을 편성했다. 그는 마지막 병사까지 사수하라는 히틀러의 명령을 거역하고 군단 주력이 탈출할 수 있도록 대전차포를 현재 진지에서 다음 진지로 서둘러 이동시키면서 계속 전투하도록 동기를 부여했다. 일단 모든 부상병들이 철수한 후에, 비로소 셰르너 장군은 후위 부대를 철수시켰다.

독일 육군과 군단장들이 이룩한 전술적 개가는 우연히 이루어진 것이 아니라 많은 참모 장교들에 의한 치밀한 계획 수립과 긴밀한 협조의 결과였다. 각 장군들의 뒤에는 열심히 일하는 참모장이 있었다. 참모장은 주 지휘소를 운용하고 지휘관들의 의도를 명령으로 하달하며 위기 상황에서는 지휘관의 이름으로 예하 부대를 지휘했다. 만슈타인의 충실한 작전참모이자 나중에 참모장이 된 테오도르 부세Theodor Busse는 레닌그라드 포위전부터 1944년 4월 야전군사령관이 해임당할 때까지 수많은 남부 집단군 작전에서 승리하는데 중요한 역할을 했다. 그는 궁지에 몰린 파울루스에게 만슈타인의 탈출 계획을 전하기 위해 스탈린그라드 포위망으로 날아가기도 했다. 만슈타인이 그의 또 다른 전술적 철수에 대해 설명하기 위해 히틀러의 본부로 소환되었을 때 모든 위기를 처리하도록 남겨

●●● 1943년 2월 하르코프 전투에 등장한 마르더 3호 보병전투장갑차: 특수한 전술적 임무를 수행하기 위해 다양한 병과를 통합한 특수임무 부대, 혹은 전투단을 구성하는 독일군의 편성 체계는 탁월한 전술과 편성의 구체적인 사례였다. 전투단은 몇 시간 내에 편성될 수 있었고, 일반적으로 지뢰를 제거하거나 교량을 건설하기 위한 전투 공병, 적 전차에 대처하기 위한 대전차포, 공격의 선두에 선 전차, 그리고 지상 전투를 유지하기 위한 보병과 같은 다양한 임무를 처리하기 위해 필요한 모든 종류의 부대가 포함되어 있었다. 소련군의 대대 및 연대 수준의 부대들은 단일 병과(전차, 보병, 포병, 대전차포 혹은 공병)로 편성됐다. 이러한 소련군의 편성은 공격 시 전문 분야의 지원 부대가 요구되는 예기치 못한 상황이 발생하면 대부분 공격이 중단된다는 것을 의미했다. 만일 소련군의 보병들이 공병이나 전차의 지원이 필요한 경우, 보병 지휘관들은 지휘 계통을 통해 상급 부대에 보고하고 지시를 받아야 하기 때문에 오랜 기간 지체됐다. 이러한 지체는 자주 독일군에게 역습을 위한 호기를 제공했다.
〈사진 출처: WIKIMEDIA COMMONS | CC BY-SA 3.0 DE〉

진 사람은 부세였다.

키예프 남부의 기갑전투에서 발크 장군의 오른팔은 아프리카 전역의 베테랑이었던 F.W. 멜렌틴Mellenthin 장군이었다. 발크 장군이 전선에 있을 때 그는 지휘소에서 군단을 지휘, 통제했다. 위기가 닥칠 경우, 그는 여러 차례 분쟁의 조정자로 파견됐다.

사단장

히틀러의 육군에서 사단장은 적의 포병 사거리에서 멀리 떨어진 후방 사령부의 안전한 지휘소에서 얼굴을 찌푸리고 있는 참모장교가 아니라 야전 지휘관이었다. 기갑사단을 선두에서 역동적으로 진두지휘한 카리스마 넘치는 인물의 대표적인 예는 하소 폰 만토이펠Hasso von Manteuffel 장군이다. 그는 우크라이나에서 철수하는 동안 롬멜이 사단장을 지냈던 제7기갑사단을 지휘했는데, 이 사단은 그가 지휘 전차의 포탑에서 매우 빠르게 움직였기 때문에 "유령 사단"이라고 불렸다. 1943년 11월 발크 장군을 보좌하여 달성한 키예프 남부의 승리로 그는 그로스도이칠란트 기계화보병사단을 지휘하게 됐다.

만토이펠 장군의 지휘 스타일은 지극히 단순했다. 그는 자신이 소속된 사단의 전투에서 중심Schwerpunkt, 즉 주력 부대에 위치해 최전선 참호에서 전송된 왜곡된 무선 메시지가 아니라 자신의 눈으로 본 것을 바탕으로 전투 수행에 대한 모든 중요한 결정을 내렸다.

그로스도이칠란트는 독일 육군의 정예 엘리트 사단으로 1944년 최고의 티거 전차대대와 판터 전차대대들로 편성됐다. 1944년 5월 소련군 전차 400여 대가 루마니아 국경인 타르굴 프루모스Targul Frumos에 있는 사단 방어진지로 돌진했을 때, 만토이펠의 명성은 절정에 이르렀다. 그는 88mm 대공포로 소련군 신형 요세프 스탈린 II 중전차Joseph Stalin II heavy tank 25대를 파괴하고 최악의 상황을 맞을 때까지 기다렸다가 티거와 판터 전차로 역습했다. 그는 소련군들이 전장에서 도주할 때까지 지휘용 전차 포탑에서 전차병들을 전방으로 돌진하도록 독려했다. 전장을 조사한 결과 승리한 그로스도이칠란트 부대원들은 불타고 있는 소련군 전차 250대의 잔해들을 목격했다.

프리츠 바이어라인 장군은 화려하고 귀족적인 만토이펠 장군과는 정반대 성향으로 전혀 다른 어려움을 극복해야 했다. 그가 지휘하는 제3기갑사단은 손실된 병력과 장비를 제대로 보충 받지 못했다. 그는 동부 전선에 최초로 배치되었으며 지모에 뛰어난 전술가이자, 탁월한 계획 수립자였다. 1944년 1월 바이어라인의 사단은 기갑군단 예하 다른 3개 사단들과 함께 우크라이나에 있는 키로보그라드에서 포위됐다. 북아프리카 전역에서 롬멜의 참모장이었던 바이어라인 장군은 패배를 기다리는 장군이 아니었다. 그는 히틀러 전쟁 지도부로부터 자신의 의도에 맞지 않는 명령을 받지 않기 위해 무선통신을 끊어버리고, 전차를 선두로 한 전투 편성으로 포위망을 돌파하는데 성공했다. 그는 "내 판단으로는 키로보그라드의 상황이 스탈린그라드와 유사하다"고 한 보좌관에게 말했다. 바이어라인 장군은 기동할 수 있는 자유를 다시 확보했을 때, 전차의 방향을 전환해 포위하고 있는 소련군을 공격했다. 중앙에 독일군 전차가 있다는 사실에 당황한 소련군은 도망쳐 여전히 키로보그라드에 갇혀 있는 나머지 독일 주둔군에게 탈출로를 열어주었다.

동부 전선에서 독일 육군은 같은 규모나 기능을 가진 소련군 부대보다 훨씬 더 전투 효율이 높았다. 독일군은 소련군보다 잘 훈련되었고, 지휘관들은 전투 경험이 많았다. 전술, 부대구조 그리고 전투 기술면에서도 소련군보다 항상 훨씬 정교했다. 이것이 독일군이 소련군에게 타격을 줄 수 있는 막대한 피해를 입힐 수 있었던 중요한 원인이었다.

독일군은 사단과 전투단 수준에서 적보다 월등히 우수한 통신수단을 보유해 전장에서 신속히 대응할 수 있었다. 독일의 각 전차와 장갑차량은 무전기를 장착하고 있어 기갑 지휘관들은 다양한 전술을 구사할 수 있었다. 소련군은 그렇게 많은 통신 장비를 보유하지 못했다. 소련군 전차대대에서는 지휘관만이 무전기를 보유했고, 그의 부하들은 다양한 색상의 깃발로 교신해야 했다. 소련군 대대들이 독일군과의 전투에서 격퇴되거나 각개격파된 것은 결코 이상한 일이 아니었다.

독일의 지휘 및 통제 절차는 제한된 포병 자산으로 최대한의 효과를 발휘하게 했다. 포병은 전방에 있는 관측자의 화력 유도로 중요한 지점에 신속히 화력을 조정하고 집중할 수 있었다. 이와 반대로 소련군 포병은 중앙에서 지휘하는 화력의 양에 의존했다.

독일 장교들은 소련군 공격에 신속히 대응할 수 있는 임무형 지휘의 원칙에 완전히 숙달되어 있었다. 수준이 낮은 소련의 초급 지휘관들은 독일 장교들처럼 행동의 자유가 없었다. 공산주의 통제의 압력은 소련의 지휘계통 아래까지 느껴졌고, 이는 전장에서 매우 경직되고 영감이 없는 전술로 이어졌다. 참모들의 상세한 계획이 대부분의 소련군 공세의 특징이었지만, 일단 작전이 진행되면 독일군이 반격을 가하거나 작전 일정을 지연시키면서 일이 잘못되거나 때로는 틀어지기 시작했다. 소련 장교들은, 심지어 소장급까지, 그들의 임무의 모든 측면에 대해 매우 상세한 명령을 받는 데 익숙했다. 독일군이 예기치 않게 대응하면 소련 장교들은 상관과 상의해 명령을 받아야 했다. 측방이 포위되거나 통신이 두절되면, 소련 장교들은 종종 허둥대며 무엇을 해야 할지 결정할 수 없었다.

우크라이나의 만슈타인과 폴란드의 모델 휘하에서 독일 지휘관들은 자신들이 적절하다고 생각하는 최선의 목표를 달성하기 위해 충분한 행동의 자유를 허용 받았다. 이는 독일의 의사 결정 주기가 항상 소련보다 짧았으며, 그 결과 만슈타인과 모델의 집단군이 소련에 많은 좌절을 안겨주었다는 것을 의미했다. 하지만 1944년 늦은 여름과 가을에 히틀러의

독일군의 요새

히틀러는 소련군에 의해 포위된 독일군 부대들에게 "마지막 한 명까지, 그리고 마지막 탄환 1발이 남을 때까지 사수하라"는 명령을 즐겨한 것으로 잘 알려져 있다. 그 결과로 대규모의 소련군 부대에 의해 포위된 병사들은 참혹한 재앙을 겪었다.

히틀러는 1941–1942년 겨울 모스크바 외곽에서 최초로 "진지를 사수하라. 그렇지 않으면 죽으라!"는 명령을 내렸다. 작전은 어느 정도 잘 수행되었고, 독일군 전선은 다음날 전투를 위해 잘 유지되고 있었다. 대규모의 인해전술과 종심 깊은 포위 기동에 대응한 전투 경험은 독일군에게 과도하게 신장된 동부 전선을 방어하기 위한 특별한 전술을 발전시키는 계기가 됐다.

동부 전선 전체를 모두 방어하기에는 부대가 부족했기 때문에 거점과 요새 지역에 의한 방어 체계가 개발되었다. 거점과 요새 지역은 소련군이 통과할 수 있는 주변의 화력 기지의 역할을 했다. 포병과 박격포는 병력이 점령하지 못한 지역을 소탕하고, 그런 다음 기갑부대를 전선의 모든 돌파구를 봉쇄하기 위해 투입할 것이다. 1943년 봄까지 이러한 방어 전술은 재차 효과적인 것으로 증명되었으나, 전쟁의 마지막 해 독일군은 수적으로 열세였기 때문에 방어에 필요한 기동부대들을 더 이상 투입할 수 없었다.

1944년 히틀러는 차단된 독일군에게 자신이 "요새 도시"라고 부르는 곳을 요새화하라고 명령했다 그렇게 함으로써 서쪽으로 자유롭게 광란의 질주를 하는 소련군을 저지할 수 있을 것이라고 믿었다. 사실상 포위된 부대를 구출할 전차 예비대가 없다면, 이 요새 도시는 점령한 부대 의 덫이 될 것이었다. 소련군은 단순히 요새 도시를 포위하고 식량과 탄약이 떨어질 때까지 기다렸다.

1944년 6월과 7월 독일의 중앙집단군을 격멸한 소련군의 공세는 히틀러의 위상을 크게 손상시켰다, 몇 주 안에 비테프스크Vitebsk, 오르샤Orsha, 모길레프Mogilev 그리고 보브루이스크Bobruisk의 고립된 포위망 속에 있던 몇 개의 독일 군단이 포위됐다. 히틀러는 최후 한 명까지 사수하라고 명령했다. 그가 마침내 포위망 탈출을 승인했을 때는 이미 너무 늦었다. 단지 수천 명 만이 탈출에 성공했다. 독일군 15만 명이 전사했고, 약 10만 명이 포로가 됐다. 독일군 포로들은 대승리를 거둔 소련군의 지시로 모스크바 시가지를 행진해야 하는 수모를 겪었다.

나치화가 독일군 내에서 탄력을 받게 되면서, 임무형 지휘는 총통의 상세한 지시에 묶여 행동의 자유를 억압받게 되었다.

1944년 마지막 날 독일 국경까지 퇴각했음에도 불구하고, 동부 전선의 독일군은 투지가 부족하지는 않았다. 7월 쿠르스크 전투에서 선두 기갑부대는 전격전을 펼 당시와 같이 힘차게 전진했고, 압도적인 역경에도 불구하고 독일 방어선를 비장한 결의로 방어했다.

독일군이 격렬하게 저항할 수 있었던 요인은 여러 가지였다. 1943년 히틀러와 육군 최고사령부의 지시로 병사들에 대한 나치의 세뇌 교육이 대폭 강화됐다. 1943년 1월 히틀러의 "총력전" 선포는 동부 전선에서 슬라브와 유대인 등 열등한 민족들과 싸우는 전선부대들의 동기를 강화하는 데 사용됐다. 이제 독일 도시에 대한 연합군의 폭격이 일상적이 되었기 때문에 나치 선전 영화, 서적, 신문, 라디오 방송을 통해 일반 독일 군인들이 적과 사투를 벌이고 있다는 사실을 확신시키는 것은 어렵지 않았다.

사기는 군사적 상황에 따라 오르기도 하고, 떨어지기도 했다. 성채 작전 개시 이전 단계에는 사기가 올라갈 것으로 기대감이 고조되는 기간이었다. 공격 부대들은 성채 작전과 관련해서 관련된 위험이 그만큼 크다는 것을 인식하고 있었으며, 결정적인 승리 없이 전투가 끝났을 때 사기는 땅에 떨어졌다. 9월과 10월 남부집단군이 우크라이나에서 장기간 후퇴한 후에도 상황은 거의 개선되지 않았다. 키예프 남쪽에서 실시된 만슈타인의 역습은 부대들에게 활력을 불어넣었다. 장비도 제대로 갖추지 못하고 의욕도 부족한 수천 명의 소련군을 포로로 잡은 많은 독일군은 그들이 감당할 수 있는 것보다 더 빠른 속도로 소련을 피 흘리게 할 수도 있다고 확신했다. 멜렌틴 장군은 이 역습의 성공이 남부집단군의 부대들에게 "한줄기 희망"이라고 말했다. 또한 그는 "소련군도 병력 보충의 한계에 도달한 것이 확실했다. 소련군은 끝없이 이와 같은 병력 손실을 무한정 겪을 수는 없을 것이다"라고 했다. 독일군 장교들은 엄청난 손실이 러시아 혁명을 촉발시켰던 1917년의 상황을 떠 올렸다. 그러나 이것은 희망 섞인 전망이었을 뿐이었다. 스탈린의 체제는 무너지지 않았다. 1944년 그들은 더 많은 노력으로 독일군을 격멸하기 위해 더 많은 병력과 장비들을 전투에 투입했다.

볼셰비키 집단

중앙집단군의 붕괴로 소련군은 제국의 국경선까지 진출하게 되었고, 독일의 존재 자체가 위협받게 되었다. 1944년 7월 육군 참모총장으로 임명된 하인츠 구데리안과 같은 고위급 장군들은 "수백만 명의 독일 군인과 민간인을 구해야 하는 나락의 가장자리에서 비틀거리고 있는" 동부전선에 대해 이야기했다.

독일의 장교들과 병사들은 소련군과 게릴라들이 독일의 전쟁 포로들과 "해방된 독일 민족"들을 얼마나 야만적으로 취급했는지를 목격했다. 그들은 소련군이 독일의 심장부로 공격할 경우, 자신의 가족들의 운명이 어떻게 될까를 두려워했다. 1944년 말 동프로이센, 슐레지아 그리고 포메라니아가 소련군 포병의 사거리 내에 있었기 때문에 위협은 매우 현실적이었다. 증오심에 불타는 소련군들은 문자 그대로 제국의 문턱에 와 있었다.

또한 소련을 무자비하고 잔혹하게 점령한 데 대해 소련이 독일과 독일국민에게 피비린내 나는 복수를 가할 것이라는 인식도 있었다. 동부 전선의 장교들은 소련에 대한 히틀러의 전쟁이 전례에 없이 무자비했다는 것을 알고 있었다. 소련군이 승리할 경우, 독일은 히틀러가 소련군을 대우했던 것과 같은 대우를 받게 될 것이다. 사회 질서가 파괴되고, 산업시설들은 소련에 귀속되며, 농업 생산품들은 소련의 식량을 위해 징발될 것이고, 소련 지역으로 대량의 노동력이 이주될 것이다. 만일 소련이 승리할 경우, 독일의 전문 직업 장교 계층들의 운명은 처참해질 것이다. 나치의 지도자, 친위대 장교 그리고 나치 당원들은 어떠한 용서도 기대할 수 없다는 것을 알고 있었다. 히틀러가 포로가 된 소련의 인민 위원에게 내린 명령에 대한 보복으로 소련군은 이념적 반대자들을 똑같이 대우할 것이다.

전선에서 독일군 병사들은 엄격한 군기를 유지해야 했다. 만일 부대가 동요하면 장교들은 군기를 유지하기 위해 극단적인 조치를 취할 권한을 부여받았다. 장교들은 진지를 이탈하는 사병들을 사살할 수 있었다. 군법 회의는 범법자들을 엄격하게 처벌했다. 군사 재판은 1943년에서 1944년 사이의 베테랑 전투부대에서는 거의 열리지 않았는데, 이 부대는 결속력을 보장하기 위해 잘 알려진 장교와 동료들에 대한 충성심에 의존했다. 1944년 후반기의 혼란스러운 가운데 훈련이 제대로 되지 않은 새로운 부대들을 점점 더 많이 전투에 투입하면서, 부대가 계속 전투를 수행하기 위해 매우 엄격한 통제 수단이 필요했다. 이러한 문제들은 탈영의 기회가 더 많은 독일 본토에서 싸울 때 점점 더 증가했다.

독일 육군은 탁월한 지휘력, 전술, 조직 및 동기 유발에도 불구하고 소련군에게 역사상 가장 참혹한 패배를 당했다. 소련군의 쿠르스크 승리가 패배의 결정적인 원인이었고, 21개월 후 소련군은 동부 전선의 주도권을 장악했다. 이것은 숫자의 문제였다. 소련군은 1944년 초 2:1로 우세했고, 1944년 말에는 그 우세가 3:1로 늘어났다.

소련군은 엄청난 인적 자원을 보유하고 있었다. 1941년 소련은 20세에서 59세까지 4,300만 명의 병력을 동원할 수 있는 반면, 독일은 동일한 연령대에서 동원 가능한 병력은 2,500만 명에 불과했다. 1943년과 44년에 걸쳐 소련은 600만이 넘는 병력을 유지할 수 있었다. 동부 전선에서 독일육군의 최대 전력은 1941년 6월 330만 명이었지만 1944년 10월 말에는 250만 명으로 줄었다. 동부 전선에서 발생한 전투 손실은 1944년 100만 명이 조금 넘었다. 연초에 부대 병력은 50만 명에 못 미쳤지만 독일군의 보충체계로는 한 달에 12만 8,000명의 신병만을 양성할 수 있었다. 그러나 이 신병 모두가 동부 전선으로 보충되는 것이 아니었다. 독일 육군은 1943년 7월에서 8월 사이에 동부 전선에서 65만 4,000명의 손실에 비해 단지 27만 9,000명만이 보충되었을 뿐이었다.

●●● 한소 폰 만토이펠 장군(왼쪽)은 동부 전선에서 탁월한 기갑 지휘관이었다. 그는 불행하게도 1944년 12월 아르덴 공격에서 기갑군을 지휘했다. 〈사진 출처: WIKIMEDIA COMMONS | Public Domain〉

이것으로는 소련 지역의 병력 손실을 도저히 보충할 수 없었고, 더욱이 1944년 서부 전선과 발칸 반도에서 50만 명 이상의 병력을 잃었다. 이러한 수준의 손실로 인해 독일군은 고갈된 기존 사단의 전력을 유지할 수 없었다. 소련군의 결정적인 공격은 1944년 6월과 7월 중앙집단군과 노르망디 전선이 붕괴될 때 실시됐다. 벨라루스에서 28만 5,000명이, 노르망디에서는 44만 명이 죽거나 부상당하거나 포로가 되었다. 최전선의 병력을 보충하기 위해 필사적인 대책이 필요했다. 새로운 사단들을 창설하기 위해 신병 교육대의 교관들과 간부들을 차출했다. 이들은 벌지 전투와 헝가리 전투에 투입됐던 사람들이었다. 이제는 신병들을 훈련시킬 수 있는 교관이 없었기 때문에 독일 육군의 운명은 결정되었다.

전쟁 물자 생산

소련은 인적 자원의 우위 외에도 인적, 자연, 산업자원을 동원해 독일이 따라올 수 없는 규모로 전차, 포병, 소형 무기 등 전쟁 물자를 생산할 수 있었다. 1943년 소련의 무기 공장들은 2만 4,000대의 전차와 돌격포를 생산한 반면, 독일은 단지 9,500대만을 생산했다. 이듬해 독일은 전시 최고치인 1만 7,000대의 전차와 돌격포를 생산했지만, 러시아는 중 장갑차량의 생산량을 2만 9,000대로 늘릴 수 있었다. 전시 두 국가의 손실은 엄청났다. 소련은 1943년뿐만 아니라 1944년에도 역시 전차 2만 3,000대를 잃은 반면, 독일은 1943년 약 7,500대, 1944년 약 7,600대를 잃었다. 독일의 노력에도 불구하고 엄청난 손실은 소련의 최전선 전차 전력에 거의 영향을 미치지 못했다. 1943년 초 소련군은 2만 대의 전차를 보유했고, 1년 후에는 2만 4,000대로 늘어났다. 베를린을 공격할 준비가 되자 소련군은 무려 3만 5,000대의 전차와 돌격포를 동원했다. 독일 육군은 성채 작전에 2,000대 이상의 전차와 돌격포를 투입했다. 그때부터 생산량이 급격히 감소했다. 포병, 전투기 및 다른 장비의 생산 비율도 비슷했다.

독일 육군이 쿠르스크에서 소련군의 진지들을 돌파하지 못한 것이 전쟁의 전환점이 되었다. 소련군 병사들은 독일군과 대등하게 싸울 수 있다는 것을 확신했을 뿐만 아니라 스탈린 예하 장군들은 동부 전선에서 전략의 전문가가 되었음을 증명했다.

소련군 최고사령부는 방어 전투를 훌륭하게 지휘했고, 일단 독일군의 공격이 약화되자 별다른 어려움이 없이 공격으로 전환했다. 극비리에 소련군은 기갑예비대를 전방으로 추진했고, 1943년 7월 12일 프로호로프카Prokhorovka에서 제2 SS 기갑군단을 공격해 독일군을 완전히 놀라게 했다. 이어서 소련군 최고사령부는 만슈타인의 기갑사단들을 격퇴하기 위해 동부 전선의 다른 곳에서 견제 공격을 계획했다. 만슈타인의 기갑사단이 다른 전투에 투입되면, 소련군은 또 다른 대규모의 기습 공격을 실시해 하르코프 북쪽에서 남부집단군을 분리시키고, 독일군을 드네프르 강으로 격퇴시켰다.

소련군은 그 이후 21개월 동안 동일한 전략을 반복 사용해 독일군 예비대를 격퇴하고 그 밖의 다른 곳을 공격해 엄청난 손실을 입혔다. 히틀러의 장군들은 점점 감소하는 기갑부대 예비전력으로 소련의 공세에 맞서 소방전을 벌여야 했다. 하지만 동부 전선에서 모든 돌파구를 막기에는 병력이 부족했다. 소련군 최고사령부는 소련군의 전술부대가 결코 독일군과 같을 수 없다는 것을 인식했다. 따라서 다른 독일군을 결정적인 공격에 취약하게 만드는 더 큰 목적을 달성할 수 있다면 제2 전선에서 막대한 손실을 감당할 의향이 있었다. 전쟁 마지막 2년간 소련군 최고사령부는 이런 전쟁을 수행할 수 있는 많은 특수부대들을 편성했다. 소련군 최고사령부는 전차 200대 이상을 보유한 전차 및 기계화보병군단을 창설했다. 독일군은 이런 소련군 편성에 아무런 대응을 하지 못했다.

●●● 1944년 10월 헝가리 부다페스트에서 티거 2 전차를 타고 있는 제503 중기갑대대 소속의 독일과 헝가리 병사들: 전차 생산의 핵심 분야에서 독일은 1943년 2만 4,000대, 1944년 2만 9,000대의 전차와 돌격포를 생산한 소련이나, 1943년 2만 9,000대, 1944년 1만 7,000대의 전차를 생산한 미국과 결코 경쟁할 수 없었다. 제2차 세계대전 당시 미국 8만 8,410대, 소련 9만 3,000대, 영국이 2만 4,803대의 전차를 생산한데 비해 독일은 단지 2만 4,350대의 전차를 생산했다는 것을 고려한다면 연합군과 독일군의 전투력 불균형이 어느 정도였는지를 명백히 알 수 있다. 〈사진 출처: WIKIMEDIA COMMONS | CC BY 2.0〉

제3장
히틀러 육군의 무장

알베르트 슈페어의 지휘하에 독일의 군수 산업은 판터 전차와 Me 262 제트 전투기 등 군 역사상 가장 효과적인 무기들을 개발했으나, 궁극적으로는 전쟁을 독일에 유리하도록 전환하는 데 실패했다.

독일 육군의 지속적인 이미지 중 하나는 한 지역을 정복한 후 유럽을 관통하며 다른 지역으로 질주하는 거대한 전차 대열의 이미지이다. 전격전 당시의 뉴스와 영화는 독일 육군의 전차와 기타 무기의 힘과 우월성을 지속적으로 부각시켰다.

제2차 세계대전 당시 독일의 군수 산업은 연합군보다 훨씬 현대화된 무기를 생산했다. 전쟁 중 기술의 급속한 발전이 이루어지면서, 독일군은 소련의 T-34에 대항하기 위해 성능이 우수한 판터 전차를 배치하는 등 연합국에 뒤처지지 않는 능력을 보여주었다.

독일 육군의 치명적인 약점이 있다면 이 전차는 너무 복잡하고 정교해 대량 생산이 어렵다는 것이었다. 전쟁이 상대국의 산업 시스템과 경쟁하는 갈등으로 발전하면서 독일은 거의 수작업으로 제작하는 방법에서 대량 생산 체제로 전환해야 했다. 하지만 독일은 연합군의 맹렬한 폭격과 전선에서 발생하는 대량 손실로 인해 전시 물자의 생산 경쟁에서 패할 수밖에 없었다.

히틀러는 과학과 기술에 매료됐다. 그는 티거 전차의 다양한 버전을 설계한 페르디난트 포르셰Ferdinand Porsche 박사, 로켓추진 V 무기를 만든 베르너 폰 브라운Werner von Braun 박사와 같은 과학자들과 즐겨 교류했다. 이 사람들은 과학과 공학의 최첨단에서 일했다. 그들의 연구 결과는 연합군과 소련군에 비해 훨씬 앞서 있었다. 히틀러가 1930년대 독일의 재무장을 주창하면서 그들은 자신들의 사업에 큰 동력을 얻었다. 독일 제국의 지원 덕분에 크루프Krupp, 하인켈Heinkel, 메서슈미트Messerschmitt, 도르니어Dornier, 헨셸Henschel, 만MAN, 라인메탈-보르지히Rheinmetall-Borsig, 그리고 다임러 벤츠Daimler-Benz 같은 고용주들은 전쟁을 준비하는 동안에 무기 계약으로 부자가 됐다. 이들 회사들은 자체 연구 개발 부서를 설립하고 총통이 가장 좋은 장비를 구매할 것을 알고 자체 개발팀이 새롭고 보다 현대화된 무기를 안전하게 개발할 수 있도록 했다.

판처 3호 및 4호 계열의 전차, MP-38 기관단총, M34 기관총 그리고 88mm 대공포는 전쟁이 발발하기 전에 제작됐다. 이 모든 무기들은 기능과 성능 면에서 상대국들보다 훨씬 우수했다.

전쟁이 시작되자, 독일 육군 무기국은 적의 최신형 무기에 대응하고 새로 창설되는 부대가 장비할 신형 장비에 대한 전방 지휘관들의 요구사항을 수집했다. 전격전을 수행하는 기간 중 그런 요구사항은 주로 전투 중 발생한 현존 장비의 취약점을 개조하는 것이었다. 1941년 여름 독일 육군이 소련군 신형 전차인 T-34 전차와 최초 교전에서 받은 충격이 적국의 기술의 진보에 대응해 신무기를 개발하려는 첫 번째 주요 노력으로 이어졌다. 유선형의 전방 장갑, 76mm 전차포, 디젤 엔진 및 단순한 구조로 제작된 T-34 전차는 1930년대 주력 전차인 3호와 4호 전차를 눈 깜박할 사이에 구형 전차로 전락시켰다. 오직 슈투카 급강하 폭격기나 대전차 역할을 하는 88mm 대공포만이 T-34 전차를 효과적으로 무력화시킬 수 있었다. T-34 전차의 위협에 대한 보다 영구적인 해결책이 강구될 때까지 임시방편으로 4호 전차에 77mm 주포가 장착되었다.

신형 전차

독일군 기갑부대의 아버지이자 당시 동부 전선의 고위 사령관이었던 하인츠 구데리안 대장은 T-34 전차의 기본 설계에서 별다른 개선점들을 발견하지 못했기 때문에 T-34를 모방한 전차의 제작을 건의했다. 1941년 11월 무기국은 만 회사와 원래 구상한 설계를 바탕으로 결국 판터로 알려지게 된 전차 개발을 위한 계약을 체결했다. 75mm 주포는 2,000m가 넘는 거리에서 셔먼과 크롬웰을 파괴할 수 있었던 반면, 연합군의 모든 전차가 사정거리 내로 접근하지 않으면 판터 전차의 장갑을 관통할 가능성은 거의 없었다. 강력한 T-34 전차조차도 독일의 판터 전차에 압도당했으며, 이 전차들이 1943년 가을에 동부 전선에 투입되어 우크라이나로 퇴각하는 만슈타인의 남부집단군의 생존에 크게 기여했다. 완편된 판터 전차대대가 1943년 8월 하르코프 외곽 전투에서 최초로 투입되어 소련군의 전차 공격을 전반적으로 둔화시키는 데 중요한 역할을 했다. 무장친위대 다스라이히 사단은 판터 전차로 단 하루 만에 T-34 전차 184대를 파괴시켰다.

티거 1호 전차의 시제품은 전쟁 전에 이미 개발되고 있었지만, T-34 전차가 투입되기까지 제작을 서두르지 않았다. 히틀러는 중전차에 관심이 많았고, 자신이 총애하는 사업가인 포르셰가 제안한 모델에 매료됐다. 이로 인해 무기국이 최종적인 디자인을 결정하기 전에 포르셰가 티거 버전의 전차를 제작하기 시작하는 기이한 상황이 발생했다. 마침내 경쟁사인 헨셸의 제안서가 최종 결정돼 생산에 돌입했다. 90대의 포르셰 티거는 엘레판트 구축전차Elefant tank destroyer로 다시 제작됐다. 독일군이 1942년 말 셔먼, 처칠, T-34 및 KV-1 중형 전차와 같은 연합군의 신형 전차들과 조우하면서 무기국은 티거 1호의 후속 전차에 대한 개발에 착수했다. 다시 포르셰와 헨셸은 88mm 고속발사가 가능한 전차 주포를 탑재한 유선형의 판터 전차와 티거 1 전차의 강한 장갑을 결합한 티거 2 전

●●● 티거 1 전차 생산공장. 주력 전차의 생산 및 조립 센터가 연합군 폭격의 최우선 순위가 아니었다는 것이 참 이상한 일이었다. 주력 전차의 생산 및 조립 공장은 항상 대공포 진지, 폭격을 기만하기 위한 모조품, 야간 공격에 대비한 탐조등, 적의 공중 공격에 대한 전자 교란 장비 및 대규모의 발연기에 의해 방호됐다. 〈사진 출처: WIKIMEDIA COMMONS | CC BY-SA 3.0 DE〉

차 혹은 쾨니히스-티거^{Königstiger} 전차를 개발하는 계약에서 경쟁하게 됐다.(다시 한번 포르셰와 헨셸은 판터의 경사진 라인과 티거 1의 새로운 고속 88mm 주포 및 중장갑을 결합한 새로운 쾨니히스 티거 또는 티거 2를 제작하기 위한 계약을 놓고 경쟁했다. 생산 계약은 1944년 1월에 체결됐다.

헨셸의 티거 1 전차는 문자 그대로 이동하는 사격진지^{pillbox}였다. 매우 가까운 거리에서도 100mm 전면 장갑을 관통할 가능성이 있는 연합군이나 소련의 전차는 거의 없었다. 티거 전차는 쿠르스크 전투에서 독일군의 전형적인 전차쐐기 대형 혹은 돌파(쐐기)전술의 선두로 운용됐다.

티거 전차는 참호 속에 있는 소련 76.2mm 대전차포의 치명적인 사격을 흡수하기 위해 공격 대형의 전면에 배치됐다. 아무런 피해를 입히지 못하고 전면 장갑에서 튕겨져 나오는 사격에 영향을 받지 않기 때문에 티거는 소련군의 포진지를 제거할 수 있었고 방호력이 약한 4호 전차와 병력을 수송하는 반궤도차량이 통과해 현재 황폐화된 러시아 전선의 틈새를 이용할 수 있게 되었다.

무기 생산의 위기

1943년 봄, 독일 육군의 야전 지휘관들은 연합군과 소련군보다 성능이 더 좋은 무기를 보유하게 된 것에 만족했지만, 독일군은 위기에 처해 있었다. 독일의 산업계는 "총력전"에 필요한 만큼의 무기와 탄약을 생산할 수 없었다. 전차 생산은 최악의 분야 중 하나였다. 1942년 11월 스탈린그라드 전투가 절정에 이르렀을 때, 크루프 생산 라인에서는 113대의 4호 전차만이 생산되었다. 헨셀은 17대의 티거 1호 전차만을 생산했고, 판터 전차는 몇 개월 후에야 생산에 돌입할 수 있었다. 같은 달 소련은 T-34 전차 900대를 생산했다. 독일 기갑사단은 소련 지역에서 큰 손실을 입었으나, 단지 소수의 전차만이 보충된 반면, 소련은 전차를 무제한으로 공급받는 것처럼 보였다.

이런 사태는 다양한 이유로 발생됐다. 가장 중요한 요인은 나치 정부가 일관성 있는 경제의 방향보다는 경쟁과 대립을 장려했다는 사실이었다. 공군과 해군도 자체적으로 무기를 생산했다. 거대 군수 회사와 설계자들은 히틀러와 직접적인 인간관계를 유지했고 티거 프로젝트에 대한 혼란에서 보듯, 히틀러는 자신이 선호하는 프로젝트를 발전시키기 위해 그들을 이용했다. "히틀러는 시가지 전투를 위해 3대의 람 티거Ram-Tiger 전차를 제작하라고 지시했다"고 구데리안은 말했다. 이러한 시대에 뒤진 무기

●●● 1943년 전선으로 보내기 위해 새로 생산된 판터를 적재하고 있다. 판터 전차는 제2차 세계대전의 양측에 배치된 모든 전차 중 가장 우수한 전차였다. 이 전차는 양호한 방어력을 제공하는 T-34 전차의 날렵한 유선형 장갑을 벤치마킹했고, 긴 포신인 라인메탈 보르지히의 75mm 70구경 장전차포를 장착했다. 〈사진 출처: WIKIMEDIA COMMONS | CC BY-SA 3.0 DE〉

와 같은 발상은 '안락의자 전략가armchair strategist'[27]들의 전술적인 환상에서 비롯된 것으로 보였다. 이것은 1942년 2월까지 히틀러의 국방부 장관이었던 유능한 프리츠 토트Fritz Todt 박사를 난처하게 만들었다. 비행기 사고로 프리츠 토트 박사가 사망한 후에 히틀러는 자신이 총애하는 건축가인 36세의 알베르트 슈페어를 이러한 문제들을 해결하는 군수장관으로 임명했다.

---

27 '안락의자 전략가(armchair strategist)': 해당 분야에 직접 관여하지 않으면서 계획과 군사전략을 수립하는 사람을 가리키는 말로, 주로 경멸적 의미로 사용됨.

슈페어는 무기 생산에 대해 거의 알지 못했지만, 오늘날 경영 이론의 전문가로 알려진 사람이었고 곧 합리적인 지침에 따라 조직을 새롭게 개편하기 시작했다. 그는 당면한 문제를 해결하기 위해 사용자, 계획자 및 생산 전문가를 통합한 팀이나 위원회가 필요하다고 확신했다. 많은 독일의 무기는 과도할 정도로 정교하고 완벽한 디자인이 근본적인 문제였는데, 심지어 소형화기와 같은 단순한 무기도 마찬가지였다. 슈페어 장관은 과감한 조치를 취했다. 세계에서 동급 최고의 무기로 간주되었던 MG-34 기관총은 대부분의 부품이 숙련되지 않은 노동자들도 조립할 수 있는 상태로 대량 생산되었기 때문에 더 저렴하고 만들기 쉬운 MG-42로 대체되었다.

슈페어는 장갑차량 생산에 대한 육군 최고사령부의 요구와 지속적인 견해 차이로 인해 전차 생산에 거의 관여하지 못했다. 포병은 장갑 돌격포와 자주포의 생산에 우선권을 두려고 했다. 예를 들어 1942년 12월 3호 전차 차체의 전체 생산량을 3호 돌격포의 생산으로 전환했다. 그리고 아직 티거와 판터 전차 생산이 상당한 수준으로 증가하기도 전에, 최고사령부는 1943년 2월 다른 신형 전차를 개발하기 위해 4호 전차의 생산을 중단하도록 명령했다.

기갑부대들의 와해가 임박한 것처럼 보였다. 1943년 2월 말 히틀러는 1941년 12월 모스크바를 점령하지 못한 책임을 물어 해임한 구데리안 장군을 다시 기갑부대의 총사령관으로 임명했다. 구데리안은 혼란스러운 전차 생산과정의 모든 문제를 해결할 전권을 받았다. 현대적인 관리 측면에서 구데리안은 요구사항이나 고객 측의 문제를 해결했으며 슈페어는 이제 필요한 것을 제공할 수 있게 되었다.

구데리안은 "판터 4 전차의 생산이 중단되면 가까운 미래에 독일 육군이 확실히 패배하게 될 것"이라고 말했다. 기갑부대의 장비와 조직을 위한 최초의 통합적이고 일관성 있는 계획의 일환으로 결정이 번복되었다. 4호 전차, 판터 및 티거의 생산, 테스트와 개발 일정에 대한 현실적인 목표가 설정되었다. 생산을 용이하게 하기 위해 설계를 간소화하고, 신전차를 사용하기 위한 전차 승무원 훈련의 적절한 시스템을 구축했으며, 수색 및 병력 수송용 반궤도장갑차량, 자주 대전차포와 같은 경장갑차량 지원을 위한 요구사항을 발표했다. 구데리안은 L70 장포신 73mm 포 L70 long-barreled 73mm cannon를 장착한 대전차 자주포의 개발에 우선권을 두고 향후 연구개발에 대한 요구사항을 제시했다. 구데리안은 중돌격포를 제외한 돌격포 생산에 대한 통제권을 포병 병과에서 가져올 수 없었음도 불구하고, 그의 계획은 1943년부터 1944년까지 기갑사단 개편의 기초가 됐다.

무기 생산의 급증

슈페어와 구데리안은 1943년 전반기에 전차 생산을 증가시키고 이를 공급하는 기적을 낳았다. 1943년 크루프와 니벨룽엔 공장Nibelungenwerk은 4호 전차 3,023대를 제작했다. 만, MNH, 데막DEMAG[28], 헨셸 그리고 다임러벤츠는 판터 전차 1,845대를 생산했고, 헨셸은 티거 1 전차 643대를 납품했다. 약 200대의 신형 판터가 1943년 7월 쿠르스크 공세에 맞춰 인도되었지만 전차에 여전히 심각한 문제가 있다는 것이 분명해졌다. 돌격포의 생산량은 1942년 단지 695대에서 1943년 3,041대로 증가했고, 88mm 무장 나스호른Nashorn(제2차 세계대전 중 독일군이 판터 4 전차를 기반으로 만든 특수 무기 운반 차량) 345대를 포함해 1,300대 이상의 자주포가 제작 또는 개조되었다.

장갑차 생산은 전장 손실이 정점이던 1944년에 최고조에 달했다. 판터 4 전차의 생산량은 3,800대로 소폭 증가했지만, 판터 전차는 3,584대

---

28 데막(DEMAG): 데막 독일의 건설장비 제조업체로 정식 명칭은 데막 크레인 AG이다.

로 급증했으며, 623대의 티거 1의 생산은 376대의 티거 2의 제작에 의해 증가됐다. 또한 3호 및 4호 돌격포의 생산은 약 6,000문에 이르렀고, L70-전차 주포를 장착한 새로운 대전차포 전차 2,357대가 88mm 포를 장착한 판터 대전차포 전차 226대와 함께 생산됐다. 이 수치는 1943년 약 8,000대의 전차와 돌격포가 손실되었고 1944년에는 9,000대가 넘는 총 손실을 감안해야 했다. 이러한 생산의 증가는 전방 부대들의 숨통을 트이게 했고, 롬멜에게 1944년 7월 상륙 첫날에 연합군을 격퇴시키는 호기를 제공하기도 했다.

슈페어의 방법은 독일 공군의 자존심을 꺾었고, 비행기 생산의 책임을 그의 예하 부서로 두는 괄목할 만한 결과를 가져왔다. 전투기 생산이 빠르게 2배로 증가될 것 같았다. 슈페어는 점점 더 많은 수의 독일 도시를 공격하고 있던 영국 공군 및 미 공군 중폭격기와의 전투에서 곧 핵심 인물이 되었다. 연합군 공군 지휘관들은 만일 그들이 독일의 산업시설을 파괴해 독일군에 유입되는 무기 보급을 급격히 감소시킬 수 있다면, 독일을 패망시킬 수 있을 것으로 확신했다. 공군 아서^{Arthur} 장군의 지휘하에 있는 영국의 해리스^{Harris} 폭격기는 야간에 공격을 가해 소이탄을 사용한 지역 폭격으로 폭풍처럼 번지는 불로 도시의 노동력을 감소시켰다. 미국 공군은 칼 스파츠^{Carl Spaatz} 장군의 지휘 아래, 정확한 주간 폭격으로 독일 전쟁물자의 생산라인인 탄약저장 공장 등 핵심 시설의 가동을 중지시키려고 했다. 히틀러는 1943년 8월부터 매일 연합군 폭격기 600대 이상의 공중 공격에 직면하여 슈페어 장관에게 독일의 공장들이 중요한 전쟁 물자를 계속 생산할 수 있도록 하라는 과업을 부여했다.

슈페어는 먼저 대공 방어력 강화를 명령했다. 공격의 강도가 증가되고, 미국군이 1943년 8월에 슈바인푸르트^{Schweinfurt}에 있는 볼베어링의 핵심 공장을 파괴해 생산량이 35%로 감소되었을 때, 중요한 공장을 연합군 폭격기의 최대 사거리로부터 안전한 동부 지역으로 옮길 계획을

●●● 영국 공군이 독일 서부 도시 트리어의 철도망을 폭격하고 있다: 연합군은 이미 노르망디 하계 공세가 진행될 때 롬멜의 병참선을 마비시켰던 작전의 연장으로 1944년 가을 독일 철도망을 체계적으로 폭격해 압력을 가중시켰다. 이로 인해 원료를 공장으로 옮기거나 완제품을 전방으로 공급하는 것이 거의 불가능해졌다. 동부에서 독일 중심부로 이동하는 피난민이 급증하면서 교통 시스템의 혼란이 더욱 가중되었다. 1945년 2월, 히틀러는 슈페어에게 그가 마법을 다시 발휘할 수 있는지 알아보기 위해 운송 시스템을 맡겼다. 슈페어는 손상된 철도를 수리하기 위해 200만의 노동자들을 투입했지만, 철도의 일부를 수리하는 동안에 다른 철도가 또 파괴됐다. 1945년 3월까지 제국의 산업기반은 파괴됐다. 〈사진 출처: WIKIMEDIA COMMONS | Public Domain〉

수립했다. 폭격이 점점 강화되자, 소위 말하는 중요한 무기 제작 공장들을 단단한 철근 콘크리트 벽으로 보호하거나 지하 동굴로 이전시켰다. 1944년 V 무기와 Me-262 제트 전투기의 생산 시설들을 지하 시설로 이전시켰다. 슈페어는 특수한 무기체계의 제작이 마비되지 않도록 핵심적인 전쟁 물자 생산 체계의 분산을 조직화하기 위한 특별위원회를 설치했다.

 슈페어 장관의 노력으로 독일의 군수 산업은 1944년 초에 고비를 극복하고 생산율은 최고 기록의 수준까지 도달했다. 1943년에 단지 2,000대의 전투기를 제작한 것에 비해 1944년에는 거의 4,000대를 제작했고, 장갑차량과 합성유와 같은 다른 영역에서도 기록적인 생산 수준을 달성했다. 영국 공군의 지역 폭격은 독일군의 사기를 저하시키지 못했고, 독일 공군은 많은 미군의 B-17 폭격기를 격추시켰다. 그 후 미 공군은 1944년 1월 P-51 무스탕 장거리 전투기로 폭격기를 호위하기 시작했다. 1944년 2월 2,000대 이상의 독일 전투기가 격추되었고, 다음 달에도 비슷한 수의 전투기가 격추됐다. 이제 미 공군은 독일이 손실을 보충할 수 없도록 폭격의 목표를 비행기 공장으로 돌렸다. 항공기 생산량이 60% 감소했다. 1944년 3월 미군은 2주 동안 합성유의 생산 지역을 폭격했다. 4월과 5월에 반복적인 공격들은 결정적인 타격이 됐다. 계속되는 하계 공격은 핵심적인 공장의 복구를 방해했고, 1944년 10월 독일의 연료 생산은 4월 기준 8%에 불과했다. 독일 공군은 연료 부족으로 거의 지상에 방치됐다. 전차 사단들의 연료도 고갈됐다.

 슈페어의 초인적인 노력을 제외하면, 독일은 소련과 미국 그리고 영국의 산업 규모를 합친 것과 비교될 수 없었다. 그들은 총력전에 요구되는 경제 체제를 구축하는데 독일보다 훨씬 앞섰다. 전쟁 초기 4년간 독일의 경제는 총력전을 수행할 경제 체제를 갖추지 못한 반면, 미국과 소련 그리고 영국은 최소한 2년 앞서 준비했다. 슈페어 장관이 임명되었을 때에는 사실상 이미 때가 늦었다.

 연합군의 폭격은 특별히 독일 육군의 전차, 포병 및 소화기 공장을 목표로 하지 않았으며, 생산의 중요한 방해 요인이 되지 않았다. 하지만 연합군이 폭격을 독일 공군, 연료 보급 및 철도 시스템에 집중하기로 한 결정은 독일군의 잠재 전투력에 엄청난 영향을 미쳤다. 마지막으로, 철도망

●●● 1945년 폐허가 된 뉘른베르크(Nürnberg)의 산업 및 주거용 건물. "1944년 5월 12일부터 우리의 모든 연료 공장은 공군의 집중 공격의 목표가 됐다. 이것은 큰 재앙이었다. 이 시점부터 우리는 연료의 90%를 상실했다. 전시 물자의 생산이 전쟁에 영향을 미치는 한 이러한 공격의 성공은 전쟁의 패배를 의미했다. 신형 전차와 제트기는 연료가 없어 무용지물이 됐다"고 슈페어 장관은 회상했다. 〈사진 출처: WIKIMEDIA COMMONS | Public Domain〉

에 대한 공격으로 인해 제국 국경에서 마지막 전투를 벌이는 전방 부대에 새로운 장비와 탄약이 공급되지 못했다. 산업 전선은 제2차 세계대전 당시 승리의 열쇠였다. 독일은 이 산업 전선에서 패배했고, 그로 인해 전쟁에서도 패배했다.

●●● 1943년 벨로루시의 소련 게릴라. 소련의 게릴라 활동이 성공한 한 가지 이유는 F.W. 멜렌틴 장군이 설명한 대로 나치 점령군이 슬라브족을 열등한 민족으로 취급했기 때문이었다. 멜렌틴 장군은 "소련인들이 스탈린과 그 일당에 반대하기를 원했지만, 그들의 희망을 이루기 위한 어떤 조치도 취해지지 않았다"라고 기술했다. 히틀러는 소련 주민들을 공산당 인민위원회로부터 해방시켜 독일 인민위원회를 넘겨주었다. 〈사진 출처: WIKIMEDIA COMMONS | Public Domain〉

제4장
게릴라전

제2차 세계대전이 시작된 후 첫 2년 동안 독일 육군에 대항하는 게릴라의 저항은 없었다. 하지만 유고슬라비아와 소련을 공격한 후 게릴라의 문제가 폭발해 독일 병사 수만 명의 발목을 잡았다.

1942년 10월 절정에 달했을 때, 히틀러의 제3제국은 비스케이^{Biscay} 만에서 러시아 남부의 캅카스 산맥까지, 그리고 노르웨이 노스케이프$^{North\ Cape}$에서 이집트의 엘 알라메인까지 뻗어 있었다. 서부 유럽의 약 1억 5천만 명과 7천만 명의 소련 주민이 히틀러와 나치 독재 정권의 통치를 받았다.

제3제국은 천년 제국의 필요를 충족시키는 단 하나의 목적만을 가진 제국이었다. 히틀러는 자신의 통치에 대한 모든 정치적, 경제적, 군사적 저항을 물리적 힘으로 진압하라고 명령했다. 새로운 질서에 복종하기를 거부하는 남성, 여성, 아이들은 제국의 적으로 체포되거나 노역자로 추방되거나 처형당했다.

히틀러는 1941년 7월 '총통 지령 33호'에서 점령 지역의 저항에 관한 입장을 다음과 같이 요약해 하달했다: "점령군이 저항에 부딪히면 죄를 지은 사람을 법적으로 처벌하는 것이 아니라, 저항할 의지를 모두 박탈할 정도의 공포를 대중에게 가해야 한다. 관련 지휘관들은 자신의 병력과 함께 해당 지역을 안정시킬 책임을 져야 한다. 지원군을 요청하는 것이 아니라 적절하고 가혹한 방법을 사용함으로써 질서를 유지하려고 노력해야 한다."

히틀러가 설정한 기이한 인종 기준에 못 미치는 사람들은 "열등 인종 Untermenschen"으로 분류되어 결국에 죽임을 당할 자로 등급이 매겨졌다. 600만 명의 유대인과 함께 300만 명 이상의 러시아 전쟁 포로, 그리고 최소한 비슷한 수의 동유럽과 발칸 반도의 민간인이 굶어 죽거나 강제 노동 프로젝트에 방치돼 사망했다. 서부 유럽에서는 나치의 횡포가 이처럼 노골적으로 잔인하지는 않았으나, 모든 저항의 움직임은 즉시 진압되었다.

히틀러의 군대가 소련을 신속히 점령할 것 같이 보였던 1941년 여름, 독일의 군사력은 절정에 이르렀고, 소련의 모든 저항은 헛된 것으로 보였다. 서부 유럽에서 이런 저항은 태업으로 제한돼 있었기 때문에 독일의 비밀경찰 게슈타포에 의해 처리되었다. 4월 독일군이 점령한 후 유독 유고슬라비아에서만이 티토의 게릴라가 새로 조직되어 공개적으로 무장 저항을 했다.

1941년 여름 독일군의 극적인 러시아 진격과 국경 지역에서 붕괴된 대부분의 소련군의 활동은 결국 수많은 독일군 사단을 동부 전선 후방으로 묶어두는 게릴라 운동의 시초가 됐다. 히틀러의 군대가 동쪽 모스크바 방향으로 공격하는 동안, 수십만 명의 소련군은 낙오되어 북부 우크라이나, 벨로루시, 발트해 연안의 거대한 숲에 남겨졌다. 독일군은 이 군대를 포위망에 가두고 봉쇄하려고 했지만 병력이 부족해 울창한 산림 속을 샅샅이 수색할 수 없었다. 대담하고 보다 정신 무장이 잘된 소련 군인들은 바로 독일군을 괴롭힐 대규모 게릴라 부대의 핵심이 됐다. 독일군에 대한 첫 번째 저항은 즉흥적이고 조직적이지 않았다. 스탈린과 소련 지도부는 모스크바 전선을 방어하는데 급급했다. 게다가 독재자와 그의 비밀경찰 총수인 베리야Beria는 공산당의 통제권 밖에 있는 러시아 무장세력에 대해 깊은 의심을 품고 있었다. 1941년 가을 고립된 독일 분견대에 대한 첫 번째 게릴라 공격이 진행되는 동안 모스크바에 점점 더 많은 보고가 들어오기 시작하자 스탈린은 저항 운동을 통제하기 위해 간부들을 적 후방으로 보내기로 결정했다. 1941년부터 42년 겨울에 소련군이 히틀러의 군대를 모스크바로부터 격퇴시키기 위한 공격을 가할 때 게릴라들은 독일군의 병참선을 차단하기 위해 최초로 협조된 공격을 실시했다. 1942년 5월 소련은 독일 전선 후방에서 활동하는 약 14만 2,000명의 게릴라의 작전을 통제하기 위해 중앙 게릴라 참모부를 설치했다. 소련의 방대한 영토는 독일의 통제권 밖에 있었고, 추축국 부대가 저항을 종식시키려는 절실한 노력의 일환으로 집단 처벌과 대량 학살과 같은 가혹한 조치를 취할 때마다 많은 게릴라 신병들이 모집됐다.

1943년 여름 쿠르스크 전투를 계획하는 과정에서 중앙 게릴라 참모부는 모든 게릴라 활동의 중심을 동부 전선의 주요 지역에 대한 독일의 병참선을 차단하는데 두라고 지시했다. 1943년 6월과 7월에 독일의 철도망에 대한 약 2,300회 이상의 게릴라 공격으로 교량 44개, 기관차 298대 그리고 객차 1,123대가 파괴됐다. 소련은 게릴라전으로 전쟁 첫 2년 동안 독일군 30만 명을 살해했다고 주장했다.

독일군은 병참선의 개방을 유지하기 위해 점점 더 많은 부대들을 투입해야 했다. 1942년 경계 전담 사단 25개, 연대 30개 그리고 100개의 경찰대대가 소련의 서부 지역에서 게릴라들을 추적했다. 1년 후 소련인 50만 명, 우크라이나인 그리고 발트 해 보조원들이 게릴라 전투를 종료하고 나치의 집단학살을 돕기 위해 모집되었다. 게릴라 작전과 유대인과 다른 "열등 인종"들에 대한 대량 학살은 긴밀하게 조율되었고, 그 과정에서 에리히 폰 뎀 바흐 첼레프스키Erich von dem Bach Zelewski와 같은 일련의 무자비한 친위대 장교들은 악명을 날렸다. 독일 육군의 대규모 부대가 이런 작전에 깊이 관여했다.

독일군은 게릴라 활동을 종식시키기 위해 점점 더 과감한 조치를 취했

●●● 게릴라 대원을 찾기 위해 숲을 수색하고 있는 독일군. 소련에서의 대게릴라 작전은 지역 방어와 공세적인 기동 소탕 작전이 혼합된 형태였다. 주요 교량과 주요 철도망들은 20~30명의 소대가 배치된 요새화된 거점을 구축해야만 확보될 수 있었다. 그 후 대대 규모의 부대가 정기적으로 주둔해 주요 도로와 철도를 순찰하고 유격대의 습격에 대비해 공세를 취할 준비를 갖췄다. 장갑차 소대들과 소규모 기갑파견대들은 경계부대에 압도적인 화력을 제공했다. 항공정찰은 철도 노선과 도로에서 지뢰 및 기타 파괴 행위를 정기적으로 확인하는 데 사용되었다. 게릴라가 활동하고 있다고 알려진 지역에는 적대 행위의 확산을 억제하고 중단시키기 위해 지원 거점이 마련되었다. 대게릴라 부대의 소규모 순찰대는 게릴라 활동 지역에 침투해 정보를 수집하고 기지를 습격했다. 게슈타포는 포로로 잡힌 게릴라 대원이나 그 친척들을 포섭해 독일군을 게릴라의 기지로 안내해 동료를 배신하게 만드는 임무를 맡았다. 〈사진 출처: WIKIMEDIA COMMONS | Public Domain〉

게릴라 전선

게릴라가 유고슬라비아를 제외하고는 독일군의 군사적 패배에 결정적인 영향을 미치지 못했지만 발칸과 소련에서 히틀러의 폭정에 맞서 무기를 든 수백만 명의 남성과 여성들은 결정적인 전투 국면에서 독일군 전투력의 상당한 부분을 고착시켰다.

소련과 유고슬라비아의 게릴라들은 몇 년 동안 수백 만 명의 독일 및 추축국 부대들을 무익한 위수 지역 임무에 묶어두었다. 쿠르스크 전투와 노르망디 상륙전을 앞두고 독일의 병참선을 저지한 작전은 전쟁의 결정적인 교전을 벌이고 있던 시기에 독일군의 보급선을 차단한 것으로 평가받는다.

게릴라전은 히틀러의 인종 전쟁과 경제적 약탈로 인해 예견됐던 부작용이었는데, 특히 독일군이 처음에는 해방군으로 환영받았던 러시아에서 특히 그랬다. 독일의 목표가 탄압과 약탈이라는 것이 분명해지자, 소련 국민들은 나치 침략자에 대항하는 '애국 전쟁'에 참가하라는 스탈린의 요청에 빠르게 결집했다. 그 후 동부 전선에 투입된 약 250만 독일군이 7,000만 소련 주민의 봉기를 제압하는 동시에 소련군 약 600만 명과 싸울 수 있는 방법이 없었다. 하인츠 구데리안은 이렇게 회상했다. "나치 국가사회주의와 독일의 붕괴에 단 하나의 요인이 지배적인 역할을 했다면 그것은 어리석은 인종정책이었다."

소련 주민의 마음을 얻고 정신적인 지지를 받기 위한 심리전은 아마도 히틀러가 전쟁에서 패배한 가장 큰 결정적인 전투였고 동부 전선에서 패배를 피할 수 없게 만들었다. 소련을 전쟁으로 내몰았던 1917년 10월 혁명의 반복은 없을 것이다. 히틀러의 제3제국은 결국 복수에 목마른 소련 국민 2억 명의 총체적인 힘에 압도당했다.

다. 게릴라의 보급 지원과 동원을 방해하기 위하여 전 지역이 초토화됐다. 주민들이 강제 노역자로 독일로 압송됐고, 가축은 몰수됐으며, 경작지들은 초토화되고, 건물들은 파괴됐다. 1943년부터 게릴라 작전의 규모와 범위는 도로와 철도의 개방 및 유지를 위해 기갑부대를 포함한 예하 전방 사단들을 철수시켜야 할 정도로 병참선에 큰 위협이 됐다. 전형적인 대게릴라 전투에는 일만 명 이상의 병력이 참여했고, 1943년에는 거의 한 달 단위로 투입됐다.

게릴라들은 공중 보급을 받았고, 포병, 박격포 및 대공포로 무장했으며, 소련을 평정한다는 독일의 잘못된 시도로 인해 게릴라 신병들이 끊임

없이 증가했다. 이제 독일의 탐색격멸 작전^{search and destroy operation}에 맞서 광적인 저항이 시작되었다. 1개의 대규모 대게릴라 작전에 2개 기갑사단과 3개 보병사단, 1개 헝가리사단, SS 부대와 현지에서 모집한 부대들이 투입됐다.

코트부스^{Kottbus} 작전이 5월부터 7월 사이에 보리소프-레페^{Borissow-Lepe}에 있는 중요한 게릴라 근거지에 대해 실시됐다. 이 작전은 광란의 살육으로 끝났다. 일만 6,000명의 막강한 독일군과 소련군 투항자들이 그들이 제거하기 위해 파견된 게릴라들에 의해 몇 개 마을에서 포위된 것을 알았다. 게릴라들은 독일군을 가두기 위해 지뢰를 설치했으나, 독일군은 도주로를 개방하기 위해, 수백 명의 지역 주민들을 지뢰 지대를 통과하도록 강요했다. 독일군이 확보한 주민 사망자는 1만 3,000명이었으나 노획된 총은 950정 뿐이었는데, 이는 작전에 참여한 독일군에 의해 사망한 민간인 대 게릴라 요원들의 비율을 암시해주고 있다

소련 지역 이외의 게릴라의 중요한 무대는 발칸 반도였는데 유고슬라비아, 그리스, 알바니아는 이 지역에서 독일 통치에 대한 저항의 중심지였다. 베오그라드에서 세르비아계 왕당파 정권의 몰락은 독일과 이탈리아가 경쟁적인 이해관계에 따라 유고슬라비아를 분할할 수 있는 길을 열어주었다. 세르비아와 북부 슬로베니아도 독일제국에 직접 합병됐다. 알바니아와 코소보는 대부분의 달마티아^{Dalmatia} 해안과 함께 이탈리아의 지배를 받게 됐다. 또한 헝가리와 불가리아도 국가의 일부가 합병됐다. 우스타시^{Ustashi} 괴뢰 정권이 자그레브에 수립되어 크로아티아와 보스니아 대부분을 통치했다.

처음에는 동부 전선에 독일군을 투입하기 위해 대부분의 수비 임무를 38개 이탈리아 사단에 위임하고 2개 사단만을 형식적으로 발칸 반도에 주둔시켰다. 최초의 저항은 유고슬라비아, 알바니아의 왕당파들과 영국의 지원을 받는 그리스로 분열되었다. 공산주의자들이 이끄는 새로운 게

릴라 집단이 이 지역에서 잔혹한 나치 지배에 대한 저항을 주도하기 시작하면서 주민들 사이에서 그들이 가졌던 지원의 취약성은 점점 더 분명해졌다. 유고슬라비아에서 티토의 공산주의 게릴라는 전투에서 가장 큰 성공을 거두었고 대중의 지지를 이끌어냈기 때문에 1944년 독일군은 게릴라 운동을 파괴하기 위해 발칸 반도에 70만 명의 군대를 주둔시켰다.

●●● 1942년 무장친위대원들이 3호 전차와 함께 소련으로 진격하고 있다. 무장친위대원 대부분은 훈련이 잘 되었고 사기가 높았으며, 대부분 최신형 무기와 최상의 장비를 보유했다. 〈사진 출처: WIKIMEDIA COMMONS | CC BY—SA 3.0 DE〉

제5장
독일군과 무장친위대

무장친위대의 정예사단들은 독일의 전쟁 수행에 크게 기여했다. 그러나 그들 중 다수는 잔학행위에 가담했고, 2급 무장친위대사단 중 다수는 범죄 조직에 지나지 않았다.

대부분의 독재자들이 그렇듯 히틀러도 현실이든 상상이든 자신의 정권에 위협이 되는 요인들에 대한 강박관념에 시달렸다. 히틀러는 친위대 Schutz Staffel를 자신의 권력을 통제하는 보증인으로 보았다. 이 친위대가 1934년 준군사조직인 나치 돌격대Sturmabteilung의 지도자들을 사살했다. 히틀러는 전적으로 충성스러운 무장 집단을 보유하기 위해 집권 초기 수년 동안 친위대를 창설하고 확장시켰다. 이들은 이후 제3제국의 근위부대가 됐다.

1930년대 충성스러운 심복이었던 하인리히 히믈러Heinrich Himmler 예하에 있는 친위대는 히틀러의 정예 경호부대로 출발해 대규모의 경찰, 교도소, 정보 및 안보 조직으로 확대됐다. 그들은 연방 내 독립적인 단체였고, 오직 히틀러에게만 충성하는 집단이었다. 준군사 조직인 친위대의 몇 개의 연대들은 처음에 베를린에서 경비와 보안 임무를 위해 결성되었다. 1930년대 후반에는 경호친위대 아돌프 히틀러Leibstandarte Adolf Hitler가 포함되었으며 기관총, 경대전차포, 대공 무기 및 포병을 갖춘 본격적인 전투 부대가 되었다. 1940년 이 경호부대가 무장친위대Waffen-SS가 됐다.

이 무장친위대는 공군, 육군, 해군에 이어 제4군으로, 급속히 성장했다. 1939년 폴란드 침공에 참가하기 위하여 SS 전투사단^{SS Verfugungsdivision}이 창설되었고, 이어서 세 개의 완전 편성된 차량화사단(경호친위^{Leibstandarte}, 다스 라이히 ^{Das Reich}, 토텐코프^{Totenkopf})으로 확장됐다.

히틀러와 히믈러는 독일인의 인종적 순수성을 보호하기로 결정해 특별히 엄선된 자원자들만이 이 무장친위대에 들어갈 수 있었다. 이들은 전쟁 기간 내내 무장친위대의 핵심 세력이 되어 이후 5년간 편성된 38개 무장친위대 사단의 장교 및 부사관이 됐다. 무장친위대의 모든 것들은 독특했다. 예산은 독일군의 다른 군과 분리되어 있었고 무장친위대 조직에서 관리했으며 별도의 징병 및 훈련 센터가 있었다. 무장친위대는 독일 정규군과는 다른 별도의 제복과 계급체계를 갖고 있었고 일반 독일군의 경례가 아니라 "하일 히틀러^{Heil Hitler}[29]"라는 경례를 사용했다.

하지만 무장친위대는 전투원들을 지휘하고 편성하기 위한 군사 전문가가 필요했다. 파울 하우서와 같은 환멸에 빠진 육군 장성들과 장교들은 나치의 통제 체제 내에서 부와 명예 그리고 정치적인 영향력에 매력을 느꼈다. 결국 그들은 무장친위대의 조직, 훈련 및 세계관을 바꿔 놓았다. 1930년대 육군 장교들은 무장친위대가 베를린에서 의례적인 임무를 수행했다는 이유로 그들을 "아스팔트 군인"으로 치부했다. 1941년 그리스 전역이 끝날 무렵, 새로 창설된 3개 무장친위대 사단들은 최초로 전투에 참가해 무훈을 세웠고, 육군 지휘관들은 이 부대를 극찬했다.

1941년 말 소련에서 전투가 소강상태로 접어들었을 때, 히틀러는 패배의 원인을 독일 육군의 투지의 부족 때문이라고 비난했다. 그는 고위 장교 35명을 해임시켰고, 무장친위대를 대대적으로 확대할 계획을 수립했다. 동부 전선에서 국가사회주의자들의 결의를 전쟁에 투입하기 위해

---

29 "위대하다", "히틀러 만세"의 의미를 가진 경례구호.

3개의 정예 사단이 기갑군단으로 편성될 예정이었고, 다수의 무장친위대 기계화보병사단, 기병사단, 산악사단, 경찰사단이 편성될 예정이었다. 1941년 무장친위대 병력은 거의 15만 명이었고, 3년 만에 60만 명으로 증가했다. 7개의 기갑사단을 포함해 최종적으로 무장친위대 사단의 수는 38개였다. 100만명 이상의 병력이 무장친위대에서 복무했고, 그 중 3분의 1 이상이 전사했다.

외인부대

무장친위대는 사상자의 비율이 심각하게 증가하자 병력 충원에 관해 끝없는 욕망을 갖게 됐다. 1941년과 1942년 겨울 소련 남부에서 벌어진 치열한 전투에서 입은 손실은 무장친위대가 감당하기에는 너무 컸다. 점점 증가하는 사단의 손실로 보충 소요가 증가했기 때문에 동부 유럽에 있는 독일계 민족으로 징집의 폭을 확장시켰다. 1943년 희생자의 수가 증가되었을 때, 그들을 보충하기 위해 점령 지역의 나치 동조자들에게 의지하기 시작했다. 이들은 완전히 다양한 남성들로 구성된 이른바 히틀러의 외인부대가 됐다. 스칸디나비아, 네덜란드, 프랑스 그리고 벨기에의 나치 협력자들을 기갑사단에 충원했고, 또한 우크라이나의 가톨릭, 보스니아와 알바니아의 무슬림, 헝가리, 이탈리아인, 라트비아인과 에스토니아인들을 게릴라 토벌 부대에 보충했다. 변절한 전쟁 포로들로 구성된 영국 무장친위대 부대인 영국 자유군단British Free Corps과 2,000명의 인도인 포로를 모집한 인도 군단Indian Legion도 있었다.

이 외국인들의 대대적인 징집은 무장친위대와 독일 국방군 사이의 중요한 차이점들 중 하나였는데, 독일군은 오직 제국의 시민들만을 모집하는 것으로 제한되어 있었다. 이 외국인 징집 캠페인에도 불구하고, 무장친위대와 독일군은 적절한 독일군 신병을 모집하기 위해 여전히 경쟁하고 있었다. 정예 무장친위대 기갑부대와 기계화보병사단들은 독일군과 마찬가지로 교육을 잘 받고 동기부여가 된 신병들이 필요했다.

1943년 7월 쿠르스크 전투를 준비하면서 무장친위대는 "인종적으로 순수한" 자원자들이 고갈되었기 때문에 공군 병력을 제2 SS 기갑군단으로 전환해야 했다. 이후 18개월 동안 무장친위대 기갑사단들이 새로 창설될 때마다 병력 보충을 위한 추가적인 병력 확보의 네트워크를 구성해야 했다. 공군과 해군의 자원이 우선적으로 징집되었으며 곧 육군 징집병들도 무장친위대원으로 전환되었다. 1943년 말 무장친위대 사단을 보충하기 위해 나치 청년단의 10대 청소년들을 모집하는 특별한 신병 징집 캠페인이 진행됐다.

동부, 중부 및 남부 유럽에서 소집된 많은 무장친위대 사단들은 거의 장비가 빈약한 게릴라에 대한 경찰 작전 외에는 거의 쓸모가 없었다. 이 사단들은 유고슬라비아와 서부 소련의 울창한 산림 지대에 배치됐다. 이 부대들의 성과는 엇갈렸다. 한편으로 그들은 자신들이 싸우고 있는 지형을 알고 있었고 적들에 대해 잘 이해하고 있었지만 동기부여와 규율이 큰 문제였다. 1940년 스탈린이 자신들의 국가를 잔혹하게 점령했기 때문에 라트비아인들과 에스토니아인들은 소련과 싸우려는 의욕이 높았다. 그들은 또한 전체 무장친위대 중에서 가장 열성적인 유대인 학살자 중 하나였다. 크로아티아와 보스니아의 한트샤르Handschar[30] 사단은 똑같이 잔인했지만, 전투력이 보잘것없어 화기와 장비가 필요한 육군부대들에 의해 무장 해제되었다. 무장친위대 중 가장 기괴한 외인부대는 포로가 된 소련 육군 중장인 안드레이 브라소프Andrei Vlasov가 지휘하는 브라소프 자유러시아군Vlasov Free Russian Army이었다. 1944년 히믈러는 스탈린 부대

---

30 한트샤르 나치친위대 사단은 크로아티아의 제13무장산악사단으로 단검(Handsar)이 표시된 부대 마크를 착용한 부대임.

●●● 1943년 3월 하르코프에 등장한 '다스 라이히' 사단의 티거 1 전차. 하우서 장군의 부하들은 하르코프를 재탈환하기 위한 치열하게 싸웠고, 승리의 대가로 1만 1,500명이 전사했다. 하르코프의 재탈환은 히틀러에게 무장친위대 병사들이 겉으로 보기에 절망적으로 보이는 동부 전선의 상황을 수습하기 위해 의지할 대상이라는 확신을 갖게 했다. 〈사진 출처: WIKIMEDIA COMMONS | CC BY-SA 3.0 DE〉

내에서 반란을 일으키려는 헛된 희망으로 반공 러시아 포로들로 2개 사단을 구성했으나 너무 적고 너무 늦었다. 가능한 한 많은 슬라브 민족을 사살하겠다고 노력하면서 3년을 허비한 후에 무장친위대가 소련 국민의 동맹이 된다는 생각은 확실히 우스꽝스러웠다. 소련 무장친위대사단들의 병력은 히틀러의 강제 정치수용소에서 굶주림과 죽음에 직면한 전쟁 포로들로 가득 차 있었고, 그들은 당연히 쉬운 방법을 선택했다. 1945년 5월이 되기 전에 오합지졸인 브라소프 부대는 프라하에 주둔한 무장친위대와 싸우는 체코의 게릴라와 협조해 독일군에 대항했다.

무장친위대는 독일군 고위 지휘관들에게 도움이 되기도 하고 해가 되기도 했다. 이 히틀러의 개인 부대가 가장 우수한 병사들을 차출해 가고,

히틀러의 소방대

무장친위대는 유럽 대륙의 모든 전역에서 싸웠으며, 1943년 이후 히틀러의 전쟁 수행에 꼭 필요한 부대였다. 히틀러가 적의 돌파구를 제거하기 위해 한 지역에서 다른 위기 지역으로 이동시켰기 때문에 7개 정예 무장친위대 기갑사단은 히틀러의 소방대로 알려졌다. 이 임무를 수행하기 위해 이 부대들은 독일의 무기 공장에서 생산한 가장 최신형 장비로 무장했다. 이 부대들은 파괴되거나 중파된 전차, 야포 그리고 장갑차를 최우선적으로 보충 받았으며 훈련된 인력으로 그들의 전력을 유지하기 위해 모든 노력을 기울였다.

다른 무장친위대 사단의 대부분은 비교적 중요하지 않은 전선에 배치되어, 지역 방어나 대게릴라 전투에 참가했다. 사실대로 말하자면 이 부대들의 평판은 엇갈렸다. 레닌그라드를 포위했던 북부집단군과 후에 발트 연안의 국가들을 방어하면서 함께 작전을 했던 각 사단들, 예를 들어 '노르트란트Nordland기계화보병사단'은 좋은 평을 받았다. 이 사단은 1944년 9월 리가Riga에서 포위된 제18군을 구출하는 데 핵심적인 역할을 수행했다. 무장친위대 '노르트' 제6산악사단은 소련의 항구인 무르만스크를 점령하기 위한 독일군의 일원으로 북극에서 3년간 전투를 벌였고, 육군의 최정예 산악부대와 함께 뛰어난 명성을 얻었다.

무기 공장에서 가장 좋은 장비를 우선적으로 지급받는 것에 대해 원성이 자자했다. 하지만 야전 지휘관들은 주류인 무장친위대 사단, 특히 기갑부대들의 전투 능력을 높이 평가했다. 무장친위대 부대는 우수한 장비와 많은 탄약을 보유하고 있어 이 사단을 배속 받은 각 육군 지휘부의 전투력은 크게 증강됐다. 그들의 입장에서, 무장친위대 지휘관들은 전투에서 승리하기를 열망했고, 항상 육군 장교들이 수행하기를 꺼려하는 과업을 예하 부대들에게 부여했다. 이러한 경쟁은 믿기 어려울 정도로 치열했고, 무장친위대 장교들은 전장의 임무에 실패하는 모습을 보여주기 싫어했다, 무장친위대는 군대를 희생시켜 더 많은 영광을 얻을수록 더 좋아했다.

무장친위대 장교단을 전문화시키려는 하우서 장군의 노력은 기갑사단에서 계속 괄목할만한 성과를 거두었다. 그런 이유로 육군의 지휘관들은 곧 무장 친위대 기갑부대들을 기꺼이 자신들의 지휘 아래 두려고 했다. 무장친위대의 참모장교들은 육군의 표준과 교리에 따라 훈련을 받았기 때문에, 무장친위대 사단들은 육군 사령부의 지휘를 받아 임무를 쉽게 수행할 수 있었다.

하지만 하우서와 총통 경호부대의 지휘관인 제프 디트리히Sepp Dietrich와 같은 일부 총애를 받는 무장친위대의 지휘관들이 히틀러와 직접적으로 소통하고 있다는 사실로 인해 신경전과 분쟁들이 발생했는데 예를 들어 이러한 논란들은 주로 1943년 3월 하르코프 전투에서 하우서가 도시를 포위하라는 직속 상급 지휘관의 명령을 무시하고, 많은 희생의 대가를 치르면서 성공적인 정면 공격을 개시했을 때 전면에 등장했다. 이것은 하우서가 총통의 명령을 직접적으로 위반해 포위될 위험을 무릅쓰기보다는 그 도시로부터 조기에 철수한 이후 히틀러의 체면을 되찾기 위해 필요한 조치였다.

히틀러의 명령이 무의미하다는 것을 알고 하르코프에서 철수하기로 한 하우서의 결정은 히틀러와 무장친위대 고위급 지휘관들 간의 불화의 시초가 됐다. 무장친위대의 고위급 지휘관들은 사단장, 군단장, 군사령관으로 승진했을 때 종종 '최후의 한 명과 한 발의 탄약이 남을 때까지 싸우라'는 히틀러의 명령이 얼마나 어리석은 것인지 알게 됐다. 그들은 작전과 전술적인 임무에 총통이 간섭하는 것을 제한하려는 에리히 폰 만슈타인, 하인츠 구데리안 그리고 에르빈 롬멜 장군과 같은 육군의 동료 장군들과 가까워졌다.

전쟁이 진행됨에 따라 무장친위대 기갑지휘관들은 히틀러의 광적인 명령을 점점 더 무시했다. 쿠르트 "판처" 마이어Kurt "Panzer" Meyer 준장은 전공을 세워 1944년 34세의 나이로 히틀러유겐트Hitlerjugend사단을 지휘하게 된 독일의 최연소 장군이었다. 1944년 7월 노르망디 전투가 한창일 때, 그는 "최후의 1인까지 사수하라!"는 명령을 매번 무시했다. 마이어 장

●●● 무장친위대 파울 하우서 장군. 전 독일군 장군이었던 그는 1934년 무장친위대에 가입했고, 2년 후 무장친위대의 감독관이 됐다. 그는 유능한 지휘관으로 '다스 라이히' 사단장, 무장친위대 기갑군단장 그리고 전쟁 종료 시에는 육군 G집단군 사령관이었다. 그는 부하들이 아버지라고 부를 만큼 인기가 있었다. 무장친위대에 대한 그의 가장 큰 공헌은 1930년대에는 미흡했던 올바른 군사 원칙들을 교육한 것이었다. 그는 1943년 2월 "하르코프를 사수하라"는 히틀러의 가장 준엄한 명령을 무시할 수밖에 없었다. 그가 인식한 바와 같이 그렇게 한다는 것은 무장친위대 기갑군단의 전멸을 의미하는 것이었다. 그러므로 그는 총통의 전쟁지도 본부와의 무선망을 꺼버렸고, 그 도시에서 철수했다. 히틀러는 격노했지만, 다음 달 하우서가 하르코프를 탈환하면서 다시 히틀러의 눈에 들게 됐다. 〈사진 출처: WIKIMEDIA COMMONS | CC BY-SA 3.0 DE〉

군은 "우리는 캉Caen에서 죽을 운명이었지만 이 젊은이들을 무의미한 명령에 희생시킬 수 없었다"라고 말했다.

디트리히 장군은 1944년 12월 라인강 수비 작전에서 미군을 결정적으로 격파할 가능성에 대해 공개적으로 회의적이었다. 몇 달 후 제6 무장친위대 기갑군을 지휘하면서 그는 소련군에 포위될 위험을 감수하는 대신 헝가리에서 군대를 철수시켰다. 히틀러는 격노해 한때 자신이 선호했던 무장친위대 기갑부대에게 수여하는 '아돌프 히틀러'의 명예수장袖章(관리나 군인 등의 관복소매에 표시하는 줄)을 박탈하라고 명령했다.

무장친위대 기갑부대가 전선에서의 경험을 공유한 덕분에 결국 부대원들과 같은 정신을 갖게 되었다면, 조직의 일부 구성원은 제복을 입은 살인자에 지나지 않았을 것이다. 에리히 폰 뎀 바흐-첼레브스키Erich von dem Bach-Zelewski, 위르겐 슈트로프Jürgen Stroop, 오스카 디를레방어Oskar Dirlewanger 박사가 지휘하는 무장친위대 부대들은 무고한 시민들을 학살하는 데만 능했다. 한 때 디를레방어와 그의 부대들이 전선에서 싸울 때 전선의 회복을 육군 부대에게 넘기고, 진지를 이탈해 지휘관과 함께 선두에서 안전한 곳으로 도주했다. 육군 장교들은 그들을 비난했고 무장친위대 기갑장교들 조차도 그들을 경멸했다. 그러나 히틀러와 히믈러는 이 사람들이 자신들만의 용도가 있다는 것을 인식했다.

슈트로프는 '토텐코프' 사단과 경호친위대 복무를 마치고 1943년 4월과 5월 바르샤바에서 무장친위대를 지휘했다. 그는 유대인 거주 지역에서 발생한 봉기에 대응해 무장친위대 820명, 친위대 경찰 200명 및 우크라이나와 라트비아 무장친위대 요원 200명으로 구성된 특공대를 창설했다. 슈트로프의 인간 백정들은 폐허가 된 유대인의 거주 지역을 샅샅이 수색해 거의 1개월에 걸쳐 5만 6,000명의 거주민들을 숙청했다. 슈트로프는 폭발과 화재로 5,000명의 유대인이 사망했고, 전투 중에 7,000명이 사망했으며, 게토 거주 주민들을 트레블링카Treblinka 강제수용소로 이

●●● 1944년 동부 전선에 투입된 무장친위대 '토텐코프' 사단의 판터 전차: 총 7개의 무장친위대 기갑사단이 있었는데 그들의 개입은 1943년 초 소련 남부에서, 1944년 중반 바르샤바의 외곽에서, 노르망디와 1944년 아른험에서 독일군의 대패를 막는데 결정적이었다. 〈사진 출처: WIKIMEDIA COMMONS | CC BY-SA 3.0 DE〉

송하는 동안 추가로 7,000명이 사망했다고 보고했다. 유대인 거주 지역을 초토화시켰다. 슈트로프가 '명예로운 승리'라는 책을 발간했을 때, 독일군 참모총장인 알프레드 요들 대장은 슈트루프를 "더럽고 거만한 무장친위대 돼지"라고 비난했다.

디를레방어는 유죄판결을 받은 아동 강간범이자 알콜 중독자였는데, 한때 술에 취해 무장친위대에서 쫓겨나기도 했었다. 그의 이름을 딴 여단(후에 사단으로 승격)은 주로 폭력범들로 편성되었고, 바르샤바의 소요 사태에서 악명을 날렸다.

바흐-첼레브스키는 1944년 8월에 히믈러로부터 폴란드 수도에서 발생한 폭도들을 진압하라는 명령을 받았다. 이 임무를 맡게 된 배경에는 그가 1942년 민스크 지역에서 제1 SS 차량화보병여단을 지휘해 유태인과 게릴라 혐의자들을 대규모로 학살한 데 있었다. 히믈러는 "바흐 장군이 수행할 바르샤바의 평정 임무는 바르샤바를 초토화시키는 것"이라고 말했다.

바르샤바의 피비린내 나는 전투에서 히믈러는 디를레방어의 부대와 아주 악랄한 성격으로 이름 난 카민스키^{Kaminski}의 지휘하에 변절한 우크라이나의 죄수들로 구성된 죄수여단을 투입했다. 바르샤바에 주둔하던 육군 장교와 무장친위대 장교들까지도 이 부대들의 행동에 분노했다. 바흐-첼레브스키는 범죄의 증거를 은폐하기 위해 카민스키와 다른 여러 부하들을 처형하는 예방 조치를 취했다.

전쟁 후에 무장친위대 장교들은 자신들의 부대들은 주류 무장친위대와는 아무런 상관이 없었고, 자신들과 부하들은 다른 일반적인 병사들과 동일한 군인이었으며, 바흐-첼레브스키와 같은 부류는 "썩은 사과"와 같은 존재였다고 주장했다. 그러나 증인들은 다른 견해를 피력했다.

노르망디 작전에서 무장친위대 '다스 라이히' 사단장이며 무장친위대의 전투 베테랑인 하인츠 람머딩$^{Heinz\ Lammerding}$은 1943년 프리퍄치 습지에서 대게릴라 작전을 벌이는 동안 바흐-첼레브스키의 참모장이었다. 이작전에서 1만 3,000명의 러시아 민간인이 사망했다. 이듬해 프랑스에서 그의 전투 부대들은 레지스탕스의 전사로 의심을 받은 94명의 혐의자들을 공개적으로 교수형에 처했고 부하 장교 1명이 저항자의 매복에 걸려희생을 당하자 오라두르-쉬르-글란$^{Oradour-sur-Glane}$ [31] 지역을 초토화 시키라는 명령했다. 람머딩 사단의 예하 부대들은 400명이 넘는 사람들을 한교회에 가두고 산채로 불에 태워 죽였다.

---

31 오라드르-쉬르-글란: 프랑스 남서부 리무쟁 지방의 작은 마을로, 나치 친위대의 초토화 작전으로 사라진 마을이다.

●●● 무장친위대원이 민간인을 사살하고 있다. 아인자츠그루펜은 유태인을 찾아 죽이는 것이 유일한 목적인 무장친위대의 특수부대였다. 그들은 1941년 여름 동안 주요 군대의 뒤를 추적했고, 그들이 찾을 수 있는 모든 "열등 인간"을 체계적으로 죽이기 시작했다. 처음에 그들은 피해자를 기관총으로 사살했지만, 이것이 시간이 많이 걸리고 골치 아파지자 밀폐된 버스에 가스를 넣는 방법으로 전환했다. 이 작전을 통해 아인자츠그루펜은 약 50만 명의 유대인을 학살했다. 1941년 발트해 연안 국가에서 작전을 수행한 아인자츠그루펜 A부대의 2/3 이상이 무장친위대 병력으로 구성되어 있는 등 무장친위대가 아인자츠그루펜 작전에 참여했다는 충분한 문서 증거가 있다. 〈사진 출처: WIKIMEDIA COMMONS | CC BY–SA 3.0 DE〉

무장친위대는 또한 소련에서의 무장친위대 아인자츠그루펜Einsatz-gruppen, 특히 유대인 문제에 대한 히틀러의 "최종 해결책"을 실행에 옮기는 책임을 맡은 SS 강제수용소 조직과 밀접하게 연결된 '토텐코프' 사단의 활동과 철저하게 연루돼 있었다. '토텐코프' 사단의 고위 장교와 일반 병사들은 전쟁 내내 정기적으로 강제 수용소로 다시 배치되었다.

토텐코프' 사단의 전투 베테랑인 프리드리히 예켈른Friedrich Jeckeln은 1941년 7월과 8월에 우크라이나에서 아인자츠그루펜 C부대를 지휘했다. 그는 유대인 10만 명을 사살했다. 그는 1941년 말과 1942년에 발트해의 사령관으로 영전해 10만 명 이상을 학살한 책임이 있다. 이 기간에 그는 희생자들로부터 노획한 물건들을 보관하는 별도의 창고를 설치했다. 그 후, 이 물건들은 무장친위대 '토텐코프'사단의 보급품으로 사용되었다. 그들이 무슨 말을 했든 무장친위대 대원들은 군인이 아니었다.

●●● 1944년 12월 서부 전선에서 중무장한 무장친위대 병사가 동료와 함께 탄약 상자를 운반하고 있다. 벌지 전투는 서부 전선에서 벌어진 독일의 마지막 공세였다. 이 작전의 실패 후 5개월 만에 히틀러의 제3제국은 붕괴했다. 〈사진 출처: WIKIMEDIA COMMONS | Public Domain〉

제6장
물량전

연합군은 1944년 서부 전선에서 엄청난 화력을 동원할 수 있었다. 하지만 독일군은 압도적인 우세와 공중 공격 위협에 맞서 방어전을 수행하는 방법과 피를 흘려 차지한 영토에 비싼 대가를 치르게 하는 방법을 적에게 보여주었다.

1944년 6월 6일 연합군은 노르망디 침공으로 독일 육군을 불시에 기습했지만 시기와 위치에 관해 독일군은 몇 달 동안 프랑스에서 연합군과 싸우기 위해 광범위한 준비를 하고 있었다

유럽 북서부에서 벌어진 전투에서 히틀러의 군대는 미국과 영국의 막대한 물적 자원에 맞서 패배했다. 독일군은 이제 대규모의 전투에서 이미 제공권을 장악하고 기술적으로 발전한 연합군과 대치하게 되었다. 하지만 이렇게 우세한 연합군과 대치한 독일군의 전투력 역시 칭찬받을 만했다.

6월과 7월에 걸쳐 노르망디 방어선을 유지할 수 있었던 핵심적인 요인은 북아프리카의 영웅이자, 육군 B집단군의 사령관이었던 에르빈 롬멜의 탁월한 지휘에 있었다. 사단장들과 예하 장교들은 탁월한 전투 지휘 능력을 발휘했지만, 상급 부대의 지휘체계는 그렇지 못했다. 제7군의 프리드리히 돌만Friedrich Dollman 장군은 영감이 있는 리더와는 거리가 멀었고, 롬멜의 참모장인 한스 슈파이델Hans Speidel 장군을 포함한 다른 고위급 장교들은 히틀러에 대한 폭탄 암살 모의를 준비하는데 몰두하고 있었다.

유능한 장교들은 급속도로 사망하거나 부상당했다. 공습으로 군단장 1

명이 사망했고, 3명의 사단장도 연합군 전폭기의 공격으로 희생됐다. 서부기갑군 사령부에 대한 연합군의 대규모 폭격으로 사령부의 전 참모가 사망했다. 노르망디 작전 최초 1개월 동안에 독일군 9만 6,000명이 죽거나 부상을 입거나 포로가 되었다. 단지 보충병 6,000명과 신형 전차 17대만이 프랑스 지역의 폐허가 된 프랑스의 수송 체계를 뚫고 전선에 도착할 수 있었다. 탄약과 유류 역시 떨어져 가고 있었다.

이 대학살 속에서 롬멜은 어디에나 있었다. 그는 전투가 진행되는 동안 거의 매일 최전방으로 달려가 자신을 숭배하는 젊은 병사들에게 사기를 북돋아 주는 이야기를 하고, 지친 사단장들의 등을 두드려 주고, 흔들리는 군단장들에게 호통을 쳤다. 그런 후, 그는 사령부로 복귀해 히틀러와 독일의 지인들에게 추가적인 병력과 전차 및 보급지원을 요청하며 밤을 보내곤 했다. 롬멜은 노르망디 작전에서 극적인 기갑부대의 측면 기동을 성공시키지는 못했지만, 기갑부대를 운용해 전선의 간격을 메우고, 계속해서 연합군에게 큰 손실을 입히는 등 자신이 즉응성의 대가임을 증명했다. 그것은 견고하고 전문적인 방어전이었다.

롬멜이 히틀러의 폭탄 암살에 연루됐거나 적어도 사전에 알고 있었는지에 대한 많은 추측이 있었다. 암살 가담 여부를 명백히 규명하기는 어렵지만, 그가 1944년 7월 중순에 그 거대한 도박이 실패했다고 확신한 것이 분명해졌다. 롬멜의 부대는 상륙하는 연합군들을 바다로 몰아넣을 만큼 충분한 전투력을 보유하지 못했다. 이것은 단지 독일의 패배를 의미할 뿐이었다. 일부 소식통들은 히틀러가 전쟁 종식을 거부할 경우, 롬멜이 연합군과 정전 협정을 준비할 것이라고 말했다. 사실이 어떻든 간에, 7월 16일 그는 자신의 차량이 영국의 전투기 '태풍'의 폭격을 당해 부상을 입었다. 폭탄 테러가 실패했을 때, 그는 병원에 누워있었기 때문에 암살 사건에 직접적인 영향을 미칠 수 없었다. 히틀러가 음모자들을 처벌할 때, 그는 자살하거나 군사 재판에 출두할지를 선택하라는 압력을 받았다.

그는 청산가리를 먹고 곧 사망했다.

이제 히틀러는 프랑스 주둔 독일군 사령부에 있는 음모자들을 소탕했고, 자신의 명령에 무조건 복종할 수 있는 사람들을 임명했다. 소련에서 히틀러의 총애를 받던 발터 모델Walther Model 원수를 서부 전선의 최고 사령관으로 임명했다. 기갑 교도사단Panzer Lehr Division장인 프리츠 바이어라인이 모델에게 전술적인 철수의 승인을 요청했을 때, 모델은 노르망디 작전의 수행 방법에 대한 자신의 견해를 분명히 했다. 그는 "친애하는 바이어라인 장군! 동부 전선에 있는 우리 사단들은 전선에서 휴가를 보내고 있네. 앞으로 이곳에서도 그렇게 될 것이네. 장군은 부대와 함께 장군이 있는 곳에 머물러야 할 것이네"라고 고함을 쳤다.

이제는 히틀러 총통은 동프로이센에 있는 벙커에서 노르망디 작전을 세밀한 부분까지 지휘했다. 그는 거의 매일 "철수는 없다!"라는 명령만을 하달했다. 그 후 몇 주내에 전선은 붕괴되었고, 연합군을 방어하기 위해 고군분투하던 롬멜의 주력 부대들은 격멸됐다.

피할 수 없는 패배?

노르망디에서의 독일의 패배는 여러 가지 사건과 요인을 불러일으켰는데 대부분의 패배 요인은 롬멜의 지휘 통솔과 노르망디 해안으로 밀려들어 오는 연합군 병력과 화력을 저지하기 위해 싸우는 롬멜 부대와는 아무런 관련이 없는 것으로 판명됐다.

노르망디에서 독일군 전략의 중요한 실패는 지휘 계통의 혼란에 있었다. 제21기갑사단을 포함한 부대들이 교두보를 공고히 하기 전에 연합군을 강하게 타격하기 위해 즉각적인 반격을 개시하도록 명령할 책임을 맡은 사람은 아무도 없었다. 이것은 현장 지휘관들의 즉각적인 행동으로 안치오와 살레르노 상륙작전을 연합군의 피바다로 만든 이탈리아에서 효과가 있었다. 하지만 노르망디 상륙작전에서는 어떤 지휘관도 기갑예비대를 지휘할 수 있는 권한을 갖고 있지 않았다. 히틀러는 전쟁 지도부에서 헝가리 국무총리와 회담 중이어서 어느 누구도 감히 회담을 방해할 수 없었다. 이로 인해 기갑예비대를 효과적으로 운용할 수 있는 결정적인 호기를 놓쳤고, 그 결과 중요한 시간을 낭비했다.

파드 칼레Pas de Calais에 대한 히틀러와 롬멜의 집착이 10개 예비 기갑사단 중 단지 5개 사단만을 노르망디로부터 하루 이동거리 내에 주둔하게 했다. 독일군은 사실상 6월 6일 내내 오마하Omaha 해변으로 상륙하는 미국군을 저지했으나, 가까운 그 어느 곳에도 역습할 수 있는 전차예비대가 없었다. 살레르노의 승리를 재현할 수 있는 호기를 상실했다.

일단 연합군이 상륙하면서, 연합군과 독일군은 소모전에 빠져들었다. 6월 양진영은 각각 노르망디 전투에 100만 명을 투입했다. 작전 개시 7주 후에 연합군은 병력 145만 명과 전차 2,000대를 상륙시켰다. 독일군은 약 20만 명의 병력과 전차 400대의 전투 손실을 입었다. 연합군도 유사한 규모의 손실을 당했지만, 한 달 후에 연합군은 이미 병력 200만을 프랑스에 투입한 반면, 독일군은 병력 60만 명과 전차 100대로 감소됐다. 당연히 독일군은 곧 본토로 철수했다.

프랑스 서부에서 독일군과 연합군 전투력의 불균형 외에도, 2가지 추가적인 요인이 노르망디 전투에 결정적인 영향을 미쳤다. 첫째, 중앙집단군의 붕괴는 동부 전선의 전투력 보충이 더 시급하다는 것을 의미했다. 롬멜에게 약속되었던 이탈리아와 다른 지역의 기갑사단은 동부 전선을 지원하기 위해 폴란드로 전환되었다. 둘째, 연합군 공군이 노르망디에서 롬멜의 부대를 효과적으로 고립시켰다. 프랑스의 전 철도망은 연합군의 공격으로 파괴됐다. 노르망디와 독일 국경 사이의 모든 도로와 철교가 훼손됐다. 프랑스의 전 지역에서 봉기가 발생해 불안정한 병참선을 개방, 유지하려는 독일군의 시도는 더욱 복잡해졌다. 동시에 연합군은 항공 및 해양의 우세권으로 독일 해군과 공군 부대들을 무력화시켰다. 독일 공군은 대규모의 연합군을 저지할 기발한 방법을 모색할 수 없었다. 미국군의 한 장군이 미 공군 사령관에게 자신의 사령부가 포격 당한 것을 하소연할 때. 미 공군사령관은 그에게 독일 및 연합군 후방 지역의 항공사진을 보여주었다. 독일군 측에서는 아무런 움직임이 없었다. 단순히 무너진 교량과 절단된 철로만 보일 뿐이었다. 연합군의 후방에는 전선으로 이동하는 화물차의 대열로 도로가 꽉 막혀 있었다. 연합군은 물량전에서 승리한 것이었다.

대서양 방벽

히틀러는 전쟁 중 토트^{Todt} 협회[32] 건설 엔지니어들이 구축한 많은 방어선에 수천 톤의 콘크리트를 투입하도록 기꺼이 명령했다. 히틀러는 지상에 이러한 거대한 시설을 설치한 것 자체에 만족하고 안심했다. 독일 장군들이 계획한 기동전을 실시하는 동안에도 콘크리트 벙커 공사는 계속됐다. 당연하게도 히틀러는 대서양 방벽에 대해 큰 희망을 갖고 있었다. 연합군 침공부대가 지뢰, 부비트랩, 대서양 방벽의 기관총 진지에 의해 프랑스 해변에 갇히게 되면, 히틀러는 주도면밀하게 육성한 기갑예비대에게 그들을 끝내라고 명령할 것이다.

현실은 덜 인상적이었다. 대서양 방벽에 주둔하고 있는 50개 정도의 보병 사단 중 최고 수준의 부대는 거의 없었다. 대다수는 전직 러시아 전쟁 포로 또는 의학적으로 수준 이하의 독일군으로 구성되었다. 해안에서 멀리 떨어진 곳에 예비대로 남아 있는 10개 기갑사단과 기계화보병사단도 혼재되어 있었다. 많은 사단들이 동부 전선에서 큰 손실을 입은 후 재

---

32 토트 협회: 제2차 세계대전 중 군수(軍需)·방비(防備) 방면에서 활약한 독일의 기술자 토트가 조직한 기구.

●●● 1944년 대서양 방벽을 돌아보는 롬멜. 1944년 봄 연합군의 항공사진 분석가들은 프랑스 해안선을 촬영한 항공사진을 판독하면서 제3제국의 서부 방벽에서 진행 중인 건설 작업의 규모에 점점 더 경각심을 갖게 되었다. 그들은 대서양 해안과 도버 해협의 모든 해안 방어 시설을 연합군의 해상 상륙에 대응하기 위한 효과적인 장애물로 전환시키려는 롬멜 원수의 긴급 계획의 산물을 확인했다. 롬멜은 1943년 비스케이(Biscay) 만으로부터 네덜란드까지 폐허가 된 독일의 방어 시설을 돌아본 후, 방어 시설의 보강을 서면으로 보고했다. 이를 수행하기 위해 아프리카의 영웅 롬멜은 프랑스 해안 지역의 사령관으로 임명됐다. 그는 대서양 방벽으로 알려지게 될 대규모의 진지 공사를 명령했다. 모든 해안의 도시들과 항구들은 철근 콘크리트 벙커와 화포 진지를 구축해 실질적인 요새로 만들었다. 파드 칼레의 거대한 화포 진지는 연합군이 항구들을 점령할 수 없도록 대서양 해안의 핵심 거점을 난공불락의 콘크리트 전함으로 만들겠다는 의지의 산물이었다. 이러한 노력은 침공 가능성이 높은 해변을 연합군의 상륙 또는 공중 공격을 위한 죽음의 덫으로 바꾸는 광범위한 토목공사로 보완되었다. 해수면 밑에는 상륙 보트의 접근에 대비하여 철강 및 콘크리트 폭발 장애물을 설치했다. 〈사진 출처: WIKIMEDIA COMMONS | CC BY-SA 3.0 DE〉

편성 중이었다. 러시아의 공포에서 멀리 떨어진 편안한 후미로 여겨지는 프랑스 주둔 독일군의 리더십에 대해서도 물음표가 붙었다. 1943년 말 에르빈 롬멜 원수가 방어사령관으로 도착하면서 프랑스 주둔 독일군의 안일함은 크게 흔들렸지만, 연합군이 마침내 오버로드 작전을 시작했을 때 그의 작업은 아직 끝나지 않았다.

상륙작전에 대한 독일의 반응은 무기력했다. 롬멜을 포함한 중요한 지휘관이 7월 6일에 사령부로부터 멀리 떨어져 있었다. 노르망디에서 독일군의 역습은 미온적이었고, 히틀러는 파 드 칼레에 대한 또 다른 상륙을 계속 두려워해 기갑예비대의 투입을 연기했다. 히틀러유겐트사단이 캉 북쪽의 캐나다군을 공격했던 6월 7일이 되어서야 첫 번째 중요한 역습이 개시되었다..

영국군과 캐나다군은 북아프리카에서 롬멜의 적수였던 버나드 몽고메리 장군의 지휘하에 연합군의 동쪽 측면에 상륙했다. 그들은 독일군을 완전히 궤멸시키기 위해 신속히 캉을 점령한 다음, 기갑사단을 내륙으로 깊숙이 투입시키려고 했다. 롬멜의 생각은 달랐다.

다음 6주 동안 몽고메리는 그가 이용할 수 있는 더 많은 병력이 교두보로 쏟아져 들어오자 점점 강도가 높아지는 일련의 세트피스 전투를 통해 군대를 전진시켰다. 먼저 그는 유명한 사막 쥐Desert Rats로 불리는 제7기갑사단을 투입해 캉 서쪽으로 대담한 측면 공격을 가했다. 독일 티거 전차는 매복 공격을 가해 공격군을 교두보로 퇴각시켰다. 이어서 영국군 제30군단과 8군단이 캉을 포위하기 위해 '엡섬 작전Operation Epsom'을 개시했지만, 4개의 무장친위대 기갑사단들이 집중적으로 그들을 강타했다. 7월까지 영국군 보병들이 캉의 입구에 도달할 때까지 몽고메리는 공격을 계속했다. 이제 몽고메리는 캉의 동쪽에서 측방을 공격하기 위한 '굿우드 작전Operation Goodwood'을 개시했다. 거의 900대의 전차와 1만명의 보병, 700문의 대포, 2,000대의 중폭격기로 구성된 영국 3개 기갑사단이 이제 취약해진 독일 전선을 돌파하고 개활한 지역을 돌파했다.

독일군은 대규모 포격을 견뎌냈고, 급조된 티거 전차와 88mm 대공포로 영국 공격군을 산산조각 냈다. 영국군 내에 혼란이 발생했고 영국군은 독일군 방어선을 돌파하지 못하고 공격을 멈췄다. 불타고 있는 약 270대의 영국 전차들이 전장에 어지럽게 널려 있었다.

빌레르 보카주Villers Bocage, 굿우드Goodwood 및 다른 전투에서 연합군에 비해 독일 전차의 엄청난 기술적 우월성이 드러났다. 티거 1, 판터와 그들에는 못 미치지만 4호 전차까지도 미군의 셔먼 전차, 영국군의 크롬웰Cromwell

및 처칠Churchill 전차보다 훨씬 긴 사거리, 양호한 명중률 및 뛰어난 장갑 보호 능력을 갖추고 있었다. 티거와 판터 전차는 300m 이상의 거리에서 연합군 전차포의 정면 공격을 견뎌낼 수 있었다. 판터 전차의 75mm 주 포와 티거 전차의 88mm 주포는 2,000-3,000m의 사거리에서 셔먼 전 차의 장갑을 관통할 수 있었다. 연합군 전차는 독일 전차를 격파할 수 있 는 아주 작은 기회라도 잡기 위해는 독일 전차의 자살 범위 내로 가까이 접근해야 했다. 뛰어난 발사 속도를 가진 17파운드 포를 장착한 영국의 셔 먼 파이어플라이Sherman Firefly만이 독일군과 동등한 조건에서 맞설 수 있었 다. 그러나 이 전차는 노르망디 전투 중에는 아직 공급이 부족했다.

　노르망디에서 독일군 방어 전략의 성공은 다양한 요소들의 통합에 있었다. 전차, 대전차포, 포병, 보병이 모두 참여하는 통합 방어 계획 이 매우 중요했다. 주요 방어 진지는 휴대용 대전차 무기, 판저파우스트 Panzerfaust(독일이 개발한 단거리 대전차 유도탄), 판처슈렉Panzerschreck(제2차 세계대전 당시 개발된 독일의 대전차화기), 원형 지뢰Tellar mine(독일의 대전차 지뢰)로 무장한 보병이 강력하게 방어했다. 때에 따라 견인된 대전차포나 88mm 대공포로 주 방어진지를 보강했다(이것은 좋은 착상은 아니었다. 왜냐하면, 연합군 포병은 이러한 포들을 쉽게 파괴, 차단할 수 있었다). 포병은 독일군 방어 계획에서 전차 킬러로서의 역할이 아니라, 연합군 지휘관들 을 꼼짝 못하도록 전차 안에서 가두어 둠으로 전차의 시계를 감소시키는 중요한 역할을 수행했다. 우박같이 퍼붓는 포격은 연합군의 보병들을 지 형을 이용해 숨게 만들었고 영국과 미국의 전차들과 기계화보병들을 분 리시켰다. 이것은 고립된 연합군 전차에 대해 사거리가 짧은 대전차포를 운용하는 독일의 전차 저격팀의 능력을 훨씬 증가시켜 주었다.

　독일군은 통상 전차와 대전차 자주포를 주방어진지 후방에 예비로 보 유했다. 일단 연합군 전차들이 대규모로 집중해 접근하면, 독일의 소규모 차량들은 이를 저지, 봉쇄하기 위해 기동하거나 혹은 최대한 적의 전차를

보카주

노르망디의 독특한 지형은 보카주^{bocage}로 알려져 있다. 캉^{Caen} 서쪽의 보카주를 구성하는 작은 들판, 생울타리, 마을은 1944년 6월 연합군과 독일군이 주도권을 장악하기 위한 전투를 벌이면서 피비린내 나는 전장이 됐다.

노르망디에는 현대적인 집약적 농업이 아직 도입되지 않았으며, 농업은 수백 년 전과 거의 같은 방식을 따랐다. 이 지역에는 주로 소규모의 농장들이 많았으며 이로 인해 오래된 산울타리로 분리된 작은 들판이 서로 연결되어 그물망을 형성하고 있었다. 이 생울타리들은 아주 높고 두꺼운 흙 제방에 의해 보강된 두꺼운 장벽이 됐다. 독일군이나 연합군의 중전차들도 노르망디의 울타리를 통과하거나 울타리 위로 넘어갈 수 없다는 것을 알았다. 공병의 특별한 장비나 폭파 수단이 없이는 울타리 통과가 불가능했다.

전차의 기동은 소수의 주도로에서만 가능했으며, 도로를 통과할 때, 적의 대전차화기 사수가 몇 시간 혹은 며칠 동안 전차의 공격을 지연하거나 저지하기가 용이했다. 이로 인해 마을과 교차로에 대한 통제가 양측 모두에게 중요했다.

단계적으로 전방으로 전진해 생울타리와 마을을 소탕하는 것은 연합군 보병들의 과업이었다. 전차들은 다만 보병을 지원하기 위해 한두 대만 운용됐다. 보카주에서는 어떠한 드라마틱한 전차의 공격은 불가능했다.

보카주는 독일의 방어에 유리했다. 생울타리들은 전차의 기동을 방해할 뿐만 아니라, 기관총과 대전차화기의 호를 구축하는 데 이상적이었다. 흙으로 엄폐된 벙커는 연합군의 포병과 박격포로부터 필요한 공중으로부터 적시적인 방호를 제공했다. 모든 마을은 요새화됐고 도로는 봉쇄됐으며 가옥은 저격수와 기관총 반에게 숨을 공간을 제공했고 전차들은 헛간이나 산업용 건물로 은폐되었다.

들판과 마을들 사이에는 작고 조밀한 숲들이 연결되어 있었다. 이 숲들은 독일의 방어 진지로 이동하는 데 도움이 됐다. 독일이 선호하는 또 다른 전술은 저격수를 나무 높이 배치해 장거리에서 연합군 장교를 제거하는 것이었다. 이러한 운용은 연합군의 초급 지휘관들을 아주 소심하고 주저하게 만들었다.

보카주는 노르망디 지역 전투를 피비린내 나는 소모전으로 만들었다. 연합군은 어떠한 결정적인 기동을 할 수 없었기 때문에 독일군의 물질적, 육체적, 및 심리적인 저항력을 파괴하기까지 점점 더 많은 병력과 장비를 투입하면서 독일군을 약화시켜야만 했다.

파괴하기 위해 측방으로 전개했다. 목표는 연합군 전차가 여러 방향에서 교전할 수 있는 "살상 구역$^{killing\ zone}$"을 만들어 불운한 희생자들을 혼란스럽게 하고 일관된 대응을 하기 어렵게 만드는 것이었다. 독일군은 귀중한

위장

1944년 프랑스 전선에서 연합군의 '태풍'과 '머스탱' 항공기는 독일군에게 "야보스^{Jabos} 혹은 전투 폭격기로 알려졌다. 독일 공군은 연합군 전투기의 우세에 가려, 연합군의 집중 폭격과 로켓 공격에 대한 유일한 방어는 위장된 엄폐 진지에 숨는 것뿐이었다.

기복이 심하고 숲으로 우거진 프랑스의 시골은 1944년 6월 노르망디 상륙 후 치열한 근접 전투에서 독일 육군에게 유리한 점으로 작용했다. 독일의 사단들은 숲, 농장, 터널, 광산 및 농장 창고로 분산하여 은폐하는데 전문가가 됐다. 차량들은 주변의 자연과 조화되도록 다량의 나뭇잎으로 위장했다.

하지만 독일군은 연합군의 제공권에 의한 마비를 회피하는 수단으로, 숨어서 싸우는 전투 기술을 개발했다. 독일군 부대가 최전방 바로 뒤에 있는 숲이나 산업용 건물에 있는 위장 기지에서 작전을 수행하는 위장 진지 또는 원형 진지가 개발되었다. 독일 부대들은 야간에 위장된 진지에서 나와 전방 진지를 증원하거나 재보급했다. 궤도 자국을 없애는 엄격한 군기가 강조되어, 궤도 차량들은 은폐된 진지 안으로 혹은 밖으로 준비된 도로와 자갈길을 이용해 연합군의 공군은 야지를 통과하는 궤도의 흔적을 발견할 수 없었다.

만일 재배치를 위한 원거리 주요 도로 행군이 필요한 경우, 차량은 주간에 숲, 건물, 혹은 터널의 준비된 은신처에 주차하고 있다가 야간에 완벽한 이동을 실시했다. 이러한 전투 방법은 노르망디 침공 이후 기갑 예비 사단들에게 적이 공격하는 해안으로 주간 이동하라는 명령을 받았을 때 효력을 상실했다. 선도하는 연합군의 폭격기가 전차의 이동 대형을 발견하고 많은 기갑부대들의 전투력을 50%까지 저하시켰다는 것은 놀라운 일이 아니었다.

독일군의 위장은 연합군 조종사들이 독일군 전차와 차량을 발견하는 것을 어렵게 만드는 데 효과적이었지만 연합군은 곧 무선 도청과 탐지 장비로 독일군 부대들의 위치를 식별할 수 있다는 것을 알게 됐다. 노르망디 상륙 이후 서부 전선의 기갑군사령부가 이러한 방법으로 탐지되어, 공군의 공격으로 완전히 파괴되었고, 몇 차례의 결정적인 시기에 부대의 혼란을 초래했다.

전차들을 보존하기 위해 연합군 전차의 사거리 밖에 전차를 집결시켰다.

독일군이 노르망디 작전의 첫 달에 연합군 전차 약 550대를 파괴한 것을 보면, 이 전술이 얼마나 효과적이었는지를 알 수 있었다. 연합군의 피해를 보면, 227대는 전차에 의해, 61대는 돌격포나 대전차 자주포로, 105대는 대공포나 견인 대전차포로, 36대는 포병 사격으로, 108대는 보병과의 근접전에서 파괴됐다. 동일한 기간 동안 독일군은 전차와 돌격포 약 300대를 잃었고, 그 중 최소한 100대가 공군 폭격에 의해 파괴됐다. 2대1의 살상률은 인상적이었지만, 동부 전선에서 달성한 것과는 전혀 거리가 멀었다.

독일의 지휘관들은 연합군의 공격을 지연, 저지시키기 위해 노르망디의 지형을 매우 효과적으로 이용했다. 교두보 서쪽에서 보카주의 울타리를 이용해 미군의 진격을 지연시켰고 경작지와 마을들을 소탕하기 위해 연합군은 소부대 보병 전투를 실시할 수밖에 없었다. 미 육군 보병의 전투력은 부족한 점이 많았고, 그들은 벙커와 참호에서 독일군을 제압하는 방법을 어렵게 배워야 했다.

훨씬 동쪽에서 영국군과 캐나다군은 보다 기복이 심한 개활지를 극복해야 했다. 이러한 지역은 감제고지에 대한 통제가 전투의 승패를 좌우했다. 독일의 포병은 연합군 밀집부대에 집중적인 화력 세례를 퍼붓기 위해 캉의 양편에 있는 일련의 능선을 이용할 수 있었다. 독일의 전차와 대전차포의 사정거리가 길다는 것은 이 무기들을 고지에 배치해 연합군이 독일 전선에 접근하기도 전에 장거리에서 연합군의 대규모 기갑공격을 격파할 수 있다는 것을 의미했다. 연합군의 전차 지원이 타격을 입자, 연합군의 보병들은 곧 동요했고, 독일 전선의 보병들과 교전하기 위해 전진하기를 꺼려했다. 감제고지 능선들은 독일군에게 압도적인 연합군의 포병과 해군포 화력으로부터 방호력을 제공했다.

노르망디의 들판과 마을에서 독일 육군과 교전을 벌였던 대부분의 연합군은 처음으로 전투를 경험했다. 그들은 프랑스에 투입되기 몇 주, 몇 달 동안 영국에서 강도 높은 훈련을 받았지만, 예상되는 전투에 필요한 전투 기술을 습득하지 못했다.

영국, 미국, 캐나다의 사단, 여단, 대대의 지휘관은 독일군에 비해 제병협동의 기동전에 대한 경험이 훨씬 부족했다. 처음에 그들은 경직된 전술을 사용했으며 이로 인해 독일 진지에 대한 무익한 정면 공격으로 수천 명의 연합군을 희생시켰다. 그들은 자신들의 화력이 독일군을 압도할 것이며 이동을 은폐하기 위해 지형을 이용하거나 저항 중심지 뒤로 침투할 필요가 없다고 믿었다.

연합군은 상의하달식의 지휘 절차를 여전히 신뢰했는데, 이는 독일군의 기습적인 기동에 대응할 능력이 없다는 것이 약점으로 작용했다. 주요 장교가 사망하거나 상급 사령부와의 통신이 원활하지 않을 때 주도권을 잡고 나머지 병력을 전진시킬 사람이 없기 때문에 연합군의 공격이 종종 실패했다. 굿우드 작전에서 영국군 군단장 리처드 오코너Richard O'Connor 중장은 지휘소로부터 멀리 떨어진 후방 지역에서 전투를 지휘하기를 고집했고, 그의 지휘 하에 있는 모든 대대의 전투를 통제하려고 했다. 그는 종종 기갑부대의 선두에 있었던 부하들의 판단을 뒤엎었다. 오코너는 공격 접근로 상의 수많은 독일의 방어 거점들을 공격하기 직전에 부대들을 정지시켰고, 재편성하라는 명령을 내려 영국군의 승리를 이용할 수 있는 기회를 상실했다. 역동적인 기갑부대의 돌파가 있어야 했는데 오히려 혼란스럽고 분산된 전투로 변했다는 것은 전혀 이상한 일이 아니었다.

서쪽에서도 역시 독일군은 험준한 보카주 지역에서 미군을 곤욕스럽게 했다. 롬멜은 셰르부르Cherbourg 항구를 점령해 군수 지원의 문제들을 최소화시키려는 연합군을 필사적으로 저지했다. 정예 공수부대원들과 무장친위대사단들이 방어했지만, 영국군과 미국군과 대치할 충분한 전차를 보유하지 못했다.

7월 말 약해진 독일의 방어 전선을 제압한 코브라 작전Operation Cobra 덕분에 미군은 독일군의 방어선을 돌파했다. 히틀러는 6개 기갑사단에게 반격을 가해 전선을 봉쇄하라고 명령했다. 거의 2달 동안 계속되는 전투로 이 사단들의 전투력은 연대 전투단급 규모로 저하됐다. 연합군의 전투기들은 개활지에서 독일군 전차들을 폭격했고, 역습은 혼란에 빠져 와해됐다. 이것은 조지 패튼^{George Patton} 중장이 최근에 창설된 제3군을 전투에 투입해 독일군 방어선을 돌파하고, 센 강 방향으로 매우 빠르게 진격을 개시하는 신호가 됐다.

팔레즈 포위전

히틀러는 그의 부대가 퇴각을 고려하는 것조차 금지했다. 패튼의 전차들은 캉 남쪽 포위망으로 몰려든 독일군을 포위하려고 거대한 올가미를 쳤다. 8월 중순 20개가 넘는 독일군 사단의 생존자들이 유일한 도주로는 동쪽으로 난 좁은 회랑뿐인 포위망 안에 갇혔다. 8월 20일 그 포위망은 폐쇄됐다. 수일간 연합군의 항공기와 포병이 저항이 멈출 때까지 포위망 안에 사격을 퍼부었다. 공식적인 항복이나 탈주도 없었다. 개인은 스스로 선택했다. 연합군이 노르망디에서 독일군의 폐허를 수색하면서 발견한 장면은 지옥이었다. 그들은 367대의 전차, 930개의 대포, 7,700대의 차량, 1만 명의 독일군 시체와 수만 마리의 말 시체를 발견했다. 독일군 약 5만명이 항복했고, 나머지 2만 명은 도보로 연합군의 포위망을 탈출했다. 노르망디 전선에 투입된 독일 38개 사단 중 25개 사단이 사라졌다. 독일군은 거의 50만 명의 병력을 잃었다.

이제 노르망디 전선과 라인강 사이에는 독일 전차 70대와 포병 화포 36문만이 남아 있었다. 프랑스에 남아 있던 독일군은 승리한 연합군으로부터 총 퇴각을 하고 있었다 8월 중순 연합군이 프랑스 남부 지역에서 추가적으로 상륙해 독일군은 서부 지역에서 완전히 패배했다. 한 달 동안 연합군의 추격이 계속되었고, 9월 중순 프랑스와 벨기에 대부분이 해방을 맞았다. 몽고메리는 독일 영토를 향한 즉각적인 공격을 주장했지만, 연합군의 최고 사령관인 아이젠하워 장군은 독일군에게 철수할 여유를 주는 폭넓은 전략을 유지했다. 게다가, 연료 부족으로 인해 연합군은 히틀러 제국의 심장부를 강타하기 위한 마지막 공세를 시작하기 전에 기갑부대의 기동을 멈추고 재편성해야 했다.

독일군은 5년간 피비린내 나는 장기전을 실시했음에도, 노르망디 작전에서 놀라울 정도로 잘 싸웠다. 일부 독일군 장군들은 총통에게 불만을 품고 적극적으로 그를 죽이려는 음모를 꾸미고 있었지만, 전투부대의 일반 병사들은 여전히 독일의 대의를 믿었다. 롬멜의 전염성 있는 열정은 침공을 격퇴하기 위해 훈련받고 있는 부대에도 영향을 미쳤다. 그는 북아프리카에서 영국군과 미국군을 상대로 승리를 거둔 것으로 유명했고, 사단 장교들과 함께 그의 많은 부대들은 연합군의 침공을 바다로 되돌려 놓을 수 있다면, 독일은 소련을 끝장내기 위해 동쪽으로 관심을 돌릴 수 있을 것이라는 히틀러의 주장의 논리를 확신했다. 롬멜은 "만일 서부 전선의 적이 공격한다면 이 공격은 이번 전쟁에서 결전의 순간이 될 것이다. 독일은 이 순간의 이점을 살려야 한다"라고 말했다.

이탈리아 작전에서 독일군이 살레르노와 안치오로 상륙하는 연합군을 거의 격멸했다는 것을 고려하면, 롬멜의 낙관적인 태도는 잘못된 것이 아니었다. 그 사건 이후 연합군 장군들은 노르망디 작전을 기정사실로 받아들인 반면, 영국의 참모총장 앨런 브룩Alan Brooke 원수, 연합군의 총사령관인 미국의 아이젠하워 장군 등 많은 연합국의 지도자들은 '전쟁의 과정은 공격의 결과에 영향을 미친다'라는 히틀러의 판단을 공유한 것이 분명하다.

1944년 9월 연합군은 전쟁의 승리를 확신했다. 그러나 신중한 몽고메리는 연합군이 라인강 너머의 거점을 확보하기 위해 네덜란드의 아른험 부근에 위치한 전략적으로 중요한 교량들을 탈취하는 별도의 야심찬 공중강습 작전을 명령했다. 영국과 미국의 공수부대가 아른험, 네이메헌Nijmegen, 그리고 에인트호번Eindhoven에 착륙 후 며칠 안 되어 독일군 서부 전선 최고 사령관인 발터 모델 장군은 전투력이 저하된 연합군의 공중강

●●● 1944년 7월 18일 굿우드 작전이 시작되면서 보병을 태운 셔먼 전차가 진격 명령을 기다리고 있다. 연합군은 서부에서 작전을 하는 동안 대규모 화력을 쏟아 부을 수 있었다. 예를 들어 7월 굿우드 작전 중 영국군은 7월 18일 아침에 8,828톤의 폭탄과 30만 발 이상의 포탄으로 캉 동쪽의 독일 전방 방어선을 공격했다. 그 결과는 참혹했다. 수백 명의 독일군이 사망하거나 부상당했으며, 많은 군인들이 공황에 빠졌고 수십 대의 전차가 파괴됐다. 〈사진 출처: WIKIMEDIA COMMONS | Public Domain〉

습부대를 포위하고, 벨기에로부터 북쪽으로 공격하는 연합군 기갑부대의 구출 작전을 저지하기 위해 기갑부대들을 배치했다. 무장친위대 부대는 아른헴에서 영국 공중강습부대를 포위했고, 결국 영국군은 8,000명의 사망자와 포로를 남겨두고 라인 강을 건너 철수해야 했다. 모델군은 라인강 교두보를 확보하려는 몽고메리의 부대를 성공적으로 저지했다.

독일군은 서부의 국경선을 따라 부대를 집결시켰고, 연합군의 선두 공격부대를 격퇴했다. 아헨Aachen 남쪽에 위치한 휘르트겐Hürtgen 숲에서 미국군은 연이은 소모전으로 수렁에 빠졌다. 멀리 남쪽에 있는 패튼의 제3군은 메스Metz 주변에서 막대한 피해를 감수하고 싸웠지만, 독일 국경 방어진지를 돌파할 수 없었다.

현재의 견고한 전선 후방에서 히틀러는 적들에게 결정적인 패배를 안겨주기 위해 타격을 입은 부대를 재편성하기 위한 마지막 노력을 명령했

지그프리트선

1944년 가을, 연합군이 노르망디에서 동쪽으로 진격할 때, 새로 임명된 서부 지역 최고 사령관 발터 모델은 독일의 서부 지역 국경선을 따라 방어선을 구축하기 위해 필사적으로 노력했다. 아이러니하게도 연합군 측의 연료가 고갈되어 전차들은 멈춰 섰고, 모델 원수는 적을 저지하기 위한 효과적인 방어를 준비하는데 더 많은 시간을 확보했다.

히틀러는 새로운 서부 방어선을 강화하기 위해 옛 방어선인 지그프리트선을 이용하도록 지시했다. 지그프리트선은 프랑스의 마지노선에 대응하기 위해 1930년대에 건설되었다. 독일의 방어선은 스위스 국경으로부터 북쪽으로 네덜란드 국경까지 뻗어 있었다. 1930년대 후반의 "가짜 전쟁phoney war" 기간에 프랑스와 독일 모두 각각 자신들의 방어선이 적보다 더 강하고 더 크며, 더 난공불락이라고 주장하며 선전전에서 서로를 능가하려고 시도했기 때문에, 지그프리트선은 일정 부분 부풀려졌다. 사실상 독일의 지그프리트 방어선은 마지노선의 형태의 콘크리트 전함이라기보다는 이전에 육군 부대가 설치한 일련의 야전 방어 시설로서 프랑스의 마지노선처럼 강하지 않았다. 지그프리트선은 콘크리트 용치 대전차 장애물, 토치카 그리고 대규모의 철조망으로 구축된 긴 방어선이었다. 결정적으로 독일군은 이 방어선에 양호한 장비를 보유하고 훈련이 잘된 19개 보병사단들을 주둔시켰다.

1944년 가을, 지그프리트선은 옛 모습을 알아볼 수 없을 정도로 변해 버렸다. 이 지그프리트 방어선은 전쟁의 초기에 연합군의 침공을 방어하기 위해 해체돼 대서양 해안으로 운송되었다. 방어선의 콘크리트 껍데기는 남아 있었지만 철조망과 지뢰는 거의 없었으며, 포병 진지에 단 1문의 포도 없었다.

더 중요한 것은, 모델에게 가용한 병력의 전투력이 한심한 수준이었던 것이었다. 히틀러는 모델 원수에게 노병들과 보행이 가능한 부상자들로 편성된 소위 말하는 '요새 대대 Fortress Battalion' 100개를 제공했다. 히틀러는 지그프리트선이 어떤 공격에도 맞설만큼 강하다고 믿었지만, 허황된 환상일 뿐이었다. 룬트슈테트는 이 방어선을 "수치스러운 조작"이라고 했다. 룬트슈테트의 참모장 "베스트팔Westphal 장군은 "무기, 탄약, 철조망 및 지뢰가 제거되었기 때문에 서부 방벽(지그프리트선)은 더 이상 방어가 가능한 상태가 아니었다. …… 게다가 때때로 각개 포진지의 열쇠까지 분실됐다"고 말했다. 그는 "또한 라인 강을 가로지르는 단 하나의 다리도 철거할 준비가 되어 있지 않았다"고 말했다.

다행스럽게도 연합군의 신속한 작전 속도가 모델에게는 행운이었다. 위에서 언급한 바와 같이 연합군의 전차들은 연료 보급을 받지 못해 지그프리트선 가까이에서 갑자기 공격을 멈추었다. 그러나 지그프리트선의 돌파는 시간의 문제일 뿐이었다.

다. 그는 예하 장군들에게 "우리는 모든 것을 걸고 도박을 해야 한다"라고 말했다. 이 공격의 목적은 산악지대인 아르덴 지역을 돌파하고 벨기에의 안트베르펜Antwerfen 항구를 점령해 네덜란드에 있는 영국군과 프랑스에 있는 미군을 분리시키는 것이었다. 이것은 며칠 만에 영국과 프랑스군을 격파한 1940년대 아르덴 공세의 반복이었다.

극비리에 11개 기갑사단과 기계화보병사단을 포함해 28개 사단에 소속된 약 30만 명의 병력은 재편성되고 보수교육을 받았다. 탄약 127만 톤, 기관총 10만 정, 포병화포 9,000문, 전차 및 돌격포 1,500대와 유류 500만 리터를 포함한 독일의 거의 모든 전시 물자를 이 공격을 지원하는데 할당했다. 지난 6개월 동안의 손실과 끊임없는 연합군의 폭격으로 독일의 기반 산업시설에 입힌 손실을 감안한다면 이것은 놀랄 만큼 많은 분량이었다.

라인강 감시작전Operation Watch on the Rhine은 연합군에 대한 완벽한 기습이었고, 처음에는 아르덴 전선을 지키고 있던 약한 미군을 소탕했다. 기상 악화로 거의 일주일 동안 연합군의 항공 전력이 지상에서 꼼짝하지 못했기 때문에 독일군 기갑부대는 서쪽으로 경주하듯 진격할 수 있었다. 연합군 복장을 착용한 독일군 특공대는 기습적인 전격전을 저지하려는 미군들 사이에 공황을 가중시켰다.

히틀러의 계획은 대담했고, 며칠 동안 연합군이 마치 큰 위기에 부딪힌 것처럼 보였다. 그러나 미군이 곧 평정을 되찾아 기갑예비대를 투입하자마자 작전은 실패했다. 독일군은 기껏해야 연합군의 전진을 라인강에서 몇 주간 지연시킨 것뿐이었다. 그러나 공세로 인해 독일 육군은 거의 12만 명의 병력과 보충이 불가능한 대량의 장비를 잃었다. 이제 예비대는 남아 있지 않았다.

●●● 1945년 4월 패튼 장군의 제3군 기갑사단에 의해 포로가 된 수천 명의 독일군이 켐니츠(Chem-nitz)에서 이동하고 있다. 4월 한 달간 연합군은 서부 전선에서 최소한 독일군 165만 명을 포로로 잡았다. 독일군에는 더 이상 전투할 병력이 없었다. 독일군은 동부 전선에서만 전투를 벌였기 때문에 영국군과 미군이 베를린에 먼저 도착할 수 있었다. 〈사진 출처: WIKIMEDIA COMMONS | Public Domain〉

제7장
베를린 함락

독일 육군은 무익한 아르덴 공세로 마지막 예비전력을 소모했다. 1945년 초에 연합군은 독일 영토에 첫발을 디뎠다. 이제 패배는 피할 수 없었으나 육군은 히틀러가 살아있는 동안 충성을 하겠다는 맹세를 배반하지 않았다.

1945년 1월 독일의 전략적 상황은 절망적이었다. 서부 전선의 연합군은 라인강에 접근하고 있었고, 동부 전선에서는 소련군이 베를린 진격을 위해 400개 이상의 사단을 전개시켰으며, 남부 전선에서는 소련군이 헝가리의 수도 부다페스트를 포위하고 있었다. 이탈리아에서만 전선이 안정돼 있었다.

과거 한때, 긍지가 높았던 독일군은 과거의 위상을 거의 찾아 볼 수 없었다. 700만 명의 독일군이 무장하고 있었지만 탄약과 장비가 부족했고, 사기도 와해됐다. 독일군은 다만 동부 전선에만 어느 정도 적극적으로 싸울 태세가 되어 있었으나, 그것은 서부 전선으로 탈출할 수 있는 하나의 수단이었을 뿐이었다.

그러나 독일 총리실 지하 깊숙한 곳에 있는 베를린의 총통 벙커에서 히틀러는 패배를 생각하지 않고 있었다. 그는 독일군이 계속 싸우는 한, 서방 연합군과 소련군의 사이가 틀어질 가능성이 있다고 계속 믿었다. 물론 이것은 전적으로 비논리적이었지만 히틀러는 정신적, 육체적인 분열 증으로 붕괴 직전에 있었다. 그는 동부 전선 소련군의 전투력이 압도적으로 우세하다고 판단한 정보 보고서를 엉터리라고 묵살했고, 독일 육군 정보부의 소련 관련 책임자인 라인하르트 겔렌Reinhard Gehlen 장군을 정신병원으로 보내라고 지시했다. 그러나 그 정보 평가는 당시 겔렌의 동부 외국군 정보사령부Foreign Armies East[33]가 생산한 가장 정확한 정보였다. 히틀러는 현재 육군 사단들이 너무 약해져 대부분의 사단의 전투력이 거의 연대 수준이라는 것을 이해하려고 하지 않았다.

그럼에도 불구하고 히틀러는 전쟁을 계속하겠다는 의지를 결코 굽히지 않았다. 그는 자신의 명령에 따르지 않은 많은 고위급 장교들을 체포하라고 명령했다. 다른 장교들은 강등시켜 소위 혹은 병사로 전방으로 전출시켰다. 지역 나치 관료인 대관구 관원Gauleiter에게는 지역 방어에 대한 권한이 부여되었으며, 불충의 징후를 보이는 육군 장교를 해임할 수 있는 권한도 있었다. 그들은 히틀러가 신임하는 심복인 마르틴 보르만Martin Bormann에게 직접 보고했고, 자신들의 권위를 과시하기 위하여 군사적인 업무에 종종 개입했다.

하지만 장교와 병사들은 개인적으로 히틀러에 대한 개인적 충성 서약을 했기 때문에 전투를 계속했다. 그들은 전문 직업 군인으로서 도움이 필요할 때 나라를 버리는 수치감을 생각하지 않을 수 없었다. 에르빈 롬멜은 1944년 7월 히틀러 암살 음모에 연루된 혐의를 받은 후 자신의 운명에 관해 듣기를 기다리던 1944년 10월, 장교단의 감정을 요약했다. 그는 아들에게 "동부 전선의 적이 너무 강해 그 어떤 방책도 아무런 소용이 없을 것이다. 비록 일시적으로라도 소련이 유럽을 유린한다면 그것은 인생을 살 가치가 있는 것으로 보이게 만든 모든 것들의 종말을 의미할 것이다. 그러므로 나는 당연히 계속 싸울 것이다."

---

33 동부 외국군 정보사령부(Foreign Armies East): 동부 지역에 있는 독일군 최고사령부의 군사 정보 조직.

독일군의 붕괴

1945년 1월 조국의 방어를 위해 독일군의 전투력을 복원시키려는 마지막 시도가 있었다. 수십 개의 새로운 기갑사단, 보병사단, 포병부대 그리고 대전차여단의 창설을 요구하는 수많은 명령이 내려졌다. 그러나 그 부대들의 대부분은 단지 서류상으로만 존재하거나 혹은 제대로 훈련되지 않은 소수의 대대들로 편성됐다. 예를 들어 마지막으로 창설된 '클라우제비츠' 기갑사단은 전차 39대, 병력 수천 명으로 편성됐다. 히틀러는 과거 영광스러웠던 독일 육군의 명칭을 새로운 부대에게 부여함으로써, 끝까지 싸우도록 동기를 유발시키려고 했다. 하지만 이 새로 창설된 부대에 부여한 명칭에 상응하는 유능한 장교들과 병사들을 거의 찾을 수가 없었다. 독일 육군의 훈련시스템은 이미 오래전에 무너졌고 더 이상 교관이나 훈련할 캠프도 없었다. 모든 사단들은 자체로 나이든 어른들과 나이 어린 청소년을 강제로 징집해야 했다. 이들은 기꺼이 싸울 의지는 있었지만, 훈련이 안 되었고 소총과 탄약이 부족했다.

독일의 무기 생산은 연합군 포격의 압박과 원자재의 부족으로 중단됐다. 1945년 2월 전차와 항공기의 생산이 중단됐다. 합성유의 생산은 현저히 줄었다(소련이 루마니아와 헝가리 유전 지역을 차단시켰다). 연합군 폭격기가 주요 교량과 조차장을 파괴함에 따라 철도망은 거의 붕괴 직전에 있었다.

독일이 이용할 수 있는 마지막 중요한 기갑예비대는 제6 무장친위대 기갑군 예하의 5개 기갑사단이었다. 이 사단들은 1945년 1월 중순에 서부 전선에서 철수했다. 이 사단들은 아르덴 공격 작전에서 엄청난 손실을 입었으나, 생산 라인에서 조립하고 있는 소수의 전차를 보충받았을 뿐이었다. 하인츠 구데리안 참모총장은 동부 전선에 배치된 12개 기갑사단과 기계화보병사단으로 베를린을 방어하려고 했다. 이 사단들은 각각 평균 40대 미만의 작전이 가능한 전차만을 보유하고 있었다. 이 사단들로는 폴란드를 침공하려고 준비하고 있는 소련군 전차 6,000대를 저지할 가능성이 거의 없었다. 한편, 히틀러는 이 정예 기갑부대와 전차 400대를 헝가리에 투입해 부다페스트 포위망을 무너뜨리고 국가의 석유 공급을 확보하기를 원했다. 헝가리는 부차적이라는 구데리안의 항의는 수포로 돌아갔고, 히틀러는 무장친위대 기갑사단 중 단 1개 사단만을 폴란드의 전선을 방어하기 위해 투입했다.

1월 12일 독일군에 대한 소련군의 첫 번째 결정적인 타격이 이루어졌다. 소련군 200만 명이 폴란드 중앙의 방어선을 점령한 독일군 40만 명을 향해 떼를 지어 공격했다. 1주일 만에 바르샤바를 점령했고, 독일군은 5만 명이 죽거나, 다치거나, 포로로 잡혔다. 상황이 보다 더 악화가 될 수 있었으나, 발터 네링Walther Nehring 장군은 3개 사단으로 편성된 제24기갑군단을 "기동 포위망"으로 구성하고 산림을 뚫고 11일간 250km를 행군해 오데르강의 브우츠와프Breslau에 있는 독일의 방어선에 도달했다. 유류의 공중 보급으로 차량은 계속 이동할 수 있었으며, 그로스도이칠란트 기갑군단의 구출부대는 네링 장군 예하의 포위된 부대와 수천 명의 주민을 위해 교두보를 개방했다.

소련 기갑군의 선두는 독일군 전방 방어진지의 잔여 부대들을 무시하고, 오데르 강과 발트 해를 향해 서쪽으로 공격했다. 2월 초 소련군은 베를린 전방 56km 지점에 도달했고, 포메라니아에서 40개 사단의 잔류 부대를 포위하면서 동프로이센을 차단했다. 추가적으로, 25개 사단은 발트 해 연안의 쿠를란트Courland에서 차단됐다. 히틀러는 이 2개 사령부에게 베를린 지역을 강화하기 보다는 끝까지 싸우라고 명령했다.

2월 소련군은 일련의 또 다른 공격을 개시해 3월 말에는 발트 해 연안에 있는 슈체친으로부터 체코의 국경선에 있는 괴를리츠Görlitz에 이르는 지역을 확보했다. 소련군은 이미 베를린에 대한 전면적인 공격을 준비했다.

히틀러의 헝가리 공세는 충분히 예견된 패배였다. 부다페스트 점령은 실패했고, 7만의 수비대 중 785명만이 탈출에 성공했다. 독일군이 소련군의 방어선을 돌파하는 전투를 시도한 지 거의 한 달 후에, 무장친위대 기갑군의 작전이 가능한 전차가 100대 미만으로 감소했다. 3월 25일 소련군의 공격은 도나우 강의 독일 전선을 돌파했다. 무장친위대 기갑사단들은 오스트리아로 철수했다. 4월 초 소련군 전차가 빈에 도착했다.

서부 전선의 연합군은 2월 8일까지 라인 강 공격을 연기했다. 6개 군이 네덜란드로부터 스위스까지의 전 전선에서 일제히 공격을 개시했다. 독일군은 국지적으로 저항했으나 라인 강 서부에서 입은 전투력 손실이 너무 컸기 때문에 더 이상 협조된 방어가 불가능했다. 한 달 안에 연합군은 라인 강에 도달해 독일의 심장부를 향해 공격할 준비를 했다. 전선의 북쪽 지역에서 독일군 5만 2,000명이 포로가 됐다.

3월 7일 라인 강에 첫 번째 교두보가 설치되었고, 연합군은 3월 22일 수중 장애물을 개척하기 위해 대대적인 라인 강 상륙작전을 실시했다. 발터 모델 원수의 B집단군은 4월 1일 루르^{Rhur} 지역에서 포위망에 고립됐다. 불과 2주 후에 루르 공업지역의 폐허 속에서 독일군 37만 명이 항복했다. 모델은 포로로 잡히는 두 번째 육군 원수가 되는 불명예를 원하지 않아 마침내 자살했다.

이제 연합군은 독일의 서부 지역을 가로질러 전진했고, 영국군은 발트해 연안을 향해 북쪽으로 공격했으며, 미군은 히틀러의 또 다른 황당한 생각으로 판명된 알프스의 소위 나치 "국가적 보루"를 제거하기 위해 남서쪽으로 전진했다. 다른 미군 부대들은 독일의 심장부와 체코슬로바키아로 진격했다. 사전 합의에 따라 미군과 소련군은 엘베 강에서 연결했다. 이탈리아의 연합군 부대들은 마침내 포 계곡을 지나 북쪽 오스트리아 알프스로 공격했고 티토의 게릴라 부대와 연결하기 위해 유고슬라비아를 공격했다. 서부 전선의 독일군의 저항은 이제 반감되었다.

괴물 전차

이미 잘 알려진 바와 같이 히틀러는 신기한 하이테크의 무기에 대해 남다른 애정을 갖고 있었다. 그는 장갑 전투차량 분야에서 대형 전차의 생산을 재개했다. 이러한 총통의 예견에도 불구하고 소수의 대형 전차는 연합군을 격퇴시키는데 실패했다.

전선에 배치된 가장 중무장된 전투차량은 티거 구축전차Jagdtiger였다. 이 전차는 유명한 티거 2의 차체를 기반으로 1944년 4월부터 제작됐다. 약 150대가 생산되었으나 70톤 전차 중 70대만이 최전방의 2개 대전차Panzerjäger대대에 배치되었다.

그 전차들은 1944년 12월 아르덴 공격에서 최초로 투입되어 좁은 도로를 통과하는 연합군 전차들에게 엄청난 손실을 안겨주었으나 아르덴에서 철수하면서 연합군 공군의 폭격으로 큰 피해를 받았고, 1945년에 단지 몇 대만이 독일 본토로 공격하는 연합군을 저지하는데 투입됐다.

독일에서 생산된 가장 무거운 전차는 마우스Maus 전차로 총 중량이 189톤이었다. 독일 기갑군의 아버지인 하인츠 구데리안 대장이 "히틀러와 그의 추종자들의 환상에서 나온 거대한 산물"이라고 표현한 마우스 전차는 전투에 배치되지 않았다.

페르디난트 포르셰는 1942년 여름, 마우스 전차를 제작하려고 히틀러를 설득했다. 전차의 모든 부분이 컸다. 이 전차는 독일의 가장 큰 128mm 주포와 75mm포를 추가로 장착했다. 1944년 말, 2개 시제품을 야전에서 시험했지만, 소련군이 1945년 쿰머스도르프Kummersdorf 지역에 있는 전차 시험장을 점령할 때까지도 이 전차는 작전 능력을 갖추지 못했다. 이 시제품을 파괴하라고 명령했지만, 소련군이 이 마우스 전차 1대를 노획했다는 소문이 있었다.

세 번째 대형 전차는 E-100 전차로 전쟁이 끝났을 때 개발 중이었다. 이 전차는 티거 2 전차를 대체할 목적으로 제작되었으며 128mm 주포를 장착했다. E-100은 무게가 5톤에서 140톤에 이르는 6가지 유형의 전차 시리즈 중 첫 번째 전차가 될 예정이었다. 미군이 140톤 전차의 시제품을 파더보른Paderborn에 있는 헨셸 공장에서 노획했지만 이 시제품은 초기 제작단계였다.

독일군 최후의 전투는 1945년 4월 16일에 개시됐다. 히틀러는 오데르 Oder 강을 확보하기 위해 거의 100만 명의 병력을 소집했으나 그중 절반 이상이 향토방위를 위해 강제로 징집된 민간인들이었다. 방어의 핵심은 여러 무기 창고에서 수집한 850대의 전차와 돌격포에 의존했는데, 여기에 추가적으로 베를린의 대공방어 포대의 500문 이상의 대공포로 강화됐다. 오데르 전선의 새로운 사령관인 고트하르드 하인리치Gotthard Heinrici 대장이 지휘하는 일련의 6개 방어선이 오데르와 베를린 사이에 빠르게 건설되었다. 그는 대포 4만 1,000문, 전차 6,000대, 항공기 7,500대를 보유한 250만 명 이상의 소련군 병사들과 대치했다.

소련군은 베를린을 포위하기 위해 두 차례의 대규모 양면 공격작전을 개시했다. 열정적으로 싸운 독일군은 베를린의 동쪽 제로버 고지Seelower Höhen에서 소련군을 잠시 저지했다. 공세 시작 9일 후에 소련군은 베를린을 완전히 포위했다. 만슈타인의 옛 참모장이었던 테오도르 부세 장군의 지휘 아래 오데르 전선을 방어했던 독일군 20만 명이 베를린의 남쪽에서 포위됐다.

베를린에서 히틀러는 모든 독일군에게 끝까지 장렬하게 싸울 것을 명령했다. 소련군은 폐허가 된 시내 도로를 따라 히틀러의 지휘 벙커의 입구에 도착하는데 4일이 걸렸다. 그 사이에 하인리치 장군은 도시의 외곽에서 그의 예하 장군들과 협조해 연합군 전선에 도달하기 위해 서쪽으로 후퇴하도록 명령했다. 히틀러는 자신의 벙커에서 이 반역에 대해 고함을 질렀지만 그가 할 수 있는 일은 아무 것도 없었다. 부세는 병력 10만 명과 주민 30만 명과 함께 엘베 강을 건너 미군 진영에 도달했다. 북쪽에서는 한소 폰 만토이펠 장군의 지휘 하에 있는 수만 명의 독인군도 미국 측에 도달했다. 히틀러는 4월 30일 늦은 시각에 스스로 자신의 목숨을 끊었다. 히틀러가 3월 28일 구데리안 장군을 해임시킨 후에 마지막 육군 참모총장으로 임명한 한스 크렙스Hans Krebs 대장은 다음 날 소련군과 항복 협상을 시작했다. 회담이 진행되는 동안, 그는 요제프 괴벨스와 다른 나치지도자들과 마찬가지로 자살했다. 5월 2일 13시 베를린 방어 지역의 마지막 사령관이었던 헬무트 바이들링Helmuth Weidling은 공식적으로 베를린을 소련군에게 넘겨주었다.

●●● 베를린 시내로 돌진하는 소련군. 독일의 저항은 치열했다. 히틀러는 모든 독일군에게 끝까지 장렬하게 싸울 것을 명령했다. 소련군은 폐허가 된 시내 도로를 따라 히틀러의 지휘 벙커의 입구에 도착하는 데 4일이 걸렸다. 베를린에서 사망한 소련군은 30만 명이 넘었다. 〈사진 출처: WIKIMEDIA COMMONS | CC BY 4.0〉

전투의 강도는 베를린에서 30만 4,000명의 소련군이 사망했다는 사실로 가늠할 수 있다. 연합군의 승리는 히틀러의 살인적인 통치를 종식시켰다. 최소한 10만 명의 독일 시민과 이와 비슷한 규모의 독일군이 베를린 전투에서 사망했다. 마지막 6개월 동안의 전쟁에서 독일군 약 200만 명이 사망, 부상 혹은 포로로 잡힌 것으로 추정됐다. 소련군은 5월 2일 하루에 베를린에서 독일군 13만 4,000명을 포로로 잡았으며, 4월 16일 베를린으로 공격을 개시한 이후 총 48만 명을 생포했다고 주장했다

히틀러의 죽음으로 독일군은 즉각 충성 맹세에서 벗어났다. 유럽 전역에서 독일의 지휘관들은 적들과 항복 협상을 시작했다. 혼란스러운 항복 협상은 알프레드 요들 대장이 5월 7일 프랑스 랭스Rheims에서 독일 국민과 독일군의 조건 없는 항복 문서에 서명하기까지 6일이 걸렸다.

국민돌격대[34]와 베어볼프[35]

1945년 봄, 미군이 라인강에, 그리고 소련군이 베를린 문턱에 진입했을 때 히틀러는 최후의 패배 Götterdämmerung("신들과 거인들이 싸워서 신들이 패배하고 세계가 멸망한다는 내용의 바그너의 오페라 니벨룽엔의 반지 4부의 제목)를 위해 전 국민들을 집단으로 동원하라는 명령을 내렸다. 히틀러 총통은 독일 국민은 승리하거나 싸우다가 죽을 것이라고 선언했다.

독일군과 무장친위대에 실망한 히틀러는 새로운 국민돌격대 Volkssturm 민병대를 조직하고, 장비하고, 이끌기 위해 나치당에 의지했다. 국민 돌격대는 종종 영국의 국민 방위대 British Home Guard와 비교되는 유사한 필사적인 수단이었다. 노인, 청소년 그리고 외국인 난민들은 국민 돌격대로 동원되었고 무기도 거의 없었으며, 사용 방법도 거의 모른 채 투입되었고 국민 돌격대의 지방 나치 지도자들은 군사 경험이 거의 없었다. 하인츠 구데리안 장군은 다음과 같이 말했다. "어떤 희생이라도 감수할 준비가 되어 있는 국민 돌격대의 용감한 병사들은 많은 경우 경험하지 못했던, 자신들이 보유하고 있는 무기를 사용하는 훈련을 받는 대신 히틀러식 경례 방법을 숙달하는 훈련으로 바빴다."

그들은 제3제국이 멸망할 때까지 약간의 저항을 했지만, 1945년 5월 육군 지휘관들은 독일군의 항복에 휘말리지 말고 해체하라고 명령했다.

'베어 볼프(늑대 인간)'는 완전히 다른 맹수와 같은 조직이었다. 연합군과 소련군이 독일을 점령한 후에도 전투를 계속하기 위한 후방 저항 조직이었다. 광적인 나치만 참여할 수 있었고, 그들에게는 비밀 저장고에 보관하기 위한 무기와 폭발물이 제공되었다. 많은 사보타주 활동으로 연합군은 포로가 된 베어 볼프를 가차 없이 처형했고, 전쟁의 피로증이 나치 저항운동의 발생을 막았다.

제3제국이 멸망할 무렵 베어 볼프는 히틀러가 독일 남부의 소위 알프스 요새에서 최후의 저항을 준비하고 있다는 이야기와 함께 많은 악명을 얻었다. 베어볼프 Werwolf가 나치 및 무장친위대 지휘자들을 독일로부터 스페인 혹은 남아프리카로 망명시키기 위해 암거래를 위한 비밀 조직망을 편성했다는 소문과 연계됐다. 비록 이러한 소문들로 연합군이 베를린을 먼저 점령하기 위해 소련군과 경주하는 대신, 마지막으로 한 번 더 독일의 저항을 격멸하기 위해 남부 독일로 공격하는 결정에 어떠한 역할을 했다는 소문이 있었지만, 이 모든 것들은 사실이라기보다는 하나의 미스터리이었다.

---

34 국민돌격대: 제2차 세계대전 말기에 독일에서 일어났던 민병대이자 국가에서 소집한 시민군.

35 베어볼프: 늑대인간이라는 뜻의 베어볼프는 제2차 세계대전 말기에 연합군 점령 지역에서 연합군에 대한 게릴라 공격으로 독일군을 지원한 부대.

독일군은 무장 해제의 절차에 돌입했다. 약 600만 명이 항복했다. 그들의 대부분은 독일, 이탈리아, 오스트리아, 네덜란드, 덴마크 그리고 노르웨이에 있는 서부 연합군에게 항복했다. 베를린, 동프로이센, 쿠를란트 그리고 체코슬로바키아에 있는 독일군은 소련군에게 항복했다.

거의 모든 포로들이 무슨 짓을 했는지 판명될 때까지 임시 포로수용소에 수감됐다. 서부에서는 수십만 명의 병사들이 파괴된 조국의 재건을 돕기 위해 임무 해제되어 집으로 돌아갔다. 감금된 대다수의 군인들의 삶은 불행했다. 1945년부터 1946년 유럽에서는 식량난이 발생했고 독일 포로들은 거의 식량 배급의 우선권에서 제외됐다. 수십만 명의 포로들이 영국, 프랑스 그리고 다른 서부 국가에서 강제 노역을 했기 때문에 대다수의 포로가 고국으로 돌아오기까지에는 몇 년이 걸렸다. 대부분이 1948년까지 고국으로 돌아왔다. 고위 장교들은 전쟁 범죄에 대한 수사 때문에 더 오랫동안 구금됐다. 몇몇은 회고록을 쓰거나 독일군의 성과에 대한 연합국의 분석 연구에 기여하는 데 시간을 보냈다.

소련군의 포로가 된 독일군 238만 명과 추축군 60만 명은 더욱 힘든 시간을 보냈다. 대부분이 거의 강제 노역자로 시베리아에 있는 스탈린의 범죄 수용소에 유배됐다. 1955년 나머지 사람들이 풀려날 때까지 최소 45만 명의 독일인을 포함해 100만 명 이상이 포로 생활 중에 사망했다. 수천 명의 무장친위대 장교와 나치당 간부가 처형되었으며, 히틀러 군대에서 복무했던 수만 명의 러시아인도 처형되었다.

뉘른베르크의 전쟁범죄 재판소에서 육군 최고사령부의 수장인 빌헬름 카이텔 원수, 독일군 참모총장인 요들 장군은 300만 명의 소련인과 수십 명의 영국인 포로를 살해하고 유럽의 많은 지역을 초토화시킨 히틀러의 불법 명령을 수립, 하달, 실행한 혐의로 사형을 선고받았다. 기소된 다른 장군들은 룬트슈테트, 브라우히치, 슈트라우스, 케셀링, 만슈타인 그리고 호트 등이었다. 케셀링은 이탈리아 게릴라를 처형하라는 명령으로 사형

판결을 받았다. 다른 장군들은 전쟁 범죄로 장기 징역형을 선고받았다. 공군 원수는 감형되었고, 냉전으로 인해 소련군을 상대로 싸웠던 독일군을 투옥하는 것이 부적절하다고 판단되어 결국 남은 다른 사람들은 석방됐다. 무장친위대 장교들도 같은 운명이었다. 80명이 넘는 친위대 고위급 사령관들은 아르덴 공격 당시 미군 포로들을 사살한 혐의로 유죄판결을 받았다. 사형선고를 받은 죄수들은 형 집행이 취소되었고, 징역형으로 전환됐다.

1955년에 냉전은 최고조에 이르렀다. 독일은 동서양의 주요 전쟁터가 됐다. 영국과 미국은 많은 전직 독일의 장군들과 장교들을 복권시켰고, 그들은 서독군의 핵심이 됐다. 소련군의 포로가 된 일부 독일군 참전 용사들은 동독군에 합류했다. 히틀러의 장군들은 새로운 주인을 찾았다.

●●● 1945년 11월 20일 독일 뉘른베르크 전범 재판에서 제프리 로렌스(윗줄 왼쪽) 판사가 프랜시스 비들(Francis Biddle) 판사가 상의하고 있다. 로렌스 판사는 독일군 장군들에게 통렬한 비판을 가했다. "자신들의 방어에 적합할 때는 복종해야 했다고 말합니다. 일반적으로 알고 있는 히틀러의 잔혹한 범죄에 직면했을 때는 불복종했다고 말합니다. 진실은 그들이 이 모든 범죄에 적극적으로 가담했거나, 침묵하고 묵인했다는 것입니다." 〈사진 출처: WIKIMEDIA COMMONS | Public Domain〉

제8장
독일군의 유산

히틀러의 전직 장군 중 일부는 독일의 패배가 자신들의 잘못이 아니라고 주장하면서 **총통이 자신의 전문적인 군사 조언을 받아들였다면 재앙을 피할 수 있었을 것이라고 말했다.** 히틀러의 사악한 마법에 빠진 것은 독일의 장군들과 군인들만이 아니었다. 1939년에서 1945년 사이에 세계를 파멸과 파괴로 몰고 간 그의 운명을 추구하는 과정에서 독일 국민 전체가 그를 지지했다.

히틀러의 '천년 제국'이 폐허로 파괴되기 전에 독일군은 6년간의 전쟁으로 서부 유럽과 북아프리카 해안의 대부분을 점령했다. 1939년 9월부터 1941년 11월까지 폴란드, 노르웨이, 네덜란드, 벨기에, 프랑스, 영국 및 소련군은 독일군에게 연속적으로 참패를 당했다. 독일군은 제1차 세계대전에서 4년간의 피비린내 나는 전투에서도 불가능했던 승리를 몇 달 만에 달성했다.

하인츠 구데리안은 "세계대전에서 패배한 후 두 번이나 전승국들의 명령에 따라 장군참모단이 해산되었다. 이런 조치들은 우리의 적대국들이 우수한 장군참모단에 대한 원치 않는 경외감을 가지고 있다는 것을 보여주고 있다"고 자랑했다.

히틀러의 장군들에게는 장군참모단이 직업 경력의 정점이었다. 히틀러가 위대한 독일을 다시 회복시킬 것이라고 약속했기 때문에 장군참모들은 히틀러가 권좌에 오르는 것을 지지했다. 결과적으로 독일 장군들은 역사상 가장 효율적인 장군참모단을 창설했다. 이 장군참모단이 출범하면서 모든 것을 석권했다. 승리하는 순간에 그들은 위대한 조국으로부터 칭송받았고, 히틀러 총통은 장군 참모들의 노력에 대해 충분한 보상을 했다.

전격전은 여러 가지 이유로 모든 것을 휩쓸었다. 독일군은 경쟁 국가들보다 훨씬 먼저 현대의 신기술을 군대에 접목시켰다. 전차와 항공기의 기술면에서 독일군은 적국 보다 훨씬 앞섰다. 공수부대원, 강습 글라이더 및 급강하폭격기는 독일이 창안한 새로운 전술과 무기의 일부에 불과했다.

게다가 독일군 장군참모단은 이들 전투 부대를 잘 검증된 공격 전술과 전투 절차로 통합하는 능력이 더 뛰어나다는 것을 증명했다. 독일군 장교들은 세계에서 가장 전문화된 장교 집단이었고 군사적인 완벽성을 엄격하게 추구했다. 독일군 장교들의 논리와 명확한 사고는 심리적, 육체적으로 독일군과 싸울 준비가 되지 않았던 창의력이 없는 적대국의 장교들을 훨씬 능가했다.

그러나 전격전의 승리들은 히틀러와 독일군을 과신하게 만들었다. 그들은 상대방이 그렇게 빨리 패할 것이라고는 예상하지 못했고 곧 성공에 취했다. 바르바로사 작전은 잘못된 대표적인 작전이었고, 유대인과 소련 주민을 대량으로 학살하면서 더 이상 돌이킬 수 없었다. 그러나 독일은 산업적, 인적 자원에서 소련을 상대로 전쟁을 벌일 수 있는 상황이 아니었다.

히틀러가 1943년 1월 총력전을 개시하면서, 독일군은 소련군과 연합군과 무승부를 거두겠다는 새로운 목표를 세우고 수세적인 방어 단계로 전환했다. 1943년 초기에 성채 작전(쿠르스크 역습)을 위해 독일 육군을 재편성하고 1944년 연합군의 프랑스 침공에 대응하기 위한 최상의 노력 덕분에 독일군은 우세한 적들과 효과적으로 싸울 수 있었다. 독일 장군과 병사들은 히틀러와 조국을 위해 모든 것을 희생했지만, 그것만으로는 충분하지 않았다. 연합군과 소련군은 1944년 6월과 7월에 독일군에게 더 이상 회복이 불가능한 연속적인 대규모의 패배를 안겨주었다.

그러나 독일군의 전격전 승리는 사악한 목적에 기여했고, 독일군이 정복한 영토에서는 히틀러의 부하들이 곧 공포의 통치를 시작해 모든 민족을 노예로 만들고 유럽의 미래에 대한 히틀러의 비뚤어진 인종적 견해에 맞지 않는 사람들을 몰살시켰다.

히틀러의 장군들과 병사들은 자발적으로 이러한 야만적인 학살에 가담했고, 그것이 성공하도록 열심히 싸웠다. 점령한 소련에서 독일의 야만적인 통치는 1942년과 1943년 스탈린그라드와 쿠르스크에서 히틀러의 군대를 저지하고 철수시키기 위해 자라난 복수심에 불타는 소용돌이의 씨앗을 뿌렸다. 소련, 북아프리카, 이탈리아, 그리고 프랑스에서 소련과 연합군이 부활하면서 독일군은 수세에 몰렸다.

히틀러의 전직 장군 중 일부는 독일의 패배가 자신들의 잘못이 아니라고 주장하면서 총통이 자신의 전문적인 군사 조언을 받아들였다면 재앙을 피할 수 있었을 것이라고 말했다. 다른 장군들은 1944년 암살 음모에서의 자신들의 역할을 독일의 이익을 마음에 두고 있었다는 증거로 지적한다.

그들은 패배의 책임을 사망한 히틀러에게 돌리려는 전형적인 부류들이었다. 독일 장군들은 승리했을 때 히틀러에게 영혼을 팔았고, 사태가 악화되었을 때는 자신들을 제외한 다른 사람들에게 책임을 돌렸다. 만일 일부 장군들이 이러한 잘못을 개선하려고 노력했더라도 상황을 수습하기에는 이미 너무 늦었다. 그들은 히틀러에 생명을 바칠 것을 맹세했고, 패배했던 해에도 히틀러는 충성의 맹세를 지킬 것을 요구했다. 일부 장군은 히틀러에게 계속 충성하면서 점점 증가하는 혼란스러운 명령에 의한 손실을 최소화하려고 했다. 히틀러가 전투부대에 대한 통제를 더욱 강화하면서 이것도 점점 어려워졌다. 일부 장교들은 히틀러의 암살을 도모했지만, 대부분이 실패해 히틀러 추종자들의 손에 죽임을 당했다. 히틀러는 장군들에 비해 정치적인 수완이 앞서 있었다. 그들은 히틀러에 비한다면, 정치적으로 왜소한 존재에 지나지 않았다.

독일 장군의 정치적인 약점은 용서될 수 있지만, 그들의 도덕적인 파산은 해명하기가 어렵다. 전쟁이 끝난 후 그들은 다만 직업 군인이었을 뿐이고 나치와 무장친위대의 잔인한 행동은 자신들과 아무런 관계가 없었다고 주장하려고 애썼다. 하지만 독일 장교들과 부대가 소련에서 나치의 킬러 부대들과 함께 협조된 작전을 했던 열정은 그들이 열등한 민족으로 취급한 유대인과 슬라브족의 말살 작전에 얼마만큼 적극적인 동참했는가를 증명해 주고 있다.

전쟁 후 개최된 뉘른베르크 전범 재판의 재판관 중 한 명인 제프리 로렌스Geoffrey Lawrence 판사는 독일군 장군들에게 통렬한 비판을 가했다. "그들은 수백만의 남성, 여성 그리고 아이들에게 안겨준 불행과 고통에 상당한 책임이 있습니다. 그들은 명예로운 직업인 군인의 명예를 실추시켰습니다. 군사적인 지침 이외에도 히틀러와 나치 동료들의 호전적인 야심은 탁상공론이고 무익했습니다. 이들 중 많은 사람이 명령에 복종하겠다는 군인의 맹세를 조롱했습니다. 자신들의 방어에 적합할 때는 복종해야 했다고 말합니다. 일반적으로 알고 있는 히틀러의 잔혹한 범죄에 직면했을 때는 불복종했다고 말합니다. 진실은 그들이 이 모든 범죄에 적극적으로 가담했거나, 침묵하고 묵인했다는 것입니다."

히틀러의 사악한 마법에 빠진 것은 독일의 장군들과 군인들만이 아니었다. 1939년에서 1945년 사이에 세계를 파멸과 파괴로 몰고 간 그의 운명을 추구하는 과정에서 독일 국민 전체가 그를 지지했다.

부록

DER SIEG WIRD
UNSER SEIN!

1
초기 기갑사단

제1기갑사단은 1935년 10월 15일 바이마르에서 제3기병사단을 모체로 창설됐다. 그의 편성은 제2차 세계대전 초기 기갑사단의 전형이다.

편성(1939년 9월 1일)

1 차량화여단본부(Ⅰ/,Ⅱ/차량화 보병연대Ⅰ 및 오토바이 대대Ⅰ)

1 기갑여단본부(Ⅰ/,Ⅱ/기갑연대Ⅰ 및 Ⅰ/Ⅱ/기갑연대 2)

Ⅰ/,Ⅱ/포병연대 73(차량화)

수색대대 4(차량화)

대전차대대 37(차량화)

공병대대 37(차량화)

통신대대 37(차량화)

보급부대 81(차량화)

편성(1941년 6월 22일)

1 차량화여단본부

Ⅰ/,Ⅱ/차량화보병연대 1

Ⅰ/,Ⅱ/차량화보병연대 113

오토바이대대

Ⅰ/,Ⅱ/기갑연대 1

Ⅰ/,Ⅱ/,Ⅲ포병연대 73(차량화)

수색대대 4(차량화)

대전차대대 37(차량화)

공병대대 37(차량화)

통신대대 37(차량화)

보급부대 81(차량화)

출처

Barker, A. J. *Hitlers Forces - Panzers at War.* London: Ian Allan Publishing, 1998.

Chamberlain, Peter, and Doyle, Hilary. *Encyclopedia of German Tanks of World War Two.* London: Arms & Armour, 1999.

Macksey, Major K. J. *Panzer Division: The mailed fist.* New York: Ballantine Books, 1968.

Nafziger, George F. *The German Order of Battle: Panzers and Artillery in World War II.* London: Greenhill Books, 1999.

Perret, Bryan. *Panzerkampfwagen III.* Oxford: Osprey Publishing, 2001.

2
후기 기갑사단

1943년 말과 1944년 초 동부 전선의 우크라이나에서 벌어진 동계 전투에서 정예 기갑사단들은 엄청난 손실을 입었다. 그러나 1944년 봄에 대규모의 증원을 받는 대신 1944년 초에 생산된 대부분의 전차들은 임박한 연합군의 프랑스 공격에 대비해 서부 전선으로 전환됐다.

1944년 중반까지 동부 전선에 있는 독일 육군의 기갑사단들은 과거의 영광된 모습을 찾아 볼 수 없었다. 서류상의 기갑사단은 통상 4호 전차 88대를 보유한 1개 기갑대대와, 판터 전차 88대를 보유한 1개의 전차대대를 편제한 막강한 제대였으나 전투 손실과 대체 차량의 인도 지연으로 동부전선의 사단들이 2종류의 전차 중 전투가 가능한 전차를 평균 50대 이상 보유했다면 그나마 행운이었다.

1개 기갑사단은 편제상 4개의 기갑대대를 보유하도록 되어 있었으나, 그 중 1개 대대는 특수 목적 반궤도장갑차량 251Sdkfz 251을 편제하기로 되어 있었다. 사실상 이 대대는 중대급보다 약간 큰 규모였고, 반면에 장갑화된 기계화보병대대는 12대 이상의 반궤도장갑차량을 보유하면 다행이었다.

절망적인 상황은 1944년 6월 및 7월 중앙집단군의 와해로 더욱 악화됐다. 서부 전선이나 동부 전선이 모두 긴박한 상황이었기 때문에 재무장 및 재정비 과정에 있는 전투력이 약화된 기갑사단들을 살려내는 것이 불가능했다. 보다 단호한 대책이 필요했다.

1944년 7월, 독일 전선의 공백을 메우기 위해 소위 10개 기갑여단 중 1개 여단이 창설됐다. 이 여단들은 원칙적으로는 강력한 연대급 전투단 으로 판터 전차 40대를 보유한 1개 전차대대와 반궤도장갑차량에 탑승한 전투력이 약한 1개 기계화보병대대로 편성됐다. 그 실험은 오래가지 못했고 늦가을에 전투력이 고갈된 기갑사단을 보강하는데 투입됐다

1945년 봄 동부 전선의 기갑사단들은 수명을 다했다. 1945년 3월, 기갑사단들을 단지 1개 기갑대대로 줄이는 새로운 편성의 명령이 하달됐으나, 이 명령은 현실에 맞지 않는 학문적인 조치였다. 거의 모든 기갑사단들은 수십 대의 전차를 보유하고, 수십 대의 돌격포, 혹은 장갑화된 자주포의 지원을 받았다.

출처

Barker, A. J. *Hitlers Forces - Panzers at War*. London: Ian Allan Publishing, 1998.

Chamberlain, Peter, and Doyle, Hilary. *Encyclopedia of German Tanks of World War Two*. London: Arms & Armour, 1999.

Doyle, Hilary. *Panther Variants 1942-1945*. Oxford: Osprey, 2001.

Jentz, Thomas L. *Panzertruppen: The Complete Guide to the Creation and Comba Employment of Germany's Tank Force 1943-1945*. Atglen, PA: Schiffer, 2000.

Macksey, Major K. J. *Panzer Division: The mailed fist*. New York: Ballantine Books, 1968.

Nafziger, George F. *The German Order of Battle: Panzers and Artillery in World War II*. London: Greenhill Books, 1999.

Perret, Bryan. *Panzerkampfivagen III*. Oxford: Osprey Publishing, 2001.

3
기계화보병사단

전쟁 후반의 기계화보병사단은 전격전을 실시할 당시 기갑사단을 후속하던 차량화보병사단의 계승자였다

일반적으로 알려진 전설과는 달리, 기계화보병사단은 수백 대의 병력수송용 반궤도 Sdkfz 251이 편성되지 않았다. Sdkfz 251은 거의 독점적으로 육군 기갑사단과 나중에 기갑사단이 된 무장친위대 기계화보병사단에 집중적으로 배치됐다.

1943년과 1944년의 기계화보병사단은 원래 차량화보병부대였지만, 기갑대대나 돌격포대대로 증강됐다 또한 운이 좋은 기계화보병사단은 장갑차량, 반궤도 장갑차량을 편제한 기갑수색대대 및 자주 대전차포대대를 보유했다.

1944년 전차의 손실은 기계화보병들이 전차대대를 잃었다는 것을 의미했으며 전차를 지원하기 위해 3호 돌격포나 4호 돌격포에 의존해야 했다.

기계화보병사단들의 전투력은 2개의 기계화보병연대를 기초로 했다. 각 기계화보병연대는 편제된 박격포중대, 경기관총중대, 대공포중대 및 돌격공병중대의 지원을 받는 3개 보병대대로 편성됐다

기계화보병사단의 예하 모든 부대들은 사단에 전략적 혹은 작전적 기동성을 제공하기 위해 차량화 된 수송수단을 보유했다. 기계화사단의 보병들은 전투에 투입될 때 트럭을 사용하지 않았다. 트럭 운용의 주요 목

적은 기계화보병들을 전선 가까이에 수송해 기존의 보병과 같이 도보로 전장에 투입하는 것이었다.

이러한 상황에 대한 한 가지 주요 예외는 유명한 그로스도이칠란트사단으로, 1943년 6월부터 기계화보병사단으로 지정됐지만 보통 일반적인 육군 기갑사단보다 3배나 많은 전차를 운용했다. 한 때 기계화보병사단이 티거 1 전차와 판터 전차를 편제한 4개 기갑대대를 보유하기도 했다. 기계화보병사단 예하 보병연대 역시 최신의 우수한 장비를 보유했고, 보병대대들 중 1개 대대는 반궤도 장갑차량에 탑승했다. 수색, 포병, 대전차, 대공포부대와 같은 대부분의 전투지원부대들은 장갑차량을 보유했다. 다른 부대와는 달리 그로스도이칠란트사단은 항상 전투력을 유지할 수 있도록 정상적인 보급이 이루어졌다.

전쟁의 마지막 몇 달 동안, 심각한 손실로 인해 독일군은 더 이상 기갑사단과 기계화보병사단을 구분할 수 없게 됐다. 이후로 두 유형의 부대 모두 동일한 수의 병력과 장비에 맞게 확장될 예정이었지만, 당시의 시점에서 그런 문제들은 대부분 탁상공론에 불과했다.

제3기계화보병사단은 기계화보병사단의 가장 대표적인 모델을 제공하고 있다.

편성(1943년 9월 1일)

I /, II /, III /기계화보병연대 8 (차량화)

I /, II /, III /기계화보병연대 29(차량화)

전차대대 103

I /, II /, III /포병연대 3(차량화)

기갑수색대대 103

공병대대 3(차량화)

육군 방공포병대대 312(차량화)

통신대대 3(차량화)

보급부대 3(차량화)

출처

Nafziger, George F. *The German Order o f Battle: Panzers and Artillery in World War II.* London: Greenhill Books, 1999.

Scheibert, Horst. *Panzer-Grenadier: Motorcycle & Panzer-reconnaissance Units 1935-1945.* Atglen, PA: Schiffer, 1991.

4
차량화보병사단

전장에서 차량화보병사단은 빠르게 기동하는 기갑사단과 보조를 맞추기 위해 창설됐으며, 따라서 차량을 완벽하게 장비하고 있었다. 최초 4개 차량화보병사단(2, 13, 20, 29사단)은 1937년부터 1939년까지 보병 사단에서 직접 업그레이드 됐다. 그러므로 이 차량화보병사단들은 대부분 모체부대들의 특성을 그대로 유지했다. 각 차량화사단은 3개 차량화보병연대, 1개 차량화 포병연대 및 지원부대로 편성됐다.

대표적인 차량화보병사단 편성(1939년)

사단사령부(차량화)

보병연대(차량화)

보병연대(차량화)

보병연대(차량화)

포병연대(차량화)

수색대대(차량화)

대전차대대(차량화)

공병대대(차량화)

차량화보병사단은 총 9개 차량화보병대대를 보유했고, 3개 차량화경포병대대와 1개 차량화된 중포병대대의 지원을 받았다.

출처

Davies, W. J. K. *German Army Handbook 1939-1945*. London: Military Book Society, 1973.

Lucas, James. *German Army Handbook 1939-1945*. Stroud: Sutton Publishing Limited, 1998.

Nafziger, George F. *The German Order o f Battle: Infantry in World War II*. London: Greenhill Books, 2000.

US Handbook on German Military Forces. Washington: US War Department, 1945.

5
보병사단

대표적인 보병사단의 편성(1939년)

사단본부중대

지도제작소대(차량화)

3개 보병연대

  각 3개 보병대대

    각 대대: 3개 소총중대

    기관총중대

    보병포중대

  수색대대

    기마중대

    자전거중대

    대전차소대(차량화)

    보병포소대

    장갑정찰반

포병연대

  포병연대 참모 및 연대본부포대

  3개 경포병대대

  포병대대 참모 및 대대본부포대

3개 포대

　중포병대대

　포병대대 참모 및 대대본부포대

　　1개 포대

　관측대대(차량화)

대전차대대

　3개 대전차중대(차량화)

　중기관총중대(차량화)

공병대대

　2개 공병중대

통신대대

보충대대

추가 : 베이커리, 도축업자, 의무 및 수의사

6
국민척탄병사단[38]

히틀러는 1944년의 늦은 여름에 '국민척탄병Volksgrenadier사단'을 창설했다. 이 명칭은 히틀러의 극적인 감각과 투쟁의 필요성에 호소한 것이었다. 국민Volk, 즉 "독일 민족"은 제2차 세계대전을 독일 지배민족master race과 유대인 및 슬라브의 "열등 인종" 사이의 인종적 투쟁으로 본 히틀러에게 신화적인 의미를 내포하고 있었다.

국민척탄병사단은 정치적인 새로운 명칭으로 재포장되었으나 실제로는 장비가 부족하고, 질이 저하된 보병사단에 불과했다. 13개 국민척탄병사단이 새로 창설됐으나 그 밖의 수십 개의 추가적인 사단들은 전방부대의 생존자를 모아 재편성됐다.

국민척탄병사단의 병력은 기존 보병사단의 1만 6,500명과 비교할 때 약 1만 명 정도로 1939년 당시의 보병사단보다 약 1/3이 적은 규모였다. 9개 보병대대를 보유했던 기존 사단과는 달리 새로운 국민척탄병사단에는 6개 보병대대밖에 없어 최전선 전력이 큰 타격을 입었다. 하지만 새로 편성된 사단들이 서류상으로는 300정 이상의 기관총을 보유해 화력이 증강됐다

---

36 국민척탄병사단: 1944년 여름 히틀러가 동부 및 서부전선에서의 손실에 따른 병력의 부족으로 급조로 창설한 사단.

국민척탄병사단들은 질적으로 매우 다양했다. 구 보병사단을 모체로 창설된 국민척탄병사단은 생존자들을 끌어 모아 만든 사단들보다 전투력이 뛰어났다. 국민척탄병사단의 대규모 전투력 시험은 1944년 12월 아르덴 공세에서 최초로 이루어졌다. 그 중 많은 사단은 공격을 위해 돌격포대대와 특수부대로 증강됐다. 국민척탄병사단들은 전선을 따라 전투의 중심에 있었고, 대부분이 잘 싸웠다.

제18국민척탄병사단은 발지 전투를 개시한 날 미 제106보병사단을 파괴하는데 중추적인 역할을 했다. 국민척탄병사단은 전형적인 침투 전술로 미군의 전선을 돌파해 전투 경험이 부족한 미군을 공황과 혼란에 빠트렸다. 총 8,000명의 미군이 국민척탄병사단에 항복했는데 제2차 세계대전 중 미군이 유럽에서 당한 가장 참혹한 패배였다.

남은 전쟁 기간 국민척탄병사단은 더 이상의 추가적인 승리를 달성하지 못했다. 대부분의 국민척탄병사단들은 폴란드, 체코슬로바키아 및 헝가리의 전선을 유지하기 위해 동부 전선에 투입된 후 전멸을 당했다.

출처

Davies, W. J. K. *German Army Handbook 1939-1945*. London: Military Book Society, 1973.

Lucas, James. *German Army Handbook 1939-1945*. Stroud: Sutton Publishing Limited, 1998.

The Editors of *Command Magazine*. *Hitler's Army: The Evolution and Structure of German Forces*. Pennsylvania: Combined Publishing, 2000.

7
무장친위대 기갑사단

무장친위대 기갑사단은 제2차 세계대전 당시 가장 효과적으로 전투한 사단 중 하나였다. 제12 SS 히틀러유겐트^{Hilterjugend} 기갑사단은 무장친위대의 대표적인 기갑사단이었다.

편성(1943년 10월)

제25 무장친위대 히틀러유겐트 기계화보병연대

제26 무장친위대 히틀러유겐트 기계화보병연대

제12 무장친위대 기갑연대

제12 무장친위대 포병연대

제12 무장친위대 오토바이연대

제12 무장친위대 수색대대

제12 무장친위대 대전차대대

제12 무장친위대 포병로켓대대

제12 무장친위대 방공대대

제12 무장친위대 공병대대

제12 무장친위대 전차통신대대

제12 무장친위대 보급지원부대 81(차량화)

출처

Nafziger, George F. *The German Order of Battle: Waffen-SS and other units in World War II*. Pennsylvania: Combined Publishing, 2001.

Reynolds, Michael. *Steel Inferno: I SS Panzer Corps in Normandy*. Staplehurst: Spellmount, 1997.

Reynolds, Michael. *Sons of the Reich: The History of II SS Panzer Corps*. Staplehurst: Spellmount, 2002.

Reynolds, *Men of Steel: I SS Panzer Corps: The Ardennes and Eastern Front 1944-45*. Staplehurst: Spellmount, 2002.

8
사단 전투력

1939년 독일 야전군의 가장 중요한 사단 형태의 전투력

구분	보병사단	차량화보병사단	기갑사단	경輕사단
장교	500	500	400	400
공무원	100	100	100	100
부사관	2,500	2,500	2,000	1,600
병사	13,400	13,400	9,300	8,700
계	**16,500**	**165,000**	**11,800**	**10,800**
기관총	500	500	220	460
박격포	140	140	50	60
보병포	25	25	10	10
37mm 대전차포	75	75	50	50
곡사포 및 대포	48	48	28	24
20mm 대공포	12	12	12	12
정찰장갑차	3	30	100	100
전차			324	86
화물차	500	1,700	1,400	1,000
승용차	400	1,000	560	600
오토바이	500	1,300	1,300	1,100
오토바이사이트카	200	600	700	600
말	5,000			
삽차(포장차)	1,000			

출처

Chamberlain, Peter, and Doyle, Hilary. *Encyclopedia of German Tanks of World War Two*. London: Arms & Armour, 1999.

Davies, W. J. K. *German Army Handbook 1939-1945*. London: Military Book Society, 1973.

Deighton, Len. *Blitkrieg: From the Rise of Hitler to the Fall of Dunkirk*. London: BCA, 1979.

Hogg, Ian V. *German Artillery of World War Two*. London: Greenhill Books, 1997.

Macksey, Major K. J. *Panzer Division: The mailed fist*. New York: Ballantine Books, 1968.

Nafziger, George F. *The German Order of Battle: Infantry in World War II*. London: Greenhill Books, 2000.

9
기갑사단의 전차 수량

기 간	수 량
1939년–1940년	324
1941년–1942년	150–200
1943년	170
1944년	120–140

참조: 이 현황은 통상 전방부대의 전투력을 반영하지 않았던 이상적인 수량이다.

출처

Barker, A. J. *Hitler's Forces – Panzers at War*. London: Ian Allan Publishing, 1998.

Chamberlain, Peter, and Doyle, Hilary. *Encyclopedia o f German Tanks of World War Two*. London: Arms & Armour, 1999.

Jentz, Thomas L. *Panzertruppen: The Complete Guide to the Creation and Combat Employment of Germany's Tank Force 1943–1945*. Atglen, PA: Schiffer, 2000.

Macksey, Major K. J. *Panzer Division: The mailed fist*. New York: Ballantine Books, 1968.

Nafziger, George F. *The German Order o f Battle: Panzers and Artillery in World War II.* London: Greenhill Books, 1999.

Perret, Bryan. *Panzerkampfwagen III.* Oxford: Osprey Publishing, 2001.

10
연도별 독일의 전차 수량

1941년 6월부터 1945년 1월까지

기간	수량	기간	수량
1941년 06월	5,639	1944년 06월	9,148
1942년 03월	5,087	1944년 09월	10,563
1942년 05월	5,847	1944년 10월	11,005
1942년 11월	7,798	1944년 11월	12,236
1943년 03월	5,625	1944년 12월	13,175
1943년 08월	7,703	1945년 01월	13,362

참조: 이 현황에 보병장갑차와 경장갑수송차량은 포함되지 않았다.

출처

Barker, A. J. *Hitler's Forces - Panzers at War*. London: Ian Allan Publishing, 1998.

Chamberlain, Peter, and Doyle, Hilary. *Encyclopedia of German Tanks of World War Two*. London: Arms & Armour, 1999.

Cooper, Matthew and Lucas, James. *Panzer: The Armoured Force of the Third Reich*. New York: St Martins Press, 1976.

Doyle, Hilary. *Panzerkampfwagen IVAusf. G, H and J 1942-45*. Oxford: Osprey Publishing, 2001.

Jentz, Thomas L. *Panzertruppen: The Complete Guide to the Creation and Combat Employment of Germany's Tank Force 1937-1942*. Atglen, PA: Schiffer, 1996.

Jentz, Thomas L. *Panzertruppen: The Complete Guide to the Creation and Combat Employment of Germany's Tank Force 1943-1945*. Atglen, PA: Schiffer, 2000.

Jentz, Thomas L. *Germany's Tiger Tanks: Tiger I & II: Combat Tactics*. Atglen, PA: Schiffer, 1997.

Macksey, Major K. J. *Panzer Division: The mailed fist*. New York: Ballantine Books, 968.

Nafziger, George F. *The German Order of Battle: Panzers and Artillery in World War II*. London: Greenhill Books, 1999.

Perret, Bryan. *Panzerkampfwagen III*. Oxford: Osprey Publishing, 2001.

Mitcham Jr., Samuel W. *The Panzer Legions: A Guide to the German Army Tank Divisions of World War II and Their Commanders*. Westport, CT: Greenwood Press, 2001.

Stolfi, R. H. S. *Hitler's Panzers East: World War II Reinterpreted*. Norman: University of Oklahoma Press, 1993.

11
대전차 전술

동부 전선에서 독일군의 대전차 전술은 공격과 방어 전술이 혼합되어 있었다. 대전차 방어의 핵심은 결정적인 효과를 달성하기 위해 견인포나 자주포 등 중重대전차 무기를 대량으로 투입해야 한다는 것이었다.

대전차 화기는 연대 및 사단급 제대에서 집중적으로 운용되었고, 보병 진지들을 강화하기 위해 이러한 효율적인 전투 자산을 1문이나 2문 단위로 운용하도록 엄격한 명령이 내려졌다. 이 대전차 화기의 방호를 위해 지뢰, 성형작약수류탄 혹은 판처 슈렉 혹은 후에 단발용 판처 파우스트와 같은 휴대용 로켓 발사기에 의존해야 했다.

중대전차부대는 일반적으로 소련군 전차가 집중될 때까지 예비대로 보유했다. 독일 지휘관들은 '살상지역'으로 언급된 지역에서 돌진하는 소련군을 저지하기에 가장 양호한 지역에 대전차 부대를 배치했다. 대전차포 중대는 사격 구역을 중첩되게 할당해 살상지역을 엄호함으로써 작전지역에 진입한 소련군 전차를 도주하지 못하도록 했다.

쿠르스크 전투 이후 소련군은 최대 12문의 75mm 대전차포를 보유한 평균적인 사단 대전차 부대가 대처할 수 없을 정도의 엄청난 양의 전차로 공격했다. 따라서 사단의 대전차부대는 전투단 혹은 전차대대 특수임무부대에 통합 편성했다.

대전차공격의 과업은 소련군의 공격 기세를 흡수하고 저하시키는 방어의 모루의 역할이었다. 이때 망치의 역할을 하는 전차대대는 결정적인 공격에 참여할 수 있는 양호한 위치를 확보하기 위해 소련군의 측방으로 기동했다.

무전기의 부족으로 인한 소련군의 지휘, 통제 절차의 미흡으로 독일군은 소부대까지도 대전차포와 기갑부대를 통합 운용함으로 대규모의 소련군을 압도하고 파괴할 수 있었다. 예를 들어 독일 기갑군단은 1943년 12월 키예프 남쪽에서 중요한 돌파를 시도한 후, 잘 지휘된 독일 기갑군단은 대전차 부대와 기갑대대를 배치해 소련군 전차 800대를 섬멸할 수 있었다. 소련군 기갑부대의 규모가 너무 커 소련군 지휘관들은 통제 능력을 완전히 상실하였고, 독일의 화포들은 소련군의 효과적인 대응 없이 소련군 기갑부대의 측방을 조준하지 않고도 사격할 수 있었다.

출처

Carell, Paul. *Scorched Earth*. New York: Ballantine, 1971.

Fugate, Bryan I. *Operation Barbarossa: Strategy and Tactics on the Eastern Front, 1941*. Novato, CA: Presidio, 1984.

Lucas, James. *War on the Eastern Front: The German Soldier in Russia 1941-45*. London: Greenhill, 1979.

Mellenthin, F. W. von. *Panzer Battles 1939-45: A Study in the Employment of Armor*. London: Cassell, 1955.

Newton, Steven H. *German Battle Tactics on the Russian Front 1941-45*. Atglen, PA: Schiffer, 1994.

12
독일군 계급

육군	공군	해군	무장친위대[39]
이병(척탄병)	이병	이병	친위대 이병
상급 이병(척탄병)			친위대 일병
일병	일병	일병	친위대 상병
상병	상병	상병	친위대 병장
병장	병장(~1944) 병장(1944)	병장 상급병장	
하사	하사	하사	친위대 하사
중사	중사	중사	친위대 중사
사관후보생		사관후보생	
상사 주임상사	상사	상사 주임상사	친위대 상사 친위대 원사
상급 사관후보생		상급 사관후보생	
주임원사	주임원사	주임원사	친위대 주임원사
소위	소위	소위	친위대 소위
중위	중위	중위	친위대 중위
대위	대위	대위	친위대 대위
소령	소령	소령	친위대 소령
중령	중령	중령	친위대 중령
대령	대령	대령	친위대 대령
		준장	친위대 준장
소장	소장	소장	친위대 소장
중장	중장	중장	친위대 중장
병과대장	병과대장	대장	
대장	대장	상급대장	친위대 대장
원수	원수	원수	친위대 원수

39 무장친위대와 해군은 육군과 공군과는 다른 자체의 계급 체계(명칭, 계급장 등)를 가지고 있으나 본서에서는 유사한 명칭으로 번역함.

13
계급 비교

독일 육군		미 육군	
Schütze	이등병	Private	이등병
Oberschütze	상급 이등병	Private 1st Class	상급 이등병
Gefreiter	일병	Acting Corporal	일병
Obergefreiter	상병	Corporal	상병
Unteroffizier	부사관	Sergent	부사관
Unterfeldwebel	상급 부사관	Staffsergent	상급 부사관
Fähnrich	장교후보생	Officer candidate	장교후보생
Feldwebel	중사	Technical Sergeant	중사
Oberfeldwebel	상사	Mastersergeant	상사
Oberf hnrich	상급 장교후보생	Senior Officer candidate	상급 장교후보생
Stabsfeldwebel	원사	Sergeant Major	원사
Leutnant	소위	2d Lieutenant	소위
Oberleutnant	중위	1st Lieutenant	중위
Hauptmann	대위	Captain	대위
Major	소령	Major	소령
Oberstleutnant	중령	Lieutenant-Colonel	중령
Oberst	대령	Colonel	대령
Generalmajor	소장	Brigadier General	준장
Generalleutnant	중장	Major-General	소장
General der Infantrie(etc)	병과대장	Lieutenant-General	중장
Generaloberst	대장	General	대장
Generalfeld marschall	원수	General of the army	원수

출처

Hohne, Heinze. *The Order of the Death's Head: The Story of Hitler's SS*. London: Penguin Books, 2000.

Lucas, James. *German Army Handbook 1939-1945*. Stroud: Sutton Publishing Limited, 1998.

US Handbook on German Military Forces. Washington: US War Department, 1943.

14
희생자 수

독일 인구

1933년 : 66,000,000 +

1938년 : 78,000,000 +

1939년 : 80,600,000 +

성별 및 나이

독일 남성 1939년 : 38,900,000 +

독일 남성(15 65세) 1939년 : 24,620,748

독일 남성(15 20세) 1939년 : 3,137,429

독일 남성(21 34세) 1939년 : 8,885,775

독일 남성(35 44세) 1939년 : 5,695,510

독일 남성(45 65세) 1939년 : 6,902,034

독일 여성 1939년 : 41,700,000 +

독일 여성(15 65세) 1939년 : 27,960,000 +

독일군

독일군 복무인원 1939년 : 4,722,000 +

독일군 복무인원 1940년 : 6,600,000 +

독일군 복무인원 1941년 : 8,154,000 +

독일군 복무인원 1942년 : 9,580,000 +

독일군 복무인원 1943년 : 11,280,000 +

독일군 복무인원 1944년 : 12,070,000 +

독일군 복무인원 1945년 : 9,701,000 +

독일군 총 복무인원 1939 1945 : 17,893,200

총 전사자 1939 1945 : 2,230,324

총 실종자 1939 1945 : 2,870,404

총 부상자 1939 1945 : 5,240,000

독일군 총 사상자 1939 1945 : 10,340,728

독일 육군

육군 복무인원 1939년 : 3,737,000 +

육군 복무인원 1940년 : 4,550,000 +

육군 복무인원 1941년 : 5,000,000 +

육군 복무인원 1942년 : 5,800,000 +

육군 복무인원 1943년 : 6,550,000 +

육군 복무인원 1944년 : 6,510,000 +

육군 복무인원 1945년 : 5,300,000 +

육군 총 복무인원 1939 1945 :
13,000,000 +

육군 전사자/실종자 1939 1945 :
1,600,000 +

육군 부상자 1939 1945 :

4,1750,000 +

육군 사상자 1939 1945 :

5,775,000 +

무장친위대

무장친위대 복무인원 1939년 :   35,000 +

무장친위대 복무인원 1940년 :   5,.000 +

무장친위대 복무인원 1941년 : 150,000 +

무장친위대 복무인원 1942년 : 230,000 +

무장친위대 복무인원 1943년 : 450,000 +

무장친위대 복무인원 1944년 : 600,000 +

무장친위대 복무인원 1945년 : 830,000 +

무장 친위대 총 복무인원 1939-45 : 10,000,000 +

무장친위대 전사자/실종자 1939 1945 : 250,000

무장친위대 부상자 1939 1945 : 400,000

무장친위대 총 사상자 1939 1945 : 650,000 +

이 2페이지의 수치는 제2차 세계대전 독일 육군과 무장친위대를 폭넓게 연구한 제이슨 파이프스Jason Pipes의 승인하에 재정리된 것이다.

그의 훌륭한 웹사이트(www.feldgrau.com) 는 다년간 공을 들여 수집한 막대한 양을 정보를 저장하고 있다. 이 웹사이트는 방문해 볼만한 충분한 가치가 있다. 추가적으로 이 웹사이트에는 제2차 세계대전 당시 독일 군인 및 주민 손실에 대한 정보를 제공한 수많은 독일 정부단체가 있다. 특별한 독일군, 사단 및 연대에 관련된 사상자의 수를 알려고 하는 독자들에게는 이 웹사이트에 직접 접촉할 것을 권한다.

연방문서보관소군사기록 보관소

Postfach, 79024 Freiburg

wiesentalstrasse 10

79115 Freiburg

Germany

독일 근무처(WASt)

(독일군 전쟁손실 및 포로 담당 장교)

Postfach 51 06 57

D-13400 Berlin

Germany

국민 연맹 전몰자 묘지 관리 사업회

Werner Hilpert Strasse 2

D-34112 Kassel

Germany

참고문헌 | BIBLIOGRAPHY

Addington, Larry. *The Blitzkrieg Era and the German General Staff, 1865-1941*. New Brunswick, NJ: Rutgers University Press, 1971.

Alexander, Martin S. "The Fall of France." *Journal o f Strategic Studies 13, No. 1* (March 1990): 10-44.

Alexander, Martin S. "In Lieu of Alliance: The French General Staff's   Secret Cooperation with Neutral Belgium 1936-40." *Journal of Strategic Studies 14, No. 4* (December 1991): 413-27.

Assmann, Kurt. *The German Campaign in Norway: Origin of the Plan, Execution of the Operation, and Measures Against Allied Counterattack*. London: Naval Staff, Admiralty, 1948.

Barker, A. J. *Hitler's Forces - Panzers at War*. London: Ian Allan Publishing, 1998.

Barnett, Corelli. *The Desert Generals*. London: Allen & Unwin, 1983.

Bartov, Omer. *Hitler's Army: Soldiers, Nazis and War in the Third Reich*. Oxford: Oxford University Press, 1992.

Beevor, Antony. *Crete: The Battle and the Resistance*. London: Penguin Books, 1992.

Bethell, Nigel. *The War Hitler Won: The Fall of Poland 1939*. New York: Holt, Rinehart & Winston, 1972.

Bloch, Marc. *Strange Defeat*. New York: Norton Library, 1968.

Bond, Brian. *Britain, France, and Belgium, 1939-40*. New York: Brassey's, 1990.

Boog, Horst et al. (eds.). *Germany and the Second World War, Vol. IV: The Attack on the Soviet Union*. Oxford: Clarendon, 1998.

Brett-Smith, Richard. *Hitler's Generals*. London: Osprey, 1976.

Buchner, Alex. *Narvik: die Kampfe der Gruppe Dietl im Fruhjahr 1940*. Neckargemiind: K. Vowinckel, 1958.

Buckley, Christopher. *Greece and Crete 1941*. London: HMSO, 1977.

Carell, Paul. *Hitler Moves East, 1941-1943*. Boston: Little, Brown & Co., 1964.

Carell, Paul. *Scorched Earth*. New York: Ballantine, 1971.

Chamberlain, Peter and Doyle, Hilary. *Encyclopedia of German Tanks of World War Two*. London: Arms & Armour,1999.

Clark, Alan. *The Fall of Crete*. London: Anthony Bland, 1962.

Cooper, Matthew, *The German Army, 1933-1945: Its Political and Military Failure*. New York: Random House, 1978.

Cooper, Matthew, and Lucas, James. *Panzer: The Armoured Force of the Third Reich*. New York: St Martin's Press, 1976.

Cooper, Matthew, and Lucas, James. *Panzer*. London: Macdonald, 1976.

Cooper, Matthew, and Lucas, James. *Panzergrenadier*. London: Macdonald and Jane's, 1977.

Cooper, Matthew, and Lucas, James. *Hitler's Elite*, London: Grafton, 1990.

Corum, James S. *The Roots of Blitzkrieg: Hans von Seeckt and German Military Reform*. Lawrence, KS: Kansas University Press, 1992.

Corum, James S. "The Luftwaffe and Coalition Air War in Spain, 1936-39." *Journal of Strategic Studies 18, No. 1* (March 1995): 68-90.

Creveld, Martin van. *Command in War*. Cambridge, Massachusetts: Harvard University Press, 1987.

Creveld, Martin van. *Hitler's Strategy 1940-1941: The Balkan Clue*. Cambridge: Cambridge University Press, 1973.

Creveld, Martin van. *Supplying War: Logistics from Wallenstein to Patton*. Cambridge: Cambridge University Press, 1977.

Cross, Robin. *Citadel: The Battle of Kursk*, London: Michael O 'Mara, 1993.

Davies, W. J. K. *German Army Handbook 1939-1945*. London: Military Book Society, 1973.

Davis, Brian L. *German Ground Forces: Poland and France, 1939-40*. London: Almark, 1976.

Deighton, Len. *Blitkrieg: From the Rise of Hitler to the Fall of Dunkirk*. London: BCA, 1979.

Deist, Wilhelm. *The Wehrmacht and German Rearmament*. Toronto: Toronto University Press, 1981.

Deist, Wilhelm et al. (eds.). *Germany and the Second World War, Vol. 1: The Build-up of German Aggression*. Oxford: Clarendon, 1998.

Dinardo, R. L. *Germany's Panzer Arm: (Contributions in Military Studies)*. Westport, Connecticut: Greenwood Publishing Group, 1997.

Dinardo, R. L. "German Armour Doctrine: Correcting the Myths." *War in History 3, No. 4* (November 1996): 384-98.

Doughty, Robert A. *The Seeds of Disaster: The Development of French Army Doctrine, 1919-39*. Hamden, CT: Archon, 1985.

Doughty, Robert A. *The Breaking Point: Sedan and the Fall of France 1940*. Hamden, CT: Archon, 1990.

Doughty, Robert A. "The Maginot Line." *MHQ: The Quarterly Journal of Military History 9, No. 2* (Winter 1997): 48-59.

Downing, David. *The Devil's Virtuosos. London: New English Library, 1976*.

Doyle, Hilary. *Panther Variants 1942-1945*. Oxford: Osprey, 2001.

Doyle, Hilary. *Panzerkampfwagen IVAusf. G, H and J 1942-45*. Oxford: Osprey Publishing, 2001.

Dunnigan, James. *The Russian Front*. London: Arms and Armour, 1978.

Dupuy, Trevor N. *A Genius for War: The German Army & General Staff, 1807-1945*. London: Macdonald and Jane's, 1977. The Editors of *Command Magazine. Hitlers Army: The Evolution and Structure o f German Forces*. Pennsylvania: Combined Publishing, 2000.

Edwards, Jill (ed.). *El Alamein Revisited*. Cairo: AUC Press, 2000.

Edwards, Roger. *Panzer: A Revolution in Warfare, 1939-45*. London: Arms & Armour, 1989.

Erickson, John. *The Road to Stalingrad*. New York: Harper & Row, 1976.

Forty, George. *German Tanks o f World War Two*. London: Blandford Press, 1987.

Forty, George. *The Armies o f Rommel*. London: Arms & Armour, 1997.

Fugate, Bryan I. *Operation Barbarossa: Strategy and Tactics on the Eastern Front, 1941*. Novato, CA: Presidio, 1984.

Glantz, David M. *Zhukov's Greatest Defeat: The Red Army's Epic Disaster in Operation Mars, 1942*. Lawrence, KS: University of Kansas Press,1999.

Glantz, David M., and House, Jonathan. *When Titans Clashed: How the Red Army Stopped Hitler*. Lawrence, KS: University of Kansas Press, 1995.

Glantz, David M., and House, Jonathan. *The Battle of Kursk*. London: Ian Allan Publishing, 1999.

Guderian, Heinz (transl. Christopher Duffy). *Achtung-Panzer!* London: Arms   & Armour, 1992.

Guderian, Heinz. *Panzer Leader*. London: Joseph, 1952.

Gunzberg, Jeffery A. *Divided and Conquered: The French HighCommand and the Defeat in the West, 1940*. Westport, CT: Greenwood, 1979.

Gunzberg, Jeffery A. "The Battle of Gembloux, 14-15 May 1940: Blitzkrieg Checked." *Journal of Military History 64* (January 2000): 97-140.

Hastings, Max. *Overlord*. London: Michael Joseph, 1984.

Haupt, Werner. *Assault on Moscow 1941*. Atglen, PA: Schiffer, 1996.

Haupt, Werner. *Army Group Center*. Atglen, PA:, Schiffer, 1998.

Hitler, Adolf. *Hitlers Table Talk*. London: Weidenfeld & Nicolson, 1953.

Hogg, Ian V. *German Artillery of World War Two*. London: Greenhill Books, 1997.

Horne, Alistair. *To Lose a Battle: France 1940*. London: Macmillan, 1969

Hubatsch, Walter. *Die deutsche Besatzung von Danemark und Norwegen 1940*. Gottingen: Musterschmidt, 1952.

Irving, David. *The Trail o f the Fox: The Life of Field Marshal Erwin Rommel*. London: Weidenfeld & Nicolson, 1977.

Jars, Robert. *La Campagne de Pologne* (Septembre 1939). Paris: Payot, 1949.

Jentz, Thomas L. *Panzertruppen: The Complete Guide to the Creation and Combat Employment of Germany's Tank Force1937-1942*. Atglen, PA: Schiffer, 1996.

Jentz, Thomas L. *Panzertruppen: The Complete Guide to the Creation and*

Combat Employment of Germanys Tank Force 1943-1945. Atglen, PA: Schiffer, 2000.

Jentz, Thomas L. *Germany's Tiger Tanks: Tiger I & II: Combat Tactics.* Atglen, PA: Schiffer, 1997.

Kennedy, Robert M. *The German Campaign in Poland 1939.* Washington, D.C.: Office of the Chief of Military History, 1956.

Kessler, Leo. *The Iron Fist. London: Futura, 1977.* Kleine, Egon, and Kuhn, Volkmar. Tiger. Stuttgart: Motorbuch Verlag, 1990.

Knappe, Siegfried. *Soldat: Reflections of a German Soldier, 1936-1949.* New York: Dell Publishing Co., 1993.

Kurowski, Franz (transl. Joseph G. Walsh). *Deadlock Before Moscow: Army Group Center, 1942-43.* Atglen, PA: Schiffer, 1992.

Lehman, Rudolf. *The Leibstandarte.* Manitoba: JJ Fedorowicz, 1990.

Lewin, Ronald. *Rommel as Military Commander.* London: Barnes & Noble, 1999.

Liddell Hart, Capt. B.H. (ed.). *The Rommel Papers.* London: Collins, 1953.

Lucas, James. *Panzer Army Africa.* London: MacDonald and Jane's, 1977.

Lucas, James. *Grossdeutschland.* London: MacDonald and Jane's, 1978.

Lucas, James. *German Army Handbook 1939-1945.* Stroud: Sutton Publishing Limited, 1998.

Lucas, James. *War on the Eastern Front: The German Soldier in Russia 1941-45.* London: Greenhill Books, 1979.

Lucas, James. *Hitler's Mountain Troops: Fighting at the Extremes.* London: Arms & Armour, 1992.

Luck, Colonel Hans von. *Panzer Commander: The Memoirs of Hans von Luck.* Westport, CT: Praeger, 1989.

MacDonald, Charles. *The Battle of the Bulge.* London: Weidenfeld & Nicolson, 1984.

MacDonald, Charles. *The Lost Battle: Crete 1941.* London: Macmillan, 1993.

Macksey, Kenneth. *The Crucible of Power: The Fight for Tunisia, 1942-43.* London: Hutchinson, 1969.

Macksey, Major K. J. *Panzer Division: The mailed fist.* New York: Ballantine

Books, 1968.

Manstein, Erich von. *Lost Victories*. Chicago: H. Regency Co., 1958.

Mellenthin, F. W. von. P*anzer Battles 1939-45: A Study in the Employment of Armour*. London: Cassell, 1955.

Mitcham Jr., Samuel W. *The Panzer Legions: A Guide to the German   Army Tank Divisions of World War II and Their Commanders*. Westport, CT: Greenwood Press, 2001.

Mitchell, Samuel. *Hitlers Legions*. London: Leo Cooper, 1985.

Muller, Rolf-Dieter, and Ueberschar, Gerd R. *Hitlers War in the East 1941-45: A Critical Assessment*. Oxford: Berghahn, 1997.

Muller, Rolf-Dieter, and Volkmann, Hans-Erich. *Die Wehrmacht: Mythos und Realitat*. Miinchen: Oldenbourg,1999.

Nafziger, George F. *The German Order o f Battle: Panzers and Artillery in World War II*. London: Greenhill Books, 1999.

Nafziger, George F. *The German Order o f Battle: Infantry in World War II*. London: Greenhill Books, 2000.

Nafziger, George F. *The German Order of Battle: Waffen-SS and other units in World War II*. Pennsylvania: Combined Publishing, 2001.

Newton, Steven H. *German Battle Tactics on the Russian Front 1941-45*. Atglen, PA: Schiffer, 1994.

Nipe, George. *Decision in the Ukraine*. Manitoba: JJ Fedorowicz, 1996.

O'Neill, Robert J. *The German Army and the Nazi Party 1933-39*. London: Cassell, 1966.

O'Neill, Robert J. "Doctrine and Training in the German Army 1919-1939." in Howard, Michael (ed.). *The Theory and Practice of War*. New York: Praeger, 1965: 158-85.

Ottmer, Hans-Martin. *Weseriibung: der deutsche Angriff auf Danemark und Norwegen im April 1940*. Miinchen: Oldenborg, 1974.

Overmans, Rudiger. *Deutsche militarische Verluste im Zweiten Weltkrieg*. Miinchen: Oldenbourg, 1999.

Pallud, John Paul. *France 1940: Blitzkrieg in Action*. London: Battle of Britain, 1991.

Perret, Bryan. *Panzerkampfwagen III*. Oxford: Osprey Publishing, 2001.

Pimlott, John. *The Historical Atlas o f World War II*. New York: Henry Holt and Company, 1995.

Reynolds, Michael. *Steel Inferno*. Staplehurst: Spellmount,1997.

Reynolds, Michael. *Men of Steel*. Staplehurst: Spellmount, 1999.

Reynolds, Michael. *Sons o f the Reich: The History o f II SS Panzer Corps*. Staplehurst: Spellmount, 2002.

Ryan, Cornelius. *A Bridge Too Far*. London: Hamish Hamiliton, 1974.

Sadarananda, Dana. *Beyond Stalingrad*. New York: Praeger, 1990.

Sadkovich, James J. "Of Myths and Men: Rommel and the Italians in North Africa, 1940-42." *International History Review 13, No. 2* (1991): 284-313.

Sajer, Guy. *The Forgotten Soldier*. Sterling, VA: Brasseys, Inc, 2000.

Salisbury, Harrison. *The 900 Days: The Siege of Leningrad*. New York: Da Capo Press, 1985.

Scheibert, Horst. *Panzer-Grenadier: Motorcycle &Panzerreconnaissance Units 1935-1945*. Atglen, PA: Schiffer, 1991.

Schreiber, Gerhard et al. (eds.). *Germany and the Second World War, Vol. 3: The Mediterranean, South-east Europe and North Africa 1939-41*. Oxford: Clarendon, 1995.

Seaton, Albert. *The Russo-German War, 1941-45*. New York: Praeger, 1970.

Seaton, Albert. *The German Army, 1933-1945*. London: Weidenfeld & Nicolson, 1982.

Senger und Etterlin, General Frido von. *Neither Fear Nor Hope*. London: Greenhill Books, 1989.

Soviet General Staff. *The Battle for Kursk 1943* (eds. David Glantz and Harold Orenstein). London: Frank Cass, 1999.

Spaeter, Helmuth. *Die Einsatze der Panzergrenadier-division Grossdeutschland*. Friedberg: Podzun-Pallas-Verlag, 1986.

Stadler, Silvester. *Die Offensive gegen Kursk 1943*. Osnabriick: Munin Verlag, 1980.

Stolfi, R. H. S. "Equipment for Victory in France 1940". *History No. 55* (February 1970): 1-21.

Stolfi, R. H. S. *Hitlers Panzers East: World War II Reinterpreted*. Norman: University of Oklahoma Press, 1993.

Stroop, Juergen. *The Stroop Report*. London: Seeker & Warburg, 1979.

Sydnor, Charles. *Soldiers of Destruction: The SS Death's Head Division, 1933-1945*. Princeton, NJ: Princeton University Press, 1977.

Toppe, Maj-Gen. Alfred. *German Experiences in Desert Warfare during WWII*. Washington, D.C.: Dept, of the Navy, USMC, 1990.

Trew, Simon. "The Battle for Crete: The Pyrrhic Victory," in Badsey, Stephen (ed.). *The Hutchinson Atlas of World War Two Battle Plans*. Chicago: Fitzroy Dearborn, 2000.

US Handbook on German Military Forces. Washington: US War Department, 1945.

Watson, Bruce Allen. *Exit Rommel: The Tunisian Campaign 1942-43*. Westport, CT: Praeger, 1999.

Wilmot, Chester. *Struggle for Europe*. London: Collins, 1952.

Young, Desmond. *Rommel: The Desert Fox*. New York: Harper & Row, 1950.

Ziemke, Earl F. *The German Northern Theater of Operations,1940-1945*. Washington, D.C.: GPO, 1959; CM H, 1989.

Ziemke, Earl F. *Moscow to Stalingrad*. Washington, D.C, GPO, 1987.

Ziemke, Earl F. *Stalingrad to Berlin*. Washington, D.C., US Government Printing Office, 1968.

역자 후기

역자는 1973년도 3월 육군사관학교에 입교한 후 37년간 군대에 복무한 퇴역군인이다. 국가의 간성으로서 가치 있는 삶을 살았다고 자부하면서도 국가와 군 발전에 제대로 기여하지 못했다는 부담감을 늘 갖고 있었다. 전역 후 군사서적을 번역해 군 발전에 기여해 보겠다는 소박한 꿈을 갖고 있던 중, 2015년 우연히 전쟁사학자인 팀 리플리^{Tim Repley}가 객관적인 입장에서 독일군을 재조명한 이 책을 발견했다. 독일 병과학교 및 지휘참모대학에서 수학할 당시, 패전한 독일군에 대해 객관적 관점에서 기술한 전쟁사를 구하지 못해 아쉬웠던 기억이 있기에 이 책을 흥미롭게 읽었으며 그동안 잘못 알려졌던 많은 새로운 진실과 교훈을 찾을 수 있었다. 이 책의 특징은 다음과 같다.

첫째, 이 책은 연합군에 비해 인적 · 물적 자원이 현저히 부족했던 제2차 세계대전 당시 독일군이 수행한 전쟁을 개관하고 위대한 승리와 비참한 패배의 원인을 객관적으로 분석했다.

둘째, 이 책은 히틀러가 독일군을 정치적으로 장악하는 과정과 유명한 독일군 장군들이 히틀러의 정권에 어떻게 영혼을 팔게 되었는가를 상세하게 기술하고 있다. 정치지도자가 군대를 정치적인 목적과 수단으로 사용할 때, 또한 군 장성들이 잘못된 정치 지도자에 대해 유약한 태도를 보일 때 국가의 운명에 어떠한 결과가 초래되는지를 예리하게 분석했다.

셋째, 이 책은 전쟁의 승리와 패배의 요인을 전략적 · 작전적 · 전술적인 차원(제병협동전술에서 각개전투까지)에서 분석했다. 한 전역이 끝난 후 그 전역에 대한 신속한 분석을 통해 다음 전역에서 단점을 보완하는 과정과 내용을 상세하게 기술했다.

넷째, 이 책은 독일군의 군사사상과 기갑·기계화부대의 발전 과정, 전격전과 전술 교리의 발전과정 및 내용을 이해하기 쉽게 기술해 국방과 전쟁에 관심이 있는 독자들에게 유익한 정보를 제공하고 있다.

다섯째, 이 책은 지금까지 연구된 자료들과 1990년에 소련을 비롯한 연합국의 기록문서들이 개방되면서 수집된 객관적이고 정확한 정보를 바탕으로 새로운 시각에서 독일군을 재조명한 책이다. 지금까지 전쟁에 참가했던 장군들이 자신의 입장을 미화한 자서전이나 참가국들이 자국의 전승을 포장해 기술한 전사를 주로 접해 온 독자들에게 제2차 세계대전과 독일군에 대한 새로운 통찰을 제시하고 있다.

끝으로, 이 책을 출간하기까지의 모든 과정을 이끌어주신 하나님께 감사드리며, 초고를 보시고 출판할 용기를 주신 허남성 교수님, 직접 읽어주시고 지도·조언해 주신 김명길 선배님, 윤권헌, 이영수 동기생, 러시아와 동부유럽의 지명을 교정해준 배양홍, 정명복 동기생, 특히 두 차례에 걸쳐 수정 사항을 지적해 주시고 출판사를 섭외해 주신 정홍용 장군님, 흔쾌히 출판을 허락해 주시고 직접 원서를 대조하면서 교정해 주신 플래닛미디어 김세영 대표님께 감사를 드린다. 군 생활 동안 옆에 묵묵히 내조해 주고 격려해 준 박주분 여사와 아들 박근범 목사 가족, 사랑하는 딸 윤솔에게 감사와 사랑의 마음을 전하며, 이 책이 차세대 군대를 이끌어 갈 후배들에게 올바른 군인관의 정립과 전문성 향상에 도움이 되기를 기대한다.

칠순을 기념하며 2023년 10월에!
연천 남계리 콩마루 농원에서 박 영 록

한국국방안보포럼(KODEF)은 21세기 국방정론을 발전시키고 국가안보에 대한 미래 전략적 대안을 제시하기 위해 뜻있는 군·정치·언론·법조·경제·문화 마니아 집단이 만든 사단법인입니다. 온·오프라인을 통해 국방정책을 논의하고, 국방정책에 관한 조사·연구·자문·지원 활동을 하고 있으며, 국방 관련 단체 및 기관과 공조하여 국방 교육 자료를 개발하고 안보의식을 고양하는 사업을 하고 있습니다. http://www.kodef.net

KODEF 안보총서 119

독일 국방군
WEHRMACHT
제2차 세계대전 독일군의 신화와 진실

초판 1쇄 인쇄 | 2023년 11월 2일
초판 1쇄 발행 | 2023년 11월 9일

지은이 | 팀 리플리
옮긴이 | 박영록
펴낸이 | 김세영

펴낸곳 | 도서출판 플래닛미디어
주소 | 04044 서울시 마포구 양화로6길 9-14 102호
전화 | 02-3143-3366
팩스 | 02-3143-3360
블로그 | http://blog.naver.com/planetmedia7
이메일 | webmaster@planetmedia.co.kr
출판등록 | 2005년 9월 12일 제313-2005-000197호

ISBN | 979-11-87822-80-6 03900